ARSENE HOUSSAYE

# ROMANS
## CONTES ET VOYAGES

MATHILDE. — LA VERTU DE ROSINE. — CORNILLE SCHUT
— LOMPROZ ET MARGUERITE. — LE JOUEUR DE VIOLON. — MARIE DE JOYSEL
— LA FONTAINE AUX LOUPS. — UN ROMAN SUR LES BORDS DU LIGNON
— RACHEL ET LUCY. — MADEMOISELLE DE MARIVAUX
— DAVID TENIERS ET ANNE BREUGHEL. — L'ARBRE DE SCIENCE
— VOYAGE A PARIS. — VOYAGE EN HOLLANDE

PARIS. — 1846

J. HETZEL, ÉDITEUR

rue Richelieu, 76; rue Ménars, 10

# ROMANS
## CONTES ET VOYAGES.

## ARSÈNE HOUSSAYE.

Histoire de la Peinture Flamande et Hollandaise. — Un volume grand in-folio. — 100 gravures sur cuivre.  500 fr.

Portraits du XVIII° siècle : — Dufresny, — Fontenelle, — Piron, — Voltaire, — Diderot, — Grétry, — l'abbé Prévost, — Louis XV, — Marie Antoinette, — M<sup>lle</sup> de Camargo, — Sophie Arnoult, etc., etc., etc. — Un volume (bibliothèque Charpentier), 3° édit.  3 fr. 50 c.

Romans, Contes et Voyages. — Un volume grand in-18.  3 fr. 50 c.

### SOUS PRESSE :

Poésies complètes : — *Les Sentiers perdus.* — *La Poésie dans les bois.* — *Poëmes antiques.* — Un volume grand in-18.  3 fr. 50 c.

De l'Art moderne en France. — 2 volumes in-8.  15 fr.

---

Imprimé par Plon frères, 36, rue de Vaugirard.

# ROMANS

## CONTES ET VOYAGES

PAR

ARSÈNE HOUSSAYE.

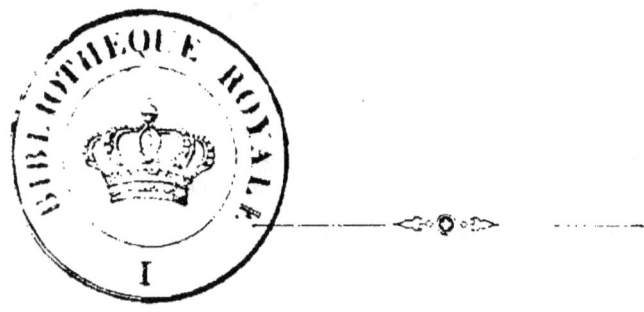

PARIS.
PUBLIÉ PAR J. HETZEL,
RUE DE RICHELIEU, 76; RUE DE MENARS, 10.

—

M DCCC XLVI.

Nous avons recueilli un peu au hasard dans les Revues et dans les journaux ces pages, destinées à ne vivre qu'un jour, ces romans de la jeunesse, où l'on répand sans y penser les premiers hymnes du cœur. Dans ce volume, tantôt c'est la naïveté qui raconte, tantôt c'est la passion, tantôt c'est l'esprit — qui n'a eu de l'esprit une fois en son temps! — Certes nous offrons bien plutôt des esquisses ou des ébauches que des tableaux achevés ; mais, avant de fuir pour des travaux plus sévères le cher et verdoyant pays de l'imagination, nous avons pensé que ces pages sans doute déjà oubliées méritaient un souvenir, non pour le talent de l'écrivain, mais pour un franc caractère de jeunesse qui s'y trahit. Quand avril a vu tomber sa fraîche couronne de primevères, quand le soleil plus radieux a flétri les panaches odorants du verger, quand le sainfoin s'incline sous les fleurs rouges, le faucheur s'attarde avec amour dans le bois où fleurit encore la nature. Il est retenu par l'amère et fraîche odeur des chênes, par l'âme toute poétique de l'églantine, léger parfum qui semble venir du rivage idéal : un sentiment ineffable le saisit au cœur ; il égraine avec une émotion religieuse les souvenirs du printemps qui va finir.

# MATHILDE.

### I.

Je raconte tout simplement une histoire dont la Champagne se rappelle encore le scandale : c'est l'histoire des amours d'un jeune maître d'école et d'une jeune fille romanesque.

M. André Fourcade, maître d'école à Chamerolles, avait pour logis la maison la plus gaie du village, une petite maison bâtie en pierres blanches, à l'ombre d'un clocher flamand, au bout de la commune, entre une belle draperie de verdure où s'ébattaient ses écoliers et un joli jardin où il se reposait dans le travail agreste. D'un côté la vue s'étendait sur la vallée de Saint-Pierre, de l'autre sur la vieille église, sur le verdoyant cimetière et sur les humbles chaumières de Chamerolles.

Cette petite maison, abritée par l'église comme un enfant de sa mère, vous eût fait envie à vous, madame, qui avez un hôtel à Paris, à vous, ami lecteur, qui avez un château en Espagne. Ce fut dans la salle d'école que je vis pour la première fois M. Fourcade. J'allais vers lui pour recueillir divers renseignements sur les pâtures communales de Chamerolles. La moisson était venue et l'école était presque déserte : le pain avant la science. A peine si douze marmots en jaquettes parsemaient la salle. Le maître présidait la bruyante assemblée devant une grande table noire où il n'y avait ni livres, ni plumes, ni compas, ni aucun des attributs de l'étude, mais un jeune gars tout ébouriffé qui souriait aux agaceries paternelles. Je saluai ce tableau de van Ostade. « Voilà, me dis-je, un maître d'école assez spirituel. Dieu soit loué ! je n'aurai point à subir sa science grammaticale, et ses discours finiront. » M. Fourcade, en effet, avait tout au plus ce qu'il faut de pédanterie pour l'enseignement. Hors de son école et même en son école, c'était un joyeux homme, plein d'insouciance et d'abandon, confessant son ignorance à tout venant, excepté aux mères de famille, lisant plutôt le profane Voltaire que le révérend père de la Salle, buvant plus volontiers une bouteille de vin qu'une cruche d'eau, le vin fût-il d'un mauvais terroir. Pourtant M. Fourcade était loin d'être un ivrogne ; mais il suivait avec religion la coutume des vieux maîtres d'école.

Comme je venais d'entrer, sa femme survint, ayant en main un arrosoir et une bêche. Sa femme était jeune et belle, blonde et rose comme les paysannes du Brabant, et, comme les paysannes du Brabant, elle avait l'intelligence fort embrumée ; mais, de temps immémorial, une belle femme a le droit d'être bête. Les femmes sont faites pour la beauté, et je sais plus d'une femme d'esprit qui donnerait son esprit pour avoir le nez d'une autre forme ou l'œil d'une autre couleur.

En me voyant, madame Fourcade essaya de rajuster son fichu, qui suivait assez mal sa mission ; mais elle perdit son temps et sa peine, tant le maudit fichu avait un mauvais pli. La pauvre femme était toute désespérée, quand elle eut l'instinct dé prendre son enfant sur son sein : ce fut un chaste voile que n'eussent pas trouvé bien des femmes d'esprit.

Au village de Chamerolles demeurait un riche gentillâtre, ayant le malheur d'avoir une belle-fille. Cette belle-fille sortait du couvent au temps où commence ce récit. C'était tout simplement une copie mignarde de la femme du maître d'école ; c'était la même nature blonde et nonchalante, mais plus délicate et plus finie. Imaginez une copie de *la Madeleine* de Rubens faite par Watteau, et vous aurez l'image de mademoiselle Mathilde du Perrey.

Mathilde avait le cœur à l'avenant du corps, un peu mignard comme sa nature, un peu rétréci par le corset comme ses pieds par les souliers, mais enfin un bon petit cœur dont elle suivait l'instinct. La maîtresse d'école avait le cœur sur la main, mademoiselle du Perrey l'avait sur les lèvres.

Le gentillâtre était maire de la commune de Chamerolles ; M. Fourcade, pour son bonheur et pour son malheur, était secrétaire de M. du Perrey. Comme le village n'avait pour hôtel de ville que la maison du maire, M. Fourcade rencontra souvent Mathilde. Il la regardait avec admiration ; jamais si douce image n'avait enchanté son regard. Sa femme était plus belle, mais c'était sa femme : M. Fourcade ne voyait plus madame Fourcade.

Mademoiselle du Perrey, au lieu de planter ses choux et d'arroser sa salade comme la maîtresse d'école, passait son temps à lire des romans de Walter Scott. Elle avait dix-sept ans, et son cœur, fait pour les pures joies de la famille, devint bientôt un roman confus : à ses yeux égarés la modeste maison de son père se transforma en vieux donjon ; elle s'imagina qu'elle était châtelaine ; elle attendit le damoisel de ses rêves ; et, lasse d'attendre, elle tourna ses regards sur le maître d'école, c'est-à-dire sur le seul homme du village qui vînt au logis de son père.

A l'heure où les filles passent de l'adolescence dans la jeunesse, elles répandent plus que jamais l'amour autour d'elles, comme la rose, qui jette tant de parfum au moment où elle s'ouvre. C'est l'heure du danger pour les familles, c'est l'heure du triomphe pour les amants. Les plus chastes entre toutes ternissent peu à peu le ciel de leur âme par les rêves enivrants et les espérances coupables : elles aimaient la vertu, elles en ont peur; leur sommeil était calme et reposant, elles dormaient dans les bras de la Vierge Marie : elles dorment dans les bras agités des visions amoureuses. La lutte est violente, il leur faut la vertu des archanges pour résister à l'amour. L'amour les poursuit ou les entraîne sans relâche et sans pitié vers ces sentiers perdus où il y a tant de fleurs et tant d'épines. L'amour est partout, sur l'autel où elles prient, dans la rose qu'elles cueillent, sous la nue qui passe; l'amour parle sans cesse : il prend la voix de la brise et de la tourterelle; le matin c'est lui qui gémit et qui roucoule quand elles s'égarent dans les bosquets touffus, qui murmure doucement quand elles se reposent au bord des claires fontaines, qui se plaint avec langueur ou qui éclate avec violence quand elles font de la musique. En vain elles détournent les yeux des images infinies de l'amour, elles ferment les oreilles à ses mille voix trompeuses : elles voient et elles entendent. Le beau ciel, si pur au matin de la vie, se parsème de nuages; les nuages s'amoncellent, l'éclair sillonne l'horizon, l'orage va venir : — il se précipite, il éclate, la vertu tombe, et l'amour s'élève.

Ce fut durant ce premier orage du cœur que mademoiselle du Perrey attacha ses regards sur le maître d'école, dont la figure souriante et mélancolique tout à la fois ne manquait pas d'attraits à travers les fantaisies sentimentales de l'amour.

Mathilde était mollement penchée sur la légère balustrade de sa fenêtre, qui s'ouvrait dans le jardin. C'était le soir ; le couchant était rouge, le ciel pâlissait, l'ombre jetait un voile sur toutes choses, l'arome du parterre et le chant du rossignol s'envolant vers Dieu s'arrêtaient au cœur de Mathilde. Elle chancelait sous l'ivresse. Dans une petite allée bordée de buis, M. du Perrey et M. Fourcade se promenaient en devisant des intérêts du village. M. du Perrey croyait qu'il fallait vendre les savarts communaux ; M. Fourcade croyait que les pâturages étaient les seuls biens sacrés des pauvres. Sans le savoir, le digne maître d'école plaidait en faveur des paysages ; car, en défrichant les prairies et les marais, adieu la verdure des hivers, les grands rideaux d'aulnes et de peupliers, les bouquets de saules, d'oseraies et d'ajoncs, les ruisseaux qui serpentent, les étangs qui se font en décembre ; adieu les vaches brunes tachetées de neige, si bien éparpillées sur la savane, les moutons qui se suivent gravement, les agneaux qui bêlent et bondissent. Les vaches demeureront à l'étable, les moutons à la bergerie ; on desséchera les pâtures pour y planter des betteraves ; et les betteraves diront aux aulnes, aux saules et aux peupliers : Retirez-vous de notre soleil !

Mathilde suivait le maître d'école d'un regard distrait ; elle prit peu à peu quelque plaisir à le voir. Comme la nuit tombait, il lui fut aisé de s'imaginer que M. Fourcade était le plus beau des hommes. Elle eût bien désiré plus d'agrément dans le costume du magister, mais ce vieil adage : *l'habit ne fait pas le moine*, lui vint à la mémoire : l'habit ne fait pas l'amoureux. Dès ce soir-là elle s'imagina qu'elle était l'amante de M. Fourcade. Le lendemain elle se fit belle pour lui ; le surlendemain elle alla à sa rencontre dans l'allée bordée de buis, et lui demanda en rougissant s'il aimait les fleurs. Le maître d'école regarda l'amoureuse avec une grande surprise. « Comment ne pas aimer les fleurs ? » dit-il en souriant. Pour cacher sa rougeur, Mathilde se pencha vers un géranium ; sa robe s'accrocha à un rosier, et M. Fourcade, en la détachant d'une main tremblante, fit éclater son esprit galant par ce madrigal digne de Boufflers : Il n'y a pas d'épines sans roses.

Mademoiselle du Perrey s'enfuit tout effarée. « Il m'aime, je suis perdue ! » murmura-t-elle avec une joie enivrante. Quand elle fut un peu calmée, elle pensa qu'elle était une grande sotte de croire à l'amour de M. Fourcade. Cependant, sans être amoureux eût-il fait un si beau madrigal ? « Ah ! dit-elle, s'il était en vers ! » Pendant plus d'une heure Mathilde, appuyée sur la balustrade de sa fenêtre, essaya de mettre en vers la prose du maître d'école :

> Ce rosier n'ayant plus — de roses à ses branches
> T'accrochait par la robe — ô rose des plus blanches !

Elle dormit peu. Le lendemain, comme elle relisait dans *La prison d'Édimbourg* le passage des amours de Butler et de Jeanie Deans, une belle rose fraîchement épanouie vint tomber à ses pieds. « C'est de lui ! » dit-elle avec joie. Et elle effeuilla la fleur tout en s'enivrant du parfum, dans l'espérance d'y trouver un billet d'amour ; et quand la rose fut vainement effeuillée : « C'est trop commun, dit-elle ; d'ailleurs cette belle rose ne renferme-t-elle pas une lettre infinie ? chacune des feuilles n'est-elle pas un serment ? Veuille le ciel que les serments ne se flétrissent pas comme la rose ! » Elle se mit à interroger toutes les feuilles : « Il m'aime, — un peu, — beaucoup, — passionnément. »

La rose venait tout simplement d'une servante qui passait dans le jardin.

Le soir Mathilde *rencontra* M. Fourcade sous un berceau de verdure. Le pauvre maître d'école, ne sachant trop que lui dire, s'avisa de parler de la science occulte des Égyptiens. Le maître d'école avait lu dans la matinée un petit volume ayant pour titre : *La Magie blanche*, et les gens qui ne savent pas grand'chose — M. Fourcade était de ceux-là — vous disent toujours la dernière chose qu'ils ont apprise.

« Ce sont de grands magiciens ! reprit-il après un silence ; en voyant les lignes de la main ils président l'avenir. »

Mathilde pensa que le maître d'école parlait ainsi pour avoir sa main : « Quel sentiment et quelle délicatesse ! » elle tendit sa main à M. Fourcade en murmurant : « Dites-moi donc l'avenir. »

Loin de presser cette main si blanche et si mignonne, M. Fourcade la toucha à peine du bout des doigts. Mathilde, qui augurait de tout en faveur de son amour, se dit avec un doux émoi que le maître d'école avait encore le cœur de la jeunesse et la candeur de l'adolescence.

Cependant M. Fourcade ouvrait de grands yeux et promenait un regard troublé sur les lignes légères de la main de Mathilde.

« Vous vivrez longtemps, mademoiselle. Voyez, la ligne est infinie !

— Vous ne me dites que cela, monsieur Fourcade ?

— C'est déjà quelque chose, mademoiselle.

— C'est bien la peine de savoir qu'on vivra longtemps, si on ne sait pas pourquoi ! »

M. Fourcade regarda la ligne de l'amour et de la fortune.

« Vous mourrez pauvre, mademoiselle, je vous le dis à regret : la ligne s'arrête tout d'un coup. De plus, vous aurez une vie agitée : cette autre ligne mille fois traversée est celle *des sentiments*. »

Le maître d'école n'avait osé dire *des passions*.

Mademoiselle du Perrey, enchantée de cette découverte, s'enfuit en bondissant comme un jeune faon. — « Dieu soit loué ! s'écria-t-elle. J'ai toujours eu le pressentiment que ma vie serait un beau roman. »

M. Fourcade s'en retourna à sa maison, tout allangui

par les charmants souvenirs de la soirée. En franchissant le pas de la porte il vit avant tout la main de sa femme : cette main était d'une belle forme, mais point d'une belle couleur. En attendant le souper, le pauvre maître d'école essaya vainement de repousser l'image attrayante de Mathilde en regardant l'enfant de ses agrestes amours. La nuit il dormit peu : son cœur battait avec violence, son âme était tourmentée par une joie importune; il avait presque peur du lendemain. Aux premières clartés de l'aurore, comme sa femme tendait les bras pour secouer les chaînes du sommeil, il l'embrassa avec plus de tendresse que de coutume, mais en l'embrassant il songea encore à mademoiselle du Perrey. Cependant, une heure après, en revenant de sonner l'angélus, le cœur calmé par l'austère solitude de l'église, il se mit à rire de ses tourments nocturnes. Comme d'aventure il avait pris du café la veille, il s'imagina que son insomnie venait de là.

Mathilde poursuivait toujours son *voyage dans le bleu*, c'est-à-dire dans le pays des chimères. Son âme troublée était le refuge des fantasques rêveries ; elle avait, à propos de M. Fourcade, les espérances les plus extravagantes. « Nous sommes loin des gloires guerrières, se disait-elle ; le temps du repos est venu, le temps du repos est le temps de la science. Au lieu de s'élever par sa bravoure, mon amant s'élèvera par son esprit, ma fortune lui servira de marchepied : il sera romancier, historien, poëte! il servira son siècle et laissera un nom célèbre à nos enfants. » D'autres fois, quand elle se rappelait que M. Fourcade était marié, elle songeait à s'enfuir avec lui dans un pays lointain pour passer silencieusement sa vie, au fond d'un petit val paisible, dans les joies amoureuses. Il me faudrait bien des mots et bien des figures pour analyser toutes les fantaisies sentimentales de cette âme si jeune et si égarée. M. du Perrey ne veillait guère sur la sainte candeur de Mathilde; comme le père de saint Augustin, il eût été moins chagriné de voir un accroc à la vertu de sa fille que de l'entendre écorcher la grammaire.

Mathilde rencontra souvent M. Fourcade au jardin. Le maître d'école s'était rassuré sur les enfantillages de la jeune fille ; il s'en amusait avec innocence. Les souvenirs du jardin se perdaient si bien dans les soins de son école et de son église, dans les baisers de sa femme et de son fils, qu'il ne pensait plus à s'en délivrer. Mais, au moment où il était le plus calme, la tempête vint s'abattre sur lui. C'était un soir d'été : le ciel était bleu, les roses s'agitaient devant Mathilde comme des encensoirs. La pauvre fille, entraînée par la passion, alla se jeter en pleurant dans les bras de M. Fourcade. Dès cet instant, elle fut perdue.

Durant les premiers jours qui suivirent, elle regretta sa blanche robe d'innocence, et se cacha à tous les regards comme Ève après le premier péché ; elle voulut jeter pour jamais la pomme si doucement amère et se réfugier dans la froide solitude d'un couvent. Mais elle s'accoutuma peu à peu aux vapeurs enflammées de son âme, aux images ardentes de ses songes ; elle s'affermit dans le mal. Si la voix du bien s'élevait en elle pour lui rappeler la douce chasteté de son adolescence, elle étouffait dans les frivoles distractions cette voix de plus en plus effacée.

Le maître d'école était effrayé de son bonheur. Élevé dans les vertus paisibles du coin du feu, il se désolait de voir dans l'histoire de sa vie cette ravissante et pernicieuse page de roman. Ce n'était pas ce qu'il avait rêvé : humble et timide, il n'aspirait qu'aux choses les plus simples ; son ambition n'avait jamais dépassé le seuil de sa porte ; il demandait à son pays des écoliers, à son église des surplis blancs, à sa femme un peu d'amour. Voilà tout ce qu'il voulait, mais la fortune ne voulait pas comme lui.

Mathilde trouvait une joie infinie dans ses extravagances ; il ne se passait de jour sans qu'elle imaginât une aventure romanesque. Pour vous dévoiler tout d'un coup la singularité de ce jeune caractère en proie à tous les caprices, je n'ai qu'à citer un petit épisode de ses amours.

M. du Perrey venait de partir pour la Normandie, où il devait renouveler le bail d'une ferme qui dépendait de la succession de sa femme. Mathilde, seule avec les domestiques, était la maîtresse absolue de ses œuvres; mais, voulant se prouver que son amour était tout hérissé d'obstacles, et croyant d'ailleurs qu'un véritable amoureux doit passer par la fenêtre, elle s'avisa d'un rendez-vous à minuit en sa chambre, et dit à M. Fourcade : « Vous passerez par la fenêtre. »

Il fallut bien que le pauvre maître d'école se résignât. Il se déchira les mains, il faillit se casser le cou ; enfin, grâce aux espaliers, il parvint à grimper et à franchir la balustrade. Une heure après, à son grand dépit, il fallut s'en aller par le même chemin. « Hélas ! disait-il d'un ton piteux, quel dégât parmi ces beaux espaliers ! Il eût été si simple et si facile de passer par la porte ! »

Une année s'écoula. M. Fourcade résistait vainement à l'attrait de Mathilde : il faisait tous les matins le serment de ne plus la revoir, mais tous les soirs il défaisait son serment. Malgré les imprudences de mademoiselle du Perrey, leur amour fut longtemps un mystère. En vain une servante avait voulu en répandre le bruit : nul ne croyait aux commérages de cette fille. Mademoiselle du Perrey amoureuse du maître d'école! cela ressemblait trop à un conte de fées. Cependant là-dessus les idées changèrent peu à peu : madame Fourcade, charitablement avertie par ses voisines, ouvrit des yeux de jalouse ; M. du Perrey, assiégé de lettres anonymes, ouvrit des yeux de père. Le voile dont se cachaient les amants était d'une grande transparence : ils furent découverts. Le gentillâtre enferma sa fille et mit à la porte le maître d'école. Il était un peu tard.

Cette histoire fut un grand scandale pour le pays; tout l'arrondissement s'en amusa ; un garde champêtre anonyme la raconta fort grotesquement dans une complainte que chantent encore les lavandières de Chamerolles et des villages voisins.

Un soir que Mathilde eut un instant de liberté, elle courut à l'église, dont la porte demeurait ouverte (fort mal à propos, puisque les paysans ne vont prier Dieu que le dimanche) ; elle attacha avec une épingle à la corde pendante de la cloche un lambeau de papier. A peine était-elle de retour en la maison de son père que le maître d'école, allant sonner l'angélus comme de coutume, trouva le billet. Il y lut ces mots avec beaucoup de peine, tout maître d'école qu'il était :

*A minuit, à la petite porte du verger.*

M. Fourcade sonna l'angélus d'une main agitée, tout en se demandant s'il irait au rendez-vous. Il faut bien le dire, il n'était pas plus brave qu'aventureux : il redouta un guet-apens, une vengeance souterraine ; il redouta les jalouses colères de sa femme, et se promit de rester coi. Mais il lui vint bientôt des idées plus humaines : l'enchanteresse image de Mathilde repassa sous ses yeux, pâle de douleur et d'amour : il fut encore séduit, il jura d'aller au rendez-vous.

Tout à coup il pâlit ; sa main, plus tremblante, se détacha de la corde. Dans ses amoureuses distractions, il avait quatre fois sonné l'angélus. Toutes les commères qui s'en revenaient des champs se disaient entre elles : Qu'a donc notre maître d'école ?

M. Fourcade alla au rendez-vous, en dépit de la surveillance conjugale de madame Fourcade ; minuit sonnait quand il arriva à la porte du verger. « Je vous attends depuis une heure, lui cria mademoiselle du Perrey. »

Il s'approcha en tremblant et la pria de crier plus doucement.

« Demeurez là, » reprit-elle en lui pressant la main.
Elle s'envola vers le logis sans rien dire de plus.

« Il y a quelque chose là-dessous, » pensa le pauvre maître d'école. Par prudence, il s'éloigna un peu de la porte ; il alla s'appuyer contre le tronc d'un vieux pommier, et, le cœur ému, l'œil en garde, l'oreille au guet, il attendit le retour de Mathilde. Une demi-heure s'était écoulée, Mathilde ne reparaissait pas ! il perdait déjà patience ; enfin il entendit le léger frôlement d'une robe. Il s'empressa de retourner à la petite porte.

« Monsieur, reprit la jeune fille, vous allez m'enlever ou je vais vous enlever à l'instant. Ne m'arrêtez point par vos grands airs d'innocence. J'ai pris votre rôle parce que vous y êtes mal à l'aise : veuillez prendre le mien, ayez toute la soumission d'une femme ; mais ne vous avisez point de vous évanouir, car nous n'avons pas de temps à perdre. »

Le pauvre maître d'école, tout étourdi, bégaya quelques mots ; mais Mathilde, lui glissant la main sur les lèvres :

« Quand nous serons en route vous parlerez à l'oisir.

— Je ne veux point partir ! s'écria M. Fourcade.

— Fort bien ! vous remplissez admirablement votre rôle de femme : *Je ne veux pas ;* mais il faut que je m'en aille loin de ce pays où l'on me jette la pierre, allez-vous donc me laisser partir toute seule ? S'il me fallait recourir aux grands moyens, je ne balancerais pas ; mais il me semble que nous n'en sommes pas encore au dénouement. »

Mademoiselle du Perrey fit briller au clair de la lune un petit poignard aigu qu'elle avait dérobé à son père. M. Fourcade eut peur.

« Eh bien ! dit Mathilde d'un ton décidé, faut-il en finir tout de suite ?

— Emmenez-moi en enfer si vous voulez ! répondit le pauvre maître d'école.

— A la bonne heure, reprit Mathilde en l'embrassant. Allons en enfer s'il le faut, mais par des chemins semés de roses. »

Elle fut effrayée de ce qu'elle venait de dire ; elle regarda le ciel et murmura en pleurant : « O mon Dieu, je suis donc bien changée ! »

Un âne conduit par une des servantes de M. du Perrey survint alors. Mathilde recommanda à la servante de ne rien oublier ; et, pendant que cette fille chargeait l'âne d'une valise et d'un petit sac qui venaient d'être apportés dans le verger, elle prit le bras du maître d'école et l'emmena vers le grand chemin. Ils gardèrent d'abord le silence. M. Fourcade, plus effrayé que jamais de ses œuvres d'amour, se demandait s'il ne devait pas prendre la fuite. Mathilde, qui voyait le roman partout, se disait qu'elle en était à la fin du premier livre. N'était la peur de vous ennuyer, quel beau chapitre j'écrirais ici à propos de ce vieux dicton : *la vie est un roman.*

De Chamerolles à la ville la plus proche, il y a deux lieues de pays, c'est-à-dire deux lieues qui ne finissent pas : il fallut bien que Mathilde traînât ses pieds mignons sur cette route rocailleuse pendant près de quatre heures ; l'âne avait assez de la valise et des accessoires. D'ailleurs Mathilde aimait mieux être à demi suspendue au bras de son amant, tout silencieux et tout transi qu'il fût. En vain elle essayait de le réveiller à l'amour et à la parole par son charmant babil : « N'avez-vous pas déjà des remords de petite fille? Regretteriez-vous, d'aventure, votre baraque et votre planteuse de choux, votre surplis de chantre et votre sceptre de maître d'école ? Avez-vous peur de mourir de faim avec moi ? Et qu'importe si nous mourons en nous aimant ? D'ailleurs, rassurez votre estomac, vilain gourmand ; à tout autre je dirais : Rassurez votre cœur. J'emporte un contrat de rentes sur l'État de 4,000 francs, provenant de la succession de ma mère. J'ai pris ce contrat à mon père, mais n'est-il pas permis de prendre son bien où on le trouve? Après cela, n'ai-je pas des diamants à mes pendants d'oreilles? Et puis ayez donc un peu confiance en la destinée, ou plutôt en Dieu. J'ai tantôt dix-neuf ans; en septembre 1834, je serai majeure : je recueillerai l'héritage de ma pauvre mère, une belle et bonne ferme en Normandie, et alors qu'aurons-nous à regretter et à désirer? »

Le maître d'école soupira et pencha son front rêveur. Jusque-là il avait flotté entre l'idée de retourner à son village et celle de suivre la route aventureuse que lui ouvrait Mathilde : la belle et bonne ferme de Normandie acheva la séduction de la jeune fille; il fit le serment de s'attacher pour toujours à Mathilde comme la mousse aux pierres.

« Après tout, se disait-il dans l'ivresse de sa mauvaise action, je ne suis pas fort à plaindre : une belle fille et de bons revenus! J'apprendrai le latin et je m'abonnerai à un journal quotidien. — Mais où allons-nous? » demanda-t-il à Mathilde.

— Nous prendrons là-bas la diligence d'Épernay, afin de déjouer les recherches de mon père; et de là nous irons à Paris. C'est une bonne ville qui vous abrite dans son mystère et qui vous défend des méchancetés de la province; c'est le refuge de toutes les grandes passions exilées de la vie départementale. Nous y vivrons dans notre amour et dans l'oubli de tout le monde. La belle vie, ô mon ami! Elle passera vite comme le vent. »

## II.

M. Fourcade et sa maîtresse arrivèrent à Paris sans mauvaise rencontre. Ils prirent dans la rue de Verneuil une chambre pauvrement garnie, où ils vécurent en paix durant les premiers mois. « C'est un étudiant et une gri-

sette, disait la portière à tout propos et hors de propos ;
ils passent leur temps à roucouler, et ils ont bien raison.
La pauvre petite a l'air d'adorer son amant : elle lui sert
de servante, et, quand il est sorti, elle se met à la fenêtre
en pleurant. Ils ne reçoivent ni visites, ni lettres, ni cartes ;
je crois bien qu'ils se cachent ici. L'Auvergnat du coin
m'a bien la mine de les épier, ces pauvres amours : qu'il
y vienne un peu ! je lui jette ma porte au nez. »

M. du Perrey finit par découvrir l'humble retraite de sa
fille. Il voulut l'en arracher ; il usa de prières et de menaces : il se jeta aux genoux de Mathilde et la supplia de
revenir dans le bon chemin par pitié pour ses cheveux
blancs ; il la menaça de l'enfermer aux Madelonnettes
avec sa malédiction. La pauvre égarée résista aux menaces
comme aux prières : elle ne voyait dans tout cela qu'un
nouveau chapitre de roman, ou plutôt elle était comme
ces voyageurs qui, surpris par la tempête et fascinés par
la grande poésie du danger, s'avancent témérairement au
lieu de se détourner. M. du Perrey eut beau faire, il
échoua toujours. Il ne lui restait qu'un dernier moyen
pour toucher et sauver cette âme rebelle au bien, c'était
de mourir de chagrin. Il mourut, mais la malheureuse
fille se contenta d'acheter une robe de deuil.

Après la mort, après l'héritage de M. du Perrey, les
deux amants, ne songeant plus à se cacher, se trouvant
riches à jamais, changèrent de logis, et s'en furent habiter
une des plus jolies maisonnettes de la rue Notre-Dame-
des-Champs.

Là, ce pauvre diable de maître d'école se laissa nonchalamment aller au cours du hasard ; il n'essaya plus de
lutter. Sa femme, dans toutes les peines du délaissement,
lui écrivait en vain des lettres pleines de fautes d'ortho-
graphe, — ce sont presque toujours des lettres pleines
d'amour, — où elle parlait de leur enfant qui devenait
grand comme un homme, et de son pauvre cœur qui se

mourait tout seul : il baisait les lettres, il pleurait, et il n'y pensait plus. Pendant toute la première année, il fut étourdi, enivré, fasciné par le démon du mal. Et puis il accomplissait des rêves longtemps caressés : il apprenait le latin et il était abonné à un journal quotidien paraissant tous les jours, suivant son expression. Mais, au bout de la première année, l'ennui vint peu à peu obscurcir son ciel; l'oisiveté, qui lui semblait si douce d'abord, lui tomba sur les épaules comme un manteau de plomb. Il était né pour le travail, il fallait à ses bras athlétiques une lutte infinie; sorti du peuple, Dieu ne lui réservait, comme à ses frères, que le repos de la tombe. Aussi disait-il quelquefois, dans ses ennuis, qu'il jouait tout simplement le rôle d'un mort. Il ne tarda point à regretter sa vie passée, d'autant plus belle alors qu'il la voyait par les prismes du souvenir; il ne tarda point à regretter les bruyants écoliers, la glorieuse place de chantre à l'église de Chamerolles, les soucis paternels et les naïves amours de sa femme. Là-bas il travaillait et il vivait noblement de son travail : à quoi bon travailler ici, où il a plus d'argent qu'il n'en veut? La vie n'est bonne qu'à ceux qui luttent sans cesse. Plaignez le pauvre maître d'école : le voilà condamné au repos des vieillards et des infirmes.

Mathilde ne s'ennuyait point : elle suivait toujours avec intérêt le roman de sa vie; elle en relisait sans cesse les débuts; elle cherchait à en deviner le dénoûment. Durant de longues heures elle imaginait les scènes les plus fantasques. « Ah! si vous saviez écrire, disait-elle à M. Fourcade, quel chef-d'œuvre pour la France! » Le maître d'école se souciait bien de faire un chef-d'œuvre! A ses yeux, les plus beaux écrits du monde étaient la grammaire plus ou moins française de M. Noël, la géographie par demandes et par réponses, — quelles demandes et surtout quelles réponses! — de je ne sais quel abbé célèbre parmi les enfants, enfin son livre de messe, son almanach de

Liége et son journal quotidien. M. Fourcade avait à peine deux fois en sa vie réfléchi aux mystères de la science ; il s'était demandé pourquoi le mot *œil* s'écrivait sans la lettre u, et pourquoi la terre se donnait la peine de tourner autour du soleil. Madame Fourcade avait dit fort raisonnablement, à propos de la seconde demande, que la terre ne tournait pas autour du soleil, mais devant le soleil, comme une poularde à la broche devant le feu. M. Fourcade avait fort mal accueilli le raisonnement de sa femme ; madame Fourcade s'était animée ; et pendant leur querelle géographique le lait s'était enfui de la marmite. « Maudite femme ! voilà le souper au diable ! — J'en suis bien aise ! » Et comme madame Fourcade courait à la marmite, elle avait renversé une chaise sur les pieds du maître d'école. L'enfant, réveillé subitement, avait crié dans son berceau, et M. Fourcade s'était sauvé en se promettant de ne plus toucher au feu de la science. Aussi Mathilde eut beau faire : avec elle il changea d'habits, mais il garda son esprit de maître d'école. « J'ai peut-être pris un mauvais lot, se disait-elle dans ses jours brumeux. Après tout, M. Fourcade a des agréments : il est devenu sentimental et mélancolique (alors M. Fourcade s'ennuyait) ; mélancolique, c'est un progrès ; le siècle tourne à la mélancolie. Et puis, il chante à merveille, souvent les litanies, il est vrai. Ah ! s'il chantait *l'Andalouse !* »

M. Fourcade ne trouvait plus guère de désennui que dans le chant : il chantait des psaumes, des romances, des couplets bachiques et grivois. Il était fort content de lui et regrettait de ne pas avoir un plus grand théâtre ; il eût donné un de ses beaux souvenirs de Chamerolles pour chanter tout à son aise pendant un jour à Notre-Dame ou à Saint-Sulpice.

Un temps vint où Mathilde fut surprise des absences du maître d'école : les dimanches et les jours de fêtes il partait le matin et ne revenait que le soir. Tantôt il parlait d'une promenade solitaire, tantôt d'une rencontre d'amis; ou bien c'était une messe en musique, une revue du roi, une course au Champ-de-Mars. Mathilde le suppliait en vain de l'emmener : il trouvait toujours des obstacles et s'en allait seul. Où allait-il? Mathilde, d'abord inquiète, fut bientôt jalouse; elle ne douta pas que le volage maître d'école n'eût ouvert son cœur à quelque Parisienne : déjà sa triomphante rivale se dessinait dans le mauvais côté de son âme; déjà elle ajoutait un chapitre au roman de sa vie. Elle cherchait une belle vengeance, elle rêvait un noble sacrifice, elle accablait d'amour son perfide amant.

Un dimanche elle suivit M. Fourcade, bien résolue à savoir enfin le mot de l'énigme. M. Fourcade descendit vers la Seine par la rue des Saints-Pères, traversa la rivière par le pont Royal et passa dans le jardin des Tuileries. « C'est cela, dit Mathilde en s'appuyant sur le bord du pont, un rendez-vous. » L'horloge royale sonna dix heures, et le maître d'école prit un pas plus rapide. « Voyez-vous, l'indigne! il est en retard : il se hâte d'arriver. » A la grande surprise de Mathilde, M. Fourcade sortit du jardin, et, quelques minutes après, elle le vit franchir le seuil de Saint-Roch. « Comme en Espagne, pensat-elle, un rendez-vous à l'église! » Elle entra : l'église était presque déserte encore, et d'un premier regard elle vit les vieilles dévotes, le curé et les desservants. M. Fourcade s'était envolé. Après de vaines recherches, espérant qu'il reparaîtrait, elle s'agenouilla devant un pilier, et pria Dieu de lui dévoiler cet horrible mystère qui la désolait tant. Les premiers chants de la messe retentirent dans l'église; les fidèles et les curieux arrivèrent en foule. Mathilde regardait au passage toutes les jeunes élégantes en se disant : « C'est celle-ci ou celle-là, cette jolie fille, ou cette belle femme. » En promenant ses regards jaloux, elle écoutait avec un charme inconnu le *Kyrie eleison;*

c'était la première fois qu'elle aimait tant un chant d'église. Afin de mieux entendre, elle s'avança vers le lutrin. Tout à coup elle s'arrêta pâle et tremblante : parmi les chantres de Saint-Roch, elle avait reconnu le maître d'école de Chamerolles.

Elle s'en retourna à son logis dans l'humiliation la plus profonde. Quand, au sortir des vêpres, elle revit M. Fourcade, elle l'accabla de sa douleur et de son mépris. « Voilà donc où vous en êtes venu! Quelle pitié! choriste d'église! Encore si c'était d'opéra! Voilà donc le piédestal où vous a élevé l'amour! O mon Dieu! je suis bien punie! Que j'étais aveugle quand j'espérais vous métamorphoser! Vous étiez maître d'école, vous êtes plus que jamais maître d'école. — Eh bien, oui! s'écria M. Fourcade, maître d'école, et toujours maître d'école! Il faut que l'orage éclate, il faut que mon cœur s'ouvre! Il y a bien assez longtemps que j'essaie de vous voiler ma pauvre nature, je me découvre enfin. Pardonnez-moi, Mathilde! Je suis indigne de vous; mais ce n'est pas ma faute, et j'en souffre comme un martyr. Dieu vous a faite pour la vie oisive, on le voit à vos pieds et à vos mains; Dieu vous a faite pour charmer le regard comme une belle fleur : Dieu m'a pétri d'un autre limon, je suis né pour le travail; voyez mes bras et ma stature. Le repos est pour moi la fatigue la plus énervante; je suis las de l'oisiveté, il faut que j'agisse. Malgré vos soins amoureux, mes jours passent lentement, lentement, et l'ennui m'abat de plus en plus. Je ne sais si c'est une punition du ciel : je vois tout en noir, il fait toujours nuit pour moi. De grâce, ma pauvre Mathilde, renvoyez votre servante, laissez-moi balayer, battre les habits, fendre le bois; laissez-moi chanter à Saint-Roch, ou je m'enfuis de Paris, je retourne à Chamerolles. — Plutôt mourir, monsieur, que de vous laisser chanter à Saint-Roch! Je vous défends d'y remettre les pieds! »

M. Fourcade n'osa enfreindre la défense de sa maîtresse, il se résigna à se passer de la distraction du lutrin. Durant ces longs jours, qu'il supportait avec tant d'ennui, il s'ouvrait quelquefois de claires échappées dans la nuit de son âme : il revoyait sa petite maison à l'ombre du clocher, son jardin qu'il avait encadré de haies et parsemé d'arbres à fruit, sa pauvre femme qui pleurait sur son délaissement, son jeune fils qui pleurait de voir pleurer sa mère. Il se souvenait avec délices de ces beaux jours si bien remplis où il sonnait deux fois l'angélus, où il criait après ses écoliers, où, le matin et le soir, il labourait son jardin avec tant de joyeuse ardeur.

« Ah ! se disait-il un jour avec une douce tristesse, que mon jardin doit être beau maintenant ! la haie va refleurir, les cerisiers rougissent déjà. Et les bordures de buis et de mignonnettes ! et le jacynthes de monsieur le curé ! et les roses de madame d'Orbigny ! Le cep de vigne doit s'étendre par toute la muraille de la maison. Pourvu que ma femme ait pensé à le tailler ! Hélas ! je l'aurais si bien taillé ! » M. Fourcade soupira profondément.

Un soir, après avoir ainsi caressé les souvenirs de ses beaux jours, M. Fourcade prit son chapeau et sortit en silence, sans savoir où il allait. Il prit par les Tuileries et suivit les boulevards. Au coin de la rue Poissonnière, la diligence de Reims l'arrêta au passage : il fit signe au conducteur qu'il voulait partir, il grimpa sur l'impériale avec l'agilité d'un chat, il dit adieu à Paris et à Mathilde.

Les deux lettres suivantes achèvent naturellement cette petite histoire, qui commence dans la joie et finit dans le deuil, comme toutes les histoires humaines.

« *A mademoiselle, mademoiselle Mathilde du Perrey, rue Notre-Dame-des-Champs, à Paris.*

» De Chamerolles, ce 16 juillet 1837.

» Ma pauvre Mathilde, je vous ai toujours dit que

j'étais indigne de vous, mais mon cœur vaut mieux que moi, et je m'en suis allé sans lui ; cela n'empêche pas que je n'aie revu ma pauvre femme avec bien du plaisir. Elle a tant pleuré! Je suis arrivé le soir ; elle était toute seule dans notre petite maison, tristement penchée au-dessus du feu. Longtemps je l'ai regardée par la fenêtre. J'étais inquiet de ne pas revoir notre enfant, quand enfin j'ai découvert qu'il était couché dans notre lit, ce grabat où je dormais de si bon cœur! — Ah! Mathilde, pardonne-moi ces souvenirs-là. — Je suis entré tout tremblant : je croyais que ma femme, irritée à ma vue, allait me chasser comme un renégat. Elle a poussé un grand cri et s'est jetée sur mon cœur ; j'en suis encore tout brisé. « Te voilà! m'a-t-elle dit. Je savais bien que tu reviendrais. — Et ta belle dame? a-t-elle ajouté en se détachant de mes bras. — De grâce, ai-je murmuré, ne parlons pas d'elle. — Tu arrives à propos : je préparais une fricassée de fèves ; je pensais à toi en les cueillant. — Et l'enfant, où est-il? — Il dort à ta place, sur ton oreiller, méchant! — Son berceau est toujours au pied du lit? — Je ne sais où le percher. Je voulais le brûler, mais qui sait ce qui arrivera? — Voyez-vous! N'espériez-vous pas devenir veuve? et alors... » Ma femme a fait la grimace, et s'en est allée devant le feu verser un pot de lait dans les fèves. Moi, j'ai couru embrasser le dormeur. Je ne sais pas pourquoi je vous écris tout cela, Mathilde. C'est que je vous ouvre mon cœur, et que j'ai tout cela dans le cœur. J'espère redevenir maître d'école à Chamerolles. Notre aventure est un fier scandale; cependant il me semble que je suis vu du même œil qu'auparavant. Il y en a qui me montrent du doigt, mais aussi il y en a qui me font fête. Tenez, ma pauvre Mathilde, faites comme moi, rentrez dans la vie de tout le monde; on s'y ennuie moins. Mariez-vous : malgré ce qui s'est passé, je connais dans le pays plus d'un aspirant à votre main. Voulez-vous d'un avoué, d'un notaire, d'un maître de forges? Vous n'avez qu'à tendre la main, il vous pleuvra des maris. En face d'une dot on n'y regarde pas de si près! Ah! si je n'avais pas de femme et si vous n'étiez pas si duchesse! Oui, mariez-vous, Mathilde, ayez des petits enfants. Cela fait du mal à la tête, mais cela fait du bien au cœur : on les berce, on les promène, on les caresse, et le temps se passe. Vous entendez bien? le temps se passe! Surtout ne restez pas à Paris; c'est un mauvais pays pour vous comme pour moi. Ne croyez pas que je ne vous aime plus; c'est à peine si je puis respirer en vous écrivant, je retiens mes larmes de toutes mes forces; si vous n'étiez qu'à une lieue de Chamerolles, j'irais tout de suite vous embrasser. Vous devez bien vous ennuyer là-bas, si loin et si seule!

» Adieu, Mathilde, voilà ma femme qui revient.

» André Fourcade. »

Je regrette de ne pouvoir copier le paraphe notarial du maître d'école. Ce paraphe fut pour Mathilde la chose la plus amère de cette lettre. « Hélas! disait-elle, il mourra maître d'école. Ah! s'il avait souffert en m'écrivant, il ne se fût point amusé à enjoliver ainsi son nom! »

« *A M. Fourcade, ancien maître d'école à Chamerolles.*

Paris, le 19 juillet 1837.

» C'est une main déjà glacée qui vous écrit ces lignes. Je vous l'ai dit souvent, mon ami, la vie est un roman : je touche à la fin; la destinée en a ouvert le dernier chapitre, déjà j'en ai vu le dernier mot. Le roman de votre pauvre Mathilde sera intéressant tout comme un autre. Si je l'avais lu à quinze ans, comme j'aurais pleuré de douces larmes ! Mon seul regret est de ne pouvoir le finir avec vous. M. H... sait notre histoire : dites-lui qu'il la raconte... Je perds la tête... Dans quels tourments vous m'avez jetée pendant onze jours éternels! Pourquoi ne pas m'avoir tout dit ? Vous n'avez jamais eu de courage. En lisant votre lettre, il m'est venu le dessein de courir à Chamerolles et de me venger : il m'eût été si doux de mourir avec vous ! Je ne sais ce qui m'a arrêtée... C'était un trop affreux dénoûment ; tout le monde m'eût maudite... J'ai allumé du charbon il y a une heure : il me vient de noirs étourdissements... Je me hâte d'achever cette lettre... Je ne vois plus, ma main tremble... Dites à votre femme qu'elle n'ait plus peur de mes séductions ; je viens de me regarder dans la glace où nous nous regardions ensemble : mon Dieu ! il me semble que je sors du cercueil... J'étouffe ! je suis tout abattue... Je suis folle... Ce matin j'ai dicté mon testament au notaire de la rue du Bac : n'oubliez pas d'en demander lecture. Je désire être enterrée dans le cimetière de Chamerolles, à côté de mon père. Une colonne brisée et un saule au-dessus de moi, voilà tout. Le cimetière est devant vos fenêtres : il me semble que je vous verrai encore.

» Toute ma vie vient de repasser dans ma mémoire... J'ai mal vécu, j'étais un enfant; Dieu m'éclaire enfin. O mon Dieu ! ô mon Dieu ! laissez-moi vivre, je veux vivre... Mourir ! toute seule! Adieu... souviens... »

Il n'y eut point de paraphe dans la lettre de Mathilde.

# LA VERTU DE ROSINE.

## I.

La rue des Lavandières est la plus triste de celles qui affluent sur la place Maubert. Il y passe quelquefois, parmi l'horrible populace du quartier, un être reconnu de l'espèce humaine : comme un étudiant qui va au Jardin-des-Plantes, un provincial qui cherche sa famille parisienne, une jolie ouvrière qui s'élance, légère comme un chat, sur la pointe de sa pantoufle, de la boutique de l'épicier à l'éventaire de la marchande des quatre-saisons. Le reste des passants, vous le connaissez : un voleur oisif, un enfant qui secoue sa vermine, une femme vieillie avant l'âge qui part pour mendier dans l'ombre, un chiffonnier ivre qui cherche de l'œil un cabaret, une vieille ménagère qui balaie sur vos pieds, enfin toutes les laideurs et toutes les misères humaines, si toutefois l'humanité est encore là.

En 1838, dans une noire et vieille maison (j'allais dire un repaire) de cette rue sans air et sans soleil, vivait une pauvre famille d'artisans d'origine lorraine, digne en tous points d'habiter un meilleur pays. Le père était tailleur de pierre; il avait follement quitté sa ville natale, en compagnie de sa femme et d'une demi-douzaine d'enfants, pour chercher fortune à Paris. Une fois embarqué sur cette mer trompeuse, il avait tendu la main vers la terre ferme; sans cesse ballotté par tous les vents contraires, il subissait les plus cruelles atteintes de la mauvaise fortune, sans autre planche de salut que ses bras. A Paris, la misère est mille fois plus sombre et plus désolée que dans la plus triste province; tant qu'il se rencontre un rayon de soleil qui égaie le chemin, un arbre vert qui donne de l'ombre, une fontaine qui coule pour le premier venu, on traîne sa misère avec je ne sais quelle force juvénile; le sourire du ciel et de la nature vient jusqu'au cœur de celui qui travaille; il voit Dieu à chaque pas, Dieu qui lui dit d'espérer! Mais à Paris, dans ces repaires qui semblent bâtis pour des forçats, où le soleil ne vient jamais, où le vent ne sème pas sur le toit la plus pâle giroflée, où les fenêtres ne s'ouvrent pas sur le ciel, où l'hirondelle ne vient jamais faire son nid, la misère est une image de la mort; la misère s'accroupit dans le foyer, s'assied au chevet du lit, ou préside au banquet de Lazare. C'est la misère de Satan, misère des ténèbres, qui souffle le mal; ou plutôt, c'est la misère faite par ce monde de mauvais riches et de mauvaises passions.

André Dumon, — ainsi se nommait le tailleur de pierre, — ne gagnait guère qu'un petit écu par jour, sur quoi il prélevait au moins vingt sous pour lui-même; il ne rapportait donc le soir que quarante sous au logis. Avec ces quarante sous, — souvent moins que plus, — il fallait que sa femme nourrît et élevât sa famille, sans oublier le loyer du toit qui l'abritait. Tant qu'elle eut du lait dans ses mamelles fécondes, elle accomplit héroïquement sa mission, semblable au pélican solitaire qui, dans ses jours de mauvaise chasse, se déchire le sein à coups de bec pour nourrir sa nichée. Mais le lait tarit sous les lèvres affamées. La famille avait vécu tant bien que mal, sans se plaindre même au ciel; mais alors il fallut se résigner à vivre de peu. Le pauvre tailleur de pierre vit bientôt la faim s'asseoir au triste seuil de sa porte. Jusque-là, sa nichée d'enfants venait toute bruyante et toute joyeuse l'attendre sur le soir au haut de l'escalier ; c'était à qui lui sauterait sur les bras, se pendrait à son cou, lui saisirait la main ; il rentrait dans ce doux cortège ; il oubliait les peines du travail ; il embrassait sa femme avec la joie dans le cœur. On se mettait à table, les enfants debout pour tenir moins de place ; on mangeait un pain béni du ciel, accompagné d'un plat de lentilles ou d'une tranche de bœuf. Sur la table était un cruchon de cidre ou de piquette que tous se passaient à la ronde. Après souper, les jours de froid, on brûlait un demi-cotret, — un vrai feu de joie qui durait une demi-heure, — après quoi, on s'endormait content et sans fatigue. Les jours de beau temps, toute la famille, moins l'enfant au berceau, descendait sur le quai de la Tournelle pour respirer un peu et voir le ciel. Tout le monde admirait au passage cette petite caravane allègre et souriante qui secouait si bien sa misère. Les enfants étaient vêtus de rien, mais par la main d'une vraie mère. Une fois sur le quai, ils respiraient tous un certain air de fête et d'insouciance qui leur ouvrait tous les cœurs.

Mais il vint un temps où la pauvre mère perdit ses forces et son lait. Jusque-là, elle seule avait souffert sans le dire jamais, se consolant dans le sourire de ses enfants. Cette fraîche nature, éclose dans la vallée de la Meurthe, ne put résister à tant de sacrifices cachés ; elle s'étiola, elle se flétrit. En vain elle voulut lutter long-temps encore : le mal était fait, la santé détruite, il ne lui restait plus que la bonne volonté : elle redevint enceinte pour la huitièm fois. Elle ne se plaignit pas ; seulement le tailleur de pierre vit bientôt qu'ils succomberaient à la peine. Ce qui lui ouvrit surtout les yeux sur sa misère prochaine, ce fut l'absence de ses enfants au haut de l'escalier quand il revenait du travail. La première absence ne l'affligea pas trop ; mais à la seconde, il respira péniblement. Il ouvrit la porte et entra sans mot dire. Ses enfants vinrent à lui, mais silencieusement, comme s'ils n'avaient rien de bon à lui apprendre ; la mère se détourna pour essuyer une larme.

« Eh bien ! qu'y a-t-il donc ? demanda André Dumon.

— Rien, répondit sa femme en essayant un sourire ; rien, si ce n'est que tu as oublié de m'embrasser. »

Le tailleur de pierre se leva et alla droit à sa femme ; il l'embrassa ; mais elle n'avait pas essuyé toutes ses larmes.

Le souper fut grave et triste. Il n'y eut que les enfants qui mangèrent ; ce soir-là, on n'alla pas se promener sur le quai de la Tournelle. Le lendemain, André Dumon demanda une augmentation de salaire à son maître ; comme il n'avait pas soupé la veille, il parla avec un peu d'amertume. L'entrepreneur, qui venait de subir une faillite, répondit avec dureté : le tailleur de pierre prit ses outils et chercha un autre maître.

Quand le malheur poursuit un homme, il ne lâche pas sitôt prise ; André Dumon demeura trois semaines sans travail. Il fallut avoir recours au Mont-de-Piété. Chaque jour de ces trois fatales semaines, quand il rentrait en son triste logis, toutes les petites bouches roses, qui naguère s'ouvraient pour l'embrasser ou babiller avec lui, ne s'ouvraient plus, hélas ! que pour lui dire ce mot terrible, digne de l'enfer : — J'ai faim !

Il retrouva du travail ; mais, après avoir gagné trois francs, il ne gagna plus que cinquante sous. La pauvre mère, malgré ses veilles, ne put parvenir à dégager son linge du Mont-de-Piété. La mère des douleurs accoucha dans une étable où il faisait chaud ; la femme du tailleur de pierre accoucha vers le même temps, mais dans un grenier, sans feu et sans langes.

Elle résista pourtant à tant de souffrances ; elle retrouva dans ses mamelles flétries une dernière goutte de lait pour nourrir le nouveau venu.

Quelques années se passèrent encore, tristes, sombres et douloureuses. Sa première fille avait quinze ans. Elle était jolie, quoiqu'un peu pâle et un peu attristée. La pauvre Rosine ne demandait qu'à verdoyer et à fleurir, comme toutes celles qui ont quinze ans ; mais comment avoir la gaieté au cœur, quand on a sans cesse sous les yeux le spectacle d'une mère qui souffre et qui veille, d'un père que le travail a courbé, de sept enfants qui jouent dans un grenier, sans oublier qu'ils ont faim? D'ailleurs, Rosine n'avait pas le temps de rire : du matin au soir, elle était sur pied pour veiller ses trois sœurs et ses quatre frères, dont l'aîné n'avait que dix ans. C'était la maîtresse d'école de la bande. Sa mère lui avait appris à lire ; elle répétait la leçon aux autres. A peine si la pauvre Rosine avait le loisir de coudre dans le tracas perpétuel de cet intérieur si triste. Cependant, la jeunesse a tant de ressources en elle-même, que Rosine garda, dans cette atmosphère de mort, sa beauté et sa gaieté. Un nuage passait ; mais bientôt le pur rayon de la jeunesse déchirait le nuage. Ainsi, il lui arrivait çà et là d'heureux moments, soit qu'elle s'appuyât à la fenêtre pour regarder cette ville immense, où elle espérait une meilleure place, soit qu'elle peignât ses beaux cheveux brunissants, devant un miroir cassé, qu'elle adorait, parce que seul il lui parlait de sa beauté. Le matin même, pour commencer sa triste journée, elle chantait, alouette vive, quelques airs d'orgue, que le vent apportait le soir jusqu'à la fenêtre, ou quelque vieille chanson lorraine dont sa mère l'avait bercée en de meilleurs jours.

Rosine avait la beauté agaçante des Parisiennes, ces yeux noirs qui ont l'art de regarder comme le serpent, cette bouche, un peu moqueuse, qui sait sourire avec tant de grâce coquette. Son profil était assez pur ; quoique assez pâle, sa figure arrondie manquait un peu de noblesse. Vous vous rappelez ces vierges de Murillo, si charmantes à leur façon? A la couleur près, c'était le portrait de Rosine.

Le logis du tailleur de pierre se composait d'une chambre et de deux cabinets ; un de ces cabinets était pour Rosine et ses petites sœurs. Même aux plus grands jours de détresse, ce lieu avait un certain air de jeunesse qui charmait les yeux. Çà et là une robe, un bonnet, une jupe cachaient la nudité des solives ; les deux lits blancs avaient je ne sais quoi d'innocent et de simple qui réjouissait le cœur ; la petite fenêtre s'ouvrant sur le toit avait un coin du ciel en perspective ; enfin, quand Rosine était là, chantant à son réveil, tressant ses beaux cheveux, sa seule parure et sa seule richesse, ne voyait-on pas la jeunesse en personne ?

Elle devinait Paris par instinct ; car elle ne l'avait vu que de loin. A peine s'il lui était arrivé à deux ou trois jours de fête de suivre son père dans le cœur de la grande ville. La nuit elle avait rêvé de toutes ces splendeurs factices. Le lendemain, en revoyant le sombre intérieur de sa triste famille, elle s'était ressouvenue de toutes les richesses parisiennes. Le serpent, celui-là qui perdit Ève et toutes les filles d'Ève, avait déployé sous ses yeux éblouis la soie et le velours, l'hermine et les diamants, toutes les tentations du diable, toutes les pompes humaines. « Pourquoi suis-je dans un grenier? se demandait-elle ; qu'ai-je donc fait à Dieu pour qu'il me condamne à cette noire prison et à ce dur esclavage, quand tant d'autres, laides et vieilles, promènent bruyamment leur luxe coupable? » Et le serpent lui répondait : « Laisse-là ton père et ta mère, descends ce sombre escalier, traverse la ville de ton pied léger; je te conduirai au banquet où l'on chante et où l'on rit; l'arbre de vie a des fruits pour toi comme pour les autres. » Elle comprenait vaguement que son honneur et sa vertu seraient le prix de sa place au banquet : elle s'indignait et reprenait avec une noble ardeur les chaînes de sa misère.

Un matin Rosine descendit pour prendre le lait quotidien au coin de la rue. Elle était habillée pour l'amour de Dieu : une petite jupe verte, un corsage de basin blanc, des pantoufles déchirées. Deux boucles de ses cheveux flottaient au vent sur ses joues. Elle était charmante ainsi. Un grand étudiant blond, qui l'avait vue sortir, comme un doux rêve, de l'obscure allée de la maison, la suivit pas à pas, émerveillé de tant de grâce et de légèreté. Il prit surtout un grand charme à voir sautiller ses petits pieds presque nus sur les pavés. Une charrette de maraîcher arrêta Rosine au passage. Tout naturellement l'étudiant s'arrêta près d'elle, entre deux portes. Elle le regarda et rougit.

« Mademoiselle (c'était la première fois qu'on appelait Rosine *Mademoiselle*), ne craignez-vous donc pas de gâter vos jolis pieds ? »

Elle ne répondit pas, mais elle ne songea pas à s'offenser.

« Mademoiselle, reprit l'étudiant avec un regard plus tendre, est-il possible qu'une si jolie fille, — comme vous, — demeure enfouie dans une pareille rue? Pourquoi les belles femmes n'habitent-elles pas les belles rues? — Je ne sais pas ce que je dis, mais on perdrait la tête à moins. »

La charrette allait passer; l'étudiant se rapprocha de Rosine et lui saisit la main : « Monsieur... »

La voix de Rosine expira sur ses lèvres.

« Encore un mot, mademoiselle. — Voulez-vous être de moitié dans ma fortune d'étudiant? 200 francs par mois, — c'était hier le premier du mois, — une jolie chambre en belle vue, le cœur le mieux fait du monde, la Chaumière deux fois par semaine, un joli chapeau bleu de pervenche pour ombrager cette fraîche figure, une robe de soie claire, un collier de perles du Rhin, des bottines pour ces petits pieds blancs. C'est peu, mais quand le cœur y est, c'est un trésor. — Si vous saviez comme on est heureux de vivre là-bas autour du Panthéon, rue des Grès, n° 2. »

La charrette était partie ; Rosine, abasourdie de toutes ces paroles, qu'elle n'entendait pas, finit par dégager sa main et par s'échapper.

L'étudiant vit bien qu'il s'était mépris ; cependant il ne voulut pas s'éloigner encore ; il suivit la jeune fille des yeux ; elle paya son lait et revint sur ses pas. Il l'attendit de pied ferme, résolu de tenter encore la bonne fortune. Mais Rosine, craignant de le rencontrer une seconde fois, entra dans l'arrière-boutique d'une fruitière, d'où elle ne sortit qu'une demi-heure après. Le jeune homme n'était plus là.

Loin de se fâcher contre les airs sans façon de l'étudiant, Rosine lui sut gré de lui avoir dit avec tout l'accent de la vérité qu'il la trouvait jolie. Rentrée dans son cabinet, elle se mira vingt fois, tout en regrettant d'être sortie avec des cheveux en désordre.

« Si je l'avais suivi ! » dit-elle en rougissant.

Elle chercha à se faire le tableau de la vie de l'étudiant ; elle y prit place, elle se vit avec une robe de soie, — une robe de soie claire, se disait-elle en tressaillant, — un chapeau, — un chapeau à fleurs, poursuivait-elle en encadrant sa fraîche figure dans ses mains, que le travail n'avait pas gâtées. — Enfin elle fit passer sous ses yeux tout l'attirail du luxe du pays latin. Elle se vit suspendue au bras de l'étudiant, rangeant et dérangeant dans la petite chambre de la rue des Grès ; le matin, ouvrant la fenêtre pour respirer le bonheur et pour arroser quelques pots de jacinthe ou de verveine ; le soir, travaillant devant un vrai feu, à quelque fine collerette ou à quelque léger bonnet.

« Mais la nuit ?... » dit-elle tout à coup.

A cette pensée elle retomba du haut de ses rêves.

## II.

En face du triste logis d'André Dumon, un vieillard encore vert habitait une humble baraque, toute décrépite, qu'un chiffonnier bien né n'eût pas voulue pour demeure. Ce vieillard, qui s'appelait M. Gruchon, s'était enrichi dans le commerce et dans l'avarice ; on l'a connu, durant un demi-siècle, herboriste, rue Mouffetard. Il avait bien marié ses enfants : sa fille avait épousé un notaire de campagne ; son fils était procureur du roi dans le midi de la France. Pour lui, devenu vieux et retiré des affaires, avec six mille livres de revenu, il se contentait d'une vie obscure qui lui permettait de faire encore des économies ; s'il habitait la rue des Lavandières, c'est que la maison lui appartenait et qu'il ne pouvait la louer à d'autres.

Une vieille servante, qu'il appelait sa dame de compagnie, gouvernait sa maison. Elle mourut subitement un soir, après dîner. M. Gruchon parut longtemps inconsolable, tant il était habitué aux petits soins de cette fille. Il chercha pourtant à se consoler ; un jour il appela chez lui la femme du tailleur de pierre ; elle y vint à tout hasard.

« Vous savez, madame Dumon, le malheur qui m'est arrivé ? Vous avez une fille qui m'a l'air fort avenante ; voulez-vous, sans préambule, me l'accorder pour demoiselle de compagnie ? Je vous logerai tous dans ma maison, sans compter que je lui donnerai cinquante francs par mois.

— Non, monsieur, » dit la mère en se retirant.

Le soir, André Dumon rentra plus tard que de coutume. On était aux premiers jours de janvier ; un froid noir pénétrait partout. Les petits enfants, pâles et chétifs, se tenaient les uns contre les autres, à moitié endormis, devant deux bâtons de fagots qui brûlaient comme à regret dans l'âtre le plus désolé du monde; la mère préparait le maigre souper ; Rosine achevait d'ajuster une jaquette pour une de ses jeunes sœurs. Un morne silence répondait aux mugissements du vent. Le tailleur de pierre entra en secouant la neige qui couvrait sa tête, ses bras et ses pieds. Sa femme alla à lui.

« Voyons, assieds-toi, j'étais inquiète ; il est près de huit heures ; aussi les voilà tous qui dorment.

— Ne les réveille pas, dit André Dumon d'un air désespéré, qui dort dîne. »

Mais à cet instant, la mère ayant fait un bruit d'assiettes, tous les enfants ouvrirent les yeux.

« Allez vous coucher, dit la mère sans écouter son cœur.

— J'ai faim, dit l'un des enfants.

— Moi, dit un autre, j'ai rêvé que je mangeais pendant deux heures.

— Vous avez dîné, » reprit la mère.

Comme elle parlait avec des larmes dans les yeux, tous les enfants se regardèrent avec une surprise muette.

« Non, reprit la pauvre femme, ne m'écoutez pas, venez à table ; tant qu'il restera une miette de pain ici, chacun en aura sa part. »

Le soir, Rosine ne mangea pas ; la nuit, elle ne dormit pas. Elle entendit son père qui se désespérait. Et quand on songe, dit tout à coup la mère, que, si nous voulions sacrifier Rosine, nous sortirions tout de suite de notre misère. »

Le père, malgré ses craintes et ses angoisses, repoussa avec une douleur sauvage les coupables espérances de sa femme.

« Jamais ! jamais ! dit-il en agitant les bras, il y a encore dans mes mains assez de force pour protéger toute ma famille contre la faim, le froid et le déshonneur. »

Rosine, qui de son cabinet entendait tout, respira, s'agenouilla et remercia Dieu d'avoir si bien inspiré son père.

« Hélas ! dit la mère, je sais bien qu'à force de travail tu nous sauverais ; mais tu mourras à la peine.

— Quoi qu'il arrive, jamais je ne consentirai à faire un marché de mes enfants. Qu'ils fassent ce qu'ils veulent, c'est la volonté du ciel ; s'ils se trompent de chemin, cela ne me regarde plus. »

Le tailleur de pierre partit pour son travail ; Rosine sortit du cabinet d'un air abattu ; la pauvre mère vint à elle. A cet instant les enfants, à peine éveillés, l'appelèrent par leurs cris ; elle pensa avec angoisse aux tristes jours d'hiver qu'ils allaient traverser.

« Faudra-t-il donc, dit-elle en regardant Rosine, que, pour l'honneur de celle-ci, je laisse mourir tous les autres de faim ! » Mais elle aimait trop Rosine. « Non, non, dit-elle en l'embrassant avec tendresse. Va-t'en, va-t'en, je te l'ordonne, c'est Dieu qui m'inspire ; tu es belle, tu es jeune, Dieu veillera sur toi ; ne reste pas ici où le malheur est venu ; un jour nous nous retrouverons. »

Elle prit la main de sa fille, la conduisit sur l'escalier, et pour la seconde fois lui dit adieu. Rosine rentra pour embrasser ses petits frères et ses petites sœurs.

« Je prierai pour mon père, » dit-elle.

Et, tout éperdue, elle descendit rapidement l'escalier comme si elle eût obéi à une voix suprême.

« Où vais-je ? » se dit-elle quand elle fut dans la rue.

Elle alla sur le quai de la Tournelle, voyant toujours sous ses yeux sa mère à moitié folle, qui voulait tour à tour la perdre et la sauver.

Comme Rosine arrivait au pont Notre-Dame, elle se trouva devant une foule confuse qui faisait cercle autour d'une chanteuse des rues s'accompagnant d'une harpe.

Ceux qui la connaissaient d'un peu près l'appelaient la

harpie. C'était une femme flétrie et ravagée par le temps et surtout par les passions. Elle avait à peine trente-cinq ans ; on lui en eût donné cinquante au premier coup d'œil. Dans son beau temps, elle avait montré ses jambes dans les chœurs de l'Opéra. De l'Opéra elle était tombée parmi les figurantes des petits théâtres ; enfin, de chute en chute (je n'ai pas la patience de les compter), elle était tombée dans la rue avec une voix cassée et une harpe de rencontre. Elle vivait au jour le jour de ses grâces fanées et de ses chansons sentimentales. Elle passait la nuit où il plaisait à Dieu ; elle avait, six semaines durant, entre les deux époques où l'on paye son terme, habité la même maison que le tailleur de pierre ; elle avait rencontré Rosine dans l'escalier ou dans la rue ; elle avait songé à diverses reprises à l'entraîner avec elle dans le vagabondage en plein vent.

Rosine, qui n'avait pas l'oreille à la chanson, allait passer outre, quand elle fut arrêtée de vive force entre un soldat et un oisif qui n'étaient pas fâchés d'écouter en si fraîche et si jolie compagnie. Les survenants ayant en moins de rien fait la chaîne autour d'elle, il lui fut impossible d'avancer ou de reculer. Elle se résigna à être du spectacle. Elle reconnut à cet instant la joueuse de harpe. Cette femme reconnut aussi Rosine. Ce jour-là, elle fut frappée de la sombre tristesse de la pauvre fille. Après avoir promené sa sébile, où tombèrent quelques sous, elle prit Rosine par le bras et l'entraîna au prochain cabaret tout en lui demandant la cause de son chagrin.

« Je n'ai rien, répondit Rosine.

— On ne pleure pas sans raison, ma chère ; voyons, essuie tes larmes et trinque avec moi. »

Rosine refusa de boire ; ce que voyant, la joueuse de harpe vida les deux verres.

« Est-ce qu'il y a une anguille sous roche, ma pauvre petite ? Est-ce que ton amoureux te trahit ? »

Rosine se récria : « Un amoureux ! vous ne savez ce que vous dites.

— Vois-tu, ma chère, le meilleur n'en vaut rien. J'en sais quelque chose, moi qui te parle. J'ai eu des amoureux de toutes les façons, à pied et en équipage. J'ai changé plus de mille fois mon lot, espérant toujours mettre la main sur quelque chose de stable ; c'était comme si je chantais ! »

Disant ces mots, la joueuse de harpe se mit à entonner : *Adieu, mon beau navire.*

Rosine, choquée de la familiarité et des paroles de cette femme, voulut partir ; mais celle-ci la retint :

« Voyons, un peu de confiance, ma mie ; dis-moi pourquoi tu pleures ? Ta mère t'a battue ? Laisse donc ces braves gens dans leur grenier ; viens chanter avec moi. »

Rosine raconta naïvement, dans un coin du cabaret, comment elle avait quitté sa mère.

« Voilà mon sort, dit-elle en terminant. Est-ce que j'aurai jamais le cœur de chanter ?

— Est-ce que je chante pour mon plaisir, moi ? C'est pour avoir de l'argent. Si tu veux chanter avec moi, je te donnerai ton gîte, ton pain et tes habits. »

La joueuse de harpe s'émerveillait de plus en plus de la beauté fraîche et piquante de Rosine ; elle calculait qu'avec une pareille compagne elle ferait fortune tous les jours.

« Je suis ta providence, poursuivit-elle ; sans moi, que deviendrais-tu ? car tu ne sais rien faire ; à moins que tu ne deviennes marchande de pommes ou d'allumettes.

— Moi ? dit Rosine en secouant ses tristes rêveries, j'aimerais mieux être marchande des quatre-saisons que de chanter en pleine rue.

— Quel enfantillage ! tu changeras d'idée ; en attendant, je veux bien pousser la bonne volonté jusqu'à te mettre en boutique ; je vais t'établir à mes risques et périls, j'ai confiance en toi. J'ai là de quoi acheter un éventaire et une botte de violettes ; il manque depuis cet hiver une bouquetière sur le pont au Change. C'est entendu. Nous allons souper ici ; moi, j'irai ensuite jouer dans les cafés du quartier. Si tu ne veux pas venir, tu iras te coucher là-haut, je payerai ton gîte. Dans deux heures, je viendrai te rejoindre. Va comme je te pousse ; crois-moi, je suis une bonne fille. »

Rosine ne savait que dire. La joueuse de harpe lui prit la main et l'emmena dans une arrière-salle du cabaret, où elle lui fit apporter du pain, du jambon et une bouteille de vin. Rosine refusa d'abord de manger ; mais il y avait si longtemps qu'elle n'avait été d'un pareil festin qu'elle se laissa bientôt gagner, tout en s'avouant son tort.

« Maintenant, dit la joueuse de harpe en se levant pour partir, je vais faire un tour dans le voisinage ; attends-moi ici, ou monte là-haut ; le cabaretier t'indiquera *mon appartement.*

— Je vous attendrai, » dit Rosine, ne sachant pas encore ce qu'elle devait faire.

Elle demeura une demi-heure à réfléchir tristement devant la table encore servie. Tout d'un coup elle se leva et sortit du cabaret. Elle reprit, avec un doux battement de cœur, le chemin de la maison paternelle. Mais, près de rentrer, le courage lui revint ; elle retourna au cabaret. La joueuse de harpe était couchée.

« Ah ! te voilà, dit-elle. A la bonne heure ! je comptais sur toi. Demain nous t'installerons sur le pont au Change. »

Le lendemain, elles descendirent le quai, Rosine silencieuse et résignée, la joueuse de harpe babillant comme une pie, cherchant à répandre à petites doses le poison dans ce jeune cœur naïf, qui n'avait d'autre défense que ses nobles instincts.

Elles traversèrent la Cité pour acheter des violettes au quai aux Fleurs. Le marché fut bientôt fait : pour trois ou

4

quatre francs, la joueuse de harpe eut un éventaire, une botte de violettes, une botte de feuillage, une pelote de fil et une médaille d'emprunt.

Elle conduisit Rosine sur le pont.

« Voilà ton affaire, lui dit-elle d'un air victorieux. Tu as une jolie voix, une figure fraîche, des yeux tendres ; tu n'as qu'à parler pour faire florès. Que tes bouquets soient joliment faits, qu'ils soient faits de rien, car c'est plutôt ton sourire qu'on achètera que tes fleurs.

— Je ne veux vendre que des bouquets, dit Rosine d'un air digne et naïf.

— Allons, ne te fâche pas. Souffle dans tes doigts et promène-toi de long en large, car il fait froid aujourd'hui. Pour moi, je vais continuer ma chanson, comme le Juif errant. A la brune, je viendrai te prendre pour t'emmener souper. »

La joueuse de harpe s'éloigna sur ces paroles. Restée seule, Rosine respira plus à l'aise. Elle dénoua les violettes et le feuillage, cassa un bout de fil sous ses petites dents blanches et fit son premier bouquet. Le bouquet fait, elle le trouva si joli, il y avait si longtemps qu'elle rêvait au plaisir d'acheter une simple fleur, qu'elle oublia un instant que son premier bouquet était fait pour être vendu : elle le mit sans façon à son corsage. Jamais peut-être femme du monde ne mit une parure brillante avec un plus doux plaisir. En voyant les violettes à sa gorge, Rosine oublia presque son chagrin ; un doux sourire s'épanouit sur sa figure. Une pauvre fille de seize ans se console avec si peu, moins que rien : un bouquet de violettes !

A peine Rosine eut-elle si bien placé son premier bouquet, qu'un grand garçon, un peu dégingandé, ayant une certaine tournure chevaleresque, s'arrêta devant elle en fouillant dans la poche de son habit.

« Tenez, la belle bouquetière, voilà une pièce de dix sous, donnez-moi un bouquet.

— Je n'en ai point de fait, dit Rosine en rougissant sans oser lever les yeux.

— Eh bien ! j'attendrai ; avec une si jolie fille on ne perd pas pour attendre. Pourtant, si vous vouliez me donner celui que vous avez là ? »

Disant ces mots, le jeune homme toucha doucement le corsage de Rosine. Elle leva les yeux d'un air offensé.

« Ah ! c'est vous ! » s'écria-t-elle avec entraînement.

Elle devint plus rouge encore ; elle soupira et laissa tomber les violettes qu'elle avait à la main. Elle venait de reconnaître l'étudiant de la rue des Grès.

« Hélas ! pensa-t-elle, il ne m'a pas reconnu, lui ! »

En effet, l'étudiant avait presque oublié cette jolie figure, qui l'avait frappé et séduit dans la sombre rue des Lavandières. Cependant, dès qu'elle leva les yeux, il la reconnut aussi.

« Je suis enchanté de la rencontre, car nous sommes de vieux amis ; à ce titre, vous ne pouvez me refuser le bouquet que voilà. »

Il avança encore la main pour cueillir le bouquet.

« Attendez-donc, » lui dit-elle avec un charmant sourire.

Elle prit elle-même le bouquet et l'offrit au jeune homme.

« Quel bon parfum de jeunesse ! » dit-il en le portant à ses lèvres avec ardeur.

Il avait déposé sa pièce de dix sous sur l'éventaire.

« Adieu, reprit-il en s'éloignant, ou plutôt au revoir, car je passe souvent sur ce pont qui va devenir pour moi le pont des soupirs. »

Il revint sur ses pas.

« Ma pauvre enfant, vous allez mourir de froid ici. Que diable ! on ne se fait pas bouquetière en janvier. Je ne suis pas dans l'habitude d'enlever les femmes ; cependant

vous savez que je vous offre mon hôtel garni et mon cœur,
— rue des Grès, n° 2, — Edmond Laroche.

— Si vous me parlez de cette façon, monsieur, je ne vous vendrai plus de violettes.

— Vous me les donnerez, cruelle. Adieu ! »

Cette fois, Edmond Laroche s'éloigna pour tout de bon ; cependant il se retourna avant de perdre de vue Rosine pour lui faire un signe de main. La jolie bouquetière, qui l'avait suivi du regard, ne put s'empêcher de lui faire un signe de tête. Elle se remit à l'œuvre avec un rayon de joie dans l'âme. L'amour était venu pour elle, l'heure d'aimer sonnait dans son imagination. Tout en faisant ses bouquets, elle se rappelait mot à mot de tout ce que lui avait dit l'étudiant. Elle le voyait sans cesse avec son manteau à l'espagnol fièrement et négligemment jeté sur son épaule, ses grands cheveux blonds ébouriffés, sa fière moustache, ses traits un peu sévères, qui contrastaient si bien avec sa façon piquante et gaie de parler amour.

« Si j'osais ! » dit-elle en soupirant.

Déjà, grâce à l'amour, plutôt qu'à la joueuse de harpe, qui avait tenté de jouer avec elle le rôle du serpent, Rosine perdait cette candeur divine dont les anges font aux jeunes filles un voile virginal.

Quand Rosine eut noué trois ou quatre bouquets, il lui vint un autre chaland : c'était encore un étudiant ; mais celui-ci avait une jolie fille à son bras. Ils allaient follement par la ville, d'un air sans souci, dans toute la liberté de la jeunesse et de l'amour. Le jeune homme prit un gros sou dans son gilet, le mit dans la main de la bouquetière, et choisit sans façon son bouquet.

« Tiens, Indiana, dit-il à sa compagne, voilà pour aujourd'hui ton bouquet de mariée. »

Rosine ne comprit pas.

« D'où vient, se demanda-t-elle, que ce jeune homme ne me va pas comme l'autre ? »

Il y avait plusieurs bonnes raisons : Edmond Laroche était le premier venu ; il allait sans compagnie ; il n'avait eu garde de lui glisser un gros sou dans la main.

« Au moins, dit-elle, il ne m'a pas payé le bouquet, lui. »

Elle achevait à peine ces paroles, quand elle découvrit en détournant ses violettes la pièce de dix sous.

« Oh ! mon Dieu ! dit-elle en pâlissant, je ne lui ai pas rendu la monnaie de sa pièce. Comment faire ? »

Après avoir un peu réfléchi, elle reprit en souriant :

« Je suis bien sûre qu'il reviendra, et alors... »

Elle vit au bout du pont l'autre étudiant et sa maîtresse qui avaient l'air de danser en marchant, soit par accès de folle gaieté, soit pour mieux braver le froid, car ils étaient court vêtus.

« Où vont-ils ainsi ? se demanda Rosine. On est donc bien heureux quand on n'est pas seul ? »

Rosine en était là de ses rêves d'amour ou de poésie, quand la joueuse de harpe vint lui rappeler son infortune en se présentant devant elle, comme un créancier impitoyable qui n'attend pas même l'heure de l'échéance.

« Eh bien ! la belle, combien as-tu vendu de bouquets ?

— Deux, répondit Rosine en tremblant ; deux... et encore on ne m'en a payé qu'un... »

La jeune fille ne regardait pas comme à elle la pièce de dix sous qu'elle espérait pouvoir rendre un jour à l'étudiant.

La joueuse de harpe se fâcha tout rouge.

« Tu es une sotte !.... si j'avais tes vingt ans et ton minois, j'aurais déjà vendu et revendu toutes mes violettes ; mais toi, tu es là comme une borne, sans desserrer les dents ! C'est bien la peine d'avoir de belles dents, c'est bien la peine d'avoir de la figure ! On sourit, on jase, on chante ; en un mot, on séduit son monde.

— Je vois bien que je n'entends rien à ce métier-là, dit Rosine avec orgueil ; reprenez votre éventaire.

— Point tant de façons; tu es à mon service, tu n'auras pas d'autre volonté que la mienne. »

Et disant cela, la joueuse de harpe secoua violemment Rosine. La pauvre fille, indignée, dénoua le ruban fané qui retenait l'éventaire.

« Voilà votre bien, dit-elle en pleurant; moi, je ne suis à personne. »

L'éventaire tomba; la joueuse de harpe se mit en fureur; Rosine, effrayée, s'enfuit sans savoir où elle allait.

## III.

Où aller dans ce pays perdu, où les malheureux ne trouvent jamais le bon chemin ? Elle marcha comme chassée par le vent. Voyant le portail de Notre-Dame, elle franchit avec un doux battement de cœur le seuil de cette église où elle avait souvent prié. Elle pria avec plus d'ardeur que jamais. « Du moins, pensait-elle, je suis dans la maison de Dieu, je n'ai rien à y craindre; j'y suis à l'abri de toutes les mauvaises passions; ceux qui aiment Dieu sont protégés ici. » Elle s'était remise à prier, quand une vieille femme vint lui demander brusquement deux sous. « Deux sous ! dit Rosine effrayée.

— Oui; il faut bien que mes chaises soient payées !

— Je n'ai pas pris vos chaises; voyez, je suis à genoux.

— Oui, mais à genoux devant une chaise.

— O mon Dieu ! s'écria Rosine, je croyais pouvoir prier Dieu sans argent.

— Point d'argent ?

— Oui, je suis sans argent et sans famille.

— Vagabonde ! ce n'est pas ici votre place. »

Rosine se leva et s'éloigna. « Une idée ! dit la vieille. »

Elle courut à Rosine. « Écoutez, mon enfant, je ne suis pas si noire que j'en ai l'air; voulez-vous que je vous donne des conseils ? »

Rosine, surprise, s'était arrêtée.

« Vous êtes bien jolie, poursuivit la loueuse de chaises ; des minois comme le vôtre ne sont pas faits pour les déserts. Tenez, j'ai une fille qui cherche une femme de chambre ; je crains bien que vous ne sachiez rien faire, mais vous pourrez vous entendre avec ma fille qui ne fait rien. Allez chez elle de ce pas : madame de Saint-Georges, rue de Bréda, la maison de l'épicier.

— J'irai peut-être, dit Rosine en s'éloignant.

— C'est cela, dit la vieille en revenant dans la nef ; ma fille l'habillera avec les défaites de sa garde-robe ; elle ne la payera point, et elle aura près d'elle une jolie figure, ce qui ne nuit jamais. »

Tout en se promettant de ne pas suivre le conseil de cette vieille marchande du Temple, Rosine alla, d'après ses souvenirs, et tout en demandant le chemin, vers la rue de Bréda. Arrivée devant la maison indiquée, « Que puis-je risquer ? dit-elle en tremblant, il sera toujours temps d'aller ailleurs. »

Elle entra et demanda madame de Saint-Georges. Elle monta au second étage et sonna toute tremblante. Une femme de trente ans vint ouvrir avec humeur. Voyant Rosine, elle voulut d'abord refermer la porte.

« C'est votre mère qui m'envoie, dit Rosine.

— Qu'elle aille se promener avec ses pareilles ! Qu'est-ce qu'elle demande encore ?

— Elle m'a dit que vous cherchiez une femme de chambre.

— Elle est folle et vous aussi. »

Mademoiselle Georgine (quelquefois madame de Saint-Georges, selon la circonstance) éclata de rire. Trouvant la chose plaisante, elle prit la main de Rosine et l'emmena dans son boudoir, où un jeune homme regardait d'un air admiratif une jeune fille qui fumait sa cigarette résolument.

« La plaisanterie passe les bornes, dit Georgine en entrant, voilà une femme de chambre que ma mère m'envoie.

— On dirait une figure de Greuze, dit le jeune homme ; il ne lui manque guère qu'une cruche à casser. Votre mère est une femme d'esprit ; elle ne pouvait mieux choisir. »

Rosine, rouge comme une cerise, voulut s'en aller ; Georgine la retint.

« Vous êtes un enfant, vous ne savez donc pas rire ?
— Non, madame.
— Eh bien ! apaisez-vous, nous ne rirons plus. »

Georgine avait compris que Rosine lui serait d'un grand secours. Elle la conduisit dans son cabinet de toilette et ouvrit une grande armoire où étaient jetées en désordre des robes de toutes les façons et de toutes les couleurs.

« Voyez, dit-elle en secouant ces chiffons oubliés, choisissez et habillez-vous ; après quoi nous verrons. »

Rosine, demeurée seule, fut éblouie et effrayée par tout ce luxe impertinent.

« C'est donc une duchesse, dit-elle de plus en plus émerveillée. »

Et Rosine regarda autour d'elle pour voir si elle était bien seule. Elle aperçut son image réfléchie par trois ou quatre glaces.

« Après tout, dit-elle en s'avançant vers un portemanteau, je ne fais de mal à personne. »

Elle détacha la première robe venue ; elle essaya de la mettre et n'eut pas de peine à y réussir. Dès que la robe fut agrafée, Rosine, qui ne s'était pas perdue de vue dans le miroir, se trouva plus jolie que jamais. C'était une robe de foulard, faite par quelque Palmyre du quartier. Rosine se ploya comme un roseau, monta sur une chaise, inclina le cou, croisa les bras sur sa gorge dans l'attitude d'une vierge ; en un mot, elle prit, en moins de quelques secondes, une bonne leçon de coquetterie et de grâce.

« Ah! dit-elle presque avec regret, si ce monsieur de la rue des Grès me voyait comme je suis là! »

Elle s'aperçut, tout en se trouvant charmante, que son petit bonnet n'allait plus à sa figure, ce pauvre et cher bonnet qu'elle avait brodé dans ses tristes veillées du dernier automne. — Elle le jeta de côté, et saisit un peigne d'écaille dont la vue lui fit battre le cœur. — Elle se peigna avec délices ; jamais elle n'avait pris tant de plaisir à tourmenter ses beaux cheveux. Georgine vint la surprendre.

« Eh bien ! mon enfant ? Mon Dieu que vous êtes jolie. »

Cette exclamation avait échappé à Georgine presque malgré elle.

« Vous croyez ? dit Rosine tout effarée. C'est votre robe...

— Quels beaux cheveux ! Venez donc ainsi dans mon boudoir.

— Non, non, dit Rosine avec candeur. — Et elle ajouta en elle-même : je suis trop belle ainsi pour être vue au grand jour. »

Cependant Georgine l'entraînait sans trop de résistance.

« Voyez, dit cette fille en entrant dans le boudoir, voyez quelle métamorphose ! »

Le jeune homme se leva, frappé de l'éclat de cette jeune beauté.

« Prenez garde, dit-il à Georgine, on enlèvera votre femme de chambre.

— M'enlever !

— Il ne sait pas ce qu'il dit ; ne l'écoutez pas.

— Est-ce qu'on enlève les femmes à présent ? dit l'amie de Georgine, qui avait fini sa cigarette.

— Est-ce qu'on ne m'a pas enlevée, moi ? dit Georgine avec dignité.

— Oui, dit l'autre, dans un omnibus qui allait de l'Opéra à l'Odéon. Je m'en souviens, j'étais de la partie.

— Allons, Olympe, respectez-moi devant mes gens.

— Tes gens ! Tu te figures que cette petite fille va rester à ton service !

— Oui, mademoiselle, dit Rosine avec un accent de fierté; je servirai madame de Saint-Georges de tout mon cœur.

— Je ne veux pas contrarier une fille d'aussi bonne volonté; mais je ne vous donne pas deux jours à vivre ensemble.

— N'écoutez pas cette folle, dit Georgine en conduisant Rosine dans la salle à manger. Vous vous tiendrez ici ; voilà une corbeille pleine de chiffons, prenez des aiguilles et travaillez un peu. »

Rosine cousait à merveille ; elle se mit à l'instant même à faire une reprise à un fichu de dentelle.

« Très-bien ! dit Georgine enchantée, quand les visiteurs furent partis. Nous nous entendrons à merveille; je suis une bonne fille, trop paresseuse pour être exigeante. Il n'y a pas grand'chose à faire ici ; ma cuisine est au café Anglais. Le matin vous m'habillerez ; vous arroserez les fleurs de la jardinière ; vous roulerez de temps en temps des cigarettes. Le soir, quand je vous le dirai, vous viendrez me chercher à l'Opéra.

— A l'Opéra ?

— Oui. Vous voyez que tout cela n'est pas bien difficile.

— Mais c'est une vie de conte de fées, dit gaiement Rosine.

— Oui, vue d'un peu loin ; mais ne parlons pas de cela. »

Cette existence nouvelle enchanta Rosine, qui était curieuse comme toutes les femmes, — plus curieuse, elle qui n'avait rien vu ; chaque jour, chaque heure, chaque seconde lui révélait un coin de ce tableau triste et charmant, où s'ébattent les passions profanes. La maison de Georgine était fort gaie; on y voyait bonne et mauvaise compagnie. Une semaine se passa. Rosine avait vu venir chez la choriste vingt nouvelles figures. Elle ne dormait plus ; elle était dans un nouveau monde, dont elle comprenait à peine la langue. Dans les rêves de son mauvais sommeil, elle se voyait à son tour parée, fêtée, aimée, belle de toutes les beautés, heureuse de toutes les ivresses.

Quoiqu'elle n'eût point l'habitude de chercher à surprendre des secrets, un matin, ayant à parler à Georgine, elle s'arrêta à la porte du boudoir, un peu retenue, il est vrai, par la crainte d'importuner. Elle entendit prononcer son nom. Georgine était avec son ancienne compagne d'aventures, mademoiselle Olympe, qui lui parlait d'une promenade à Saint-Germain.

Voilà ce que Rosine entendit : « Oui, ma chère, M. Octave, celui-là qui fleurit tous les jours sa boutonnière d'un camélia, depuis qu'il a vu Rosine, en est fou ; il veut à toute force la prendre pour sa maîtresse.

— Quelle idée !

— Comme il espère que tu seras favorable à ses projets, il te donne ce bracelet.

— Crois-tu que les pierres ne sont pas fausses ?

— Es-tu bête ! Octave est un homme comme il faut. C'est décidé, nous allons toutes les trois à Saint-Germain, où ces messieurs ont une maison de campagne ; attife un peu Rosine avec coquetterie, fais-la coiffer, et donne-lui ton collier de perles. »

Rosine s'éloigna avec indignation. Elle comprit enfin que, grâce à sa beauté et à sa pauvreté, sa vertu ne serait nulle part à l'abri ; que le mauvais esprit la reconnaîtrait et la suivrait toujours, soit qu'elle se couvrît de haillons, soit qu'elle se couvrît de soie et de bijoux. Elle se mit à pleurer.

« Je n'irai pas à Saint-Germain, dit-elle en essuyant ses larmes. »

A peine avait-elle dit ces paroles, que Georgine, venant

à elle, lui ordonna de se coiffer et de s'habiller pour l'accompagner dans une promenade à la campagne.

« Hâtez-vous, ajouta Georgine ; mettez ma robe de soie verte à volants. A propos, j'ai là un collier de perles qui vous ira bien ; je vous le donne. »

Disant cela, Georgine passa le collier au cou de Rosine qui ne savait que répondre. La pauvre fille alla dans le cabinet de toilette dont elle avait fait sa chambre, bien résolue de ne point s'habiller. Mais elle ne put s'empêcher de voir un peu dans une glace quelle figure elle faisait avec le collier.

« Hélas ! dit-elle, c'est dommage, car cela me va si bien ! »

Rosine voulut détacher le collier ; mais le diable y avait la main, elle demeura longtemps devant le miroir, égarée par mille songes dangereux. « Pourquoi dirai-je non ? murmura-t-elle. Dieu m'en voudra-t-il parce que j'aurai pris un peu de place au soleil. »

Et comme elle songeait au complot formé contre elle : « Non, non, jamais à ce prix-là. »

Elle saisit le collier et le jeta sur le tapis.

« Eh bien ! Rosine, avez-vous fini ? lui cria sa maîtresse.

— Oui, madame. — Que vais-je devenir ? poursuivit Rosine. — Une idée ! c'est Dieu qui me l'envoie ! »

Elle ouvrit une armoire où elle avait déposé ses pauvres habits. « Hélas ! dit-elle en les dépliant, est-ce que je pourrai jamais remettre ces habits-là ? C'est impossible ! on me suivrait dans les rues. Quoi ! je suis venue ici avec un pareil trousseau ? »

On ne perd jamais l'habitude du luxe, mais on se déshabitue si vite de la misère ! Rosine soupira.

« Eh bien ! vous êtes donc folle ? dit Georgine sur le seuil ; je vous attends. Que signifie tout ce désordre ?

— Je ne puis pas parvenir à m'habiller, dit Rosine.

— La niaise ! Voyons, laissez-vous faire. — Olympe, viens donc à notre aide. »

Les deux amies s'empressèrent d'habiller Rosine. En moins de dix minutes elle fut parée de la tête aux pieds.

« Vous voilà belle comme une mariée, dit Olympe.

— Une mariée ! que voulez-vous dire ? demanda Rosine. Je ne vous comprends pas.

— Tant mieux ! il ne faut jamais comprendre ; il n'y a de charmant que ce qui ne se comprend pas. »

Elles sortirent toutes les trois, préoccupées de sentiments divers. Elles descendirent jusqu'à la rue Saint-Lazare, devant aller à pied jusqu'au chemin de fer. Les deux amies se prirent par le bras; Rosine les suivait, d'abord pas à pas, ensuite à légère distance ; bientôt, fière et résolue, elle s'envola comme un oiseau qui recouvre la liberté. Où alla-t-elle ?

Elle descendit la rue Laffitte. Sur le boulevard, ne sachant plus son chemin, elle s'approcha d'un Auvergnat et lui demanda tout en rougissant, comme si elle lui confiait un secret : « Où est la rue des Grès ? »

Quand Rosine arriva au coin de la rue des Grès, elle s'arrêta, croyant qu'elle n'aurait pas le courage d'aller plus loin.

« Mon Dieu ! dit-elle en regardant les premières maisons de la rue, si je ne vais pas là, où irai-je ? »

Elle avança lentement, pâle comme la mort, aveuglée par mille visions flottantes. Elle ne remarqua pas un élégant coupé en station devant l'hôtel, ce qui était un événement dans la rue. Tous les étudiants venaient d'ouvrir leurs fenêtres pour chercher à découvrir le secret de cette visite. Ils avaient déjà échafaudé vingt romans fort compliqués.

Avant d'entrer, elle leva la tête comme si son regard dût avertir Edmond Laroche. Elle fut très-confuse de voir toutes ces figures insouciantes, couronnées d'un nuage de fumée.

Elle avait à peine regardé, cependant elle se dit : « Il n'est pas là. »

Elle avança le pied sur le seuil de la porte. Elle était éblouie et ne savait plus bien où elle allait.

Au pied de l'escalier, comme elle cherchait la portière, un homme se présenta à la fenêtre de la loge.

« Il faut, dit-elle d'une voix faible, il faut que je parle à M. Edmond Laroche.

— Numéro 17, au bout du corridor, » lui répondit-on.

Elle s'égara durant quelques minutes; elle monta d'abord trop haut, elle redescendit trop bas ; enfin le numéro 17 frappa ses yeux comme des traits de feu.

« S'il n'était pas seul ! » dit-elle avec terreur.

Elle écouta. Cet hôtel de la rue des Grès est un des plus agités du quartier, — à toute heure du jour, — souvent à toute heure de la nuit ; — on y vit bruyamment ; ce n'est pas dans le pays latin que l'étude et l'amour aiment le silence. Rosine entendit donc des cris, des éclats de rire, des chansons ; il lui fut impossible de reconnaître, si l'on parlait dans la chambre d'Edmond Laroche. Enfin, elle frappa légèrement et écouta encore avec plus d'anxiété; on la fit attendre; elle allait frapper une seconde fois, quand elle distingua un bruit de pas.

Presque au même instant Edmond Laroche, vêtu d'une longue robe de chambre, vint ouvrir en homme tout disposé à renvoyer la visite à des temps meilleurs.

« C'est moi, » dit-elle naïvement.

Il ne reconnut pas la marchande de violettes sous sa brillante métamorphose.

Toute consternée par un pareil accueil, Rosine n'osait pas entrer.

« Je suppose, dit l'étudiant, que vous vous trompez de

porte; il y en a tant ici. Permettez-moi de vous indiquer votre chemin.

— Mon chemin? est-ce que je le sais moi-même? Pardonnez-moi de venir pour si peu; voilà, monsieur, une pièce de dix sous que vous avez oubliée, il y a huit jours, sur mon éventaire... quand j'étais bouquetière sur le pont au Change. »

Tout en disant ces mots, Rosine prit la petite pièce et la présenta à Edmond Laroche qui ne comprenait encore que vaguement. Comme elle avait reculé d'un pas, un rayon de lumière vint frapper sa figure.

« Ah! c'est vous, dit Edmond Laroche avec un sourire inquiet, comme vous êtes devenue belle! Est-il possible! je n'y comprends rien; mais à Paris est-ce qu'on a le temps de comprendre? »

Il prit la main de Rosine et la conduisit à deux portes plus loin.

« Où allons-nous? demanda timidement la jeune fille.

— Attendez, répondit-il en frappant; que ceci ne vous inquiète pas. — Eh bien! — on ne répond pas. — Diable! »

Il attendit en silence, sans trop s'impatienter, quelques secondes encore.

« Mais, monsieur, expliquez-moi...

— Tant pis, poursuivit-il comme en se parlant à lui-même, retournons par là. »

Il reconduisit Rosine à la porte de sa chambre. Elle entra sur un signe.

« Tenez, asseyez-vous devant le feu. Comme vous êtes jolie! morbleu! quels atours! On ne change pas si subitement sans quelque baguette enchantée. — Ah! petite fille d'Ève, l'Amour est le dieu des miracles. — Je vous en veux beaucoup de n'être pas venue me charger du soin trop doux de vous habiller ainsi. »

Edmond Laroche disait toutes ces choses d'un air tout à la fois curieux et distrait.

« Écoutez-moi, dit Rosine, car il faut que vous sachiez toute la vérité. Ne commencez point par me condamner. Ces beaux habits qui vous offusquent ne sont pas à moi. »

Elle baissa la tête pour cacher sa rougeur.

« Vous me raconterez cela plus tard, dit Edmond Laroche.

— Tout de suite, car je ne veux pas que vous ayez le temps...

— Allons, allons, se dit Edmond Laroche avec un peu d'impatience, cela devient trop édifiant. Elle va me raconter l'éternelle histoire qu'elles racontent toutes. Encore! si Caroline n'était pas là, je pourrais bien prendre le loisir d'écouter.

— J'aurai bientôt fini, poursuivit tristement Rosine. Vous ne connaissez pas madame de Saint-Georges? J'ai passé huit jours chez elle sans savoir où j'étais. Voyez à mes habits ce qu'elle voulait faire de moi : la maîtresse d'un homme de sa compagnie. Ces habits que j'ai là sont ma première, mais ma seule faute. Ils ne sont pas à moi, mais je n'ai jamais eu la force de reprendre ceux que je portais quand vous m'avez rencontrée. On voulait me parer pour un autre, j'ai gardé les habits et je suis venue ici. — C'est Dieu qui m'a conduite. — N'est-ce pas, monsieur, que vous me sauverez? car... je vous aime, vous... »

Disant ces mots, elle baissa la tête et essuya ses larmes.

Edmond Laroche lui prit la main, la regarda avec admiration, et avec l'accent d'un cœur profondément ému, il lui dit :

« Vous voulez que je vous sauve? — Je vous aimerai. »

Un silence suivit ces paroles. Rosine porta la main à son cœur comme pour empêcher l'étudiant d'entendre qu'il battait fort.

« Voyez, reprit le jeune homme, voilà notre nid. — Tout ce que j'ai est à vous, » poursuivit-il en raillant un peu.

Il indiquait du doigt quelques meubles surannés d'hôtel garni.

« Mais, reprit-il en traînant son unique fauteuil devant Rosine, que faut-il pour être heureux? du temps à perdre. »

Rosine ne voulut pas s'asseoir; elle s'approcha de la cheminée et présenta devant le feu la pointe de ses petits pieds.

Elle regardait à la dérobée la chambre de l'étudiant. C'était une chambre garnie d'un lit, d'un fauteuil, d'une chaise, d'une commode et d'une table. Des livres de droit étaient épars depuis la porte jusqu'à la fenêtre; deux gravures anglaises ornaient les murs couverts d'un papier bleu, à légers ramages. Le manteau de la cheminée était sillonné de pipes; la commode était chargée de chiffons, de cravates et de gants. Le désordre de cette chambre attestait un esprit distingué et paresseux qui n'avait pas trop de temps pour étudier, pour rêver à sa fenêtre ou pour se promener.

« Ah! pensait Rosine, comme je serais heureuse de mettre ici tout à sa place! »

Edmond Laroche, tout inquiet qu'il fût, ne se lassait pas d'admirer cette fraîche, pure et naïve figure, qui, dans le cadre de son miroir, lui rappelait un de ces charmants portraits bien nourris de roses, comme en savait faire Jean-Baptiste Vanloo.

« Que vous êtes jolie! je ne saurais vous dire combien je suis heureux de vous voir si près de moi. Ces beaux cheveux ondés, comme il serait doux de les dénouer! »

Disant cela le jeune homme dénoua adroitement le chapeau de Rosine. Elle leva les yeux et le regarda tendrement. Ce regard trop doux troubla violemment Edmond Laroche; il oublia qu'il n'était pas seul avec Rosine; il allait la saisir à la ceinture et l'appuyer sur son cœur, quand un léger bruit se fit entendre.

Il regarda la porte de son cabinet.

« Il y a quelqu'un ici, dit Rosine en pâlissant. Ah! monsieur, il fallait ne pas m'ouvrir la porte. Je vois bien, poursuivit-elle avec désespoir, que je suis destinée au malheur. »

L'étudiant garda le silence. Deux sentiments opposés vinrent agiter son cœur. Il ne savait plus comment accueillir cette jolie fille qui, dans toute sa candeur charmante, venait se réfugier sous son toit. L'amour n'aime pas toujours à prendre ce qu'il a sous la main. Edmond Laroche eût été heureux d'entraîner Rosine sur son chemin le jour où il la rencontra dans la rue des Lavandières. On est accoutumé par tradition à ces aventures-là dans le pays latin; mais quand par hasard on rencontre une passion plus grave et plus digne, on se réveille aux nobles instincts, on sent tressaillir son cœur, on s'élève jusqu'au divin sentiment. Le jeune homme ressentait pour Rosine plus de vénération que d'amour; il songeait qu'il lui serait plus doux de la protéger que de la séduire.

Rosine, se détachant de la cheminée, s'était tournée vers la porte d'entrée, sans perdre de vue la porte du cabinet.

« Cependant, pensa Edmond Laroche, comme elle se l'est dit dans sa sainte ignorance, l'amour seul peut la sauver. Avec un autre, c'est une fille perdue, avec moi...

— Je m'en vais, » dit Rosine.

La porte du cabinet s'ouvrit brusquement. Une jeune dame, fort élégamment vêtue, vint droit à Rosine.

« O mon Dieu! je suis perdue, » murmura la jolie fille.

Elle se laissa tomber presque évanouie dans les bras d'Edmond Laroche.

La jeune dame lui fit respirer des sels.

« Ne tremblez pas ainsi; revenez à vous, » dit-elle, en la secouant un peu.

L'étudiant la soutenait toujours dans ses bras : elle rouvrit bientôt les yeux.

« Oh! madame, dit-elle d'une voix faible et suppliante, je suis bien coupable; pardonnez-moi!... Si j'avais su... »

Elle se détacha tout à fait d'Edmond Laroche.

« Maintenant, je sens que j'aurai la force de m'en aller.

— Pauvre fille, dit la jeune dame d'un air compatissant, où irez-vous?

— Où j'irai? c'est vrai; je ne sais pas où j'irai; mais je ne veux pas rester ici plus longtemps, car je comprends bien... »

Elle regarda tour à tour le jeune homme et la jeune dame.

« Pourtant je suis plus jolie, pensa-t-elle.

— Vous ne comprenez pas du tout, car je suis la sœur d'Edmond.

— La sœur! vous êtes sa sœur? »

Rosine se jeta tout éperdue dans les bras de la nouvelle venue, soit parce qu'elle était la sœur de celui qu'elle aimait, soit parce qu'elle n'était pas sa maîtresse.

« Oui, je suis sa sœur, et vous voyez que j'ai raison de veiller sur lui... mais ne vous offensez pas... vous êtes une noble fille qui courez à votre perte; c'est moi qui vous sauverai et non Edmond qui se perdrait avec vous. »

Rosine la regardait parler avec anxiété; Edmond ne savait quelle figure faire. Il écoutait et attendait tout indécis.

« Je vais vous emmener, reprit la jeune dame; je suis bien sûre que mon mari m'approuvera. Je ne sais pas encore ce que vous ferez chez moi; mais soyez tranquille, vous n'y serez pas comme une servante; j'imagine que vous savez coudre, lire, jouer avec les enfants; les miens vous amuseront, et vous les amuserez, en attendant que, de concert avec mon mari, je vous trouve quelque chose digne de vous.

— Je vous remercie, madame, dit Rosine avec reconnaissance, mais aussi avec tristesse ; je suis prête à vous suivre et à aller où il vous plaira. Ma pauvre mère avait bien raison de me fermer sa triste porte.

— Un jour, nous irons voir votre famille ; venez dans ma voiture, nous parlerons de tout cela. »

Rosine leva timidement les yeux sur Edmond Laroche.

« Adieu, lui dit-elle ; oubliez que je suis venue ici...

— Adieu, dit-il en lui pressant la main. — Peut-être, poursuivit-il en regardant sa sœur, peut-être Rosine ferait-elle bien d'attendre ici le sort que tu lui prépares.

— Allons, Edmond, ne rions pas des choses sérieuses.

— C'est assez comme cela, ma chère Caroline ; tu m'as fait beaucoup trop de sermons aujourd'hui. Encore, si tu ne m'avais fait que des sermons ! Je te pardonne, ce n'est pas sans regret ; mais Rosine est une fille plus digne d'habiter sous ton toit que sous le mien. »

Il embrassa sa sœur, pressa encore la main de Rosine, et rentra sans les conduire, craignant d'être le spectacle pour les étudiants bavards de l'hôtel.

Il alla ouvrir sa fenêtre pour voir encore Rosine ; quand elle monta dans le coupé, il s'imagina qu'elle lèverait la tête comme par dernier signe d'adieu ; mais elle se blottit dans un coin du coupé, sans oser faire un mouvement. Il s'était dit vingt fois qu'il la retrouverait chez sa sœur ; mais pourtant, dès que la voiture s'éloigna, il ressentit cette vague tristesse qui nous saisit quand nous voyons partir, pour un long voyage, une personne aimée. Il dînait toutes les semaines une ou deux fois chez sa sœur ; il pensa d'abord à y aller ce jour-là ; mais après avoir fermé sa fenêtre, se trouvant plus raisonnable, il remit la partie au lendemain.

La sœur d'Edmond veillait sur lui avec la sollicitude d'une mère. N'ayant pu le décider à habiter chez elle, rue Laffitte, elle venait de temps en temps le surprendre le matin, sous prétexte qu'elle passait dans le voisinage. Elle avait épousé un banquier très-célèbre à la Bourse et à l'Opéra, — M. Bergeret. — Déjà quelques-unes de ses aventures avaient éveillé la curiosité des conteurs d'anecdotes. C'était un homme aimable, sans esprit, mais ne manquant ni d'entrain ni de bonnes façons. Ce jour-là, il avait dit à sa femme qu'il serait retenu fort tard pour une affaire importante.

Madame Bergeret fit dîner Rosine avec elle et ses enfants. Le soir elle lui donna une petite chambre où Edmond s'était quelquefois couché au temps des bals de l'Opéra. Rosine s'y endormit heureuse, avec cette réflexion un peu embarrassante : Si, pourtant, j'étais à cette heure rue des Grès !

Le lendemain elle se leva de bonne heure, et voulut elle-même habiller les enfants. Elle mit à cette œuvre gracieuse toute sa sollicitude. Rosine était si jolie et si douce, que les enfants l'aimaient déjà comme s'ils la connaissaient de longue date. La beauté n'est jamais une étrangère.

A l'heure du déjeuner madame Bergeret appela Rosine.

« Venez, dit-elle, asseyez-vous près de moi. Voilà mon mari qui m'a promis de songer à vous. »

Rosine leva les yeux ; le mari laissa tomber sa fourchette.

« Ciel ! murmura-t-elle toute pâle et toute bouleversée.
— Qu'avez-vous, Rosine ?
— Rien ! dit-elle en essayant de sourire. Je n'ai rien…, j'avais oublié… »

Elle sortit de la salle à manger, passa dans sa chambre, mit son chapeau et son mantelet, et, ouvrant une porte qui donnait dans l'antichambre, elle s'enfuit en toute hâte.

M. Bergeret n'était autre que M. Octave, renommé dans la rue de Bréda pour ses camélias et ses bracelets, qui, la veille, avait quitté sa femme et ses enfants pour aller dîner à Saint-Germain en folle compagnie dans l'espoir d'y trouver Rosine.

## IV.

Rosine avait compris qu'elle ne pouvait pas rester une seconde de plus en face du mari sans être forcée d'expliquer son trouble à la femme.

« Je suis bien malheureuse, dit-elle en se retrouvant dans la rue; il ne me reste donc plus qu'à mourir. »

Elle descendait la rue Laffitte sans se demander où elle allait. Comme elle marchait lentement, à chaque pas on la coudoyait. Arrivée sur le boulevard, elle s'arrêta à la vue de tout le luxe parisien qui s'étale de ce côté-là avec tant d'impertinence.

« Mourir! » dit-elle encore.

Elle se demanda vaguement pourquoi elle ne pouvait prendre un peu de place dans la vie au milieu de tous ceux qui la coudoyaient. Elle marcha sans but durant quelques minutes. Distraite comme on l'est à son âge, elle se surprit toute prête à demander son chemin : « Hélas! mon chemin! Où vais-je? »

Elle suivait des yeux toutes les jeunes filles qui passaient à ses côtés.

« Où vont-elles, celles-là? Il y a une maison qui s'ouvrira pour elles; il y a un cœur qui les attend... »

Elle se perdait de plus en plus dans sa tristesse. Après avoir marché durant une demi-heure, elle s'aperçut avec émotion qu'elle avait pris sans y penser le chemin de la rue des Lavandières.

« Oui, dit-elle en se ranimant un peu, je reverrai mon père et ma mère; j'embrasserai les enfants; au moins, si je suis condamnée à mourir, j'aurai plus de courage pour le dernier coup. »

En se retrouvant dans la rue des Lavandières, elle se rappela toutes les scènes de son enfance; l'horrible misère vint lui ressaisir le cœur. Elle s'étonna d'avoir pu vivre si long-temps côte à côte avec la pauvreté, dévorant un morceau de pain mouillé de larmes.

« Oui, mourir, car je n'aurai jamais la force de vivre là-haut dans une pareille désolation. »

Elle monta l'escalier le cœur tout défaillant. Où était-il, ce cœur qui, la veille, dans l'escalier d'Edmond Laroche, battait avec tant de crainte, mais avec tant d'espérance ? La porte était ouverte ; Rosine s'arrêta sur le seuil, toute pâle et toute chancelante ; sa mère était occupée devant la cheminée à faire sécher du linge. Au cri d'un de ses enfants, elle tourna la tête :

« Rosine ! » s'écria-t-elle en se levant avec joie.

Elle courut à sa rencontre et lui tendit les bras.

« Comme te voilà belle! D'où viens-tu donc ainsi ?

— C'est vrai, dit Rosine en regardant son mantelet avec un triste pressentiment, j'avais oublié... »

Les enfants accouraient tous, curieux et surpris : « C'est ma sœur Rosine ! c'est ma sœur Rosine ! » criaient-ils gaiement.

Elle se baissa pour les embrasser. A cet instant, le tailleur de pierre descendit du grenier, où il repassait ses outils. Voyant Rosine ainsi parée, il détourna ses enfants, repoussa d'une main sa femme qui voulait encore embrasser sa fille, saisit de l'autre main Rosine et la jeta rudement dans l'escalier.

« Va, lui dit-il, fille perdue, va porter ailleurs ta joie et ta parure ! tout cela ne va pas avec notre misère. »

L'indignation de ce père, qui se croyait déshonoré, fut si terrible et si éloquente que la mère, qui avait compris, n'osa dire un seul mot pour défendre sa fille. Tous les enfants se blottirent en silence dans un coin de la chambre.

Quand Rosine se releva, elle entendit fermer bruyamment la porte.

« C'est fini ! » dit-elle avec un morne désespoir.

Elle avait subi le plus douloureux des supplices ; elle

était résignée à n'y pas survivre. Déjà elle avait descendu un étage du sombre escalier, quand un domestique en livrée, la croyant de la maison, lui demanda la porte du tailleur de pierre, André Dumon.

« Au-dessus, dit-elle sans s'arrêter.

— Mais, je ne me trompe pas, dit le domestique, c'est mademoiselle Rosine! »

Rosine reconnut alors le domestique : « Madame Bergeret, poursuivit-il, est en bas dans sa voiture; je crois qu'elle vous cherche, car presque aussitôt après votre départ elle m'a ordonné d'atteler.

— Hélas! dit Rosine, c'est encore un triste moment à passer; que vais-je dire à cette pauvre dame? »

Le domestique redescendit pour la conduire. Dès qu'elle arriva au bout de l'obscure allée, madame Bergeret, qui avait la tête à la portière, l'accueillit par un sourire. Aussitôt la portière s'ouvrit, le marchepied s'abaissa, madame Bergeret tendit la main à Rosine et lui dit en l'embrassant : « Je sais tout; ne vous désolez pas; je ne vous demande rien; je connais M. Octave; je sais la partie de Saint-Germain; je comprends tout ce que votre fuite a de délicat; j'ai pardonné à mon mari : une femme doit toujours avoir le cœur prêt au pardon. Je ne viens pas pour vous emmener encore, mais pour que vous soyez heureuse chez votre père.

— Heureuse! madame; si vous saviez ce qui vient de m'arriver! Mon père m'a chassée!

— Il vous a chassée?

— Oui; en voyant ces habits, il n'a pas voulu me reconnaître.

— Rassurez-vous, ma bonne Rosine; j'aurai bientôt calmé votre père; suivez-moi. »

Rosine remonta fière et heureuse. Le père lui-même ouvrit la porte. Madame Bergeret avait un air grave et digne qui le désarma. Elle prit tout de suite la parole :

« Vous avez chassé votre fille qui n'est pas coupable. J'ai, monsieur, un mari et des enfants; une mère de famille peut vous répondre de Rosine. On l'a tentée, il est vrai, par les séductions de la parure et des plaisirs; elle n'a pas voulu se donner à ce prix. Mais, écoutez-moi, monsieur : l'argent dont on eût payé son déshonneur, ce sera sa dot : mon mari, — qui pourrait bien aussi déposer comme témoin dans cette affaire, poursuivit-elle en échangeant un sourire avec Rosine, — m'a chargée de vous remettre pour votre fille ces huit mille francs. »

Disant ces mots, madame Bergeret prit dans son sac des billets de banque.

« Voilà, monsieur; cet argent est la pieuse offrande du riche à la sagesse et au travail; aimez Rosine, elle en est digne; mais, si vous m'en croyez, mariez-la bientôt; une jolie fille comme elle ne doit pas trop courir les champs. »

Madame Bergeret était compatissante et généreuse; mais elle pensait aussi que Rosine, mariée, serait oubliée de M. Octave et oublierait Edmond Laroche.

Rosine pleurait et se cachait la figure sur la main de madame Bergeret.

Le tailleur de pierre était pâle, grave, silencieux; il craignait de ne pouvoir se faire pardonner par Rosine; il était ému; il aurait voulu la prendre sur son cœur, mais il n'osait s'abandonner à son effusion devant madame Bergeret. C'était un de ces hommes de nature timide et fière tout à la fois, qui compriment les élans de leur cœur comme une faiblesse dont ils auraient à rougir.

« Mais embrasse donc ta fille? » lui dit sa femme avec vivacité.

Rosine se jeta dans les bras de son père, qui ne put lui dire un seul mot.

« Voyez-vous, madame, reprit la mère en se tournant vers madame Bergeret, il a bon cœur, mais il le cache.

— Adieu, dit madame Bergeret en tendant la main à

Rosine ; je suis bien heureuse d'avoir vu cette mansarde, que je n'oublierai pas. Surtout, Rosine, faites-moi savoir le jour de votre mariage.

— Mon mariage, dit la jeune fille en souriant : vous m'avez donné une dot, mais il me manque encore un mari.

— Que ceci ne vous inquiète pas, ma chère enfant, le mari ne se fera pas attendre. Adieu, madame, dit-elle en se tournant vers la mère de Rosine ; je me charge du trousseau de la mariée. »

Rosine accompagna madame Bergeret jusqu'à sa voiture ; quand elle rentra dans la mansarde elle fut presque surprise de l'air de fête qui s'y était tout à coup répandu. Les enfants, qui ne comprenaient pas du tout ce qui s'était passé, puisaient leur joie dans la figure du père et de la mère. Tous criaient en sautillant et en chantant : « *Ma sœur Rosine est revenue!* »

La mère, abattue de joie et de surprise, pria Rosine de lui raconter toute cette étrange histoire.

« Il faut avant tout, dit Rosine en l'embrassant encore, que je reprenne des habits qui soient à moi. »

Elle passa dans son cabinet ; tout le monde voulait la suivre ; mais elle voulut être seule. Dès qu'elle eut fermé la porte, elle dégrafa son mantelet et dénoua le ruban de son chapeau... « Pourtant, dit-elle avec un soupir... » Comment n'eût-elle pas songé un peu à Edmond Laroche ?

Elle essuya une larme, mais ce fut le dernier regret.

Elle se regarda dans son miroir cassé : cette fois, dans cette petite chambre si pauvre et si honnête, sa toilette brillante l'offensa elle-même. Elle se hâta de se déshabiller. Pas un seul regret! Elle reprit gaiement une petite robe de percale à raies bleues, un fichu de mousseline...

« Et un bonnet! » dit-elle tout à coup.

Comme elle cherchait des yeux, elle découvrit à la fenêtre, étendu au vent, un de ses légers bonnets que la veille sa mère avait lavé en souvenir de sa pauvre et bienaimée Rosine.

Tout en mettant ce bonnet devant son miroir, elle fut surprise de se retrouver charmante.

« D'où vient donc que je n'ai pu me décider à reprendre mes habits chez madame de Saint-Georges? Il faut que je me dépêche de lui renvoyer les siens. »

Quand elle fut habillée de point en point, elle courut, toute joyeuse, vers son père.

« Eh bien ! cette fois me reconnaissez-vous ? »

Le pauvre et heureux tailleur de pierre ne put retenir une larme ; il embrassa tendrement sa fille et la remercia d'oublier si vite sa terrible colère.

« J'ai bien compris, dit-elle en pleurant aussi. J'étais si malheureuse il y a une heure que je ne savais plus, en venant ici, comment j'étais habillée ; je voulais vous dire adieu et mourir ; mais ne parlons plus de cela. »

Un petit frère, celui-là même qui ne rêvait jamais que de festins qui duraient deux heures, prit alors la parole :

« Ma sœur Rosine, est-ce que tu souperas avec nous ? »

A ces mots, tout le monde se mit à rire. Ces braves gens n'étaient pas habitués aux scènes attendrissantes ; le petit affamé les remit à leur aise.

« Oui, oui, dit Rosine : nous allons souper comme au meilleur temps. »

Elle donna à sa sœur cadette toute sa toilette d'emprunt : « Va, lui dit-elle, va prier l'Auvergnat du coin de porter ces beaux habits à madame de Saint-Georges ; il rapportera les miens si on peut les retrouver. Une fois délivrée de cette toilette, tu t'inquiéteras du souper ; arrange-toi de façon que Charlot soit content ; moi, je vais mettre la table : je suis sûre que Charlot va m'aider. »

Elle prouva qu'elle n'avait pas oublié les habitudes de la maison. La sœur cadette rentra bientôt ; Charlot courut au-devant d'elle et fourra ses petites mains dans son cabas. Il demeura stupéfait en ne prenant qu'une poignée de radis. Il regarda Rosine d'un air de reproche ; mais à cet instant un personnage inattendu montra sa figure à la porte. C'était le marmiton du rôtisseur voisin : « Une oie ! » s'écria Charlot.

En effet, le marmiton présentait une oie avec un grand respect. Il fut bientôt suivi d'un marchand de vin qui apportait un panier de bouteilles cachetées.

« Qu'est-ce que je vois ? dit André Dumon d'un ton grave. Je n'entends pas tout cela ; nous allons ruiner Rosine ; du vin cacheté ! ce n'est pas ce qu'il nous faut ; je ne payerai pas.

— C'est bon, dit le marchand de vin ; vous payerez plus tard.

— Diable ! dit André Dumon, voilà le crédit qui vient.

— Attendez donc qu'on vous paye, dit la mère au marmiton.

— Un autre jour, » dit-il en fermant la porte sur lui.

La voiture aux deux chevaux, la scène qui s'y était passée entre madame Bergeret et Rosine, la longue visite de madame Bergeret dans la mansarde, tout cela était un grand événement dans le quartier ; le cocher avait été questionné : tous les voisins savaient déjà que Rosine était restée sage et qu'elle était devenue riche.

La pauvre mansarde avait donc pris un air de fête ; le soleil, qui allait se coucher, éclaira la fenêtre d'un dernier rayon ; la gaieté, la bonne gaieté, celle qui vient du cœur, passait sur toutes les figures. On se mit à table. Rosine fit le signe de la croix et prit sur ses genoux sa plus jeune sœur.

Bientôt elle raconta naïvement tout ce qui lui était arrivé depuis dix jours. Son récit dura longtemps ; aucun des auditeurs ne s'en plaignit. Déjà elle se rappelait avec un peu de confusion toutes ces pages de son roman d'hier ; déjà elle avait peine à croire elle-même à ces événements si rapides : « Est-ce possible? » se dit-elle en finissant.

Charlot avait écouté avec tant d'attention qu'il s'était endormi profondément les coudes sur la table.

L'histoire de la dot de Rosine fut un événement dans le quartier. Le chiffre grossit de boutique en boutique, de mansarde en mansarde, comme celui des œufs de la fable. Des prétendants de tous les âges se présentèrent en foule, doublement attirés par la dot et par la beauté de Rosine. M. Gruchon lui-même, qui avait demandé la jeune fille pour demoiselle de compagnie, daigna venir la demander pour femme : pour la seconde fois il fut refusé. On en refusa bien d'autres, sinon plus riches, mais plus jeunes.

« Cependant, ma chère Rosine, disait le tailleur de pierres, il faudra pourtant prendre un parti, car je perds tout mon temps à écouter les demandeurs en mariage et à les éloigner.

. . . . . . . . . . . . . . . . . . . . . . . . . . . . . . . .
. . . . . . . . . . . . . . . . . . . . . . . . . . . . . . . .

Un jour du dernier automne, Edmond Laroche, déjà connu dans le monde intelligent et déjà célèbre au Palais, passait dans la rue Saint-Dominique : il s'arrêta tout surpris devant la boutique d'un serrurier dont la forge jetait un vif éclat. Il avait sous les yeux un vrai tableau flamand. D'un côté, deux forgerons, les bras nus et le teint bronzé, battaient le fer sur l'enclume ; de l'autre côté, éclairée par la forge et par la fenêtre, une jeune femme suivait du regard, tout en brodant une collerette, le plus jeune des forgerons. C'était un homme de vingt-cinq à trente ans, dans toute la force allègre de la jeunesse. Sans avoir les traits de la figure réguliers, il ne manquait pas de cette beauté fière et rude qui frappe par le caractère. C'était tout simplement un ouvrier, mais franc, libre, sincère, de ceux qui vivent par le travail et qui sont heureux par le travail. Edmond Laroche lui eût donné la main de tout son cœur avec le plaisir qu'on ressent toujours en rencontrant une nature forte et franche. Le jeune serrurier avait d'autres joies que les joies bénies du travail : il y avait, on l'a vu, dans la boutique, une jeune femme. Elle était jolie; quoique vêtue en femme du peuple, on reconnaissait dans son habillement une certaine coquetterie naturelle, une certaine recherche aimable. Ce qui frappait surtout en elle, c'était sa fraîcheur et sa gaieté. La vie éclatait dans ses yeux et sur ses lèvres.

Sur le rebord de la fenêtre qui l'éclairait, étaient placés quelques pots de verveine et de marguerites.

« Quoi! dit Edmond Laroche, pas une seule violette! Elle ne se souvient donc pas? »

Comme il disait ces mots, le forgeron, qui avait donné son dernier coup de marteau, vint à sa femme, s'inclina au-dessus d'elle et lui baisa les cheveux. Elle le regarda avec tendresse et avec reconnaissance comme pour lui dire : Courage!

Edmond Laroche s'éloigna en songeant à la rue des Grès et à la vertu de Rosine.

# CORNILLE SCHUT.

Cornille Schut[1] était peintre et poète. Le poète est oublié ; mais qui n'a vu un des charmants camaïeux du peintre dans les guirlandes de fleurs du jésuite Seghers ? On ne connaît rien de plus naïf, de plus délicat et de plus harmonieux.

Cornille Schut avait vingt-sept ans, l'amour du beau, le sentiment poétique, tout ce qui fait le charme et l'éclat de la jeunesse. Il avait jusque-là vécu gaiement, un peu

[1] Né à Anvers en 1590, mort vers le milieu du dix-septième siècle. Van Dyck a peint Cornille Schut. C'est une figure à grandes lignes d'un caractère rêveur ; le sourcil est fin, les moustaches sont fièrement relevées, l'ajustement a toute la noblesse des costumes des gentilshommes flamands du seizième siècle. Dans la gravure de Sornigues, ce portrait s'élève entre deux médaillons, emblèmes du talent du peintre ; l'un représente Suzanne surprise de très-près par les deux vieillards, l'autre est un Christ qui appelle les petits enfants. Cornille Schut a vécu en France durant quelques années. Il a connu les poètes de la Pléiade. Élève de Rubens, il avait comme son maître tout le feu de la création ; mais il ne fut presque jamais coloriste. Il reste de lui quelques eaux-fortes d'une grande manière.

dans le monde, beaucoup dans les tabagies; plus d'une de ses folles équipées avait émerveillé les jolies filles d'Anvers. Il se sauvait par le travail, tantôt poëte, tantôt peintre, aussi heureux d'un sonnet que fier d'un coup de pinceau.

Un soir qu'il rêvait, selon sa coutume, une pipe à la bouche, devant quelques pots de bière et quelques amis, dans un cabaret du port, il pensa qu'il éparpillait trop son cœur et sa vie; il prit une résolution subite; il se leva de table, mit fièrement son chapeau, et, tendant la main à ses amis, il leur dit adieu.

« Où vas-tu ?

— Je ne sais, mais adieu.

— Et quand reviendras-tu ? lui dit en riant Pierre Snayers.

— Dans deux ans, dit Cornille Schut.

— Deux ans, c'est la fin du monde. »

Cornille Schut était sorti du cabaret. Il alla trouver une maîtresse qui l'aimait. Pour lui, il n'avait pas trop pris le temps de l'aimer; mais il voulait réparer le temps perdu. C'était une jolie fille brune comme une Anversoise qui descend en ligne directe des Espagnols.

« Élisabeth, m'aimez-vous pour longtemps ?

— Pour toujours, dit la jolie fille.

— Eh bien ! préparez-vous à me suivre; nous partons demain.

— Où allons-nous ?

— Si vous m'aimez, qu'importe ! »

Cornille Schut embrassa Élisabeth et sortit.

L'histoire ne dit presque rien d'Élisabeth van Thurenhoudt. C'était une fille d'Ève, à coup sûr, qui vivait pour être aimée.

Cornille Schut alla ensuite trouver son oncle Mathieu.

« Mon oncle, il paraît que je suis bien placé sur votre testament. De toute votre fortune à venir, je ne réclame aujourd'hui que mon ami Wael, votre chien bien-aimé. Je vais m'exiler pour une œuvre sérieuse. Les Révérends Pères m'ont commandé deux *Assomption* pour leur église et pour leur maison de campagne : il me faut une pieuse solitude pour faire œuvre qui vive ; je vous en supplie, mon oncle Mathieu, donnez-moi votre chien. »

Le lendemain, le peintre Cornille Schut, sa maîtresse Élisabeth Van Thurenhoudt et le joyeux Wael arrivèrent, au soleil couchant, devant une petite maison toute rustique, bâtie au bord d'un bois. Déjà le peintre était venu rêver là. Cette petite maison, qui était un rendez-vous de chasse, dépendait d'une ferme voisine, formant toute sa fortune.

« Élisabeth, m'aimez-vous assez pour demeurer ici deux ans sans voir une autre figure que la mienne, avec mon chien Wael pour tout ami ?

— Oui, dit-elle avec un peu d'inquiétude. »

En moins de quelques jours, leur vie était poétiquement organisée. De longues promenades dans les bois et dans les prés avec le bondissant Wael, de doux propos d'amour que Dieu seul entendait, le travail béni qui repose le cœur ; les chansons, les lectures, les rêveries ; le déjeuner près de la fenêtre, le goûter au bord du ruisseau. Vous voyez tout ce charmant tableau d'une fraîcheur si agreste.

Cornille Schut était heureux par le cœur et par l'esprit ; l'amour d'Élisabeth l'avait fait grand artiste, l'amour de l'art augmentait encore sa passion pour Élisabeth.

Sa maîtresse était belle, mais plus charmante encore que belle par je ne sais quel rayon d'ardente tendresse qui mouillait son regard et passait sur ses lèvres.

Au bout de deux ans, Cornille Schut termina ses *Assomption*. Quand il les vit partir pour Anvers, il lui sembla qu'on emportait quelque chose de sa vie. — Mon Dieu ! mon Dieu ! se dit Élisabeth, il m'aime un peu moins depuis que ses tableaux ne sont plus là.

Cependant Cornille Schut commençait à reporter çà et là ses rêves sur la tabagie, où sans doute fumaient encore joyeusement ses camarades. Un jour il prit la main d'Élisabeth et lui dit :

« Savez-vous qu'il y a deux ans que nous vivons ainsi sans nous soucier du monde ?

— Je n'y pensais pas, dit-elle.

— Vous n'y pensiez pas, dit tendrement Cornille Schut en baisant la main de sa maîtresse ; vous n'y pensiez pas, et pourtant c'est aujourd'hui que nous retournons à Anvers.

— Aujourd'hui ? dit-elle en pâlissant. Ah ! vous ne m'aimez plus. »

Le peintre, touché jusqu'aux larmes, dit avec transport :

« Élisabeth, consentiriez-vous donc à passer encore deux ans ici ?

— Consentir ! mais c'est ma prière. »

Ils continuèrent amoureusement cette vie silencieuse, solitaire et charmante, n'ayant de rapport avec le monde que par le pâtre des prés voisins et par une domestique de la ferme qui venait chaque jour les servir. Un an se passa encore dans l'enchantement ; mais, dès les premiers mois de la quatrième année, Cornille Schut commença à compter les jours.

A Anvers, on le croyait en Italie. Nul ne pouvait s'imaginer qu'un beau viveur comme lui s'était retiré du monde avec tant d'obstination. Son chien trahit sa solitude. Daniel Seghers, étudiant un jour en pleine campagne, aperçut le beau Wael qu'il aimait de vieille date. Il alla à lui et renoua connaissance. Il savait que cet original de Cornille Schut avait emmené le chien de son oncle : puisqu'il avait retrouvé le chien, il allait sans doute retrouver l'ami. En effet, quelques minutes après, il surprenait le peintre et sa maîtresse assis à l'ombre sur la lisière du bois.

Dès qu'Élisabeth aperçut Daniel Seghers, elle se leva vivement et dit à Cornille Schut : « Fuyons ! » Car, pensait-elle, s'il s'arrête avec nous, notre solitude est profanée. Mais, hélas ! Cornille Schut tendit la main à son ancien ami ; on parla d'Anvers ; Cornille Schut soupira.

« Quoi ! dit Daniel Seghers, vous êtes donc bien heureux, puisque vous n'êtes pas venu jouir de votre gloire ; car, ne le savez-vous pas ? vos deux *Assomption* sont admirées de tout le monde. On vous croit à Rome. Si on vous savait ici, on viendrait vous chercher en triomphe. »

Quand le peintre et sa maîtresse se retrouvèrent seuls, ils se regardèrent tristement.

» Élisabeth, est-ce que nous serons encore huit mois sans retourner là-bas, où la vie nous attend avec des fêtes sans nombre ?

— Partez, dit Élisabeth en voulant cacher ses larmes. »

Touché de tant d'amour, Cornille Schut oublia Anvers et ses amis et sa renommée.

« Partir ! partir sans toi, jamais ! »

Le temps passa, mais plus lentement ; on ne chantait plus, on ne courait plus ; voyant cela, le chien lui-même devint triste. De temps en temps il essayait encore ses vives gambades et ses gais jappements, mais il retombait bien vite dans son humeur taciturne.

Enfin les derniers jours de solitude allaient finir. Dans sa joie de revoir ses amis ou plutôt de se retrouver dans ses amis, le peintre ne s'aperçut pas que sa maîtresse pâlissait et s'étiolait ; elle avait d'ailleurs toujours pour lui son tendre et charmant sourire. La veille du départ il lui demanda à traverser encore les sentiers les plus aimés du grand bois où tant de fois ils s'étaient perdus. Elle se suspendit alors à son bras et marcha silencieusement à son bras. C'était un beau jour d'août : la gaieté des moissons resplendissait sur la terre ; les sifflements du merle répondaient dans les bois aux sifflements de la faux dans les seigles.

« Quel beau jour ! s'écria l'enthousiaste Cornille Schut ; j'ai le pressentiment que nous laisserons encore ici bien des heures charmantes. La nature ne m'a jamais parlé avec plus de poésie. Élisabeth, vous le voyez, notre amour ne vieillit pas.

— Hélas ! dit-elle en baissant la tête.

— Nous reviendrons, reprit le peintre, nous reviendrons souvent, car, je le sens comme vous, c'est ici que nous retrouverons toute notre jeunesse. On n'est heureux qu'une fois sous le ciel...

— Alors, pourquoi partir ? Vous m'avez habituée à vivre seule avec vous; le monde effarouche le bonheur; je perdrai tout là-bas.

— Enfant, vous le savez, la vie n'est pas seulement faite d'amour; le monde a prescrit des lois qu'il faut suivre; il faut vivre pour soi; mais il faut vivre aussi un peu pour les autres.

— Moi, dit Élisabeth, je ne puis vivre que pour vous. »

A ce moment, plus pâle encore que de coutume, elle tomba agenouillée sur l'herbe, élevant vers son amant ses beaux yeux mouillés de larmes.

« Ami, lui dit-elle, partirez-vous ? »

Il la releva, l'appuya sur son cœur, et lui dit en lui baisant les cheveux :

« Il le faut.

— C'est bien ! dit-elle d'une voix tremblante, c'est bien ! Nous partirons ; mais songez-y bien, moi, je ne reviendrai plus. »

Le peintre ne comprit pas ce qu'elle voulait dire.

« Vous reviendrez, lui dit-il ; laissez-moi vivre six mois à Anvers, avec vous, toujours avec vous; nous reviendrons ici peut-être pour toujours. »

Ils arrivaient vers le milieu du bois.

« Voulez-vous, continua Cornille Schut, aller nous reposer dans la prairie de la chênaie, que vous aimez tant ?

— Non, dit-elle, je le voudrais bien ; mais je n'ai plus de force; retournons sur nos pas; rentrons, car je ne sais ce que j'ai aujourd'hui ; mais ne vous inquiétez pas, demain je serai prête à partir. »

Le lendemain, le peintre passa la matinée dans son atelier à mettre en ordre ses tableaux, ses esquisses, ses dessins et ses livres. L'ingrat avait un peu de cette joie qui saisit l'exilé aux portes de son pays. Élisabeth, qui était restée dans sa chambre près de la fenêtre, le regard perdu sur la campagne, entendit son amant chanter gaiement cette chanson :

La vie est au cabaret. Belle hôtesse, ma mie, apportez-nous à boire ; que vos petites mains blanches nous versent la bière écumante.

On n'a pas l'idée de la douleur profonde qui saisit Élisabeth, car cette chanson était celle que Cornille chantait avec ses amis dans ses jours de fête. Son cœur bondit et se brisa : elle leva les yeux au ciel et pria Dieu avec ferveur.

Cependant il chantait toujours, de plus en plus emporté par ses gais souvenirs. La pauvre fille ressaisit tout à coup ses forces évanouies ; elle se leva vivement et courut à la porte de l'atelier. La porte était entr'ouverte ; elle s'arrêta sur le seuil. La voyant apparaître ainsi les cheveux en désordre, la gorge haletante, les yeux égarés, Cornille Schut vint vers elle surpris et effrayé :

« Élisabeth, qu'avez-vous ? »

Elle sourit amèrement.

« Ce que j'ai... Écoutez-moi. »

Et aussitôt elle se mit à chanter cette chanson que Cornille Schut avait rimée pour elle dans les plus beaux jours de leur solitude :

### I.

Les pâquerettes se flétriront. L'hiver viendra souffler la neige. L'hiver ne passera jamais sur mon cœur, ma belle maîtresse.

## II.

Mon cœur qui est un printemps éternel, quand tu me souris, soleil radieux! quand je vois flotter ta chevelure, quand j'effleure ta lèvre embaumée!

## III.

Non, je ne veux pas craindre l'hiver, il passera sans toucher mon cœur. Je brave son givre et sa tempête, quand je baise tes bras nus sur l'herbe.

## IV.

Pourtant, il y a un hiver qui m'effraie : celui qui dans ses bras de marbre nous emportera dans le noir tombeau, et sèmera sur nous les fleurs sans parfum.

## V.

Ce dernier hiver glacera nos cœurs; mais nous emporterons là-haut le souvenir des marguerites qui ont émaillé nos vertes prairies.

Au dernier mot de la chanson, Élisabeth tomba épuisée dans les bras de son amant : elle avait jeté toute sa vie dans sa voix.

Il la transporta à la fenêtre pour lui faire respirer l'air pénétrant du matin ; elle rouvrit les yeux et lui dit :

« Adieu, cette chanson-là ne te fait plus battre le cœur, c'en est donc fait. »

Elle murmura encore :

Pourtant, il y a un hiver qui m'effraie, celui qui dans ses bras de marbre...

« Ma chère Élisabeth, criait Cornille Schut glacé d'épouvante, ma chère maîtresse, où es-tu ?

— Ami, répondit-elle d'une voix mourante, tu m'as dit qu'il fallait partir; je m'en vais avant toi. Tu m'aurais abandonnée là-bas; j'aime mieux mourir ici. »

A peine Élisabeth eut-elle dit ces mots qu'elle ferma les yeux pour jamais. Cornille Schut la ressaisit dans ses bras et l'embrassa comme pour lui donner son âme.

On peindrait mal son désespoir ; il passa toute la journée à pleurer et à crier comme un fou. Cent fois il prit sa maîtresse sur son cœur. Élisabeth ne se réveilla pas à ses embrassements.

Il se rappela que depuis plus d'un mois la pauvre fille pâlissait chaque jour ; il comprit qu'elle mourait pour l'avoir trop aimé ; il jura de ne pas retourner à Anvers, de vivre au milieu des bois avec le souvenir toujours palpitant de la triste Élisabeth.

Après les funérailles seulement, il s'aperçut qu'il n'avait pas son portrait. On ne fait pas le portrait de la maîtresse qu'on aime ; car peut-on rendre sur la toile le charme d'une figure adorée ? Élisabeth avait posé pour les vierges de ses tableaux, mais il n'avait saisi dans sa figure que l'angélique pureté des traits ; il s'était bien gardé de donner à la mère des anges l'expression toute profane de sa maîtresse.

Quand elle eut disparu pour toujours de devant ses yeux, il regretta avec désespoir de n'avoir pas reproduit tout ce qui faisait le caractère et le charme de sa chère Élisabeth. Il la voyait encore passer dans ses rêves, fuir comme une ombre le long des prairies ou au fond des bois. Mais ce n'était plus la fraîche et rieuse fille des premières années ; c'était la pâle et triste amante que déjà la mort avait glacée. Il tenta de faire son portrait en étudiant ses souvenirs ; mais chaque fois que la figure se ranimait sous son pinceau, il reculait avec effroi, car c'était toujours Élisabeth mourante qu'il retrouvait sur la toile.

Durant près d'un mois Cornille Schut demeura dans sa solitude, qui était devenue tout à coup une Thébaïde. Son oncle, averti par Daniel Seghers, inquiet d'un exil si obstiné, vint le surprendre un soir qu'il rêvait sur la tombe d'Élisabeth Van Thurenhoudt. Le bonhomme Mathieu fut effrayé de la pâleur et du désespoir de Cornille Schut. Le peintre raconta mot à mot toute l'histoire de son cœur.

« Tu t'en vas me suivre à Anvers, lui dit l'oncle tout ému.

— Non, dit le peintre, tant que les pâquerettes n'auront pas fleuri sur cette fosse j'y viendrai pleurer. »

Il attendit. Tous les matins il allait s'agenouiller sur la fosse de sa maîtresse. Il lui parlait comme au beau temps. « Va, lui disait-il avec effusion, nous nous retrouverons dans une autre solitude pour nous aimer toujours ; — mais retrouverai-je tes beaux yeux, si doux quand tu me parlais ? — Pauvre Élisabeth, la voilà seule couchée dans la tombe, mais elle n'est pas seule comme moi ! »

Un matin, il eut un mouvement de joie en voyant deux pâquerettes écloses dans l'herbe naissante de la fosse d'Élisabeth.

Il les cueillit, les baisa et les porta à son cœur. Enfin il partit pour Anvers avec le pauvre Wael, qui depuis longtemps ne gambadait plus. Il retourna à la taverne. Ses amis voulurent le railler sur sa mystérieuse passion ; mais, quand on le vit si pâle et si sombre, quand on l'entendit parler avec une voix brisée par les sanglots, on respecta sa douleur ; tous ses vieux amis lui tendirent silencieusement la main.

Je crois avoir remarqué cette pensée dans les vers de Cornille Schut : « L'homme le plus passionné ne trouve pas toute sa vie dans l'amour ; la femme seule peut vivre et mourir par le cœur. »

# LOMPROZ ET MARGUERITE.

On m'a remis tout à l'heure, aux archives de la petite ville de Bruyères, les pièces d'un jugement horrible dont Walter Scott, avec sa merveilleuse poésie, eût fait un beau roman. Pour moi, je me contente de raconter cette cause, digne d'être célèbre, en pur et simple historien qui écrit sur pièces authentiques. N'est-il pas curieux d'assister scène par scène à un procès criminel du seizième siècle, jugé sans appel par le maire d'une petite ville qui avait droit de haute justice? La première pièce est un procès-verbal d'enquête scellé aux armes de Bruyères, signé et paraphé par tous les ayants droit, pour me servir du terme consacré. Par cette enquête, nous voyons un paisible intérieur de paysan vivant sans peine de sa moisson et de sa vendange. Pas un seul meuble de luxe; c'est la simplicité patriarcale; mais au moins la sombre misère n'est jamais entrée là.

C'est le soir du 25 novembre 1676; le couvre-feu vient de sonner; le vent d'automne bat les contre-vents; dans une grande cheminée qui semble élevée par des géants se consument quelques racines de hêtre; une lampe de fer, pendue à un clou dans la cheminée, éclaire faiblement la chambre où se dessinent les ombres des maîtres du logis. L'homme tisonne le feu, la femme file à la quenouille; ils devisent presque tout bas. Que disent-ils? Ils n'ont qu'une fille; sans doute ils parlent de leur fille. Elle est belle, elle a vingt-deux ans, elle aura une belle vigne en dot; il est bientôt temps de la marier; mais, hélas! les vendanges sont faites.

Après quelques mots sans suite, le père Jehan Meurice et la mère Cyrille de Vesne se regardent en silence, un triste silence. A chaque coup de vent, à chaque bouffée de fumée, à chaque bruit du dehors, ils tressaillent et soupirent. La voix du pressentiment parle tristement à leur âme.

Cet homme a cinquante ans; il a passé sa jeunesse à un travail sans merci. L'heure est venue pour lui de se reposer un peu, de respirer au haut de la montée, de voir le soleil couchant; il a planté, il a bâti, il a agrandi le petit héritage de son père; ses vignes sont les plus belles du coteau; sa maison élève hardiment un beau pignon sur la grand'rue; son jardin produit des pêches dignes de la table d'un grand seigneur, du chanvre pour le vêtir lui et les siens, des roses pour parer sa fille les jours de fête. Mais, hélas! toutes ces richesses, cette vigne dorée, cette maison égayée par ce jardin, cette belle fille qui se pare de roses, toutes ces richesses qui sont le poème de cet homme, le livre qu'il feuillette chaque jour, la poésie qui va rayonner sur sa vieillesse, sont-elles à lui pour longtemps? les bénédictions du ciel le suivront-elles jusqu'à la tombe?

Cependant la femme file toujours, toujours l'homme tisonne le feu qui s'éteint. Un bruit de pas se fait entendre.

« Qui vient là? dit Jean Meurice.

— Je tremble, dit Cyrille de Vesne.

— C'est peut-être Marguerite, qui revient de la veillée avec notre cousin Pierre du Sonnoy.

— Hélas! » murmure la mère en laissant tomber sa quenouille.

A cet instant la porte s'ouvrit bruyamment. Un homme entra d'un air triste et grave : c'était le maire et justicier de Bruyères, Jacques Buvry, vieillard encore vert, quoique un peu penché en avant, comme ces édifices anciens qui menacent ruine. Il fut suivi de Claude Lerminier, son lieutenant, notaire et garde-scel du roi, de Jehan Vieillard, avant-juré, de Charles Royez, procureur fiscal de la ville, d'Antoine Clément, greffier, enfin d'une sage-femme et d'un sergent.

Jehan Meurice se leva et s'inclina devant cette suite d'hommes noirs, comme on disait alors. Il joua la surprise le mieux qu'il put, les regardant l'un après l'autre avec de grands yeux étonnés. Les visiteurs nocturnes ne se hâtèrent pas de parler. Le sergent et la sage-femme placèrent des chaises de paille en demi-cercle au milieu de la chambre. Chacun s'assit en silence, observant les physionomies de Jehan Meurice et de sa femme.

« Que voulez-vous ? demanda le vigneron avec un peu d'impatience.

— Une table, » dit le procureur.

La femme du vigneron se leva lentement, plus morte que vive, déposa sa quenouille sur un bahut où brillaient aux reflets de la lampe une douzaine de plats d'étain, s'avança de l'autre côté de la cheminée et prit une petite table de noyer sous une horloge de bois.

« Voilà, messieurs, dit-elle en dressant la table.

— Faut-il vous servir à souper? dit Jehan Meurice, voulant montrer sans doute qu'il n'avait pas de frayeur.

— Ouais! dit le sergent à la sage-femme, nous allons

lui servir, à lui, à sa femme et à sa fille, un plat de notre métier. »

Dès que la table fut dressée, le greffier y déposa un encrier, une plume et six feuilles de papier timbré à un sol. Ce papier que j'interroge est orné d'une couronne de roi, d'un cœur enflammé et d'une fleur-de-lys; de chaque côté de la fleur-de-lys s'échappe une gerbe; le tout est supporté par une banderole où sont écrits ces mots : *Bailliage du Vermandois.*

Enfin le maire et justicier prit la parole.

« Le procureur de notre justice de Bruyères nous a requis de nous transporter ici à l'effet de connaître la vérité sur l'accouchement de Marguerite Meurice. Obtempérant à cette réquisition, nous sommes venus savoir ce qui s'est passé.

— Rien, dit la mère en pâlissant. Il a couru de mauvais bruits sur notre fille, mais vous savez ce qu'il faut croire de la méchanceté des commères. Ma fille est à la veillée, filant avec ses compagnes; voilà tout ce que j'ai à vous dire.

— Faites comparoir votre fille, dit le procureur; elle nous en apprendra sans doute davantage,

— Non, dit Jehan Meurice avec force; je suis le maître dans ma maison; je ne veux pas que ma fille comparaisse devant vous comme une criminelle. Jamais notre famille n'a subi une pareille humiliation.

— Ne faites pas tant de bruit, Jehan Meurice, dit le maire en frappant du pied sur la dalle. La justice est chez elle partout où elle va. Laissez faire la justice. Si vous vous refusez à nous amener votre fille, je vais ordonner au capitaine des gardes de la chercher et de nous la livrer en la salle de justice. Sachez bien que l'innocence ne se cache jamais.

— Eh! mon Dieu, la pauvre enfant ne cherche pas à se cacher, murmura la mère. Je vous l'ai dit, elle est à la veillée avec les autres à chanter et à rire. C'est bien la peine, sur de mauvais bruits, de la troubler à cette heure-ci.

— Que notre sergent, reprit le maire, aille la prendre à la veillée. »

Jehan Meurice mit son chapeau et marcha vers la porte.

« Pour ne pas faire de scandale et ne pas effrayer ma fille, j'y vais moi-même.

— Allez, nous vous tiendrons compte de la bonne volonté. » Le père sortit sans ajouter un mot. En son absence, les justiciers devisèrent entre eux. Cyrille de Vesne, craignant sans doute d'être interrogée, se donna beaucoup de mouvement pour rallumer le feu qui s'était éteint. Elle jeta sur les cendres un panier de racines, approcha de la lampe des écorces de bouleau et les porta tout enflammées dans l'âtre. Quoique le feu prît gaiement, elle saisit un soufflet de fer et y mit ses lèvres avec ardeur pour se dispenser de répondre.

Au bout de dix minutes le père revint; les justiciers virent entrer après lui une grande fille brune d'une beauté presque majestueuse. Quoique un peu pâlie soit par le vent aigu de la soirée, soit par la vue des hommes noirs, soit pour une autre raison, elle avait un éclat frappant ; ses grands yeux noirs jetaient du feu. Les portraits de Charlotte Corday peuvent vous donner une idée de sa coiffure. Son visage, d'un parfait ovale, respirait je ne sais quelle fierté sauvage tempérée par la douceur des lignes. Jamais fleur de jeunesse ne s'était montrée mieux épanouie. Sa bouche, d'habitude fraîche et jolie, mais un peu moins éclatante ce soir-là, laissait voir en souriant des dents blanches comme le lait ; mais les justiciers ne virent pas les dents de Marguerite.

Cependant tous les regards se portèrent à son corsage. Elle avança fièrement vers la cheminée dans l'attitude d'une fille qui n'a rien à craindre ou d'un criminel qui brave son crime et ses juges. Sa taille et sa gorge emprisonnée dans une brassière bleue à ramages n'indiquaient nullement qu'elle fût coupable du crime dont on l'accusait. Elle eût lutté avec une vierge de quinze ans pour la souplesse et la grâce. Pourtant, en y regardant d'un peu près, le procureur fiscal découvrit bien qu'il y avait en elle un peu de contrainte.

Après avoir regardé à la dérobée les sombres visiteurs, elle dit à son père :

« Vous avez bien de la patience d'écouter tous ces corbeaux-là et de répondre à leur croassement. Ils n'ont rien à faire ici.

— Silence, dit le maire d'un ton bref. Madeleine-Marguerite Meurice, vous êtes accusée par notre procureur, sur des bruits divers à lui venus, d'être accouchée avant-hier et d'avoir étouffé votre enfant.

— Quel conte! dit Marguerite s'enhardissant de plus en plus. Voyez si j'ai la mine d'une femme qui vient d'accoucher. J'ai longtemps été souffrante depuis que je suis descendue dans le vieux lavoir pour y rouir du chanvre; l'eau m'a glacée et j'ai manqué en mourir.

— Dame Marie Avril, reprit le maire sans tenir compte des paroles de Marguerite, nous vous ordonnons, en votre qualité de sage-femme, de dégrafer la brassière de cette fille et de lui découvrir les seins. »

La sage-femme se leva.

« Jamais! » s'écria Marguerite en croisant les bras et en pâlissant.

Et comme la sage-femme voulait la toucher :

« Non, non! reprit-elle d'une voix émue; écrivez, si vous voulez, que je suis coupable, comme vous le dites; condamnez-moi et ne me touchez pas. »

Jehan Meurice vint près de sa fille et se tourna vers les justiciers d'un air menaçant.

« Ce que nous voulons, dit le maire sans s'émouvoir,

nous le voulons bien, car nous sommes guidés par un devoir sacré. La justice des hommes avant la justice de Dieu. Ainsi ne perdons pas de temps en vaine simagrée.

— Eh bien! que la justice se fasse dit le père; je ne sais rien, mais je réponds de ma fille.

— Sainte Vierge! » murmura la mère en faisant le signe de la croix.

Voyant bien qu'il fallait obéir, Marguerite dégrafa sa brassière et découvrit son sein en se détournant; mais il lui fut enjoint de se retourner devant les justiciers (entre parenthèse, ne vous semble-t-il pas que la justice de Bruyères avait un peu de cette curiosité chatouilleuse dont parle Rabelais?). Je reproduis ici le passage de l'enquête :

« Avons enjoint à la sage-femme de visiter sur-le-champ et en notre présence les seins de ladite Marguerite. Laquelle sage-femme, pressant lesdits seins, nous a fait voir qu'il en sortait abondamment du lait, lequel ayant jailli jusque sur le papier tenu par notre greffier. »

En effet, sur la marge de l'enquête, une ou deux gouttes de lait ont laissé un témoignage pour les races futures. O Marguerite, que n'avez-vous donné ce lait à votre enfant!

Le maire reprit la parole.

« Marguerite, à cette heure, il est hors de doute que vous êtes accouchée avant-hier. Il faut nous dire ce que vous avez fait de votre enfant? »

Marguerite, qui était devenue immobile et silencieuse comme une statue, se laissa tomber sur une chaise en sanglotant.

« Si votre fille ne veut répondre, reprit le maire en s'adressant au père et à la mère, répondez donc pour elle.

— Nous ne savons rien, répondit Jehan Meurice; elle a passé l'autre nuit à se plaindre, et, comme je ne suis pas médecin, je n'ai pu y rien faire, je me suis contenté de prier Dieu pour elle.

— Marguerite, encore une fois, qu'avez-vous fait de votre enfant? »

Après un silence de mort :

« Venez, » dit-elle en se levant.

Elle alluma un fallot, et ouvrit la porte du jardin qui touchait à la maison. Le procureur, le sergent et la sage-femme la suivirent dans le jardin. Le maire, son lieutenant et l'avant-juré demeurèrent « pour observer les gestes desdits Jehan Meurice et Cyrille de Vesne. »

Arrivée dans un coin du jardin, Marguerite murmura d'une voix mourante tout en s'appuyant contre le tronc d'un arbre.

« Voyez, là, sous cette pierre. »

A la lueur du fallot, le sergent souleva la pierre et découvrit dans le sable un petit enfant tout nu ne portant aucun signe de mort violente. La sage-femme le prit dans son tablier.

— Vous l'avez donc tué? demanda le procureur à Marguerite.

— Tué! oh! non, car voilà comment il est venu au monde. Je souffrais comme une martyre, j'étais agenouillée devant mon lit, me croyant à ma dernière heure; il est venu, je l'ai pris dans mes mains, ne sachant ce que j'avais là. Il était comme vous le voyez. »

On rapporta l'enfant à la maison; on procéda à un long interrogatoire. « Pendant lequel ladite Marguerite se jetait de côté et d'autre avec désespoir, comme pareillement ledit père et ladite mère. Ensuite de quoi, sur la requête dudit procureur fiscal, nous avons ordonné que les trois accusés demeureraient arrêtés et gardés dans leur maison comme prisonniers jusqu'à ce que les prisons de notre justice fussent en état, pour les y conduire. Nous les avons commis à Nicolas Prud'hom, l'un de nos sergents, à lui enjoint d'en faire bonne et fidèle garde et, à cette fin, se faire assister d'un autre sergent. » Ici se clôt l'enquête.

« Ladite Marguerite a fait sa marque après avoir déclaré ne savoir écrire ni signer, dont interpellée. » Cette marque de la pauvre fille est une croix faite d'une main tremblante, croix de sinistre présage. Sous cette croix, il y a la trace d'une larme.

La seconde pièce est un rapport du sergent Nicolas Prud'hom sur ce qui s'est passé la nuit dans la maison des accusés commis à sa garde. Jusqu'à minuit la mère et la fille sanglotèrent et se désespérèrent, se parlant bas et à mots coupés; le père fit assez bonne figure; il se coucha le premier, disant aux deux femmes, pour les consoler, que les justiciers de Bruyères ne voulaient pas la mort du pêcheur. La fille ayant voulu descendre dans le jardin pour respirer au grand air, le sergent ne la laissa pas aller seule, il la suivit après s'être assuré de la clef des portes de la rue. Marguerite fit deux fois le tour du jardin en murmurant : *Lomproz! Lomproz!*

Elle rentra par l'étable, demandant au sergent la grâce de faire une caresse à sa vache. Cette bête l'ayant reconnue malgré la nuit, mugit joyeusement.

« Oh! mon Dieu! dit Marguerite, j'ai oublié de la traire ce soir; — « preuve qu'elle est criminelle, dit le sergent dans son rapport; car, sans cela, comment eût-elle oublié de traire sa vache? »

Elle alla chercher la lampe, l'accrocha à la crèche, prit un escabeau d'une main, un seau de fer blanc de l'autre, et se mit à l'œuvre en parlant à la vache avec toute sorte de douceurs; « ce qui prouve, dit le sergent, qu'elle n'a pas un mauvais naturel. »

Le tableau de Marguerite et de sa vache s'est peint dans ma mémoire pour longtemps avec des couleurs fraîches et charmantes. Je crois entendre le lait qui résonne dans le seau en jaillissant des mains de la pauvre fille. Je crois voir les grands yeux mélancoliques de la vache tournés vers Marguerite d'un air qui semble dire : Pourquoi viens-tu si tard? O Paul Potter, que n'étiez-vous sergent de Bruyères ce soir-là! Une belle fille qui se souvient de sa vache à son dernier jour de liberté, une belle vache qui donne son lait avec l'héroïque patience d'une mère, une lampe qui vacille pendue à la crèche, du sainfoin qui passe à travers les solives, une botte d'herbe à demi-fanée dans un coin de l'étable, une faux et une faucille accrochées au mur; quel tableau digne de vous, ô Paul Potter! Rien qu'à voir ce tableau, on eût respiré la saine odeur de l'étable.

Le croirez-vous? le sergent, qui n'était ni peintre ni poëte, a rapporté la scène d'adieu de Marguerite à sa vache. Elle la flatta vingt fois sur le col. « Adieu, la Rousse; qui donc aura soin de toi si je vais en prison? qui donc prendra ma faucille pour te faire de l'herbe? Je sais si bien où l'herbe est haute et bonne! Qui donc prendra tes beaux pis dans ses mains sans t'impatienter? Pauvre Rousse! tu me regardais avec tant d'amitié quand je te chantais le *l'artingué*.. Va, je ne chanterai plus jamais, jamais, jamais! — « Preuve qu'elle est criminelle, » observe encore l'impitoyable sergent, à qui sans doute on avait oublié d'offrir une de ces bonnes bouteilles de vin clairet que récoltait Jehan Meurice dans ses vignes du mont de Parmailles.

Les pièces 3, 4, 5 et 6 sont des rapports de médecins nommés pour éclairer la justice sur le crime de Marguerite. Selon ces rapports l'enfant est venu au monde vivant. « Soit par mauvaise volonté, soit par inexpérience, ladite Marguerite Meurice est coupable de la mort de son enfant. » Ces mots mauvaise volonté et surtout inexpérience ne vous semblent-ils pas d'un effet bien étrange? Vous verrez que Marguerite sera condamnée pour inexpérience.

La 7ᵉ pièce, écrite sur du papier timbré à 6 deniers le quart, est le voyage des accusés à la prison. En partant, Marguerite tomba agenouillée sur le seuil, priant sans doute le ciel de l'y ramener bientôt. Deux haies de curieux s'étaient formées sur son passage. On remarqua qu'elle avait pris le temps de s'habiller avec quelque recherche ; on augura de là qu'elle aimait la coquetterie. Quoique l'accusée fût belle, on la jugeait coupable par toutes ses actions.

La 8e pièce est l'interrogatoire de Marguerite. Je reproduis mot à mot certain passage : « L'interrogatoire fait par nous, Jacques Buvry, maire de la haute, moyenne et basse justice de la ville et commune de Bruyères, à la requête du procureur fiscal de ladite justice, à Madeleine-Marguerite Meurice, que nous avons fait extraire des prisons de cette ville pour comparoir devant nous. Du vingt-sixième jour de novembre seize cent soixante-seize, onze heures du matin, interrogée, ladite Marguerite de ses noms, surnoms, âge, condition et qualité, après serment par elle fait de dire la vérité, a dit qu'elle se nomme Madeleine-Marguerite Meurice, fille de Jehan Meurice et de Cyrille de Vesne, âgée de vingt-deux ans depuis les vendanges, qu'elle travaille aux vignes ou file au rouet. Interrogée si elle sait pourquoi elle est prisonnière avec ses père et mère, a dit qu'elle croit que c'est au sujet d'un enfant dont elle est accouchée, et qui était mort en naissant. Enquise si ses père et mère ont eu soin de l'instruire à la crainte de Dieu durant sa jeunesse, de l'obliger à ses devoirs de chrétienne et à la garde de son honneur, a dit que oui. Enquise si elle ne s'est pas abandonnée au péché, a dit qu'elle avait gardé son honneur jusqu'au quartier d'hiver de l'année 1675 ; qu'elle a été sollicitée par le nommé Lomproz, cavalier dans la compagnie de M. de Puys-Robert, qui était logé pour lors en leur maison ; qu'il la suivait partout, qu'il ne la laissait jamais revenir seule de la veillée, qu'elle l'avait aimé à son corps défendant ; enfin que, sur sa promesse de mariage, elle avait écouté ses sornettes, et qu'au lieu de l'épouser, il était parti ;

qu'elle espérait toujours le voir revenir, mais qu'il reviendrait trop tard. »

Le reste de l'interrogatoire prouve que les justiciers de Bruyères étaient passablement curieux. Puisque l'enfant était-là et que Marguerite avouait en être la mère, la justice n'avait à s'inquiéter que du crime et non du roman ; mais ici le roman affriolait dame justice ; elle le voulait lire chapitre par chapitre, sans en passer une page. Marguerite, par sa beauté, par ses larmes, et surtout par son silence, irritait encore cettte curiosité coupable.

L'interrogatoire du père n'offre rien d'intéressant. Jehan Meurice se contenta de dire qu'il ne savait rien et qu'il n'avait rien vu ; aussi la justice ne le tint pas longtemps sur la sellette.

En sa qualité de femme, Cyrille de Vesne fut moins brève ; elle raconta entre autres anecdotes, qu'elle avait brisé deux quenouilles sur l'épaule de Lomproz qui avait la fureur de tirer les verrous quand il était avec sa fille. Mais Lomproz se moquait d'elle et de ses quenouilles, il filait le parfait amour sans s'inquiéter des colères maternelles. Il avait si bien pris l'habitude de suivre sa fille, qu'il ne la laissait pas même seule à l'étable à l'heure de traire la vache.

« A ce propos, interrompit le procureur, selon les bruits du voisinage, vous auriez un jour trouvé ledit Lomproz et ladite Marguerite enfermés dans l'étable ; vous auriez crié et frappé à la porte sans obtenir de réponse. Enfin, après plus d'une demi-heure d'attente, vous les auriez vus sortir en silence, l'un par ci, l'autre par là ; vous étant approchée de votre fille, vous auriez vu de la paille à son dos. » La mère répondit au procureur qu'en effet elle avait un jour vu que l'étable était fermée en dedans, qu'elle avait attendu à la porte, croyant surprendre bientôt Lomproz et sa fille, mais qu'elle s'était lassée d'attendre, que sa fille était revenue à la maison disant qu'elle sortait de la messe, que pour de la paille au dos, il n'y en avait pas un brin.

Après ces trois interrogatoires viennent les *informations* des témoins : la justice ne les réunissait pas comme aujourd'hui ; elle les appelait à sa barre l'un après l'autre ; chaque témoin faisait serment de dire la vérité, et déclarait n'être ni parent, ni allié, ni domestique du procureur non plus que des accusés. Le premier témoin entendu dans l'information s'appelle Jehanne Bloyart, laquelle se souvient qu'un jour de dimanche, étant à la messe de sa paroisse, elle entendit un bruit d'éperons résonner dans la nef, qu'ayant tourné la tête malgré sa dévotion, elle vit le cavalier Lomproz, autrefois en garnison à Bruyères ; que bientôt après, dans un banc voisin, elle vit Marguerite Meurice tomber faible ; qu'on la releva fort blême et pâline, après quoi elle sortit de l'église avant l'élévation du saint sacrement, ce qui fut un grand scandale. Pour prix de cette déposition, Jehanne Bloyart reçut cinq sous, selon la taxe.

Le second témoin, la veuve Goyenvalle, déposa que, durant les vendanges, Marguerite Meurice, qui vendangeait auprès d'elle, ne voulut pas, à l'heure du goûter, venir danser la ronde avec les autres ; sur quoi on lui dit que Lomproz l'avait bien changée, à quoi elle répondit avec émotion que, si Lomproz était là, elle n'irait pas danser davantage.

Le troisième témoin, c'est la sage-femme : passons vite.

Le quatrième, Marguerite Vignard, couturière de l'accusée, a déclaré que depuis huit mois elle a chez elle l'étoffe d'une brassière pour Marguerite ; qu'à diverses reprises elle avait voulu la tailler et la coudre, mais que, sollicitée de prendre mesure, Marguerite avait toujours voulu attendre.

Le cinquième, la veuve Tabouret, a dit qu'ayant ouï mal parler de Marguerite touchant sa galanterie avec

Lomproz, elle l'avait un jour arrêtée par le bras, au pied d'une vigne, pour lui tenir ce petit discours maternel : « Ma pauvre fille, à tous péchés miséricorde. Il n'y a ici personne de trop ; nous sommes bien aise de vous avertir qu'on est pas pendue pour avoir fait un enfant, mais bien pour les défaire. » A cet avis, Marguerite avait tourné le dos avec sa fierté accoutumée.

Le sixième témoin, Élisabeth Vieillard, déposa qu'étant à broyer du chanvre près de la maison de l'accusée, elle avait plus d'une fois entendu disputer la mère et la fille au sujet de Lomproz ; le témoin se souvient aussi que le jour du départ de la compagnie de M. de Puys-Robert, quand les trompettes donnèrent le signal, Marguerite, qui était sur le pas de sa porte, devint fort pâle, mit ses mains sur ses yeux pour cacher ses larmes, et tomba faible en rentrant dans la maison. Un autre jour, le témoin vit Lomproz et Marguerite à la fenêtre ; Lomproz cueillait du raisin à la treille pour faire jaillir les plus beaux grains sur le cou de Marguerite.

Enfin le septième témoin est un nommé Antoine Estave, voiturier. Voici le résumé de sa déposition, qui est fort longue :

Un jour de l'automne 1676, qu'il était retenu par le mauvais temps à la Fère, où il avait conduit du vin, il entra dans un cabaret, le cabaret de *la Pomme rouge*, où grand nombre de soldats buvaient et chantaient. Il reconnut l'un d'eux pour l'avoir vu six mois auparavant à Bruyères. Il présidait ce soir-là une table de cavaliers de bonne mine qui avaient l'air de s'amuser pour leur argent. Ils étaient tous ivres plus ou moins, ce qui ne les empêchait pas de boire, Lomproz plus encore que les autres. On parlait galanterie ; c'était à qui mettrait en avant la plus belle prouesse. Entre autres folles aventures, Lomproz raconta celle-ci : « Depuis que je suis à la guerre, les plus belles brèches que j'aie faites à une place forte, ç'a été à Bruyères. La place forte, vigoureusement défendue, s'appelait Marguerite, bien nommée, sacrebleu! une vraie fleur des champs. Quel minois enchanteur! à voir ses yeux, vous eussiez dit deux pistolets armés par les amours, pétillants comme le petit vin blanc que nous avons bu ce matin. Et rose, et bien troussée! Mon cheval gris n'a pas une plus belle encolure. Et comme elle chantait bien! et quelle gaieté! Un vrai soleil levant! Elle a pourtant pleuré une fois, oui, sacrebleu! au point que je ne riais pas moi-même. Une larme par-ci par-là ne gâte pas une femme, au contraire. Par malheur il y avait une mère dans la maison : aussi que de temps de perdu et que de coups de quenouilles! Je dis par malheur, je me trompe, car j'aime à enjamber des montagnes. L'amour a des bottes de sept lieues, il arrive toujours; fermez-lui la porte au nez, il passera par la fenêtre. » Un des buveurs demanda à Lomproz s'il avait battu en retraite longtemps après le siége. « Six semaines après, à mon grand chagrin; si la compagnie était restée plus longtemps à Bruyères, je crois que j'aurais fini par planter la vigne avec Marguerite. Sacrebleu, la belle fille! Je suis allé pour la voir un jour de fête. Quand j'ai mis pied à terre, elle était à la messe; ne pouvant entrer au cabaret pour l'attendre, je suis entré dans l'église. J'ai fait là une belle équipée. Quand elle m'a vu passer dans la nef, elle est tombée sur son banc, et on l'a emportée évanouie comme une princesse. J'ai eu beau rôder autour du jardin et l'attendre le soir à la salle où l'on danse, elle n'est pas venue. J'ai appris qu'elle était retenue au lit par ordonnance de médecin. Ah! si j'avais été le médecin, moi! Je n'ai pas perdu l'idée de la voir; voilà les veillées qui reviennent, j'irai la surprendre un soir. On peut bien faire six lieues pour embrasser une aussi belle fille, et six lieues pour s'en souvenir. » Disant ces mots, le cavalier Lomproz releva sa moustache, se versa à boire et prit son verre; mais, tout préoccupé sans doute de Marguerite, il oublia de boire.

« Du reste, ajoute le témoin en se retirant, il avait bien assez bu comme cela. »

Les autres témoins ne disent plus rien qui vaille la peine d'être reproduit. Il y a d'ailleurs des mémoires de médecin et des mémoires d'apothicaire que j'ai grande hâte de mettre de côté, non pas qu'ils n'offrent un côté piquant à la curiosité ; mais aujourd'hui on les entendrait à huis clos.

A la suite des interrogatoires et des informations, le procureur ordonna que les accusés et les témoins fussent confrontés. Cette confrontation n'offre rien de très-curieux. Seulement chaque fois qu'un témoin ose dire à Marguerite un mot insultant pour son honneur, elle se cabre dans sa fierté comme un beau cheval tourmenté par l'éperon.

Il n'avait fallu que dix jours à la justice de Bruyères pour amener le procès à ce point. Le 5 décembre, le procureur d'office déposa au greffe ses conclusions sur une feuille de papier cachetée et scellée aux armes de Bruyères. Je copie mot à mot la fin de cette pièce.

« Le procureur conclut à ce que, pour les cas résultants dudit procès, ladite Marguerite Meurice soit condamnée nu-tête et à genoux, et la corde au cou, faire amende honorable au devant de la grand'porte de l'église de Bruyères ; elle sera conduite par l'exécuteur de la haute justice, où, ayant une torche ardente à la main, au pied un lien d'osier, elle demandera pardon à Dieu, à la commune de Bruyères et à sa justice, du fait énorme et exécrable par elle commis, pour ensuite être menée et conduite aux lieu et place publique dudit Bruyères, en une potence qui y sera plantée, pour y être pendue et étranglée par le même exécuteur tant que mort s'ensuive, et aux regards desdits Meurice, ses père et mère, lesquels seront bannis à perpétuité des terres de la commune, aux injonctions de garder leur ban sous la peine de la hart, et qu'en outre ils seront condamnés solidairement en l'amende de mille livres envers la commune dudit Bruyères, et leurs biens acquis et confisqués au profit de qui il appartiendra, sur iceux préalablement pris ladite amende. »

Certes, le procureur fiscal de la commune de Bruyères ne s'était pas laissé attendrir par les beaux yeux de Marguerite ; celui-là était un vrai procureur de la tête au cœur, ayant étudié la loi à la lettre sans s'inquiéter de l'esprit de la loi. Quelqu'un osera-t-il défendre Marguerite contre une sévérité pareille ? Il n'y a pas d'avocat à Bruyères, ce qui prouve en faveur de la ville. Mais un homme se présenta, je dis un homme, car il sentait son cœur battre dans sa poitrine. « Cejourd'hui, septième jour de décembre 1676, neuf heures du matin, par-devant nous Jacques Buvry, maire de la justice de la ville et commune de Bruyères, étant en l'auditoire dudit lieu assisté de m⁰ Claude Lerminier, notre lieutenant, M. Daniel Beffroy, Jehan Houssaye, Claude de Labre, Jehan d'Estrées, Bonaventure de la Campaigne, qui se sont rendus audit auditoire à notre prière pour être présents et conseillers au prononcé du jugement du procès extraordinaire pendant par-devant nous. Pour procéder à un dernier interrogatoire, nous avions fait extraire par nos huissiers des prisons de cette ville Madeleine-Marguerite Meurice. Comme nous étions sur le point de faire cet interrogatoire final, nous avons été avertis que M. Claude Cauroy, prêtre, doyen et curé de ladite ville de Bruyères, souhaitait d'entrer dans l'auditoire pour nous faire quelque requête et remontrance ; sur quoi, ayant pris avis des conseillers, nous avons enjoint à l'huissier d'introduire le sieur Cauroy dans l'auditoire, lequel, étant comparu, nous a dit qu'il avait connaissance desdits accusés ; qu'il les tenait pour gens de bonne foi et fiers de leur honneur ; que la seule crainte d'être déshonorée avait empêché Marguerite de révéler sa grossesse à la justice ; que, puisqu'elle disait être accouchée d'un enfant mort, il la fallait croire et ne point admettre le crime d'infanticide ; que Notre-Seigneur Jésus-Christ, qui jugeait dans l'esprit de Dieu, ayant pardonné à la pécheresse et à la femme adultère, pardonnerait à Marguerite, la laissant ici-bas pleurer son malheur et invoquer la miséricorde divine, ajoutant, ledit sieur Cauroy, que son ministère l'obligeait à nous faire cette remontrance à l'heure où nous allions procéder au jugement, afin qu'en jugeant nous y puissions avoir égard. De laquelle remontrance et de l'avis des conseillers nous avons donné acte audit sieur Cauroy et ordonné qu'il demeurera joint au procès. »

Sans doute, la plaidoirie de cet avocat improvisé était plus touchante que ne l'a rapporté le greffier de la justice de Bruyères. Il paraît du reste qu'elle ne fut pas d'un grand succès sur l'esprit du juge et des conseillers.

Au dernier interrogatoire, qui n'apprit rien de nouveau, on demanda à Marguerite si elle n'avait rien à alléguer contre le maire qui allait la juger sans appel. Elle répondit que non. On lui demanda encore si elle n'aimait mieux être jugée au siège présidial de Laon. Elle répondit que c'était bien assez de subir une fois les lenteurs et les angoisses de la justice ; que, quel que fût le jugement, elle s'y soumettrait. On fit venir sur la sellette son père et sa mère, qui répétèrent aussi ce qu'ils avaient déjà dit. D'après toutes leurs réponses, il n'est guère facile, à celui qui lit aujourd'hui les pièces du procès, de connaître la vérité sur la mort de l'enfant. Le maire était sans doute plus éclairé sur la cause, car il condamna Marguerite à être pendue ; il suivit, pour son jugement, les terribles conclusions du procureur.

Sur le jugement on voit encore la marque de Marguerite. Cette fois, soit que l'espoir en Dieu, soit que la rigueur des juges l'ait exaltée, elle traça la croix d'une main ferme. Pauvre fille, n'était-ce point assez de la condamner ?

fallait-il encore la forcer de signer cet horrible jugement?

La tradition plutôt que les pièces authentiques nous apprend la mort de cette pauvre Marguerite. Elle montra un courage héroïque. Seulement, au portail de l'église, pendant qu'elle faisait amende honorable, ayant entendu le nom de Lomproz courir dans la foule, la torche ardente lui échappa des mains; elle la ressaisit, se releva sur-le-champ et se remit en route sur le chemin du supplice. Son père et sa mère jetaient les hauts cris : en vain ils suppliaient le bourreau et les sergents de les dispenser de ce déchirant spectacle, en vain ils prenaient le ciel à témoin de l'innocence de leur fille, en vain ils demandaient la grâce de l'embrasser encore ; leurs cris, leurs prières, leurs supplications, se perdaient dans les rumeurs de la foule.

Marguerite gardait le silence, levant les yeux au ciel ou jetant un triste sourire d'adieu à quelques-unes de ses compagnes, même à celles qui avaient déposé contre elle. Quoique fort pâle, elle était belle encore, belle de cette beauté qui s'approche du ciel. Elle n'avait demandé qu'une grâce au bourreau, celle de garder ses cheveux ; ce fut là sa dernière parure. Arrivée devant la potence, elle fit le signe de la croix. Le bourreau voulut la saisir pour la monter, elle leva la tête avec dédain et repoussa cet homme d'une main fière. Elle voulut monter toute seule, mais pourtant elle n'en eut point la force. Au moment fatal elle dénoua sa longue chevelure et s'en fit un voile noir, ne voulant pas sans doute que les spectateurs « présents à cette tragédie » pussent surprendre une contorsion sur sa belle figure.

Le soir de ce jour néfaste, grâce à la sollicitude du prêtre Claude Cauroy, on daigna enterrer la criminelle dans un coin du cimetière. Le jugement fut exécuté dans toute sa rigueur contre Jehan Meurice et Cyrille de Vesne. Après avoir pendu la fille, le bourreau, assisté de quatre sergents, conduisit le père et la mère au delà du territoire. On voit encore aujourd'hui une grande pierre nommée la pierre bannissoire entre Bruyères et Laon. Là les bannis se reposaient, jetaient un dernier regard sur leur pays et priaient Dieu de les suivre dans le monde inconnu où ils allaient.

Lomproz oublia-t-il Marguerite dans d'autres aventures? Revint-il à Bruyères pour la voir? apprit-il son horrible supplice? Passa-t-il, le cœur palpitant, devant cette maison égayée de deux ceps de vigne se rejoignant sur le pignon et mêlant leur feuillage touffu au-dessus de la fenêtre de Marguerite, cette fenêtre où lui-même avait cueilli du raisin noir pour faire jaillir les grains d'une main lutine sur les dents blanches de sa maîtresse qui se débattait en vain? La tradition rapporte que la belle vache rousse pleura depuis le départ de Marguerite pour la prison jusqu'à l'heure de son supplice.

La maison de Jehan Meurice, longtemps inhabitée, a disparu tout à fait; sur ses ruines, la maison du notaire s'élève aujourd'hui. Les armes *d'icelui*, c'est-à-dire le blason de cuivre doré, remplacent les deux ceps de vigne qui avaient formé une fraîche guirlande d'amour pour la pauvre Marguerite, quand elle se penchait à sa fenêtre à l'heure de la manœuvre, pour voir partir Lomproz ou pour l'attendre.

# LE JOUEUR DE VIOLON.

## I.

### PAYSAGE.

Landouzy-les-Bois est un ancien village du Vermandois, tapi au fond d'un petit val paisible, dans les arbres des vergers, au pied d'une montagne pittoresque dominée par des chênes solitaires et des moulins à vent, parsemée sur le versant de vignes, de bancs de sable, de bocages et de rochers. Le matin, sur le versant de cette montagne, on voit passer le moissonneur ou le bûcheron ; à midi, le garde-champêtre s'y repose et le corbeau y croasse ; le soir, le troupeau de la ferme voisine s'y promène lentement au retour de l'*Abreuvoir de Noé*. Quand les chênes frémissent, quand les moulins tournent, la montagne endormie s'anime comme par enchantement et répond aux rumeurs de la vallée. A entendre ce duo de la feuille qui chante et du roc qui mugit, on dirait deux commères qui se rencontrent. Que de propos en l'air jette la montagne ! que de paroles confuses élève la vallée ! Voilà, certes, une belle langue à étudier ; il y a là plus de philosophie à recueillir que dans le livre noir des philosophes. Mais quand le vent s'apaise, la montagne semble un désert infini ; le regard descend au plus vite sur le tableau vivant de Landouzy, si doucement encadré par la verdure flottante des vergers. D'un côté ce sont les écoliers qui battent la campagne, les vieilles femmes qui broient du chanvre, les jardinières qui arrosent leurs salades ; de l'autre côté, les lavandières qui jacassent autour du lavoir, qui étendent sur la prairie communale les draps grossiers des paysans, ou sur les buissons fleuris les fanfreluches qui seront fanées et profanées le dimanche.

Un soir, après une chasse plus funeste au chien de mon ami qu'aux bécasses du terroir, je me reposais sur le bord de la montagne de Landouzy, au-dessus du cimetière, qui est petit, mais profond, suivant le mot du pays. Mon regard allait à l'aventure sur les lavandières qui rédigeaient la gazette de l'endroit à coups de langue et de battoir, sur la svelte église qui m'indiquait le cimetière et le ciel, sur le petit mendiant qui lavait ses pieds dans le ruisseau, sur les chevaux laborieux qui hennissaient au bout du sillon. L'automne avait jauni la terre de la dépouille des bois ; cependant la nature était encore attrayante : comme les femmes à leur déclin, elle avait des séductions sans nombre ; elle respirait un dernier air de fête dont j'étais ravi. Tout à coup j'entendis un violon qui chantait une vieille chanson du Vermandois : — *O vartingué ! la belle au gué !* Les sons étaient doux, lents et tristes ; mon âme en fut chastement enivrée comme d'une musique divine. Bientôt je découvris le joueur de violon au travers d'une touffe de chênaie. C'était un jeune homme d'une belle stature ; dans ses traits pâlis il y avait un singulier mélange de douleur et de gaieté, de rêverie et d'insouciance. Il avait l'œil ardent et tendre, la bouche souriante et dédaigneuse, une main brunie, mais délicate. Il était singulièrement vêtu : figurez-vous un habit à la Saint-Just venant de son aïeul, un gilet rouge du même temps à peu près, un chapeau à cornes et des guêtres de chasse. Tout cela ne manquait pas de caractère. Dès qu'il me vit sur mon lit de pierres moussues, il cessa de jouer et s'étendit sur l'herbe. Mon chien alla lui dire bonsoir par un jappement et par une caresse; il reprit son violon et accueillit la bête familière par une ouverture de chasse. Franck parut comprendre que la sérénade était en son honneur : il écouta d'un air grave, il applaudit en tendant la patte et en agitant la queue en mesure. Involontairement j'allai aussi vers le joueur, en le priant de m'accueillir tout aussi bien. Il sourit et poursuivit avec nonchalance ses fantaisies musicales. Peu à peu ses doigts capricieux changèrent de notes, la gaieté des sons s'alanguit, bientôt je crus entendre un hymne des morts. Jamais hymne des morts ne me jeta tant de tristesse au cœur. J'écoutais avec angoisses ces gémissements funèbres d'un violon qui tout à l'heure éclatait en folle joie.

« Est-ce donc pour moi que vous chantez ainsi ? demandai-je au joueur. — Non, » dit-il sèchement. Et, tournant ses regards attendris sur le cimetière : « Je chante pour les morts qui sont là-bas. Vous ne les voyez pas qui viennent danser à ma musique ? Moi, dans ces aubépines, sur cette roche adorée, je vois passer comme des ombres toutes mes illusions du temps passé. »

Après un silence, il joua lentement ce doux air de Lulli :

Si l'amour ne causait que des peines,
Les oiseaux amoureux ne chanteraient pas tant.

« Ah ! reprit-il en s'arrêtant, celle-là qui est dans le cimetière a bien aimé cette douce musique ! La mort est aveugle, la mort est sourde : elle coupe le blé vert comme le blé mûr ; elle effarouche l'oiseau qui chante comme le hibou ; c'est aussi bien la messagère du diable que du bon Dieu. La mauvaise bête passe trop tôt pour les uns ; trop tard pour les autres ; en vérité, le monde est un assez triste logis. »

Le joueur détourna son regard du cimetière, prit dans sa poche une bouteille et but un coup avec une voluptueuse nonchalance.

« Mon cher philosophe, lui dis-je, celle qui est là-bas a donc emporté votre cœur dans sa fosse ? »

Il me regarda du haut de son violon et me demanda, en cherchant au fond de sa poche des débris de gâteau, si j'avais été à la fête d'Origny. « Une belle fête ! s'écria-t-il ; j'en reviens tout enivré. Quel bon vin et quelles belles filles ! Comme les cœurs dansaient et comme je dansais moi-même sur mon tonneau chancelant, comme s'il eût été plein, en voyant ces robes de toutes les couleurs que le vent battait et soulevait ! Que de doux souvenirs elle a réveillés autour de moi ! la belle heure de jeunesse elle m'a rendue ! — Cécile ! ô Cécile ! où étiez-vous ? »

Il tendit les bras avec égarement ; et, riant bientôt de cette secousse du cœur, il en donna une à sa bouteille. « Le soleil s'en va, reprit-il ; suivez-moi donc sur cette roche. Vous n'avez pas l'air d'un mauvais vivant. Vive la joie ! Voulez-vous boire un coup ? Tendez la main ou buvez au goulot. »

Au bout d'une demi-heure nos cœurs s'entendaient à merveille ; nous étions les meilleurs amis du monde. Au choc de nos cœurs avait jailli une de ces amitiés soudaines, aventureuses, irréfléchies, qui répandent tant de charmes dans les premiers moments. J'avais par hasard dans ma gibecière un flacon de vin d'Espagne dont j'arrosai avec succès cette amitié naissante. « Me voilà tout ému de reconnaissance, me dit mon philosophe ; si vous voulez descendre dans Landouzy, je prendrai ma revanche. Il y a encore dans la cave du cabaret quelques vieilles bouteilles à déterrer. »

Voyant que je n'étais point du tout séduit : « Eh bien ! puisque vous aimez mieux rester là, je vais vous raconter une petite aventure galante qui s'est passée cet automne au château. Je sais par cœur toutes les histoires amoureuses du pays ; car les jours de fête et de dimanche, pendant que mon violon grise les danseurs et surtout les danseuses, je promène mon regard par-ci par-là : l'ivresse de la danse est comme l'ivresse du vin, elle démasque le cœur. Aussi, pour moi, l'amour le plus caché n'a pas de mystère ; je déchire tous les voiles, j'apprends peu à peu, mot à mot, toutes les histoires sentimentales. Ma mémoire renferme mille romans, et, si je n'avais pas trop d'esprit, j'écrirais un beau livre de tout cela, un livre pareil au *Diable boiteux*, que j'ai lu la semaine passée.

— Mon cher musicien, dis-je, au lieu de me raconter cette aventure galante, racontez-moi l'histoire de Cécile ; votre violon m'en a déjà dit quelque chose, moitié riant, moitié pleurant.

— L'histoire de Cécile ? dit-il en soupirant ; c'est une histoire trop simple pour vous amuser ; d'ailleurs, en vous la racontant, je vous raconterais naturelleor, je me suis bien promis de ne jamon cœur ; il y a là un mystère
à qui en rirait ! »

Je lui offris une
le vida d'un
reprit-il
qu

## II.

### LA PRÉFACE.

« Je suis venu au monde à Landouzy. Je dois cela à un pauvre diable de joueur de violon comme moi et une bonne femme qui est morte en me donnant la vie. Mon père était le plus gai des musiciens, ma mère était la plus triste des lavandières; je tiens un peu de mon père et de ma mère : est-ce un bien ? est-ce un mal ? En historien fidèle, je dois tout vous raconter, depuis le temps où je faisais des étangs devant notre masure, quand il pleuvait, jusqu'à ce beau soir où je me jette à cœur perdu dans mes souvenirs.

» J'aurai d'ailleurs bientôt fini avec l'enfance : en vous disant que jusqu'à treize ans j'ai passé mon temps à faire l'école buissonnière, je vous dirai tout. Vous avez fait comme moi l'école buissonnière ? vous vous êtes égaré au fond des bois pour dénicher des nids de grives ou de verdières, pour cueillir des fraises ou des épines blanches ? Eh bien ! je passe là-dessus ; j'arrive tout de suite à ma première jeunesse. La vie ne commence qu'au jour où on approche ses lèvres du vin et de la femme. Un beau jour, ma foi ! le plus beau de la vie ! Un baiser sous la treille, quand la grappe jaunit, voilà toute la science humaine ; le bon Dieu nous a mis au monde pour cela. Quoi de plus doux ! Dieu n'est pas loin qui nous sourit. Pendant que les lèvres s'enivrent en égrenant la grappe, pendant qu'on respire l'odeur pénétrante de la vigne tout en écoutant battre le cœur de sa maîtresse, l'âme monte là-haut, dans le pays des rêves. Il y a partout des vignes et des femmes ; Dieu n'en est point avare ; ou plutôt les vignes sont prodigues de grappes et les femmes d'amour. — Les belles vendanges qu'on fait ! — Ne vous avisez pas d'attendre l'hiver : une fois l'hiver venu, adieu la vendange !

» Il y a bien encore une autre richesse pour les philosophes comme moi : c'est la musique. Je bénis tous les jours mon père de m'avoir laissé son violon pour héritage ; j'aime mieux mon violon que la couronne de France. Le musicien est le premier des hommes, c'est le roi du plaisir ; il n'est pas de jour qu'il ne donne un peu de joie à ces pauvres créatures que le ciel a semées sur la terre. Il n'y a pas, à coup sûr, un roi de France qui ait fait autant d'heureux que moi. Je suis plus fier de mon violon que d'un sceptre sacré par le pape ; c'est un trésor dont je suis prodigue ; je joue du violon pour tout le monde, pour les pauvres comme pour les riches. Quand je rencontre un mendiant sur mon chemin, je lui joue un air, et je suis bien sûr qu'il aime autant cette aumône-là qu'une autre. Aussi, en me voyant, les mendiants ne tendent jamais leurs mains, ils ouvrent leurs cœurs.

» Oui, la musique, le vin, les femmes, la liberté ! ( la liberté comme je l'entends et comme ne l'entendent guère vos gazettes), voilà toutes les joies de la terre. Dieu a dit aux hommes : « Les collines sont couvertes de vignes, les femmes sont pleines de roses, les oiseaux chantent dans les bois : vendangez, moissonnez, écoutez ! » Aux femmes Dieu a dit : « Laissez cueillir les roses, elles refleuriront sans cesse. » Et les femmes ont toujours suivi la parole de Dieu. Il y a des hommes qui rêvent de gloire en tête à tête avec leurs maîtresses ; il y en a d'autres qui boivent de l'eau pour médire du vin ; il y en a beaucoup qui s'enchaînent dans leurs vanités : ce sont des méchants et des fous ; plaignons-les ! Moi, je ne suis pas si fou ni si méchant : je bois, j'aime et je chante en plein air, libre comme le vent ! Pourvu que les femmes soient belles, que le vin soit du terroir, que les chansons soient folles, c'est tout ce qu'il me faut ; — du moins, c'est tout ce qu'il me fallait quand je vivais avec les vivants ; maintenant que je vis avec les morts, ce n'est plus la même chanson. Enfin, c'est là tout ce que je demande à Dieu dans son paradis.

» Je ne sais pourquoi, mais j'augure mal du paradis. Le notaire du pays a une grande salle dont toutes les murailles sont couvertes de tableaux : d'un côté, ce sont de belles femmes qui s'ébattent sous des arbres avec leurs galants ; tout en face on voit des ivrognes flamands qui boivent comme des puits : — l'ivresse de l'amour et l'ivresse du vin. J'ai bien peur, ma foi, que le paradis ne ressemble à la salle du notaire : on y verra des bouteilles et des femmes, du vin et de l'amour ; mais on ne pourra toucher à rien. Chaque fois que j'entre dans la salle du notaire, il me vient l'envie de jouer une contredanse à ces beaux amoureux et à ces fiers ivrognes : il me semble qu'ils danseraient si bien !

» Mais je divague comme une commère et je n'avance guère dans mon histoire. Un peu de patience, s'il vous plaît ; encore un petit baiser à ma bouteille, ma chère bouteille, et nous voguerons à pleines voiles.

« Qu'ils sont doux,
Bouteille jolie,
Qu'ils sont doux,
Vos petits glouglous !
Ah ! bouteille, ma mie,
Pourquoi vous videz-vous ? »

Après avoir chanté, le joueur de violon jeta sa bouteille dans la montagne. La bouteille bondit et éclata sur une roche. « Pauvre bouteille ! dit-il avec amertume.

— Hélas ! reprit-il tristement, que n'en puis-je faire autant de ma femme, qui n'est qu'une bouteille vide, ou plutôt qui est une bouteille pleine de mauvais vin ! »

Le philosophe contempla un instant le cimetière, comme pour se consoler de sa femme,

## III.

### COMMENT JE DEVINS AMOUREUX ET MUSICIEN.

« Mon père avait coutume de m'emmener à toutes les fêtes du pays. Je m'asseyais gaiement sur son tonneau, et, tout enchanté par la musique, je suivais d'un regard curieux les scènes variées qui se déroulaient devant l'orchestre champêtre. J'ai plus d'une fois surpris les premiers aveux du galant et le premier trouble de l'amoureuse ; j'appelais cela lire un roman. Je comprenais à peine : pourtant mon cœur d'écolier battait avec violence, je me perdais dans une rêverie enivrante dont je ne puis vous donner l'idée. Mon père, qui avait la parole fort pittoresque, disait à propos de cette rêverie-là : « *Eh bien ! Richard, te voilà encore au fond des bois !* » Mon père avait bien trouvé l'image. Voyez-vous dans la gorge cette charmille touffue? Je n'y ai jamais passé sans me souvenir de mes premiers songes ; plus tard, je n'ai jamais rêvé d'amour sans voir cette charmille : il y a de belles draperies de verdure, des fleurs qui vous embaument, un petit ruisseau qui coule dans l'oseraie, des bouvreuils qui chantent gaiement : c'est un vrai nid d'amoureux.

» Un dimanche donc je suivis mon père à la fête d'Origny. Il faisait le plus beau temps du monde. Cependant, à l'horizon le ciel était couvert ; par-ci par-là les éclairs jaillissaient. « Encore un orage pour ce soir ! dit mon père avec humeur. Le dimanche n'est-il donc pas un jour de repos et de plaisir pour le ciel comme pour la terre ? En vérité, le bon Dieu n'est pas raisonnable. » Et mon père poursuivit tout bas ses lamentations : « Voilà plus d'un écu de six francs perdu pour moi ! Je ramasserai à peine de quoi boire la semaine qui vient ! O mon Dieu ! ayez pitié d'un ivrogne ! »

» En dépit des nuages et des éclairs, la fête fut bruyante comme Paris et touffue comme les bois. Les belles robes! les gais visages! les folles danses! Je ne parle pas de ces lourdes paysannes qui dansent en tendant des pattes d'araignées ; j'ai toujours détourné les yeux de leurs ébats grotesques : je parle des fermières et des grisettes de village, ces filles pimpantes et alertes qui sont tour à tour à la fois dames et paysannes, qui ont dans les traits et dans l'esprit de la grâce et de la naïveté. Celles-là étaient, parmi les autres, comme des roses dans un champ de choux. Mon père disait en les voyant : « *Voilà les mignonnettes.* » Il disait des autres : « *Les Margotons.* » Parmi les mignonnettes de Landouzy-les-Bois, il en était une que j'admirai longtemps sans m'en douter le moins du monde : c'était la fille de M. Bertrand, dont la ferme est au bout du village. Au travers de ces grands châtaigniers, — voyez-vous ? — du côté de l'abreuvoir de Noé, — un colombier pointu comme le clocher : c'est cela. M. Bertrand, qui est Champenois, ne dément pas le proverbe ; mais, tout Champenois qu'il est, il a eu l'esprit de faire une fille charmante, dont tous les pays du monde se fussent glorifiés. Cela n'était pas trop champenois. Cécile Bertrand dansait à cette fête avec ses compagnes. Ses compagnes étaient animées d'une folle gaieté ; elles avaient des roses dans leurs cheveux, sur leurs joues, à leur corsage : Cécile était indolente et mélancolique ; elle n'avait d'autre attrait que sa pâleur. Je vois toujours sa douce figure, souriante et pourtant triste, qui semblait éclairée d'une mauvaise étoile... je vois toujours son corps si souple et si fragile que le chagrin devait briser... Je ne veux pas vous faire son portrait : elle avait cet éclat fatal qui vient du ciel. Si vous pouviez voir dans mon cœur, vous la verriez, elle n'est plus que là. Pour les gens du pays, Cécile était presque laide ; pour moi, Cécile était plus belle que la plus belle : son âme rayonnait sur son front.

» Or donc, à cette fête, je devins tout d'un coup amoureux de Cécile, c'est-à-dire je sentis que je l'aimais depuis quatre ans. Cette découverte me donna une joie sans pareille, cette joie me donna un orgueil de tous les diables. Je levai la tête avec fierté, et je regardai avec dédain la troupe éperdue qui bondissait à mes pieds. J'eus pendant un moment une belle illusion : je m'imaginai que j'étais le roi de la fête! « Richard! allons donc! me dit mon père en me donnant un coup d'archet, ton violon grince des dents. »

J'allais répondre à mon père avec la dignité bouffonne d'un enfant que l'amour a fait homme, lorsque Cécile vint de notre côté, plus pâle et plus belle encore. Elle s'arrêta devant nous, appuya ses petites mains blanches sur l'estrade, et, d'une voix adorablement suppliante, elle murmura en regardant mon père : « M. Richard, de grâce, jouez-nous le joli air de dimanche passé : *Tra la la la, le ciel n'a plus d'étoiles!* » Je m'empressai de répondre pour mon père que nous étions ravis de servir mademoiselle Cécile. Elle me regarda doucement et retourna vers ses amies en souriant de son divin sourire. Je la regardais encore lorsque mon père me donna un second coup d'archet : « Tu as promis de jouer cet air : tu le joueras, » me dit-il d'un ton moitié comique, moitié sérieux. Jusque là j'avais joué en dépit de toutes les oreilles, la sentence de mon père me désespéra. Mon violon pendait à ma main tremblante, mon cœur palpitait, je ne savais que devenir. Cependant mon père avait joué la ritournelle, tous les danseurs tendaient la main pour *la chaîne des dames.* Comme je traînais à l'aventure mes regards désolés, je revis Cécile, dont le grand œil bleu tourné vers moi semblait me dire : « Eh bien! vous m'oubliez déjà! » A cet instant, subitement ranimé, je saisis mon violon, et je me mis à jouer tout seul, à la grâce de Dieu... »

Tout en disant ces mots, Richard avait repris son violon ;

il acheva sa phrase en jouant admirablement cet air charmant de *Mazaniello* : *Le ciel n'a plus d'étoiles.*

Il était rayonnant, son cœur battait avec violence, son œil jetait des éclairs. Quand il eut fini de jouer, il me regarda et me dit d'une voix émue : « Voilà comme j'ai joué ce dimanche-là. »

## IV.

#### TABLEAU FLAMAND.

« Comme mon père l'avait prévu, le bon Dieu, qui ne se repose plus le saint jour du dimanche, termina la fête d'Origny par un orage. Cet orage nous surprit à la brune, à l'heure la plus dansante. Le vent souffla quelque temps avant la pluie ; les acharnés danseurs voulaient braver l'orage. Mon père, qui lorgnait d'un œil ardent le prochain cabaret, leur conseillait en vain d'aller à tous les diables. Cécile venait de partir avec la servante de la ferme. Elle partie, je me sentis seul au milieu de la foule, et je n'eus plus la force de jouer. Je regardais d'un œil mélancolique les pommiers du chemin de Landouzy ; mon âme s'envolait avec Cécile. Cependant le vent faisait un assez beau dégât parmi les vertus restées fidèles à la fête. Il battait et soulevait les jupes les plus rebelles, même des danseuses qui se défendaient pour tout de bon. Les galants profitaient du désordre, les plus sots devenaient spirituels : Jacques embrassait sa blonde, Pierre étreignait sa brune. A la fin, ce spectacle de rustiques amours, qui d'abord m'avait révolté, me sembla un tableau attrayant. J'oubliai la chaste image de Cécile, je ne vis plus que les paysannes joufflues ; d'autres amours s'agitèrent en moi ; je bus coup sur coup trois ou quatre verres de claret, et je me mis à jouer avec une ardeur sans pareille des airs grivois comme ceux-ci : *La bonne aventure, ô gué ! — Va-t'en voir s'ils viennent,*

Jean! Je donnais de si beaux coups d'archet, que mon père crut que je devenais fou. « Quel est donc le diable qui t'emporte ? » me demanda-t-il. En effet, c'était bien un démon qui m'emportait ainsi, le démon des folles amours. J'eus là une heure d'ivresse en jouant pour les amoureuses joufflues, comme j'avais eu une heure de douce extase en jouant pour Cécile. L'orage éclata avec une violence aveugle ; il jeta de la pluie et du feu à pleines mains ; il finit par disperser tout le monde. Les uns allèrent au cabaret où pleuvait le vin, mon père fut de ceux-là ; les autres s'enfuirent sans savoir où, dans des granges désertes, sous des arbres touffus, vers des meules de foin ; je fus de ceux-ci. Il fallait voir nos grotesques ébats, il fallait entendre nos clameurs infinies. Les filles, ne songeant qu'à s'abriter de l'orage à cause de leurs fanfreluches, s'apprivoisaient joliment alors ; pourvu que les collerettes fussent préservées de la pluie, elles laissaient paisiblement chiffonner le corsage ; aussi criaient-elles par-ci par-là : « Mon bonnet ! ma collerette ! mon fichu ! ma robe ! » mais elles ne songeaient guère à crier : « ma main ! mon cou ! ma lèvre ! ma vertu ! »

« J'avais fini par me nicher avec les plus alertes dans une masure chancelante qui servait de bergerie l'hiver, qui ne servait plus à rien dès que les moutons couchaient à la belle étoile. Nous la trouvâmes tapissée d'une certaine paille de colza dont l'odeur me monte encore à la tête ; nous nous couchâmes pêle-mêle dans la nuit profonde, sans reconnaître d'abord nos voisins et nos voisines ; mais le diable était là, et peu à peu : « C'est toi, Pierre ? — C'est vous, Adèle ? — Rose ? — Leroy ? — Lisa ? — Jacques ? — Quel temps ! — Quel orage ! — Quelle pluie ! » Pendant toutes ces reconnaissances (et il y en avait qui se reconnaissaient sans se parler), je gémissais de ne pouvoir, comme les autres, m'écrier : « Cécile ! » Tout à coup j'entendis à mon côté sa voix si douce, qui avait tant d'écho dans mon cœur. Mademoiselle Bertrand disait à la servante de la ferme : « C'était bien la peine de partir avant les autres ! « Cécile ! m'écriai-je à mon tour. — C'est le petit Richard, » dit aussitôt la servante. Je ne sais qui m'empêcha de lui casser les dents : *le petit Richard!* ah ! la vieille pie ! Je gardai le silence, bénissant la nuit qui cachait mon dépit et ma rougeur. Cécile se taisait aussi ; j'entendais son souffle enivrant, elle dut entendre les battements de mon cœur. Je m'agitais sur le colza comme un damné dans les flammes ; j'étais tout haletant et tout éperdu. Sans savoir ce que je faisais, je tendis la main vers Cécile et j'atteignis la sienne du bout des doigts et en même temps du bout des lèvres ; mais la petite main m'échappa comme un moineau. Je fus tout effrayé de ce que j'avais fait ; au fond de mon cœur, je demandai pardon à Cécile ; je crois même que je m'agenouillai devant elle, mais alors ce fut autant pour l'adorer que pour lui demander grâce.

» — Puisque Richard est là, qu'il joue un air pour nous désennuyer, dit une fille qui se trouvait sans amant et qui n'était pas fâchée de faire son petit programme. — Oui, oui, de la musique! » s'écria-t-on de toutes parts. Je pris mon violon sans y penser, et je débutai par un air joyeux. Ma musique fut couverte de gros rires discordants qui m'avertirent que je jouais au gré de toute l'assistance. Mais je ne jouais pas au gré de mon cœur, mais je pressentais que mes grands coups d'archet agaçaient les belles dents de Cécile : « Assez de musique comme cela, dis-je en m'arrêtant, assez de foin pour les ânes! un peu de fleurs pour les abeilles ! » Et, sans autre prologue, je me mis à jouer de beaux airs mélancoliques de je ne sais plus quel opéra : « A la bonne heure ! » murmura Cécile, qui pleurait de joie amoureuse. Bientôt je fus saisi d'une jalouse colère en l'entendant murmurer : « Je dansais avec M. Desprez quand on a joué cela. » Je m'arrêtai subitement ; mon violon tomba sur mes genoux ; mon cœur s'oppressa : je perdis la tête : « Eh bien, Richard! me dit Cécile d'une voix tremblante, poursuivez donc. — Non! » m'écriai-je avec une fureur comique. Cécile éclata de rire, et acheva doucement, la cruelle, l'air que j'avais commencé.

» Hélas! oui, elle aimait M. Eugène Desprez, un jeune bourgeois en sabots qui chassait tous les soirs autour de la ferme de M. Bertrand, tantôt avec un fusil, tantôt sans fusil. M. Desprez avait vingt-quatre ans; il voulait se marier pour avoir cent arpents de terre de plus : Cécile en avait cent cinquante. Aux yeux de ces paysans imbéciles, il était du rang le plus honorable parce qu'il ne faisait rien. Il avait passé dix ans dans les colléges pour apprendre à ne rien faire. Aussi bien Cécile en était folle. Hélas! hélas! elle a maudit cet amour plus que je ne l'ai maudit moi-même. Eugène Desprez avait une assez belle tête, mais il cachait un mauvais cœur, ou, ce qui est bien pis, il n'avait pas de cœur!

» Quand l'orage fut passé, quand la lune revint montrer son front d'argent à la lucarne de la masure, on songea enfin à retourner au logis. Je demeurai le dernier sur le lit de paille de colza, héroïquement résolu à m'y laisser mourir de jalousie; mais Cécile n'avait pas fait vingt pas que j'abandonnais déjà la masure. Je suivis mon cœur jusqu'à la porte de la ferme; la porte était depuis longtemps refermée que je croyais suivre encore Cécile.

» Enfin, je m'en retournai vers le logis paternel; mais, dans la grande rue de Landouzy, le cabaret de mon cousin Truchet m'allécha par ses lumières et par ses chansons; je trouvai là plusieurs amis qui s'enivraient avec du claret : « Voyons, Richard, me dis-je, noyons notre jalousie dans un verre. — C'est bien la peine d'en laisser! » repris-je en regardant ma bouteille et mes joyeux amis. Quand le cabaret tourna autour de moi, je perdis de vue Cécile; je contai des contes bleus à la descendante de mon cousin

Truchet, à mademoiselle Justine, qui était une petite fille charmante, mais dont j'eus l'an passé la sottise de faire une mauvaise femme qui va me battre ce soir. *Sancte Richarde, ora pro nobis!*

## V.

#### MON COEUR ET MON VIOLON.

»Une année se passa, une belle année pour moi : j'aimais Cécile. Je ne vous dirai pas les charmes, les délices, les enchantements de cet amour silencieux et solitaire, car j'aimais tout bas et tout seul. C'était un feu que j'attisais au fond de mon bois touffu ; nul ne s'en doutait, pas même elle! Et pourtant, que de fois mon violon lui a chanté mes amours! Dès qu'elle paraissait à la salle de danse de Landouzy, un frisson glacial et brûlant me courait de la tête aux pieds ; sans m'en douter je jouais plus doucement et plus tendrement ; les airs les plus vifs et les plus gais s'allanguissaient et s'attristaient. Elle n'avait pas l'embarras de suivre ma musique : c'était ma musique qui suivait sa danse. Hélas! pendant que je l'adorais ainsi, l'ingrate abandonnait sa main et son cœur à M. Desprez. Il recueillait ce regard de feu que mouillait mon violon. Cependant, de temps en temps je recueillais aussi un de ces regards enchanteurs. C'était le prix de mon amour; je n'en rêvais pas d'autre. Quand on commence à vivre on est heureux d'un jouet; bientôt on trouve ses bras trop longs pour étreindre le monde; l'amour n'est pas comme la vie : c'est toujours un enfant.

»Un jour, jour maudit! Cécile et son amoureux vinrent au logis paternel me prier à leurs noces, c'est-à-dire prier mon violon. Je faillis m'élancer à la gorge de M. Desprez, et, ma foi, mon père survint fort à propos pour arrêter ma colère. Le lendemain les cloches annoncèrent mon malheur par cette grande musique que l'Église joue trois fois pour chacun de nous : à notre naissance, à notre mariage, à notre mort. Je suivis les mariés à l'autel ; je priai Dieu pour Cécile. Pour prix de mes prières je reçus, à la porte de l'église, une aune de ruban bleu dont il me fallut, à mon grand dépit, enjoliver mon violon. Malgré ma tristesse, le dîner fut joyeux ; au dessert, tout le monde était gris, tout le monde trinquait et chantait à la fois ; moi, je regardais en silence la belle mariée ; je voyais avec peine cette blanche vertu qui se débattait avec les mauvaises paroles. Cécile s'ennuyait : elle appelait à grands cris l'heure de la danse ; plus de vingt fois elle me regarda de son regard enchanteur. — Était-ce le joueur de violon qu'elle regardait ?

» Quand tout le monde eut chanté malicieusement un sot couplet à la mariée, qui certes n'y entendait pas malice, mon père, ennuyé, reprit son violon : « Voilà bien des chansons à boire de l'eau et à dormir debout ! Madame la mariée, suivez-moi dans la salle : mon violon chante mieux que tous ces malins-là. Allons ! allons ! des entrechats, morbleu ! » Une demi-heure après tout le monde dansait ; moi j'étais perché sur la tribune et je jouais par souvenir. A me voir si morne et si désolé, on eût dit que j'assistais à un enterrement. Hélas ! n'assistais-je pas au convoi de mon bonheur ?

» Bientôt mon père, entraîné par les buveurs, me laissa seul dans la tribune : ce fut alors que ma douleur éclata sur mon violon ; je me mis à jouer l'air le plus triste et le plus désolé que je savais. Et mon violon, ou plutôt mon âme, gémit et sanglota ; c'étaient des plaintes et des cris à toucher des cœurs de roche : jamais musique ne fut si déchirante ; tous les danseurs s'arrêtèrent comme par miracle ; ils se regardèrent tout étonnés ; quelques-uns grimpèrent sur la tribune et virent mes larmes qui tombaient abondamment sur mon violon.

10.

» Mais aussitôt ces regards indiscrets séchèrent mes larmes ; je chassai les danseurs avec colère. Cécile, surprise de mes larmes, vint avec sa nonchalance accoutumée me demander pourquoi je pleurais. Je ne répondis point : je me remis à jouer douloureusement.

» Au milieu de la nuit, il me fallut subir un dernier supplice, supplice infernal dont le souvenir seul m'arrache encore le cœur. Quelques minutes après que la mariée eut disparu de la danse, les malins de la noce m'entraînèrent avec mon violon vers la chambre nuptiale. Vous le dirai-je ? je me laissai entraîner sans trop de résistance à cet horrible martyre. Quand on souffre, la douleur est attrayante.

» A la porte, qui n'était point ouverte, hélas ! les gens de la noce me prièrent d'improviser quelque chose pour la circonstance, vous entendez bien ? pour la circonstance ! Involontairement je jouai cet air si connu : *C'est l'amour, l'amour, l'amour !* Pendant que j'improvisais ainsi, les malins improvisaient pareillement une chanson grivoise que chantaient nos grand'mères, mais ils n'achevèrent pas ; au milieu du second couplet, je levai mon violon et je le brisai avec une noble colère sur la porte de la chambre nuptiale. — Mon pauvre violon ! mon pauvre cœur !

## VI.

### LES JOIES DU MARIAGE.

» Le lendemain je demandai la main de ma cousine Truchet ; c'était demander mon châtiment. Trois semaines après je m'enchevêtrai dans le mariage, la tête la première. Dès les premiers jours de mes noces, il me fallut subir le caquetage et la jalousie de ma chère femme :
« Avise-toi de songer encore à ta belle Cécile, qui a la

mine d'une ressuscitée! Avise-toi de revenir tard et de t'arrêter au cabaret! Ton père buvait comme une fontaine et contait des sornettes à toutes les filles : que je t'y rencontre un peu! — Quel trébuchet! » me disais-je tout bas en tournant le dos à ma femme. Quelques mois se passèrent dans cette gaieté conjugale. Madame Richard, qui n'avait point d'amour, avait des tempêtes plein le cœur; à chaque instant je recevais une bourrasque : « D'où venez-vous, monsieur? — Je viens de me promener, disais-je gravement. — Tu viens du cabaret, chien d'ivrogne! — Oui, ma femme. — Non, cœur de roche! tu ne viens pas du cabaret : tu viens de perdre ton temps avec les voisines. — Oui, ma femme. — Non, brigand! tu viens de voir Cécile. » Et madame Richard éclatait par toutes ses extrémités méchantes. Elle s'emportait souvent jusqu'aux morsures. En un mot, cette femme-là m'aimait à la fureur.

» Je vous parle ici du passé : hélas! le présent est comme le passé, l'avenir menace d'être comme le présent. Je ne finirais pas si je vous disais tous mes chagrins domestiques. Les mauvaises femmes ont le cœur hérissé comme le houx; les mauvais mariages sont pareils aux mauvaises femmes; il n'est pas de jour qu'on ne s'y déchire un peu; moi, je suis tout sanglant. Certes, c'est en pensant à une femme comme la mienne que le grand roi Salomon a dit ces belles paroles : « *La femme est plus amère que la mort.* » Ces années passées, heureusement, je me réfugiais dans mon amour pour Cécile; je m'abritais des colères de ma femme dans ce beau rêve caché que je vous confie en tremblant; il faut bien vous le dire, il m'arrivait quelquefois de me réfugier au cabaret et de m'abriter derrière une bouteille de bon vin. Mais au cabaret je n'étais pas tranquille, car madame Richard survenait toujours fort mal à propos : « Que fais-tu là, ivrogne? » Et pour toute réponse je versais du vin dans mon verre, et, quand elle m'en laissait le temps, je versais doucement mon verre dans ma bouche : « Si tu ne viens pas tout de suite, je vais me jeter dans le puits. — Allez, ma femme. » Elle n'avait garde, la coquine !

» Je ne voyais guère Cécile, qui ne paraissait plus à la danse. Son mari indignait tout le monde par sa conduite ; il s'abandonnait à toutes les mauvaises passions ; il faisait de sa pauvre femme une servante, et de sa servante une maîtresse, le bruit s'en répandait sourdement, comme toutes les tristes vérités.

» Un jour, je voulus enfin savoir tout mon malheur ; je résolus d'être le témoin de ce qui se passait chez M. Desprez. Dès qu'il fit un peu nuit, je grimpai comme un chat au mur du jardin, j'arrivai bientôt devant les fenêtres d'une petite salle où restait toujours Cécile. Je la surpris au coin du feu : elle était toute seule. A sa tête penchée au-dessus de l'âtre, je devinai sa tristesse ; bientôt elle releva la tête, mais ce fut pour essuyer des larmes. Au bout d'un instant la servante survint ; à peine cette fille fut-elle entrée, que je vis apparaître ce M. Desprez. Il alla s'asseoir en chantonnant près de sa femme, mais surtout près de sa servante, qui s'était mise à l'autre coin de la cheminée, devant un vieux rouet. Le silence dura quelques secondes ; enfin M. Desprez pria, de la voix et du regard, sa maîtresse de chanter ; et celle-ci, tout en préparant son lin, se mit à braire une chanson digne de sa voix. A la fin du premier couplet, M. Desprez ordonna à sa femme, d'un ton de maître, d'aller chercher une bûche. La pauvre Cécile obéit comme une servante. Pourtant elle jeta à son mari et à sa servante un regard de mépris, de douleur et de dignité. Aussitôt qu'elle fut sortie, M. Desprez se pencha vers sa maîtresse et l'embrassa. Au retour de Cécile, la servante entonna le second couplet en roulant ses yeux de bœuf avec langueur. Ce second couplet était plein de débauche ; Cécile rougit et voulut s'en aller. Comme elle arrivait à la porte, son mari courut à elle et la ramena avec violence à la cheminée. « Restez là ! lui dit-il en lui jetant un regard courroucé. — Vous me brisez les mains, murmura Cécile. » J'étais tout palpitant. « Oh ! que vous êtes méchant ! » reprit la pauvre femme qui était devenue pâle comme la mort. Le brigand lui brisait toujours les mains dans ses mains de fer. Elle avait d'abord souri avec amertume ; enfin, la douleur dépassant la résignation, elle poussa un cri perçant qui me déchira le cœur. Je voulus m'élancer à sa défense, et, d'un seul coup, je cassai toutes les vitres de la croisée qui me séparait d'elle. A ce bruit, M. Desprez fut abattu tout d'un coup comme le sont les lâches surpris dans de mauvaises actions ; mais, se ranimant un peu, il vint à la fenêtre et demanda qui est-ce qui était là. « Moi ! » lui dis-je avec fureur. Il retourna vers la cheminée, décrocha son fusil de chasse et me mit en joue sans avoir l'air d'y regarder à deux fois. Je ne suis point du tout un lâche, mais je m'enfuis comme si j'avais eu ma femme à mes trousses.

## VII.

### LA PRIÈRE DE CÉCILE.

» Le lendemain, M. Desprez partit avec Cécile sans dire où il allait. Ils restèrent deux mois à Rouen, non sans une grande surprise de tout le pays. A leur retour, je me mis en la tête qu'il me fallait punir M. Desprez de sa tyrannie envers Cécile ; mais je craignis de faire du bruit et de dévoiler aux yeux de tout le monde l'horrible scène que j'avais vue ; d'ailleurs, me dis-je, à moins de le tuer, — je ne me souciais pas d'aller si loin, — je ne délivrerai point Cécile ; au contraire, il se vengera sur elle.

» Dans ce temps-là il se fit, fort à propos pour me détourner un peu de mes luttes intérieures, quelques grandes noces aux environs. A force de boire, à force d'entendre ces vieilles chansons que j'aime tant, de voir ces folles danses qui reverdissent les grand'mères, je parvins à m'éloigner de Cécile. Mais la dernière noce finie, mon amour et ma douleur revinrent tout d'un coup avec une violence terrible. Je passais mes journées à battre la campagne de la tête, des pieds et du cœur; j'allais me désoler au fond de la charmille; je venais sur cette montagne, et pendant de longues heures, je restais en contemplation devant la maison de M. Desprez. — Vous la voyez au-dessus des saules, un toit d'ardoise, des volets verts, un jardin anglais, ah! une belle maison qui n'a été qu'une prison pour Cécile! La malheureuse femme ne sortait pas. Une fois par semaine on la voyait traverser les prés pour aller voir son père, qui était mal avec le mari. J'essayai vainement de la rencontrer : Dieu ne le voulut pas. Que de fois je suis allé me cacher dans les osiers du Pré aux Oies et dans l'avoine de M. Bertrand, en espérant la voir passer! J'attendais, tout palpitant au moindre bruit; j'attendais encore, la nuit me chassait comme j'étais venu.

» Par d'habiles manœuvres, M. Desprez parvint à faire croire dans le pays que ses discordes avec sa femme étaient passées. Je voulus le croire comme les autres, mais en vain! Mon pauvre cœur, qui souffrait le martyre, me poussait de plus en plus dans mes tristes pressentiments. Le cœur ne se trompe jamais.

» Un soir du mois de septembre, je revenais de je ne sais où, quand, au coin de ma maison, j'entrevis une forme blanche qui s'agitait. J'avançai en chancelant et je reconnus Cécile. « Cécile! — oui, » murmura-t-elle. Je lui pris la main comme dans la bergerie d'Origny : ah! cette fois elle me laissa sa main. Pendant quelques secondes nous gardâmes le silence; enfin, me regardant de son triste regard : « Vous êtes mon seul ami, me dit-elle : M. Desprez m'a chassée et je suis venue à vous. Me voici : qu'allons-nous faire ? Je n'ose aller à la ferme ; il y a eu aujourd'hui une partie de chasse ; je ne veux pas troubler le plaisir du souper ; et puis, j'ai toujours caché mon malheur à mon père. M. Desprez est ivre-fou ; je vais attendre près de vous que sa folie soit passée. J'espère qu'il me laissera rentrer à la maison. Je croyais trouver un abri chez vous, mais votre femme m'a fermé la porte au nez. — Ma femme ! m'écriai-je avec indignation. — Eh bien ! reprit Cécile de sa douce voix, n'allez-vous pas faire comme M. Desprez, jouer le rôle de la Barbe-Bleue ! Je vous défends d'en vouloir à votre femme pour cela. Je m'étais promis de ne pas vous le dire ; je ne sais pourquoi je vous l'ai dit. » Il commençait à pleuvoir et le vent était froid ; Cécile n'avait pour tout vêtement qu'une robe de mousseline et un petit châle de Barége. Je ne savais où la conduire. « Si nous allions chez votre père ? me dit-elle. La maison de mon père était à deux pas de là ; nous y allâmes en silence. Mon père, qui venait de se coucher, respecta les larmes de Cécile ; il s'endormit ou fit semblant de dormir : un vieux bonhomme de père qui comprenait les saintes amours ! Je rallumai le feu ; Cécile vint s'asseoir devant l'âtre, à côté de moi. Elle regarda la flamme sans rien dire, abîmée dans sa peine. Ayant levé les yeux, elle sembla se ranimer à la vue d'un violon, appendu à la cheminée ; son œil brilla d'un doux éclat, sa bouche s'embellit d'un sourire ; mais comme ce sourire s'effaça bien vite ! « Ah ! dit-elle en respirant avec peine, la vue de ce violon m'a fait du bien... Il y a si longtemps !... » Nous reparlâmes des beaux jours passés. Que de souvenirs ! que de regrets ! Comme nous ressaisissions avidement ce beau temps de la vie qui avait passé comme le vent ! nous restâmes presque toute la nuit sur ce chapitre charmant ; du reste, pas une parole d'amour ; c'est à peine si j'osais aimer Cécile si près d'elle. Je n'étais sans doute pour rien dans ses regrets ; ce qu'elle regrettait, hélas! c'était cette illusion de la jeunesse que le mariage avait détruite ; c'était le plaisir d'être belle, de danser follement, de rêver en cueillant des fleurs, de jeter çà et là son doux sourire, son limpide regard, cet éclat charmant qui venait de son âme !

Un peu après minuit Cécile s'endormit, mais elle se réveilla presque aussitôt et me surprit à genoux devant elle. « Je prie pour vous, » lui dis-je d'une voix étouffée. Elle me tendit la main ; je voulus la baiser, je ne sais comment cela se fit que ma bouche atteignit son front. Ce fut un chaste baiser dont elle n'a pas rougi ! « Je rêvais, m'a-t-elle dit, un mauvais rêve... Je mourrai bientôt, Richard... je le sens : on ne survit pas à tant de chagrins. Ne dites à personne la cause de ma mort. Pensez à moi de temps en temps; la tombe me sera moins noire. » Après un silence elle reprit : « Une folle idée me passe par la tête : quoique la douleur m'ait vieillie, je suis un enfant. Écoutez, Richard ; vous savez comme j'aime la musique ; il y a surtout des airs joués lorsque j'avais dix-huit ans, des airs qui m'enivrent et qui m'arrachent des larmes. Après ma mort, allez quelquefois, le soir, les jouer sur la petite montagne qui s'avance au-dessus du cimetière... Non, Richard, ne m'écoutez pas : je rêve, je divague, je perds la tête... » J'essayai de la consoler : je lui dis que Dieu aurait pitié d'elle. Je lui offris, comme j'eusse fait pour ma sœur, de l'emmener loin de son mari, au bout du monde. Je parlais à mon ombre : Cécile ne m'entendait pas.

» Au point du jour elle se leva ; elle voulut retourner chez son mari. « Il ne vous pardonnera pas d'avoir passé la nuit dehors. — Ce n'est pas la première fois, » murmura-t-elle en ouvrant la porte. Elle regarda le ciel et s'enfuit. Elle m'échappa comme un songe. Je la suivis d'abord, mais je m'arrêtai bientôt au passage d'une troupe de moissonneurs qui s'en allaient aux champs. Cécile était déjà loin ; en arrivant au verger du médecin, elle me fit un signe d'adieu et disparut dans les arbres. Je ne l'ai pas revue. Maintenant, quand je passe devant ce verger, je pâlis et je chancelle comme si j'allais mourir.

## VIII.

### LE CHANT DES MORTS.

« Comme Cécile l'avait pressenti tout d'un coup au milieu de cette nuit si douce, si belle et si triste, elle devait mourir bientôt. La vie est le chemin de la mort, dit le proverbe. Cécile a passé plus vite encore qu'une autre sur ce sentier d'épines ; elle avait les pieds trop délicats pour marcher longtemps ; elle est retournée au ciel parmi les anges : le bon Dieu l'a recueillie avec amour.

» Elle est morte à la mi-octobre de l'an passé, vers quatre heures après midi. Les vendangeurs chantaient dans les vignes, les chiens de chasse aboyaient dans les bois. A l'heure de sa mort j'étais là-bas, dans ce sainfoin couvert de pommiers ; je voyais la fenêtre de sa chambre : mon âme allait plus loin que mes yeux. Comme j'étais triste ! comme la joie de la chasse et des vendanges me déchirait le cœur ! Un peu avant quatre heures on a ouvert la fenêtre : au même instant j'ai vu passer au-dessus de moi une famille d'hirondelles qui s'en allait chercher le printemps ailleurs ; son âme s'était envolée avec les hirondelles. Je n'ai appris sa mort que vers le coucher du soleil. Cependant, au passage des hirondelles, j'ai frissonné et je suis devenu plus triste que jamais ; j'aurais voulu creuser ma fosse et m'enterrer moi-même !

» Aussitôt que j'ai entendu sonner, je suis rentré dans Landouzy. Devant une porte, quelques femmes parlaient de Cécile. « Elle est donc morte ? dis-je en m'arrêtant. —

Oui, mon pauvre Richard, m'a répondu l'une de ces femmes ; elle est morte en parlant de toi. La garde-malade me l'a dit tout à l'heure. La pauvre enfant aimait tant la musique! « Richard! Richard! s'est-elle écriée en tendant les bras, jouez encore cet air si triste... » M. Desprez s'est avancé en pleurant, le monstre! et elle est morte tout d'un coup, comme si elle avait encore peur de lui. »

» J'ai laissé parler ces femmes, et je me suis enfui avec une joie funèbre que ma douleur a bien vite chassée. J'ai passé une nuit horrible, j'ai prié, j'ai pleuré, je me suis sans cesse débattu avec mes angoisses ; je voulais mourir, je voulais suivre Cécile. Quels regrets, mon Dieu! Le lendemain, à l'heure de l'enterrement, je suis venu sur cette montagne. Le ciel était voilé, les feuilles tombaient, le vent gémissait : cette fois la nature était comme mon cœur, — à l'agonie. Quand j'ai vu le cercueil dans le cimetière, quand j'ai entendu le chant du *Miserere*, je me suis agenouillé sur cette roche, dont la vue seule réveille mon cœur, et là, prenant mon violon d'une main tremblante, je me suis mis à jouer cet air qu'elle aimait tant : *Le ciel n'a plus d'étoiles*...

» Pendant que je jouais, un bruit étrange m'a frappé : c'était un bruit presque semblable au battement d'ailes de la colombe. J'ai regardé autour de moi, je n'ai rien vu ; bientôt le même bruit m'est revenu à l'oreille. N'était-ce pas l'âme de Cécile! Certes, si elle est descendue du ciel pour voir enterrer son corps, elle a passé au-dessus de cette roche.

» Depuis ce grand jour de tristesse, je me suis peu à peu distrait dans de vulgaires et profanes passions qui m'agacent plus le cœur que les dents ; mais toutes (elles me sont venues après Cécile) ont beau faire, elles n'éteignent pas ma belle flamme bleue, mon seul amour, un amour digne des anges ; car il s'est allumé là-haut, à côté de la sainte Vierge Marie, dans les splendeurs du ciel. Les feux qui s'allument là-haut sont éternels comme les étoiles ; ceux qui s'allument sur la terre s'éteignent tout de suite, comme ces feux follets que nous verrons tout à l'heure voltiger sur les marais de Landouzy.

» Les nuages passent, le soleil reste ; le corps tombe, l'âme s'élève. J'aime Cécile aujourd'hui comme je l'aimais hier ; la mort, en l'emportant, n'a pu glacer mon cœur : pourtant la cruelle a passé si près de moi ! J'aime toujours Cécile ; je l'appelle dans mes rêveries, je lui tends mes bras tremblants. Cette pauvre âme, chassée du monde, y redescend pour moi quand je viens ici jouer des airs du beau temps. Cette roche, baignée de mes larmes, est le lieu de notre rendez-vous !... doux et triste rendez-vous !... Ah mon Dieu ! voilà que je pleure encore comme un enfant... »

En achevant de parler, Richard, tout égaré dans ses chères souvenances, pencha la tête sous une mélancolie amère.

Le soleil venait de se coucher dans son lit de nuages ; la lune s'avançait au-dessus de la montagne pour veiller sur le pays endormi. La soirée était calme, le bruit était silencieux : on entendait çà et là un son de cloche, une chanson lointaine, un cri d'enfant, un mugissement de vache. Richard poursuivait doucement son rêve d'amour ; moi j'écoutais encore, m'imaginant toujours entendre cette triste histoire. Je regardais avec admiration cet homme étrange où j'avais reconnu tour à tour et même tout à la fois un musicien, un ivrogne, un philosophe et un poète, ce pauvre artiste en plein vent qui adorait si bien sa bouteille en revenant de la fête d'Origny, mais qui à cette heure était si loin de sa bouteille !

Tout à coup une voix criarde fit évanouir les songes de l'amoureux joueur de violon : « Ma femme ! ma femme ! » dit-il avec terreur.

Et je vis venir une brune et alerte paysanne, une gaillarde qui eût donné du fil à retordre à Sganarelle. Elle gravissait l'escarpement de la montagne en menaçant du regard le pauvre philosophe.

« *Il ne faut pas qu'elle vienne ici !* » reprit-il en saisissant son violon et en me tendant la main.

Et, d'une voix plus émue, le regard perdu dans la nuit comme s'il voyait l'ombre de Cécile, il murmura : « *Adieu, Cécile ! A demain !* »

# MARIE DE JOYSEL.

Ce récit n'est pas un roman imaginé, c'est une histoire où la vérité a bien assez de poésie romanesque pour se passer des beaux mensonges du roman et des ornements étrangers. Si vous avez la patience de feuilleter les fades recueils de Pitaval, les lettres galantes de madame Du Noyer, les plaidoyers et les mémoires de la fin du dix-septième siècle, vous verrez peu à peu se dessiner la physionomie des personnages que je ranime ici. L'héroïne, Marie Joisel ou Marie de Joysel, a été longtemps célèbre à Paris, comme toutes les grandes coupables quand elles sont belles. Je n'introduis pas dans ce triste drame un seul acteur dont je ne puisse donner l'extrait de naissance et l'extrait mortuaire. J'ai reproduit tous les noms, en essayant de retracer, d'après les ombres évoquées, d'après les mémoires du temps, les figures, les passions et les caractères. Cette histoire met en relief certaines idées dignes d'arrêter un instant les graves esprits. Quand les passions sont en jeu, comme ici, quand les passions s'agitent violemment dans les ténèbres du cœur, il en jaillit toujours des éclairs. Les passions sont des coursiers indomptés qui galopent la nuit en pleine campagne, qui vont au hasard enivrés par la course, éclairant çà et là leur chemin au choc d'un caillou. La vie de Marie de Joysel confirme surtout ces paroles d'un divin apôtre : « Si vous voulez sauver le pécheur, disait saint Paul, ne l'outragez pas, consolez-le, aimez-le ; il se repentira dans votre compassion et dans votre amour ; à la première larme de repentir, il sera sauvé. »

I.

En 1683, sur le quai des Tournelles, un vieux chanoine vivait dans la paix de ce monde, avec le royaume des cieux en perspective. Le chanoine Leblanc était un digne vieillard noblement couronné de ses cheveux blancs ; en dépit de ses soixante-huit ans, il était vert encore, comme tous les pieux serviteurs de Dieu qui ont vécu dans la foi, loin des passions profanes. Il n'avait eu dans le cœur que de légers soucis et de passagères inquiétudes, tantôt pour un mauvais souper, tantôt pour les commérages de sa gouvernante. C'était un beau vieillard, un peu sec, un peu grand, n'outrepassant point sa mission divine, mais la remplissant avec gravité et avec bonne foi. Il était fort aimé dans son chapitre et dans son église, comme un homme simple qui ne prêchait que deux fois l'an. Il n'avait pas grande fortune ; le peu qu'il avait était à tout le monde, à sa famille, aux pauvres, à sa gouvernante. On ne lui reprochait guère parmi ses amis que d'être un peu lunatique ; la gaieté, l'ennui, la tristesse, la mélancolie, tout lui venait par secousses, par boutades, selon la pluie ou le beau temps. Ses jours de mélancolie, il les passait au coin de son feu, à tisonner, perdu dans des songes infinis, perdu dans son purgatoire, comme il le disait lui-même. On ne pouvait alors lui arracher une seule phrase; il ne répondait que par monosyllabes. Quelquefois huit jours se passaient ainsi, mornes et silencieux; mais un matin on était tout étonné de le retrouver de bonne humeur, ouvrant sa fenêtre et son cœur au premier rayon de soleil.

Le chanoine Leblanc était d'une famille de laboureurs du Lyonnais. Une sœur lui restait qui avait épousé un médecin de Lyon, du nom de Thomé. Ce médecin était un brave homme qui, sur la fin de sa carrière, n'ayant rien amassé et ne sachant où bien placer ses enfants, prit le parti, sur les prières de sa femme, de recommander son second fils, Charles-Henri Thomé, à la bonne volonté du chanoine, qui passait pour être fort à son aise. Le vieux curé, sans en rien dire à Angélique, avait envoyé trois mille livres à son neveu pour étudier la médecine à Montpellier. Reçu médecin de la faculté, Henri n'en était pas plus riche. Où trouver des malades? son père n'en avait pas trop pour lui-même. « Va-t'en à Paris, lui dit un jour sa mère en l'embrassant, va-t'en trouver mon frère; par amour pour sa sœur, il te servira de père et fera ta fortune. » Henri était parti dans le coche, en compagnie d'un soldat aux gardes, avec une douzaine d'écus et les prières de sa famille.

C'était un grand garçon de vingt-quatre ans, d'une figure bien illuminée par le regard, un peu pâle, mais pourtant assez animée, gracieusement encadrée par les boucles d'une belle chevelure brunissante. Sa bouche avait toujours conservé je ne sais quoi de doux et de naïf qui révélait un bon cœur.

Il débarqua un soir de décembre au logis de son vieil oncle. Le chanoine, voyant un peu le portrait de sa sœur, accueillit le jeune médecin avec une grande tendresse; il mit pourtant de la retenue dans ses embrassements, de peur de chagriner sa gouvernante. La vieille fille accueillit son hôte avec force grimaces, en marmottant entre ses dents quelque lugubre litanie. Comme elle servit ce soir-là un mauvais souper, elle finit par s'attendrir; au dessert elle daigna écouter Henri, qui lui parlait de temps en temps pour complaire à son oncle; elle poussa même l'affabilité jusqu'à lui souhaiter une bonne nuit en le conduisant dans une petite chambre qui était tout à la fois le salon, la chambre d'ami, la bibliothèque du chanoine.

Au bout de huit jours, elle était au mieux avec Henri; elle lui racontait son histoire, celle de sa famille, tous les mariages qu'elle avait refusés pour l'abbé Leblanc, toutes les nuits qu'elle passait pour le veiller, enfin elle lui ouvrait son cœur comme à un ami.

Un jour que l'abbé Leblanc était triste et distrait, elle apprit à Henri que le chanoine avait depuis quelques années ses lunes blanches, ses lunes rousses et ses lunes noires. Selon cette fille, il fallait bien se garder de lui parler sans raison dans ses heures lunatiques; mais Henri, inquiet de voir ainsi son oncle perdu en lui-même, voulut en avoir le secret, autant peut-être par curiosité que par sollicitude. Un soir donc, vers la nuit tombante, comme le chanoine, assis devant une fenêtre, semblait s'endormir avec le jour, Henri vint s'asseoir près de lui et parla de la pluie et du beau temps.

« Je ne sais si vous êtes comme moi, mon oncle : je suis singulièrement esclave des inconstances de votre climat de Paris; la pluie me gâte tout, même les beaux livres, tandis que le soleil m'égaie le cœur et les yeux; avec le soleil tout me sourit, les arbres, les maisons, la rivière. Dans l'église, mon âme est bien plus près de Dieu par le beau temps que par le brouillard. »

Le chanoine ne répondit pas un mot.

« Je crois bien, mon oncle, que tous les hommes sont ainsi ; il me semble que vous-même, qui vivez dans le Seigneur, loin des soucis et des peines de ce monde, vous ne pouvez vous défendre des atteintes du mauvais temps. »

Le chanoine gardait toujours le silence.

« Je vois bien que je me trompais, reprit Henri en s'éloignant ; ne m'en veuillez pas si je vous ai troublé dans vos saintes méditations : tout profane que je suis, je comprends ces épanchements de l'âme dans le sein de la divinité. »

Il s'était arrêté, en disant ces mots, contre la cheminée, où s'éteignaient quelques tisons épars. Un silence profond suivit ces paroles ; mais bientôt le chanoine, le croyant sorti sans doute, se mit à penser tout haut comme pour soulager son cœur : « Mon Dieu ! donnez-moi la force de la sauver. Ah ! Seigneur, vous aviez plus de miséricorde pour Madeleine ! Et Madeleine avait peut-être moins de larmes et de beauté ! »

Henri, tout effrayé de surprendre le secret des tristesses de son oncle, sortit de la chambre à pas de loup. Mais il n'était pas à la porte que la vieille gouvernante, entrant tout à coup, l'arrêta au passage :

« Monsieur le chanoine, dit-elle à son maître, souperons-nous de bonne heure ? »

L'abbé Leblanc ne répondit pas.

« M'entendez-vous ? reprit Angélique d'une voix retentissante. Dites-moi si vous irez à la prison aujourd'hui ?

— Non, non, je n'irai pas, répondit le chanoine comme en se parlant à lui-même. Je n'irai plus, je n'y veux plus retourner. »

Et, tout en disant cela, il prit son parapluie et partit.

« Voyez-vous l'original ! il y va tout droit malgré la pluie. A-t-on jamais vu un chanoine comme celui-là ? Je vous demande un peu s'il ne pouvait pas attendre à demain. Se déranger pour des femmes de cette espèce : des libertines ou des criminelles ! Est-ce que ces femmes-là ont besoin de la croix et de l'eau bénite pour aller en enfer ? Enfin, qu'il en fasse à sa guise. »

Henri était devenu rêveur. Il suivait son oncle en imagination ; il le voyait courir à Sainte-Pélagie, entrer dans une des cellules, consoler par la charité chrétienne quelque belle repentante, n'ayant plus, comme Madeleine, que ses cheveux et ses larmes.

« J'irai aussi à Sainte-Pélagie, » dit-il tout à coup comme entraîné par un pressentiment.

## II.

Jusque-là Henri n'avait pas aimé. Durant le cours de ses études à Montpellier la vraie passion n'avait pas eu de prise sur son cœur. Il ne faut point s'y tromper : l'amour n'est d'abord qu'une fantaisie ; il n'a ni force ni religion à l'aurore de la jeunesse.

Au retour du chanoine, Henri lui demanda s'il était content de son mauvais bercail, si les brebis égarées avaient repris pied dans le bon chemin.

« Les pauvres prisonnières, dit l'abbé Leblanc avec un peu d'indignation, sont toutes très-touchées à la voix de l'Évangile : elles se repentent de bonne foi. Mais il en est une pourtant plus rebelle, une qui parle du salut avec insouciance. Grâce à moi, Dieu finira par descendre dans son cœur. »

Après un silence, le chanoine poursuivit comme pour lui-même, tout en secouant son parapluie :

« Ah ! si je pouvais sauver cet ange en révolte !

— Mon oncle, reprit Henri avec un peu de contrainte, est-ce qu'il n'y a pas de malades à Sainte-Pélagie ?

— Toujours ; cette prison est presque un tombeau ; on y apprend à mourir.

— Eh bien ! mon oncle, puisque vous y êtes si bien le médecin des âmes, pourquoi n'y serais-je pas un peu le médecin des corps ? Vous êtes en amitié avec M. de Louvois, avec monseigneur l'archevêque, avec d'autres personnages illustres. Savez-vous bien que vous êtes un homme puissant ? Ne pourriez-vous pas me faire nommer médecin-adjoint de la prison avec quelque six cents livres par an ? En attendant des malades plus riches ou mieux placés, ce serait pour moi une étude et un devoir. Songez-y.

— Six cents livres ! murmura le chanoine en lui-même. Il a raison : une étude et un devoir. Ce serait d'ailleurs un allègement pour moi. Six cents livres ! en vérité, j'y songerai. »

Il retomba bientôt dans le sombre dédale de ses rêveries.

Le surlendemain, Henri croyait sa demande oubliée, quand son oncle lui apprit qu'il avait intercédé auprès de monseigneur le chancelier ; que, grâce à ses hautes et bienveillantes protections, son neveu Charles-Henri Thomé était inscrit comme médecin-adjoint de la prison de Sainte-Pélagie.

Henri, après ses visites, en compagnie de son oncle, au médecin en chef et à la supérieure du refuge, demanda à être introduit auprès des pénitentes malades ; mais il ne trouva ce jour-là que d'indignes créatures flétries par le crime et les mauvaises passions, n'ayant rien pour les recommander, ni beauté, ni courage : « Sans doute, dit-il, mon oncle s'est laissé aveugler ! Voilà que j'ai vu presque toutes les prisonnières ; il n'en est pas une qui puisse rappeler Madeleine pécheresse ou Madeleine repentante. » Mais, quelques jours après, comme il passait dans un corridor avec le geôlier, une religieuse du couvent, la sœur

Marthe, vint le prier de visiter une pauvre prisonnière que le directeur de la prison voulait contraindre au travail des condamnées.

« Si celle-là travaille jamais, je veux être emprisonné à mon tour, dit le geôlier. En bonne justice, on devrait laisser en paix des mains si blanches. »

A l'air dont le geôlier disait ces paroles, on pouvait deviner que ces mains si blanches avaient touché les siennes par quelques pièces de monnaie. Henri Thomé suivit en silence la religieuse. Elle le conduisit à une petite cellule au pied d'un escalier; elle prit une clef à sa ceinture, frappa trois petits coups, ouvrit et fit passer le jeune médecin devant elle. Après avoir jeté un coup d'œil sur la prisonnière : « Ma sœur, le médecin de la prison est souvent empêché par son grand âge de vous donner les secours de la médecine; accordez toute votre confiance à celui-ci, qui nous est adressé par son oncle, le respectable abbé Leblanc. »

La prisonnière inclina lentement la tête en jetant un regard insouciant sur Henri Thomé.

« Je reviens dans quelques minutes, » reprit la religieuse en fermant la porte.

Le jeune médecin demeurait debout devant la prisonnière, qui était assise au bord de son lit.

« De grâce, monsieur, lui dit-elle avec une douceur angélique, de grâce, déclarez que je suis malade. Puisque vous êtes médecin, cela ne vous sera pas malaisé, » reprit-elle avec un sourire légèrement railleur.

Et, tout en disant ces mots, elle leva sur lui deux yeux dont il fut ébloui.

« Je ne sais que vous répondre, madame, si ce n'est que je vous trouverai malade tant que vous le voudrez être. Pour l'acquit de ma conscience, daignez me permettre de consulter... »

Il n'acheva point sa phrase, car la prisonnière, voyant

qu'il lui tendait la main, lui donna la sienne sans se faire prier. Comme elle sentit qu'il la pressait un peu plus que ne le doit faire un médecin, elle lui demanda avec empressement si elle avait la fièvre.

« Non, madame, répondit-il d'une voix troublée. Mais, puisque vous le voulez, je vous déclare malade pour longtemps. Je vais tout à l'heure le certifier sur le registre de la maison.

— Je vous sais gré, monsieur, de cette bonne volonté. »

Et là-dessus elle prit un livre de prières et fit semblant d'y lire. Henri Thomé, très-agité, fit un pas dans la cellule, cherchant à renouveler l'entretien.

« Vous avez, madame, un ami bien dévoué en mon oncle le chanoine; vous l'avez touché au cœur... Une si grande infortune noblement supportée, une si grande beauté qu'une destinée fatale cache dans une prison, tant de larmes qui tombent dans le silence et la solitude, quand il y aurait tant de cœurs qui les voudraient recueillir... »

La prisonnière ferma son livre et releva fièrement son front :

« Monsieur, dit-elle avec un peu d'amertume, je n'accorde pas à tout le monde le droit de me plaindre. »

Comme elle vit que ces mots blessaient cruellement le jeune médecin, elle chercha à les adoucir.

« Cependant, poursuivit-elle avec un soupir douloureux, l'amitié que nous avons tous les deux pour M. l'abbé Leblanc vous excuse peut-être. Plaignez-moi si vous voulez, je ne m'en fâcherai point. »

A cet instant la religieuse rouvrit la porte.

« A demain, madame, » dit Henri Thomé en s'inclinant.

La prisonnière ne répondit pas, elle se contenta de le saluer de l'air du monde le plus froid. Henri Thomé s'en alla pensif. On était aux premiers jours d'avril, le soleil répandait ses plus doux rayons. En passant dans cette triste rue de la Clé, où s'ouvre, ou plutôt où se ferme la prison, il croyait marcher dans un pays enchanté; il ne voyait que le ciel. Si son regard descendait sur les murailles noirâtres de Sainte-Pélagie, c'était pour découvrir quelques touffes de giroflée sauvage que secouait la brise printanière. Il n'entendait que les battements de son cœur et les harmonies de son âme. Si son oreille s'ouvrait ailleurs, c'était pour la chanson égayée de quelque oiseau amoureux voltigeant sur les toits mousseux de la prison.

En rencontrant son oncle dans l'après-midi, il ne put s'empêcher de lui dire qu'il avait vu une prisonnière qui était la plus belle femme du monde.

« Pourtant, ajouta-t-il, je n'ai vu que ses yeux et ses mains. Mais quels yeux terribles! mais quelles mains adorables!

— Des yeux et des mains coupables, dit l'oncle avec un soupir. Ne parlons jamais de cette femme. »

Une fois seul dans sa chambre, Henri Thomé rechercha dans sa mémoire tout le tableau de son entrevue avec la célèbre prisonnière. Peu à peu cette figure qu'il avait à peine regardée vint se ranimer, sous ses yeux ravis, avec sa pâleur si touchante, ses traits si purs et si gracieux, son charme si fascinant. Puisque nous sommes à ce portrait, achevons-le d'un seul mot.

Coypel a peint cette prisonnière quand elle brillait dans le monde : selon ce peintre, cette femme était un souvenir fidèle de la courtisane du Titien ; la même ardeur de volupté dans les yeux et sur les lèvres. Point d'élévation, point de souvenirs ou de pressentiments du ciel, toute à ce monde, faite pour aimer, faite pour séduire. Quand Henri Thomé la vit dans sa cellule, ce n'était plus le même portrait; loin du soleil, loin du monde, loin de l'amour, elle avait pâli, ses joues s'étaient fanées sous les larmes et sous les regrets, ses yeux moins ardents s'étaient un peu adoucis. Si elle était moins belle alors pour le regard, elle était plus belle pour le cœur.

« Aimer cette femme, c'est se jeter dans un abime, » murmura Henri Thomé en laissant tomber ses bras.

Durant le reste du jour, durant la nuit, il essaya de se soustraire au souvenir enchanteur de la prisonnière ; mais il était sous le charme, il voyait partout cette pâle figure où la passion avait imprimé des traces attrayantes, ces yeux adorables qui avaient versé tant d'amour et tant de larmes.

### III.

Le lendemain, vers midi, Henri Thomé retourna à la prison. Il était plus agité et plus pâle encore que la veille, quand il entra dans la cellule de la belle prisonnière. Cependant il fut plus maître de lui ; dans le désir de pénétrer un peu le secret d'une si grande infortune, il promena sur ce qui l'entourait un regard scrutateur, tout en parlant sans trop de suite des ennuis mortels de la prison quand le ciel d'avril, resplendissant de soleil, convie aux joies de la terre toutes les pauvres créatures humaines. La cellule était quatre à cinq fois grande comme un tombeau ; sur les murailles humides rien qui pût distraire le regard et le tromper sur l'horizon ; sur les dalles rayées rien pour préserver des pieds délicats. Il n'y avait pour tout ameublement qu'un lit étroit et dur, une chaise longue toute dépaillée, une petite table de chêne noir, un métier à tapisserie, une cruche, quelques livres de piété, quelques chiffons, un petit pot ébréché en porcelaine où la prisonnière cultivait des violettes ; enfin, pour consoler un peu de cette misère et de ce délaissement, un petit miroir à cadre gothique : c'était l'araignée de Pélisson. Pour éclairer tout cela, il ne venait dans la cellule qu'un peu de lumière affaiblie par le grillage d'une étroite lucarne qui laissait à peine deviner le ciel.

« Vous ne resterez pas ici, dit Henri Thomé indigné du supplice de la prisonnière; vous ne pouvez y vivre un an.

— Il y a onze ans que j'y suis, dit-elle avec une triste et douce résignation.

— Onze ans! reprit Henri tout pâle et tout chancelant, comme s'il eût reçu un coup dans le cœur.

— Mais qu'importe? reprit la prisonnière, je suis condamnée à y mourir. Hélas! la mort elle-même me repousse de son sein. »

Elle prit, comme la veille, un livre de prières, un refuge pour sa douleur.

« Ceux qui vous ont condamnée à ce supplice sont des barbares, madame. Il n'y a qu'une vengeance odieuse...

— De grâce, monsieur, ne parlons pas du passé : je ne dois être pour vous qu'une prisonnière malade; ne cherchez pas au-delà.

— Vous étiez bien jeune, madame, il y a onze ans!

— J'avais vingt-deux ans.

— Quoi! les beaux jours de la vie auront passé pour vous dans cette horrible solitude! vous aurez vécu loin des joies adorables de la jeunesse! pas un cœur qui soit venu consoler le vôtre! »

La prisonnière n'écoutait plus Henri, du moins elle s'efforçait de lire les psaumes de la pénitence. Il respecta son silence et sortit. En passant devant le geôlier, il demanda à cet homme ce qu'on disait sur le compte de la belle prisonnière. Le geôlier répondit qu'on ne connaissait d'elle que son nom de baptême *Marie;* qu'elle était enfermée là et surveillée par un homme noir des pieds à la tête; que c'était une pauvre femme très-résignée, qui pleurait toujours, mais qui ne se plaignait jamais.

Henri allait s'éloigner sur ces vagues indications, quand le geôlier ajouta :

« J'oubliais de vous dire qu'il est venu plusieurs gentilshommes en carrosse qui m'ont offert chacun plus de cent écus pour la voir un instant. J'ai toujours refusé. Il y en a un surtout qui était très-pressant : celui-là aurait fait ma fortune si j'avais voulu donner à la prisonnière la clef des champs. »

Aussitôt qu'il fut rentré, Henri alla trouver le chanoine, qui lisait son bréviaire dans un coin de la chambre.

« Mon oncle, j'attends de votre amitié quelques mots sur l'histoire de la prisonnière qui s'appelle Marie. Médecin du corps, il faut que je sache ce qui se passe et ce qui s'est passé dans l'âme.

— Mon enfant, je ne dirai qu'à Dieu ce que le confesseur a entendu ici-bas ; d'ailleurs, dès que j'ai absous un pécheur, j'oublie ses crimes. Il n'appartient qu'au Très-Haut de les enregistrer dans le grand livre du jugement dernier.

— Ah! mon oncle, vous n'avez pas oublié ce que vous a confié Marie.

— Écoute, mon enfant, ne parlons jamais de cette femme ; respectons ses faiblesses ou ses crimes, aujourd'hui qu'elle a versé les larmes de la pénitence. »

Comme le chanoine, en disant ces mots, regardait son neveu, il fut surpris de sa pâleur, de son inquiétude, du feu étrange que jetait son regard.

« Qu'ai-je fait, imprudent ? se dit l'abbé Leblanc en songeant à la beauté angélique et fatale de la prisonnière ; si jamais ce pauvre garçon allait se laisser prendre aussi comme tous ceux qui ont vu cette femme ! Mon ami, reprit-il tout haut, cette femme est un abîme profond et ténébreux que je n'ai jamais regardé qu'en tremblant. Il faut la plaindre en passant, mais ne pas y penser : le crime a égaré plus d'un jeune cœur. Mais j'oubliais de te dire que nous avons là une lettre précieuse qui t'attend.

— Une lettre de ma mère ! » dit Henri en brisant le cachet.

Il lut avec une ardeur filiale, mais pourtant d'un cœur distrait. Cette lettre exhalait une tendresse maternelle si touchante, un parfum de famille si pur, que, pendant quelques minutes, il rougit de sa folle passion pour une criminelle. Il vit apparaître Marie sous des traits moins doux et moins gracieux, en face de sa pauvre mère qui était un modèle de vertu chrétienne ; mais peu à peu le démon reprit son empire dans ce cœur déjà égaré. Le soir, quand il fut seul, il lui sembla qu'il y avait un siècle qu'il n'était allé voir la prisonnière ; il fut presque effrayé de cette passion naissante qui avait déjà tant de prise sur lui. Il tomba agenouillé, quoiqu'il eût perdu l'habitude de prier ; il chercha à rappeler le souvenir de sa mère. « O mon Dieu ! ô ma mère ! délivrez-moi de cette femme ! — mais au même instant : — O mon Dieu ! reprit-il avec des larmes, délivrez la pauvre prisonnière ! »

Loin de lutter encore, il se laissa aller avec une amère volupté à ce funèbre amour qui n'avait pour horizon que les murailles d'une cellule ou plutôt les fantômes d'un crime. Mais l'amour nous aveugle toujours à propos. Henri ne voyait dans la condamnée qu'une belle femme de haute naissance, dans toute la magie de l'infortune et des larmes. D'ailleurs, s'il venait à penser aux crimes de Marie, loin de se révolter contre lui-même, il s'attendrissait encore, il descendait plus avant dans l'abîme. L'amour n'est-il pas un incendie que l'orage même attise ?

## IV.

En moins de huit jours, Henri Thomé était dominé par la passion la plus violente. Malgré tout son amour, il avait à peine arraché quelques vagues paroles à la prisonnière, qui sans doute ne songeait guère à lui. Mais, un matin qu'il la surprit tout éplorée, la chevelure éparse et les mains jointes, elle lui parla comme à un ami.

La religieuse, ce jour-là, n'était pas entrée dans la cellule en ouvrant la porte au jeune médecin. Pour lui, se trouvant ainsi seul en face de cette femme tout éplorée qu'il aimait jusqu'au délire, il se jeta à genoux, lui prit les mains et lui dit d'une voix émue : « Ah ! madame, si vous saviez comme je vous aime ! »

En tout autre moment la prisonnière l'eût repoussé peut-être avec dédain ; mais alors elle avait le cœur ouvert par une crise de douleur et de désespoir ; elle fut touchée de cet aveu si passionné, elle regarda Henri sans dégager ses mains et murmura d'une voix attendrie : « Vous m'aimez ! mais vous ne savez pas qui vous aimez ! vous êtes touché de mon malheur ; c'est de la pitié, ce n'est pas de l'amour. Dieu en soit loué ! Vous me plaignez, mais vous ne m'aimez pas.

— Je ne vous aime pas ! s'écria Henri avec un sanglot ; voyez si je ne vous aime pas ! »

La prisonnière sentit des larmes brûlantes sur ses mains.

« Pauvre enfant ! murmura-t-elle en pleurant elle-même. Qui êtes-vous donc ? d'où venez-vous ? Vous n'avez donc pas rencontré dans le monde où vous êtes une femme plus jeune et plus digne de votre cœur ? Vous n'avez donc pas une sœur qui vous défende par sa pureté d'une passion pareille ?

— J'ai une sœur, une sœur qui m'aime, reprit Henri d'une voix étouffée ; si elle vous voyait si malheureuse et si belle, loin de condamner mon cœur, elle me dirait de vous aimer. »

Marie était devenue pensive. Elle étendit la main sur le Christ de son lit, saisit une clef rouillée et un petit poignard taché de sang ; mais, les repoussant tout à coup : « Non ! dit-elle, jamais !

— Que dites-vous, madame ? De grâce, ayez confiance en moi.

— Écoutez, monsieur : puisque vous m'aimez, voulez-vous m'aider à accomplir une grande œuvre?

— Je suis prêt à tout, dit le jeune homme en relevant la tête avec énergie ; ordonnez, madame ; mon bras est à vous comme mon âme.

— Prenez-y garde, monsieur, ceci est grave et peut vous perdre.

— Me perdre pour vous, n'est-ce pas déjà du bonheur? je vous le dis encore, je suis prêt à tout.

— Eh bien ! s'écria Marie en lui pressant la main, je compte sur vous. Voilà ce que vous avez à faire : il faut que je sorte de cette prison, pendant trois ou quatre heures seulement, un jour de cette semaine, un peu avant minuit. Nous monterons dans un fiacre et nous irons rue Saint-André-des-Arts, où j'ai une visite à rendre à quelqu'un. »

Henri ne put réprimer un mouvement de jalousie.

« Enfant, reprit-elle, vous ne voyez donc pas dans mes yeux que, si c'est un rendez-vous, ce n'est pas un rendez-vous d'amour? »

En effet, toute la colère de la vengeance brillait dans les yeux de la prisonnière.

« Après cette visite, nous reviendrons ici ; car je ne veux pas fuir, même avec vous. Il faut que justice se fasse. Eh bien ! aurez-vous la force de faire cela?

— Oui, madame, répondit Henri d'une voix ferme. Mais, pour prix de ce périlleux voyage, je vous demanderai au retour un baiser sur vos beaux cheveux.

— Prenez-le d'avance, » dit-elle en respirant avec joie.

Henri baisa les cheveux de la prisonnière avec passion et avec délices.

« Est-ce pour ce soir ? reprit-il tout radieux.

— Oui, pour ce soir, si vous le pouvez.

— Puisque vous le voulez, je le puis, madame; j'avertirai le geôlier et la supérieure que vous êtes plus malade, que je reviendrai la nuit, que la sœur Marthe vous veillera. La sœur Marthe vous aime comme tout ce qui vous approche ; elle n'aura pas la force de vous retenir. Nous partirons ensemble : on ne verra sortir que moi ; enfin le ciel nous conduira.

— Allez, je vous attends en priant Dieu. »

Henri sortit heureux et fier, plus que jamais égaré par la passion.

## V.

Vers onze heures du soir, il descendit de fiacre au bout de la rue de la Clé ; quoiqu'il plût à verse, il voulut aller à pied jusqu'à la prison. Il trouva la sœur Marthe dans la cellule de Marie, qui n'avait pas encore osé se confier à elle. Comme il n'y avait pas de temps à perdre, Henri lui dit presque en entrant le dessein de Marie.

« J'attends de votre amitié pour elle trois heures de veille et de silence dans la cellule : dans trois heures Marie sera revenue ; nous le jurons tous les deux sur ce crucifix.

— Si c'est pour faire une bonne œuvre... murmura sœur Marthe tout effrayée.

— Oui, oui, une bonne œuvre, dit Marie en s'animant.

— Partez, ma sœur ; je vais prier la sainte mère de Dieu de veiller sur vous. »

Henri jeta son manteau sur l'épaule de la prisonnière, qui le suivit à distance dans le corridor. Le geôlier vint pour le conduire à la porte ; Henri lui prit en l'abordant sa lanterne sourde, l'éteignit en la renversant, éblouit cet homme par des paroles sans suite ; tout alla pour le mieux. Pendant que le geôlier ramassait sa lanterne avec humeur, la prisonnière eut le temps de passer. Dès que la porte fut refermée, Henri prit Marie dans ses bras et la porta ainsi jusqu'au fiacre. De la rue de la Clé à la rue Saint-André-des-Arts le voyage fut très-silencieux. Henri n'osait interroger Marie ni la distraire de ses pensées ; seulement il avait pris sa main dans les siennes, et de temps en temps il la pressait avec amour. Marie lui savait gré de son silence, elle était touchée de son dévouement, et deux ou trois fois durant le trajet elle répondit au serrement de main.

Malgré le mauvais temps, la nuit n'était pas très-sombre, on pouvait se voir même dans le fiacre. Or, cette nuit pour la première fois Marie trouva que Henri avait une noble figure ; elle sentit qu'elle était touchée de son amour, elle ne put s'empêcher de songer qu'il serait doux à tous les deux, à elle presque autant qu'à lui, de prendre la fuite, d'aller ensemble dans quelque solitude bénie du ciel, loin de cette noire prison dont elle sentait sur ses épaules les froides murailles depuis onze ans, loin du monde qui l'avait condamnée à tant d'horribles souffrances. « Non, non, se dit-elle ; c'est fini, le temps d'aimer est passé pour moi. — Pourtant, reprit-elle, seule avec lui qui m'aime, loin du théâtre de mon crime et de mes malheurs, oubliant le passé comme un triste songe, est-ce que Dieu ne m'accorderait pas encore quelques jours de repos ? — Elle reprit en inclinant son front attristé : — Du repos pour moi ? oh ! non, c'est fini ; mon cœur est déjà en enfer. Ce n'est pas de l'amour que je veux, c'est de la vengeance. »

Le fiacre venait de s'arrêter devant le plus petit hôtel de la rue Saint-André-des-Arts.

« Vous allez sonner, dit-elle à Henri, qui lui donnait la main pour descendre. Vous demanderez La Verrière ; le suisse vous prendra pour un ami : malgré l'heure, il nous laissera passer.

— Et où irons-nous ? demanda Henri en sonnant.

— Je sais le chemin, » lui répondit Marie avec un profond soupir.

Ils passèrent sans obstacles ; ils traversèrent la cour,

montèrent un petit escalier et s'arrêtèrent devant une porte dans l'obscurité.

« Vous allez m'attendre, Henri ; ce ne sera pas long, j'espère. »

Elle glissa sa clef rouillée dans la serrure, ouvrit la porte, la poussa sur elle et s'avança avec précaution vers le cabinet où elle devait rendre sa visite. »

« C'est bien, dit-elle en voyant un sillon de lumière sous la porte ; j'aime mieux le trouver là : il y est, c'est bien. »

Avant d'arriver, elle recueillit ses forces et leva les yeux au ciel.

Elle s'avança plus résolue encore, poussa doucement la porte et entra.

Dans ce cabinet veillait un homme tout desséché par le travail et le chagrin. Il avait plutôt la mine d'un mort que d'un vivant. Une petite lampe répandait sur sa figure osseuse une lumière fauve, comme la lumière des éclairs. Il était vêtu d'une grande robe noire en harmonie avec sa personne.

Quand Marie entra dans le cabinet, il avait la figure plus animée que de coutume ; il venait d'écrire, il relisait ce qu'il avait écrit avec un plaisir cruel. Ce devait être une mauvaise œuvre ; en effet, c'était l'œuvre la plus indigne qui soit sortie de la main des hommes ; c'était un testament plein de malédictions. Cet homme, qui se sentait mourir, voulait laisser après lui toute sa haine, toute sa vengeance, toute sa colère.

Quand il eut fini de relire cet étrange testament, il y eut sur sa face ridée un farouche épanouissement de joie et de cruauté : on eût dit qu'il venait d'enfoncer un poignard dans le sein de son ennemi.

A cet instant, croyant entendre du bruit, il leva les yeux.

Il vit Marie pâle et sombre, la gorge agitée par les battements du cœur, l'œil étincelant de colère.

« Vous, madame! s'écria-t-il avec un tremblement subit.

— Oui, dit-elle en avançant d'un pas; oui, moi! »

Cet homme eut peur; il ouvrit la bouche pour appeler du secours.

« N'appelez pas, reprit Marie en saisissant un poignard à son corsage. »

Il leva la main comme pour se défendre; la rage et la frayeur eurent tant de prise sur lui, qu'il tomba évanoui dans son fauteuil, en se débattant et en voulant crier.

Marie s'approcha un peu plus de lui; elle le regarda avec dégoût et avec pitié.

« Le tuer, dit-elle, c'est une lâcheté; n'est-il pas à moitié mort? »

Elle laissa tomber le poignard à ses pieds.

« O mon Dieu! je vous remercie, dit-elle, je vous remercie, car vous avez désarmé mon bras. »

Elle se pencha au-dessus de la table pour jeter un coup d'œil sur ce que cet homme venait d'écrire.

« Son testament! » dit-elle avec une curiosité inquiète.

Elle passa rapidement sur les premières pages depuis longtemps écrites, elle lut avec empressement les dernières lignes :

« Je lègue en outre à mes enfants toute ma vengeance
» et toutes mes malédictions contre leur mère. Au nom de
» Dieu et de la justice humaine, j'entends et je veux qu'ils
» la couvrent d'ignominie jusqu'après sa mort. Au nom
» du Père, du Fils, du Saint-Esprit. Ainsi soit-il. »

« Voilà donc ce qu'il écrivait! dit-elle en respirant à peine; ainsi la vengeance sera sa dernière pensée; quand il sera mort, son ombre inquiète viendra veiller à la porte de ma prison. »

Elle prit le testament, le déchira et le jeta avec mépris à la face du procureur.

Elle s'éloigna aussitôt et retourna vers Henri.

« Partons, dit-elle en refermant la porte, ma visite est faite. »

Ils retournèrent à la prison. Ils trouvèrent dans la cellule la sœur Marthe, qui s'était endormie.

« Adieu, murmura Henri avant que la religieuse ne fût réveillée.

— Henri, mon front est à cette heure indigne de vos lèvres ; revenez demain, mais cette nuit priez Dieu qu'il vous fasse la grâce de m'oublier. »

Elle le rappela par un signe et cueillit les pâles violettes qu'elle cultivait avec tant de sollicitude.

« Tenez, Henri, prenez ces violettes, c'est tout ce que j'ai de bon à vous donner, elles valent mieux que mon cœur ; prenez-les et ne demandez rien de plus, croyez-m'en. »

## VI.

Le passage suivant, qui est un vrai chapitre de cette histoire, est pris dans les *Lettres Galantes* publiées à Amsterdam en 1684.

« Février.

« Vous savez, madame, toute l'histoire de ce procureur au parlement qui s'est si outrageusement vengé de sa femme. Cette histoire n'est pas finie encore. Tout Paris parle d'une scène nocturne qui vient de se passer dans le cabinet du procureur. En vérité, cela me fait presque croire aux événements surnaturels, moi qui suis loin d'être un esprit fort. Figurez-vous donc que notre homme, en train de mourir depuis nombre d'années, était seul à onze heures et demie du soir, tout préoccupé de son testament.

Tout le monde dormait dans sa maison, mais lui ne dort jamais, il attend qu'il soit mort pour cela. Il mourra sans regrets des plaisirs d'ici-bas, car le pauvre homme a marché dans un chemin semé de pierres ; seulement il craint qu'on ne pardonne à sa femme aussitôt qu'il ne sera plus là : voilà sa désolation. C'est pourquoi il fait testament sur testament, où il lègue, entre autres belles et bonnes choses, sa vengeance à sa famille, à ses amis et à ses enfants. Or donc, l'autre soir, il était, comme de coutume, à bien réviser toutes les phrases de son testament ou de son codicille ; il venait d'ajouter une recommandation en bonne forme à ses enfants, afin de bien maudire leur mère ; tout d'un coup il entend un bruit sourd, comme un bruit de revenant ; il lève les yeux : que voit-il devant lui ? sa femme, la belle Marie de Joysel, qui languit depuis une douzaine d'années aux Madelonnettes et à Sainte-Pélagie. S'il fut effrayé de cette étrange apparition, vous devez bien le croire. Il veut crier, mais sa femme saisit un poignard dans son sein, s'élance vers lui comme une furie vengeresse... Rassurez-vous, tout se borna à l'apparition. Notre pauvre procureur tomba mort de peur. Quand il reprit ses sens, une demi-heure après, il se retrouva seul ; il crut qu'un éblouissement l'avait abusé ; mais ce qu'il y a de plus étrange, c'est qu'il trouva à ses pieds le poignard de sa femme et son testament déchiré. Il éveilla tout son monde, il mit toute la maison en rumeur ; on chercha partout, on s'assura que les portes fermaient bien, on ne découvrit âme qui vive. Dès qu'il fit jour, malgré sa faiblesse, il se fit conduire en chaise à Sainte-Pélagie pour avoir des nouvelles de sa femme ; on lui dit que Marie de Joysel était malade et qu'elle avait passé une assez mauvaise nuit. Il n'ajouta pas pleine confiance au rapport de la supérieure, il voulut voir la prisonnière. La sœur Marthe le mena à la cellule de Marie ; dès qu'il l'entrevit sur son lit de douleur, il lui cria d'une voix sourde : « Je n'ai pas peur de vous, madame! » Sans doute, égaré par la colère, il ne savait plus ce qu'il disait. Il rentra chez lui plus d'à moitié mort; cette fois on dit qu'il n'en reviendra pas. L'apparition de sa femme lui a porté le coup mortel. Je connais bien des maris qui auraient besoin d'une pareille apparition. Maintenant que faut-il penser de tout cela, de ce poignard tombé et de ce testament déchiré?

» Dans une autre lettre, j'espère vous dire la suite de cette lugubre histoire. »

« Avril.

. . . . . . . . . . . . . . . . . . . . .

» A propos, j'oubliais de vous reparler du procureur Pierre Gars de la Verrière. Il est mort il y a quelque temps déjà, mort des suites de la célèbre apparition. Aussi a-t-il déclaré qu'il succombait assassiné par sa femme. Il a fait venir ses enfants à son lit de mort, et par-devant le notaire et ses témoins, en face de l'appareil solennel de l'extrême-onction, que lui administrait le curé de sa paroisse, il a voulu que ses pauvres petites filles (la plus vieille a douze ans) lui fissent le serment de vivre avec sa haine contre leur mère. Les malheureux enfants pleuraient sans trop savoir pourquoi. Le tabellion ès-mains duquel il venait de déposer son testament lui représentait en vain que l'esprit de la loi était outrepassé, le curé en appelait aux préceptes de l'Évangile; mais le procureur tenait bon. Enfin, il est parvenu à faire jurer à ses enfants qu'ils veilleraient à ce que la prison de la pauvre Marie de Joysel fût toujours fermée à triples verrous. Après cet horrible serment, il a embrassé les pauvres petites, il a demandé le crucifix du curé, il a fait le signe de la croix tout en maudissant encore, enfin il a laissé tomber son front et il a rendu le dernier soupir. Que Dieu ne l'ait pas en sa sainte et bonne garde. Cette mort impie a scandalisé la ville, la Cour et l'Église. On dit que la veuve du sieur Gars de la Verrière prépare une requête à messieurs du parlement pour obtenir sa mise en liberté. Mais il y aura du pour et du contre. Osera-t-on mettre de côté la dernière volonté d'un procureur ? »

## VII.

Marie de Joysel en effet avait, aussitôt après la mort du procureur Pierre Gars de la Verrière, rédigé une touchante requête dont la justice était saisie.

Henri Thomé venait chaque jour passer une heure dans sa cellule, toujours compatissant, toujours passionné. Sans lui avouer toute son histoire, elle lui avait confié sous d'autres noms qu'elle était condamnée pour adultère, que son mari venait de mourir, qu'elle attendait sa mise en liberté; elle lui avait même parlé de la requête. Loin d'encourager son amour, elle cherchait à l'éteindre, elle ne lui accordait pas l'ombre d'une espérance, elle se disait morte aux passions humaines ; elle ne demandait sa liberté que pour s'emprisonner encore, mais du moins dans un plus digne refuge ; elle voulait consacrer à Dieu seul ce qui lui restait de sa misérable vie.

Mais l'amour est ingénieux à créer des espérances jusque dans le désert. Henri Thomé ne voulait pas se résigner au désespoir; il aimait Marie, c'était son bonheur, il attendait patiemment qu'elle eût le cœur touché à son tour.

La pauvre prisonnière n'était pas insensible à l'amour du jeune médecin ; d'abord c'avait été un ami dévoué, ensuite un frère compatissant, enfin elle ne pouvait se dissimuler que c'était un amant des plus tendres et des plus aimables. Il avait sur le front l'auréole de la jeunesse : elle prenait un secret plaisir à revoir cette douce et noble figure qu'elle avait animée et attristée, à entendre cette voix toujours tremblante qui la consolait tout en lui parlant d'amour. Elle ne s'avouait pas encore qu'elle aimait Henri ; mais elle éprouvait un serrement de cœur à la pensée que peut-être elle allait quitter Sainte-Pélagie pour aller dans un lieu où il ne la suivrait pas.

La justice rendit un arrêt qui maintenait la prison perpétuelle pour la veuve du procureur.

Henri la trouva un jour plus agitée que de coutume.

« Qu'avez-vous donc, madame ?

— Ils ont repoussé ma requête, répondit-elle avec une morne résignation : il faut que je meure ici, dans l'opprobre de la prison. »

Henri pencha tristement la tête. Après un long silence, il tendit sa main à Marie.

« Écoutez, madame ; Dieu vient de m'inspirer la pensée d'une bonne œuvre, je puis vous sauver de la prison, si vous le voulez.

— Comment voulez-vous faire ? L'amitié vous abuse.

— Je n'ose vous le dire, il y aurait pour vous un si grand sacrifice !

— Ah ! dit-elle en joignant les mains, Dieu m'est témoin que je cherche ardemment un sacrifice à consommer.

— Eh bien ! madame, moi, je vais à mon tour adresser une requête au tribunal, fondée sur la loi et la charité chrétienne, que les juges ne pourront repousser : par cette requête je demanderai la grâce de vous épouser.

— M'épouser ! s'écria Marie en se jetant dans les bras du jeune homme ; m'épouser ! enfant, à quoi pensez-vous ? jamais je ne consentirai à tant de dévouement.

— Vous allez me réduire au désespoir. Prenez pitié de mon amour comme je prends pitié de votre malheur. Oui, vous épouser ! quoi de plus simple : vous êtes veuve, je vous aime.

— Henri, de grâce n'y pensez plus. Vous ne savez pas qui vous voulez épouser ; je suis Marie de Joysel, veuve de Pierre Gars de la Verrière.

— Je le sais, dit Henri avec trouble ; mais pourquoi songer au passé ? Soyez pour moi la pauvre Marie que j'ai connue ici, que j'ai aimée, que j'adore de toute mon âme. Croyez-moi, le mariage vous a perdue, le mariage vous sauvera. Vous rentrerez dans le monde le front levé, car j'y serai près de vous avec tout mon amour.

— Encore une fois, Henri, vous ne savez qui je suis. »

La prisonnière souleva l'oreiller de son lit, et tira une liasse de papiers.

« Tenez, vous lirez ces mémoires aujourd'hui, vous reviendrez me les remettre demain, et, si vous persistez à vouloir m'épouser, vous serez maître de moi.

— A demain donc, » dit Henri.

A peine de retour dans sa chambre, il se mit à lire avec une ardeur inexprimable la confession de Marie de Joysel. Comme il était aux premières lignes, son oncle entra pour lui parler de sa mère.

« Mon oncle, dit-il tout à coup, je compte sur votre cœur et sur votre appui pour l'action que je vais accomplir.

— Que vas-tu donc faire ? mon enfant.

— Je vais épouser Marie de Joysel.

— Mon pauvre enfant ! quelle lamentable folie ! tu es donc au fond de l'abîme ?

— Oui, mon oncle, j'y suis avec elle, avec mon amour; je remonterai avec elle. Vous avez le cœur assez noble pour me comprendre et pour me pardonner.

— Je fais plus, dit le chanoine en embrassant Henri : je vous bénis tous les deux. »

Henri, plus touché que jamais, reprit la lecture du triste manuscrit.

*Mémoires de Marie de Joysel.*

« Sainte-Pélagie, 1680.

» Dans la douleur et l'ennui de la prison, je veux me condamner à écrire les erreurs de ma mauvaise vie. C'est une confession que je me fais à moi-même, aujourd'hui que je sais me recueillir dans la pensée de mon salut. En repassant dans tous ces chemins qui m'ont si follement et si doucement égarée, je trouverai plus de force pour mon repentir. Peut-être n'ai-je aucune bonne raison pour écrire ainsi ma vie, peut-être n'est-ce que pour me délivrer un peu de mes souvenirs, dont j'ai toujours le cœur tourmenté.

» Je suis née en Bourgogne en l'année 1651. Mon père, Pierre de Joysel, était lieutenant de la louveterie. Mon grand-père s'est rendu célèbre dans la magistrature ; il a été conseiller du roi Henri IV, qui a reconnu ses services en lui accordant le petit vicomté de Joysel, qui a passé dans les mains de mon grand-oncle. Mon père mourut jeune sans laisser un grand héritage. Il avait eu de son mariage avec Charlotte Lesueur de Beaupréau deux garçons et une fille ; la fille, c'est moi. Des deux garçons il n'en est resté qu'un, l'autre est mort dans les ordres. Celui qui a survécu a dissipé, grâce à la faiblesse de ma mère, le peu de fortune venant de la succession de mon père. Il n'a pourtant point tout à fait tourné à mal, il a même obtenu de l'amitié et de la faveur de M. de la Roche-Aimon un petit régiment en Gascogne, où il s'est marié. Ma mère ne survécut que peu d'années à mon père ; elle succomba peut-être au chagrin que lui a causé ce fils rebelle et dissipé.

» J'avais onze ans quand ce malheur m'arriva. Je fus recueillie par une sœur de ma mère mariée au vicomte de Montreuil. C'était une femme à la mode, assez jolie encore, ne manquant ni de grâce ni d'esprit. Elle avait fait parler d'elle en son beau temps; mais, l'âge aidant, elle commençait à s'effacer un peu du monde.

» Je passai toute une saison avec elle à son petit château de Montreuil. Le vicomte était en campagne, sous les ordres de M. de Turenne. Comme ma tante n'avait pas d'elle-même une grande fortune, elle ne put songer à me faire un sort brillant. La famille décida bientôt que je serais mise au couvent. J'étais résignée à tout : j'avais vu tant de fois pleurer ma mère que je ne craignais pas les larmes.

» Dès que l'hiver fut venu, je fus conduite à l'abbaye de Sainte-Salaberge, dont la supérieure était madame Louise de Cossé. J'avais entrevu le monde chez ma tante, le monde, ses inquiétudes, ses fêtes, ses tourments, ses plaisirs; dès que je fus dans la solitude du cloître, le monde reparut à mes yeux avec plus de charmes encore : je sentis tomber sur mes épaules le froid glacial de la mort; et ma jeune âme, loin de s'élever au ciel avec la prière et avec l'encens, retournait sans cesse dans le salon du château de Montreuil.

» L'abbaye était peuplée d'écolières de haute famille, qui venaient attendre là avec impatience, non pas le moment de prendre le voile, mais le jour du mariage. Il y en avait à peine trois ou quatre destinées comme moi à la vie claustrale. L'exemple n'était donc pas favorable; j'entendais sans cesse ces belles étourdies se confier leurs projets brillants. L'une devait épouser son cousin qui avait une charge à la Cour: l'autre était plus heureuse encore, car elle parlait du mariage sans parler du mari; celle-ci espérait devenir dame d'atour de la reine ; celle-là, plus recueillie, confiait tout bas qu'elle passerait sa vie au fond d'un beau château, loin des ennuis de la Cour, comme une vraie châtelaine du bon temps. Moi je m'éloignais triste et rêveuse de toutes ces jeunes folles que le bonheur semblait attendre. Quel projet pouvais-je faire, moi ? je n'avais jamais devant les yeux qu'une cellule déserte où je devais enfermer mon cœur, mon amour, mes songes.

» J'étais la plus belle du couvent. Mes compagnes n'étaient guère jalouses de moi, car on me savait pauvre. On se disait en se moquant, et avec pitié : C'est bien la peine d'être si belle !

» Un peu avant le temps marqué pour prendre le voile, ma tante, devenue veuve, vint me chercher pour se distraire un peu. Comme elle vint dans son beau carrosse, j'eus une secousse de vanité ; mes compagnes, en me disant adieu, admiraient avec envie l'équipage qui allait m'emmener. — Oui, mais, dit l'une d'elles (mademoiselle de Sombreuil), nous la verrons revenir bientôt dans un autre équipage, sur un âne ou dans un chariot.

» Je partis avec ce mot dans le cœur. Revenir ! me disais-je ; qui sait si je reviendrai ?

» Les premières semaines de son veuvage, je ne trouvai pas chez ma tante une compagnie bien agréable ; cependant je me sentais vivre mille fois plus qu'au couvent : je respirais avec liberté, je courais dans le parc comme une folle, sans savoir pourquoi ; je me cueillais des bouquets, je me tressais des couronnes, enfin je vivais à ma fantaisie. Je prenais un grand plaisir à voir le ciel, les arbres, les prés, les fontaines, et, le dirai-je ? à me voir moi-même.

» Chaque fois que je passais dans le salon, chaque fois que j'étais à la cheminée, je me regardais sans y penser, et, pour me regarder plus longtemps, j'arrangeais mes cheveux et même je les dérangeais pour avoir le loisir de les arranger encore.

» Ma tante finit par me surprendre à ce jeu. « Voilà, dit-elle, une fille qui oubliera souvent d'égrainer son rosaire. Ma pauvre enfant, j'ai bien peur que les habits du couvent ne te soient trop lourds ; en vérité, mais ce serait un meurtre de couper ces cheveux-là. » Disant cela, ma tante avait défait mon peigne ; elle se mit à éparpiller ma longue chevelure avec tout l'amour d'une mère. « Ah ! reprit-elle, qu'un voile de mariée irait bien à cette chevelure si noire ! »

» Ma tante ne reparla plus guère du couvent ; moi je m'en éloignais de plus en plus par la pensée ; je m'habituais avec délices à la folle liberté que je prenais avec tant d'insouciance : je me laissais même aller de temps en temps aux idées souriantes du mariage ; j'avoue que le mari ne m'apparaissait qu'en accessoire ; le premier mari venu devait me séduire, non pas par lui-même, mais par la liberté qu'il me donnerait. Voilà dans quelles maudites et fatales idées j'étais, quand M. Gars de la Verrière, procureur au siège de Meulan, vint passer quelques jours au château de ma tante. Outre qu'il avait été en amitié avec mon oncle, il avait avec sa veuve certaine affaire à débrouiller. Il me parut fort laid. « Mon Dieu, me disais-je, comme on s'ennuierait de tout son cœur avec un mari comme celui-là. » M. Gars de la Verrière n'était pas galant et n'avait guère d'esprit ; il s'habillait mal et ne riait jamais ; en un mot, c'était la perle des maris. Or, tout en débrouillant ses affaires avec ma tante, qui n'entendait rien, Dieu merci, à son grimoire, il daigna me trouver à son goût : il poussa la générosité jusqu'à me demander en mariage. « Me marier avec un tel homme ! jamais ! » m'écriai-je avec l'accent du cœur. Mais le cœur ne devait pas être écouté ; après bien des réflexions, j'en revins à mon idée fixe : le mariage. Monsieur le procureur n'était peut-être pas aussi noir qu'il en avait l'air ; ma tante parlait beaucoup de sa fortune, de son carrosse, de sa campagne. Je me laissai tenter, je dis oui ; cependant, le jour du mariage, j'avais presque envie de repartir pour le couvent.

» Nous fîmes très-bon ménage durant trois mortelles semaines; mais, m'ayant emmenée à Paris, où il attendait je ne sais quel siége de procureur, il m'emprisonna dans sa jalousie comme dans une chaîne de fer. Nous habitions un petit hôtel bien sombre de la rue Mazarine; il me condamnait à rester clouée devant la cheminée de ma chambre. Je me souviens qu'un jour il se mit fort en colère parce que j'avais ouvert la fenêtre. « Que regardez-vous là, madame? — Je regarde le temps qu'il fait. — Vous regardez les passants, madame. » Il ferma la fenêtre avec un courroux grotesque.

» Mon cœur ne voulut pas se résigner à cette façon de vivre; cependant trois années se passèrent ainsi : j'eus deux enfants pour consolation; mais, malgré ces enfants, mon cœur chercha à se venger. Il n'attendit pas longtemps pour cela.

» Monsieur le procureur avait un sien cousin au régiment des dragons de Champagne, M. Philippe de Montbrun, qui vint un jour nous voir sans être attendu, au grand dépit du jaloux. C'était un joli garçon, de belle humeur, portant bien sa tête et son épée. Il ne fut pas longtemps à faire ma conquête. J'ose le redire à peine, pendant la première heure nos regards se rencontrèrent soixante fois; la seconde heure, ce furent nos mains; enfin, le soir même, il m'enlevait. Hélas! depuis qu'on enlève des femmes, jamais on n'avait vu femme de si bonne volonté.

» Nous ne parvînmes pas à trouver un carrosse, il nous fallut nous décider à nous enfuir avec un cheval de selle. Je n'avais jamais monté à cheval : aussi je me cramponnais à Montbrun avec délices. Il voulait me conduire à Corbeil chez un de ses amis nouvellement marié; mais, à peine à huit lieues de Paris, nous fûmes surpris par un orage effroyable. Nous allâmes au premier gîte venu, c'est-à-dire au petit château de Bièvre. Notre entrée fut des plus comiques. Le maître du château vint à notre rencontre, croyant avoir d'anciens amis à recueillir. Ne nous reconnaissant pas, et peu édifié sans doute à la vue de gens en route dans un pareil équipage, tout ruisselants, les cheveux en désordre, il allait nous fermer galamment sa porte quand Montbrun lui dit avec feu : « Ne vous offensez pas, monsieur, si, par la faute de l'orage, nous prenons votre château pour une auberge, à l'encontre de don Quichotte, qui prenait les auberges pour des châteaux. » Le châtelain, voyant par ces paroles qu'il avait affaire à des gens d'esprit, devint plus hospitalier.

» Nous soupâmes avec lui ; comme la jeunesse est très-confiante, nous lui contâmes notre aventure. Nous rîmes beaucoup de la mine que devait faire monsieur le procureur.

» Ce jour, dois-je le dire ? fut le plus beau jour de ma vie ; à présent que je maudis mes fautes, je ne puis pas maudire ce beau jour! Ah! qu'ils étaient doux ces baisers pris, durant tout le voyage, en dépit de la pluie et du vent. Il y a certaines nuits d'agitation où, sur ce lit de douleur, je crois encore sentir le galop du cheval, le bras de Montbrun qui me retenait avec tant d'amour, son cœur qui battait sous ma main.

» Notre hôte devint si charmant, que nous restâmes trois jours au château, dans toutes les folies du cœur. Ce qui m'étonne aujourd'hui, c'est que je me laissais entraîner si vite à l'abîme, sans regret et sans remords. Je l'ai dit, c'était la folie de l'amour ; j'étais fascinée et éblouie. Montbrun était si beau, si galant, si amoureux! S'il est pardonnable de se damner avec quelqu'un qui en vaille la peine, je serai pardonnée.

» Le quatrième jour, nous partîmes pour Corbeil ; nous fûmes très-bien accueillis chez les jeunes mariés. Le sacrement du mariage nous manquait, mais l'ami de Montbrun n'y regardait pas de trop près. Il nous installa de son mieux dans sa petite maison, tout en avisant au moyen de nous préparer un refuge assuré pour l'avenir.

» Devenus un peu plus raisonnables, nous commencions à goûter en paix les douceurs de notre amour, quand nous fûmes découverts et surpris par monsieur le procureur. Nous voulûmes fuir encore, mais il mit à nos trousses une demi-douzaine d'archers qui nous atteignirent sur la route de Melun. Montbrun eut beau nous défendre de son épée, il fallut céder à la force.

» Nous retournâmes donc à Paris séparés l'un de l'autre. Ce n'était plus le même enlèvement ! Pour moi, je fus conduite tout droit aux Madelonnettes. Je passai un mois entier sans entendre parler ni de mon mari ni de mon amant. Heureusement il y avait alors aux Madelonnettes quelques pénitentes de bonne famille qui n'avaient pas perdu l'habitude de rire ; la maison n'était pas très-sévère ; on laissait passablement de liberté aux recluses ; le matin et le soir les plus favorisées se promenaient dans le jardin. Moi, j'avais obtenu la faveur de la promenade, malgré les recommandations du procureur. Dans le jardin nous nous amusions comme des enfants et comme des rosières, courant après les papillons, nous jetant des roses. C'était à qui ferait le plus de folies. On allait jusqu'à se raconter son histoire. Loin de cacher quelque chose, on allait au delà de ce qui était arrivé. J'ai ouï dire là les plus beaux mensonges amoureux. Ainsi donc, au lieu de faire pénitence, on s'encourageait à persévérer dans le mal : on se moquait de son mari, qu'on appelait un tyran ; on portait son amant dans son cœur.

» Au bout de six semaines, je fus avertie que le procureur devait venir au parloir pour m'accorder ma grâce si je lui montrais un vrai repentir. Il vint, je le reçus fort mal, je le trouvais plus laid que jamais. Dès qu'il parla de raccommodement, au lieu d'écouter ses conditions, je lui dictai les miennes, à savoir : que je voulais vivre en toute liberté; que j'irais à la comédie, à la promenade, à l'église; qu'enfin j'ouvrirais ma fenêtre pour regarder le temps qu'il ferait chaque fois qu'il m'en prendrait la fantaisie. Jusque-là le procureur était un homme, de la pire espèce, il est vrai; mais, quand j'eus parlé, ce ne fut plus qu'un procureur vomissant un réquisitoire forcené : « Eh bien! s'écria-t-il avec rage, vous resterez ici deux ans; après quoi, si je ne daigne pas vous faire grâce, vous serez fustigée, rasée, authentiquée; vous prendrez la robe noire des pénitentes, et puis, avec cela, vous irez à la comédie, si vous voulez, ou plutôt la comédie se passera pour vous entre quatre murs, quand les verrous seront bien tirés.

» Là-dessus le procureur partit et ne revint pas.

» Le lendemain cependant je crus le revoir encore; on m'appela au parloir; je trouvai son secrétaire, qui me remit une lettre en silence; je voulais à peine la prendre. « Prenez, prenez, madame, me dit-il avec un air compatissant et dévoué; prenez, vous n'aurez pas lieu de vous en repentir. » Je pris la lettre et je l'ouvris. Quelles ne furent pas ma surprise et ma joie quand je reconnus l'écriture de mon cher Montbrun! Je rougis, je pâlis, je m'enfuis à ma cellule pour la lire dans le mystère et dans le silence.

« Mon cher amour, me disait-il, je sais enfin où tu es. Mon cœur te cherchait partout. Sans ce brave garçon qui te remettra cette lettre, je chercherais encore. Quoi! ton mari a eu l'indignité de te jeter aux Madelonnettes, comme une femme perdue. Voilà bien de la justice de procureur. Mais, si Dieu t'a affligée d'un homme pour te persécuter, il t'a donné un homme pour te défendre. Je suis parvenu à m'esquiver aux portes de Paris, dans le seul espoir de te retrouver. Voilà ce que j'ai résolu : encore un enlèvement! Tu sais comme cela est doux : enlever sa maîtresse ou se laisser enlever par son amant, c'est aller au paradis de l'amour. Mais nous parlerons d'amour plus tard, bientôt, cette nuit, car cette nuit nous serons réunis. Aie du courage, aie de la volonté ; trouve-toi seule, à onze heures, au bout du jardin. Il n'y aura qu'un mur pour nous séparer ; mais, avec des échelles de cordes, un domestique dévoué, nous serons bientôt l'un à l'autre. Cette fois nous partirons dans un bon carrosse, nous prendrons une autre route ; enfin, que le ciel nous conduise !

» Philippe de Montbrun. »

» Tout alla à merveille. J'avertis que j'étais malade ; le soir, je me cachai dans une tonnelle du jardin, je fus sourde à l'appel, j'attendis avec ardeur. Montbrun vint avec ses échelles et avec son carrosse. A minuit nous étions déjà loin. Cette fois nous débarquâmes à Compiègne sous des noms d'emprunt.

» Nous y vécûmes deux mois très-obscurément, mais très-heureux. Malgré tout notre amour, cependant, nous finîmes par nous fatiguer, lui surtout, de cette façon de vivre. L'hiver venu, la forêt que nous aimions tant devint inabordable.

» A la fin de décembre, Montbrun me laissa seule pour répondre de vive voix à une lettre de M. de Penthièvre. J'espérais le revoir au bout de quatre jours, mais il fut trois mortelles semaines sans revenir. A son retour, loin d'être des plus aimables, il me parut plus fatigué. Je ne fus pas longtemps sans m'apercevoir que son cœur était ailleurs. Il repartit bientôt ; il ne revint pas. Il acheva de briser mon cœur en m'envoyant de l'argent sans y joindre une lettre, pas même un billet. Je compris tout mon malheur.

» Je retournai à Paris au milieu de l'hiver ; après bien des recherches, je parvins à découvrir son refuge. Hélas ! j'étais punie par où j'avais péché ; Montbrun avait une autre maîtresse.

» Celle-là, qui se connaissait en hommes, le tenait sous clef, toujours à la chaîne. Mon désespoir fut si grand, que je résolus d'aller mourir à leurs pieds. Qu'avais-je en effet de mieux à faire? J'achetai donc un poignard, je pris l'habit de marchande de modes, je me présentai un matin au logis de la dame en question, bien sûre que je trouverais le volage auprès d'elle. Après une grande heure d'attente dans l'antichambre, on daigna m'accorder une audience; comme je savais la dame très-coquette, j'avais fait dire que j'avais à lui vendre des points de Flandre de la plus nouvelle fabrique.

» J'entrai dans la chambre à coucher. Je vis du premier regard trembler les grands rideaux du lit. Ah! comme je tremblais moi-même! La maîtresse du lieu m'attendait devant la cheminée, dans un demi-déshabillé. Elle était belle aussi : une beauté blonde, un peu fade, mais pleine d'attraits. J'ouvris sous ses yeux, tout en la regardant à la dérobée, mon carton à dentelles : elle y jeta une main avide, elle retourna tout avec un peu de dédain; elle finit par trouver un point qui lui donna envie, elle le mit sur son épaule demie-nue et se mira en faisant des mines. Moi, je n'y tenais plus; j'allai d'un seul bond dans la ruelle du lit, je jetai sur le perfide un regard foudroyant. Il devint tout pâle! « C'est vous? dit-il avec inquiétude. — Oui, c'est moi! » m'écriai-je en saisissant mon poignard.

» La maîtresse du lieu vint vers moi en poussant un cri aigu. « N'avancez pas, » lui dis-je en la menaçant. Comme c'était une petite maîtresse, elle s'évanouit.

» Montbrun, touché de la voir tomber au pied du lit, se précipita vers elle tout en m'insultant de la voix et du regard. Moi, déjà tout égarée, je me laissai aller à la colère et à la vengeance; j'agitai mon poignard : « Cruel! » dis-je en me jetant sur Montbrun. Hélas! je l'atteignis au cœur, ce cœur qui m'avait tant aimée!

» A peine eus-je frappé que je me sentis chanceler, mes yeux se troublèrent, je tombai agenouillée devant le lit, en couvrant de baisers la main de mon pauvre amant. « Je suis perdu, » dit-il sans colère et sans retirer sa main.

» A cet instant une femme de chambre, attirée par le cri de sa maîtresse, entra tout effarée. Montbrun eut encore assez de présence d'esprit pour vouloir me sauver. « Ce n'est rien, dit-il à cette fille; revenez dans un quart d'heure. — Oui, dans un quart d'heure, dis-je, tout sera fini. » Je ramassai le poignard; mais j'étais sans force et sans courage, ma main retomba sans m'avoir frappée. « De grâce, me dit Montbrun se ranimant un peu, allez-vous-en, ma pauvre Marie, je crois bien que le coup n'est pas mortel. Partez, je vais moi-même me faire transporter rue Hautefeuille; vous y viendrez. »

» Le croira-t-on? j'eus la lâcheté d'abandonner Montbrun au lit de la mort, moi qui l'avais tué!

» Je sortis sans obstacle. Il mourut sans doute une heure après, à côté d'une autre dont je suis encore jalouse. J'allai l'attendre jusqu'au milieu de la nuit dans la rue Hautefeuille; j'y retournai le lendemain; enfin j'appris sa mort. Sa maîtresse ne fut pas accusée; il avait eu le temps de s'accuser lui-même dans un testament. J'appris tout cela par les crieurs de nouvelles. Le nom de Montbrun ne fut pas prononcé; mais, hélas! c'était bien lui! J'eus encore la lâcheté de ne pas m'accuser. Je portai mon crime dans le silence, je vécus seule avec ma douleur. J'habitai la rue Hautefeuille, comme si le pauvre Montbrun devait y revenir. Je passai la fin de l'hiver le plus tristement du monde, dans les larmes les plus amères. Hélas! me le redirai-je à moi-même? la belle saison revenue, l'ombre de Montbrun s'éloigna peu à peu de mon âme, je me sentis rajeunir. J'avais retrouvé une compagne du couvent qui n'avait guère mieux tourné que moi. J'allai la voir de plus en plus souvent ; elle avait une petite cour de cadets de famille très-bons vivants, qui ne donnaient pas de prise à la tristesse. Ils finirent par m'égayer un peu. Ne pouvant en aimer aucun, je les aimais tous ensemble. Je devins pire que je n'étais. Jusque-là j'avais eu la foi de l'amour, j'avais aimé avec religion, mais ce ne fut plus chez moi qu'une profanation de l'amour : je devins coquette, je pris plaisir au madrigal, je me fis de plus belle en plus belle ; enfin, je m'étourdis follement, je perdis la tête : pour le cœur, il n'en fut guère question. Du matin au soir, et souvent du soir au matin, je m'abandonnai indignement à tous les jeux de l'amour, tournant à tous les vents, écoutant toutes les bouches trompeuses, prenant à peine le temps de songer au passé et à l'avenir, à Montbrum et à Dieu. J'oubliai jusqu'à mes enfants.

» Mais ici la plume devient rebelle. A quoi bon, en effet, retracer cette page, la plus triste de ma vie ? Que dirai-je de plus, si ce n'est que je passai toute une année dans les égarements des mauvaises passions ?

» Quoique j'eusse changé de nom, M. le procureur finit par me découvrir encore. Cette fois il obtint un affreux jugement contre moi : la prison perpétuelle. Ce ne fut plus aux Madelonnettes qu'il me fit conduire, mais à Sainte-Pélagie, où il n'y a plus ni jardin, ni promenades, ni compagnes, ni amant qui veille sur moi ; Sainte-Pélagie, la tombe entr'ouverte !

» Ah ! du moins il me reste un souvenir qui me console, le souvenir de Montbrun, le seul que j'aie aimé. Pauvre enfant ! j'ai toujours gardé sur mon cœur le poignard taché de son sang. Ah ! ce poignard a encore quelqu'un à frapper ! »

A la suite de ces mémoires, Marie de Joysel avait transcrit les deux arrêts obtenus contre elle par le procureur.

La sentence de condamnation, du 14 septembre 1672, porte que « Marie de Joysel sera mise dans un couvent au choix de son mari, pour y demeurer pendant deux ans en habit séculier, pendant lesquels il pourra la voir et même la reprendre ; et, au cas qu'il ne la prenne pas après les deux années, y être rasée et voilée pour le reste de ses jours, et y vivre comme les autres religieuses. » Cette sentence a été confirmée par un arrêt rendu le 9 mars 1673, au rapport de M. Hervé. Cet arrêt a été exécuté.

L'arrêt du 9 mars condamne « Marie de Joysel, pour crime d'adultère, à être mise dans un couvent, où elle sera rasée et authentiquée après deux ans, au cas que son mari, dans cet intervalle, n'eût pas la bénignité de la reprendre. »

## VIII.

Après cette triste lecture, Henri retourna à la prison. Il trouva Marie plus abattue. En le voyant entrer, elle baissa la tête en silence comme devant un juge suprême. Il lui tendit la main, elle avança la sienne en détournant les yeux.

« Marie, lui dit Henri d'une voix ferme, je vous épouse à la face de Dieu et des hommes. »

Elle tomba agenouillée devant lui.

« Je n'ai plus rien à dire, murmura-t-elle ; vous êtes mon maître et je suivrai vos ordres.

— Madame, de grâce, ne me parlez pas ainsi. Je ne vous épouse pas pour vous, mais pour moi ; je vous épouse parce que je vous aime : il n'y a pas là de sacrifice. Loin d'être votre maître, je ne suis que votre esclave dévoué. »

Henri Thomé avait déjà formulé la demande en mariage au même tribunal qui avait repoussé la requête de Marie de Joysel. Cette demande était très-digne et très-simple : c'était un beau plaidoyer en faveur de Marie ; la charité chrétienne avait parlé par la voix du demandeur.

La requête fut si bien appuyée par l'avocat que la cour donna gain de cause à Henri par cet arrêt :

« Ayant égard à la requête du sieur *Thomé*, permet aux
» parties de contracter mariage ; et à cet effet ordonne
» que les articles du contrat de mariage seront signés à la
» grille du Refuge, où est *Marie de Joysel*, laquelle, après
» la publication des trois bans, sera reconduite du Refuge
» en la paroisse dudit lieu par *Dumur*, huissier à la cour,
» qui s'en chargera pour, en sa présence, être procédé à
» la célébration dudit mariage ; ce fait, être remise entre
» les mains de son mari ; quoi faisant, la supérieure en
» demeurera bien et valablement déchargée.
» Fait en parlement, le 29 janvier 1684. »

Mais, aussitôt le prononcé de l'arrêt, la famille du procureur Gars de La Verrière forma opposition avec la sentence de condamnation obtenue par le mari et avec le testament du défunt. Cette famille mit tout en œuvre pour que le dernier vœu du procureur fût accompli ; elle alla jusqu'à pousser en avant les enfants contre leur mère.

En attendant le procès, Henri passait auprès de Marie toutes les après-midi. Leur amour devenait plus confiant et plus tendre encore ; ils se dévoilaient leurs cœurs, leurs espérances, leurs craintes ; ils priaient, ils se consolaient, ils s'aimaient.

Un jour Henri trouva Marie priant avec ferveur, priant de toute son âme : « Je ne vous croyais pas si chrétienne, Marie ?

— Vous m'avez fait aimer Dieu, lui répondit-elle en levant les yeux au ciel. Avant vous je priais déjà, mais que de fois j'ai profané mes prières par le dépit, l'orgueil

et la haine ! j'étais en révolte contre le monde, qui m'accablait de tout son mépris et de tout son châtiment ; pas une âme compatissante qui vînt encourager mes larmes et ranimer mon pauvre cœur ! Je poussai ma révolte jusqu'à Dieu. Vous êtes venu, vous avez aimé celle que tout le monde repoussait, vous avez retrouvé dans mon cœur la source de mes larmes ; j'ai pleuré non plus de colère, mais d'amour et de repentir ; je vous ai aimé, j'ai aimé Dieu.
— Oui, Henri, vous êtes mon sauveur ! »

Cette cause extraordinaire fut appelée au mois de juillet 1684. Le fameux Talon y parut comme avocat-général. On mit en présence Marie de Joysel et ses enfants ; les parents paternels et les parents maternels ; Charles-Henri Thomé, le demandeur ; le chanoine Leblanc, cité à témoignage comme confesseur de la condamnée ; la demoiselle Amelin, supérieure de Sainte-Pélagie ; la sœur Marthe et quelques autres encore. Il y eut à la ville et à la cour des curieux sans nombre ; la place du Palais-de-Justice et les quais voisins furent couverts de carrosses et de laquais. Depuis un demi-siècle, jamais cause célèbre n'avait si bien piqué les curiosités délicates. On plaignait Marie de Joysel, mais on s'intéressait beaucoup à Henri Thomé : on voulait les voir en face l'un de l'autre.

Marie de Joysel « vint en habit de pénitente : corsage noir à grandes manches, jupes grises, cheveux cachés sous un bonnet uni. » Malgré ce vêtement, ce ne fut qu'un cri sur sa beauté. Plus d'une dame de la cour alla, dans son admiration pour cette figure pâlie à l'ombre de la prison, jusqu'à regretter de n'avoir pu passer ainsi quelques mois. Elle n'avait pas trop l'air de se soucier des curieux ; il y avait dans ses traits de la résignation et du dédain. De temps en temps, à son insu, elle jetait un regard distrait sur Henri Thomé, qui était à la barre avec son oncle le chanoine. Elle n'était guère séparée de lui que par les huissiers qui la gardaient et ses deux avocats.

De temps en temps aussi elle jetait un regard de pitié et
de douleur indéfinissable sur ses deux petites filles, qui
avaient tout à fait oublié qu'elle était leur mère. Elles
étaient assises en face d'elle à côté de leur tuteur, de leur
avocat et de quelques parents de leur père. La plus âgée,
encouragée par le tuteur, affectait de braver, par un regard de mépris, le regard douloureux de Marie, ce qui
indignait tous les spectateurs.

Avant l'entrée en séance de la cour, un petit incident
excita vivement la curiosité : une vieille dame, dont la
mise un peu extravagante annonçait une femme de marque, vint se jeter avec des larmes au cou de Marie; c'était
sa tante, la vieille vicomtesse de Montreuil, la sœur de sa
mère. Elle avait un grand air de bonté qui séduisit tout le
monde. Elle prenait les mains de Marie; elle lui parlait
de mille choses à la fois ; elle donnait des conseils à ses
avocats; elle-même semblait vouloir plaider cette cause
difficile avec toutes les ressources de son cœur. Après la
première effusion, elle demanda où était Henri Thomé;
elle alla à lui, le regarda avec un sourire et une larme.

« C'est bien, mon enfant; ce que vous faites là est très-
bien. Comptez sur ma fortune et sur mon amitié. »

A cet instant la cour entra en séance avec un grand
appareil de gravité, ce qui n'empêcha pas Talon de jeter
un regard un peu mondain peut-être sur la belle suppliante.

L'avocat Fournier, qui avait de la célébrité et de l'éloquence, prit le premier la parole pour exposer, après
l'historique de la cause, la demande de Charles-Henri
Thomé. Après avoir parlé de sa famille, qui était une des
plus honorables du Lyonnais, après avoir parlé du repentir de la veuve de Pierre Gars de La Verrière, il dit
qu'il espérait que la cour permettrait d'exercer la plus
haute charité chrétienne qui ait jamais paru dans aucun
tribunal de justice ; que ce n'était ni le bien ni les richesses

qui le guidaient dans cette œuvre bénie du ciel, puisque l'arrêt du 9 mars 1673, qui avait condamné Marie de Joysel, lui ôtant sa dot et le bénéfice des conventions matrimoniales, ne lui laissait pour tout patrimoine que la douleur et les larmes en partage; qu'on ne pouvait assez exagérer les qualités présentes de celle qu'il demandait pour femme; que par onze ans de pénitence elle était devenue un modèle de sagesse et de dévotion; qu'une vie si exemplaire était une dot qui, venant de la main de Dieu, était infiniment plus précieuse que celle que les hommes lui avaient ôtée.

L'avocat fit avancer à la barre le chanoine Leblanc et la demoiselle Amelin, qui rendirent pleine justice à la résignation religieuse de la condamnée depuis onze ans : « Elle a versé des larmes de repentir qui ont fait couler les miennes, » dit le chanoine en terminant.

L'avocat reprit la parole : « Messieurs, comme la liberté est le premier des biens, il est naturel que Marie de Joysel, qui a perdu ce bien précieux, accueille l'idée du mariage qui doit briser ses chaînes. Sa demande est fondée sur la loi de Dieu, sur celle des hommes, sur celle de sa famille et sur l'expiation qu'elle a faite de ses crimes.

» Un mari a causé tous ses malheurs, un mari les lui fait oublier; le mariage, qui lui fut si funeste, devient son salut; elle trouve le port où elle a fait naufrage. Si vous lui accordez la grâce qu'elle vous demande, elle n'oubliera jamais cette alliance que vous ferez de l'humanité avec la justice. »

Ici l'avocat de la famille paternelle commença un long plaidoyer très-injurieux pour Marie de Joysel; il fit un affreux tableau de sa vie; il l'accusa d'avoir tué son mari par le chagrin dont elle l'avait accablé; il parla même de poison. Mais cette accusation fut accueillie par un murmure universel d'indignation. Tout le monde remarqua avec une vraie douleur que les deux pauvres petites filles semblaient confirmer par leurs gestes toutes les insultes de l'avocat. On les interrogea. Elles racontèrent ce qui s'était passé à la mort de leur père; mais on voyait bien que leur récit avait été appris par cœur comme une fable ou un compliment. Jamais spectacle plus douloureux ne s'était révélé aux yeux de la justice humaine.

## IX.

A cet instant la solennité des débats fut singulièrement troublée par l'apparition d'un spectateur inattendu. Tous les regards se tournèrent vers le nouveau venu, qui n'avait pas l'air de rechercher le bruit; il ne venait pas là pour se mettre en spectacle. C'était un bénédictin jeune encore, mais sec et pâle à faire pitié. Il y avait dans ses traits, sous un masque d'humilité, une certaine fierté noble et digne qui accusait de la naissance, de l'esprit ou de la douleur. Quoique la foule fût très-pressée, il la traversa sans exciter trop de murmures; il s'arrêta à vingt pas de Marie de Joysel, la contempla d'un doux et triste regard, s'appuya sur la grille qui séparait les juges des curieux, pencha le front en soupirant et parut se recueillir.

Marie, très-émue par la scène terrible où elle venait de se voir si amèrement accusée par ses enfants, ne prit pas garde de prime abord à cette nouvelle figure qui venait varier encore la galerie des curieux; mais, peu à peu ayant tourné ses yeux voilés d'une larme, elle tressaillit à la vue du bénédictin. Henri Thomé, qui la regardait alors à la dérobée, fut surpris de sa pâleur soudaine; par son air inquiet, il sembla lui en demander la cause. Quoiqu'elle eût toujours les yeux fixés sur lui, elle ne prit pas garde à cette inquiétude : elle continua d'observer le bénédictin, qui semblait lui rappeler de terribles souvenirs.

« Si c'était lui! dit-elle tout effrayée et toute joyeuse ; si c'était lui ! »

Elle passa ses mains sur ses yeux, comme pour s'assurer qu'elle ne dormait pas ; que tout ce qu'elle voyait, ses enfants qui la maudissaient au nom de leur père sans verser une seule larme, ces juges qui faisaient tant de bruit autour d'elle et pour elle, ces curieux si bien parés qui se croyaient presque à la comédie, ce bénédictin dont la figure lui bouleversait le cœur, n'était pas un des songes étranges de la prison.

« Je ne rêve pas, dit-elle, mais ce n'est pas lui. D'où vient et pourquoi vient cet homme ? »

Cependant les débats se poursuivaient avec ardeur. Je reproduis les passages curieux du plaidoyer de M<sup>e</sup> Fournier, qui mérite d'être remis en lumière. Ceux de mes lecteurs qui n'aiment pas les avocats seront libres de passer outre.

## X.

M<sup>e</sup> Fournier, répondant à l'avocat du tuteur, s'écrie : « Puisque la cour, par l'arrêt qu'elle a rendu en connaissance de cause sur la réquisition des gens du roi, a autorisé l'union de ceux pour qui il parlait en leur permettant de contracter et de célébrer le mariage, il ne devait pas craindre que l'opposition du tuteur et des parents paternels pût réussir ; la cour sera indignée de cette entreprise, quand elle se représentera ce tableau infâme où l'on a dépeint une mère chargée de tout ce que l'assassinat, le poison et l'adultère ont de plus criminel et de plus odieux : pour commencer ce tableau, on a mis le pinceau à la main de ses propres enfants ; pour le travailler et pour le finir, on leur a fait employer les couleurs les plus noires pour former les traits les plus horribles que l'art puisse inventer.

» Cette cause est sans exemple : c'est la première fois qu'un tuteur a abusé avec tant d'emportement de la voix du sang, et a soulevé des enfants avec tant d'impiété contre leur mère.

» Mais les sentiments que la nature grave dans nos cœurs en les formant, le respect et la reconnaissance qu'elle nous inspire pour nos parents ne permettent pas de présumer que les filles de *Marie de Joysel* aient part au tableau que l'on vient de tracer de leur mère.

» Il est de l'intérêt politique que les mariages, qui donnent des sujets aux princes, des créatures à Dieu et des membres à l'Église, puissent être librement contractés ; et ceux qui veulent s'y opposer, à moins qu'ils ne fassent voir des obstacles légitimes, sont coupables de plusieurs homicides : dans le nombre je compte celui des enfants qui auraient vu le jour si on ne s'était point opposé à leur naissance.

» La première des raisons que l'on vient d'annoncer est tirée d'une loi que Dieu lui-même a prononcée par la bouche de celui de ses apôtres auquel il a communiqué le plus de lumières et de connaissances. Saint Paul, parlant aux Romains, dans le chapitre VII, a précisément borné à la vie du mari la puissance qu'il avait sur sa femme, ne voulant pas qu'après sa mort on pût faire revivre son autorité éteinte pour la continuer contre la femme qui lui survivrait.

» La mort a ses droits aussi bien que la vie. Tant qu'un mari est vivant, il n'est pas juste que sa femme pour l'avoir trahi devienne, à la confusion de ce mari, la femme d'un autre ; sa douleur et sa vengeance ne peuvent finir qu'avec lui.

» Mais, dès le moment que la mort l'a enlevé à sa douleur et à son ressentiment, elle affranchit la femme de l'esclavage auquel il avait le pouvoir de la soumettre pendant sa vie ; et, quand il n'est plus au monde, ses enfants ni ses héritiers ne doivent pas compter dans sa succession, parmi les biens de son patrimoine, les chagrins qui lui étaient personnels et qui sont enfouis avec lui dans son tombeau. Aussi le savant *Grotius*, sur ces mots de saint Paul, *Soluta est à lege viri,* dit fort à propos : *Id est, pœna adulterii.* La mort du mari est une absolution pour la femme qui lui survit.

» Après cela, peut-on s'arrêter à deux actes sous seing-privé du sieur *Gars?* Il a transcrit, dans son cabinet, l'authentique, et, après une sombre méditation, il a mis au dos de cette authentique : *Est lex de Mariâ Joysel, quam, me mortuo, sequi volo.* C'est une loi pour *Marie Joysel,* que je veux qui soit exécutée après ma mort. — C'est ainsi qu'il s'érige en magistrat dans sa propre cause. Mais lui, qui parlait pour ainsi dire la loi à la main, ne devait-il pas savoir que sa magistrature, aussi bien que son pouvoir, finissait avec sa vie?

» L'authentique ne dit point qu'une femme convaincue d'adultère ne pourra jamais se remarier. Les lois pénales, comme est cette authentique, ne sont point sujettes à extension : au contraire, comme ce sont des décisions odieuses, elles doivent être restreintes et limitées, suivant l'opinion des jurisconsultes et des empereurs.

» Si le droit civil, dans sa dernière jurisprudence, n'ôte point à la femme adultère la faculté de se remarier, la loi canonique, qui est celle que nous suivons pour les mariages, ne lui est pas moins favorable. Nous pouvons dire même, sur ce sujet, que la loi canonique a pour fondement la loi de Dieu.

» L'Écriture nous apprend que Dieu commanda au prophète Ozée d'épouser une femme de débauche : le prophète l'épousa, et il en eut trois enfants.

» Le précepte que Dieu donna à ce prophète est peut-être le sujet par lequel le pape Clément III compte comme une grande œuvre de charité celle de se choisir une épouse dans un lieu de débauche. Il veut même qu'une action si chrétienne soit suffisante pour obtenir la rémission de ses fautes, parce qu'elle met dans la voie du salut celle qui marchait dans le chemin de la perdition.

» Suivant la décision de ce pape, bien loin qu'il y eût quelque chose à redire dans un mariage que l'on contracte avec ces victimes d'infamie qui ont un écriteau sur le front, il élève hautement la vertu de ceux qui les épousent. Que peut-on donc trouver à redire dans le mariage que la cour a permis au sieur *Thomé* de célébrer avec *Marie de Joysel* ?

» Il la trouve dans un lieu saint, où elle fait, depuis dix ans, des exercices de piété et de vertu. Le couvent de Sainte-Pélagie est la prison où, pour parler le langage de l'Écriture, elle mange le pain de tribulation et boit l'eau de douleur.

» Depuis ce long espace de temps, elle lave ses fautes passées dans les larmes qu'elle a continuellement versées, comme une véritable repentie.

» Les parents paternels jouent ici un rôle bien odieux; ils oublient leur propre honneur, on peut dire leur religion, pour le sacrifier à la vengeance d'une injure qui les atteint de si loin qu'elle ne les blesse pas ; ils se présentent à la cour sous cette face.

» Ce qui est le plus surprenant, c'est qu'ils n'en rougissent point : voilà tout ce qu'on dira contre eux.

» On a vu autrefois, devant le plus grand juge qui ait jamais paru sur la terre, des accusateurs, pleins de chaleur et d'emportement, être obligés de prendre la fuite et n'oser jeter la première pierre contre la femme adultère, quoique le Seigneur leur en eût donné le pouvoir.

» Vous avez souffert que le sieur *Gars*, qui était le seul offensé, ait jeté la première pierre contre sa femme; ne permettez pas que ses enfants, après sa mort, lui jettent une seconde pierre, qui lui serait une blessure plus cruelle que la première.

» Si ces enfants ont osé paraître en votre audience avec toute la témérité qui accompagne des accusateurs indiscrets, obligez-les publiquement de prendre la fuite et de faire une retraite qui les couvre pour toujours de honte et de confusion. Ils reprocheront éternellement à leur tuteur de les avoir engagés dans une pareille démarche. Dans le compte qu'il leur rendra, il pourra peut-être prouver la pureté de sa conduite dans l'administration de leurs biens; mais il ne se justifiera point de la témérité qui lui a inspiré un procès qui donne une si grande atteinte à l'honneur de ses mineurs.

» Le père a satisfait à son devoir en satisfaisant à sa colère et à sa vengeance. Que votre arrêt apprenne à ses enfants à faire leur devoir à leur tour; qu'il leur imprime la tendresse et le respect qu'ils doivent avoir pour celle dont ils ont reçu le jour; qu'il les fasse ressouvenir, tant qu'ils vivront, que le chemin que ce tuteur leur a fait tenir est celui du détestable Cham, qui s'attira la malédiction du Seigneur pour avoir révélé la turpitude de son père; que votre arrêt leur fasse connaître que l'exemple qu'ils doivent suivre en cette occasion est celui de Sem et de Japhet, qui, ayant couvert de leur manteau la nudité de leur père, furent comblés de grâces et de bénédictions.

» Punissez l'attentat qu'on a fait à la liberté. C'est la nature qui nous donne la liberté : elle seule nous la peut ôter avec la vie. Punissez la résistance qu'on a apportée depuis cinq mois à la célébration d'un mariage que vous avez autorisé.

» N'est-ce pas assez, pour des enfants, de se voir revêtus des dépouilles de leur mère? S'ils la voient sans peine privée des biens temporels, si la dureté de leur cœur les porte à ne lui en point faire de part, s'arrêtant à la rigueur de la loi civile plutôt que de suivre le penchant de la loi naturelle, pourquoi veulent-ils empêcher qu'elle ne participe à un bien spirituel, ce trésor précieux, ce don céleste? Je veux dire la grâce que Dieu, par la bouche de l'apôtre, promet à ceux qui reçoivent le sacrement de mariage, qui pour cela est appelé un grand sacrement : *Magnum sacramentum quod gratiam confert ;* ce sont les termes du concile de Trente.

» Onze ans de pénitence ont disposé *Marie de Joysel* à recevoir cette grâce. Ne souffrez pas que des enfants s'opposent impunément à une si sainte résolution. Vengez publiquement la nature que l'on a si lâchement outragée, vengez hautement la politique dont on a ouvertement attaqué les lois; et, confirmant l'arrêt que vous avez rendu, faites voir en cette occasion, ce que le public a toujours reconnu dans vos jugements, que votre justice est de concert et va d'un pas égal avec les règles les plus saintes et les maximes les plus sacrées de notre religion. »

## XI.

L'avocat des enfants Gars de la Verrière reparut d'un air plus triomphant que jamais. Le bruit venait de se répandre dans la salle qu'il allait porter une nouvelle accusation contre la pauvre Marie. Il se fit pour ses paroles un silence avide. Il débuta ainsi :

« Si je n'en ai point assez dit contre cette femme, si mon plaidoyer, puisé dans la vérité comme dans l'indignation, n'a point convaincu messieurs les juges des souillures ineffaçables de Marie de Joysel, je vais poursuivre ma noble tâche au nom de l'humanité, qui ne veut pas qu'une pareille criminelle rentre dans son sein. Jusqu'ici je vous ai présenté Marie de Joysel comme une pécheresse sans âme et sans repentir, destinée à toutes les fureurs et à toutes les tortures de l'enfer; maintenant je puis dire encore, plus à sa honte. Voyez ce manuscrit qui devrait être écrit avec du sang, c'est l'histoire de cette femme racontée par elle-même dans son impudeur. »

Marie poussa un cri et tomba en défaillance ; Henri Thomé se leva avec indignation, le silence devint plus profond que jamais.

« Ce manuscrit, s'écria Henri Thomé, est la confession d'une pauvre âme qui se repent à un pauvre cœur qui console ; l'avocat d'une cause indigne ne doit pas le souiller de ses mains ni le flétrir de son regard. Cette histoire n'est venue ici que par un vol dont je demande raison. »

Le président rappela le jeune médecin à un langage plus digne du Palais ; il raconta ensuite comment le manuscrit était venu aux mains de l'avocat des enfants : cet avocat avait demandé le jour même une perquisition au domicile de Henri Thomé pour découvrir sa correspondance avec Marie ; on venait de saisir cette histoire, qui devait être une précieuse lumière pour la justice.

Marie de Joysel se leva à cet instant, se tourna vers l'avocat qui la menaçait avec le manuscrit : « Lisez, monsieur, » dit-elle avec dédain.

L'avocat, poursuivant, reprit la parole : « On vient de vous dire, messieurs les juges, que nous insultions au malheur ; mais la plus grande insulte que nous puissions jeter à la face de cette femme serait de lire tout haut cette histoire de boue et de sang qu'elle a osé écrire, qu'elle a pris plaisir à se raconter à elle-même dans les mortels ennuis de sa prison. Nous nous contenterons de vous lire quelques pages au hasard. »

Le bénédictin, qui jusque-là était demeuré gravement et tristement incliné à la grille des spectateurs, demanda d'une voix sombre et glaciale à passer au banc des témoins, ayant, poursuivit-il, des révélations à faire à la justice.

Un huissier, sur l'ordre du président, alla ouvrir la grille. Le bénédictin vint en silence s'asseoir près du chanoine Leblanc, très-près de Marie de Joysel.

« Oh ! mon Dieu ! murmura-t-il en levant les yeux au ciel, donnez-moi la force d'apaiser mon cœur. »

Comme il vit que Marie de Joysel, toute chancelante dans les bras de madame de Montreuil, le regardait avec une grande inquiétude, il baissa son capuchon et détourna un peu la tête.

L'avocat se mit à lire cette page du manuscrit :

« Je passai la fin de l'hiver le plus tristement du monde, dans les larmes les plus amères. Hélas ! me le redirai-je à moi-même : la belle saison revenue, l'ombre de Montbrun s'éloigna peu à peu de mon âme ; je me sentis rajeunir. J'avais retrouvé une compagne du couvent, qui n'avait guère mieux tourné que moi ; j'allais la voir de plus en plus souvent ; elle avait une petite cour de cadets de famille qui ne donnaient pas de prise à la tristesse. Ils finirent par m'égayer un peu. Ne pouvant en aimer aucun, je les aimai tous ensemble ; je devins pire que je n'étais : jusque-là j'avais eu la foi de l'amour, j'avais aimé avec religion, mais ce ne fut plus chez moi qu'une profanation de l'amour ; je devins coquette, je pris plaisir au madrigal, je me fis de plus belle en plus belle ; enfin, je m'étourdis follement, je perdis la tête : pour le cœur il n'en fut plus guère question.

» Du matin au soir, et souvent du soir au matin, je m'abandonnai indignement à tous les jeux de l'amour, tournant à tous les vents, écoutant toutes les bouches trompeuses, prenant à peine le temps de songer au passé et à l'avenir, à Montbrun et à Dieu. J'oubliai jusqu'à mes enfants.

» Mais ici la plume devient rebelle. A quoi bon, en effet, retracer cette page la plus triste de ma triste vie ! Que dirai-je de plus, si ce n'est que je passai toute une année dans les égarements des mauvaises passions. »

» Vous l'entendez, messieurs les juges ! Nos accusations vont-elles jusque-là ? Ce n'est pas tout, elle s'accuse d'un crime nouveau pour nous ; elle a assassiné son premier amant, Philippe de Montbrun ! »

Quand l'avocat eut bien péroré sur ce chapitre, le bénédictin se leva lentement, s'avança à la barre, promena tour à tour son regard sur le Christ et les juges.

« Qui êtes-vous ? lui demanda le président avec une émotion qu'il contenait à grand'peine.

— Qui je suis ? répondit le bénédictin en jetant en arrière son capuchon. Demandez à Marie de Joysel. »

Il se tourna vers la pauvre femme, qui poussa un cri sec et tomba à demi morte dans les bras de sa tante et d'un huissier.

## XII.

La curiosité fut plus vive que jamais ; toutes les dames des galeries se levèrent à la fois, dévorant du regard le sombre bénédictin et la pâle Marie de Joysel. Henri Thomé était atterré, éperdu, hors de lui. Tout à coup, ne pouvant dominer son inquiétude, il se tourna d'un air impérieux vers le bénédictin.

« Enfin, monsieur, qui êtes-vous ? lui demanda-t-il à son tour.

— Je suis Philippe de Montbrun, répondit gravement le religieux ; oui, je suis Philippe de Montbrun ; ainsi n'accusez pas cette femme de ma mort, n'accusez pas cette femme de ses fautes, Dieu qui l'a vue pleurer lui a pardonné. Ne poussez pas plus loin votre colère ; je viens ici par la miséricorde de Dieu, selon les saintes lois de l'Évangile. Je suis plus coupable que cette femme, j'ai été le démon quand elle était encore un ange de beauté et de vertu ; j'ai été le serpent maudit qui lui a découvert le péché. Mais il y a eu un plus grand coupable que moi ; ce premier coupable-là était mon cousin le procureur Pierre

Gars de La Verrière. Le mariage est une loi divine et humaine qui unit saintement l'homme à la femme ; or le procureur Pierre Gars de La Verrière n'était pas un homme, il avait perdu en vieillissant tout ce que Dieu nous donne de noble, de grand et de généreux ; cet homme n'avait plus ni cœur, ni âme. Je sais bien qu'il eût été d'une sublime résignation à Marie de Joysel de dévouer à cet homme sa beauté, sa grâce, sa vertu, mais la femme est faible, Dieu l'a faite ainsi. »

Le président interrompit Montbrun.

« Mon frère, lui dit-il un peu sèchement, ce n'est pas un sermon que nous vous demandons ; la justice n'est pas ici à l'école. Dites-nous seulement comment il se peut que, vous Philippe de Montbrun, vous soyez-là ?

— Marie de Joysel n'a pas tout dit ; elle s'est accusée seule, elle aurait pu m'accuser avec plus de force et de vérité ; mais tout ceci est en dehors de la cause. Je suis venu ayant appris ce qui se passait ici par le grand-prieur de notre abbaye ; j'ai voulu revoir la pécheresse dans son repentir, j'ai espéré qu'il me serait permis d'élever la voix en sa faveur en face des outrages dont on veut l'accabler. »

Montbrun s'avança de deux pas vers Marie de Joysel, qui revenait à la vie. Elle voyait et écoutait son premier amant sans en croire ses yeux ni ses oreilles.

« Vous ! vous ! » dit-elle en passant les mains sur son front.

Montbrun s'avança encore.

« Où suis-je ? ô mon Dieu ! » s'écria-t-elle en tressaillant.

Le procureur-général avait pris la parole ; Montbrun put dire quelques mots à Marie sans être trop écouté des curieux.

« Ne craignez rien, Marie, je ne viens pas me plaindre, je viens vous dire d'espérer ; je suis mort à ce monde, à ce monde où vous êtes, Marie ! J'ai renoncé à tout, je me suis réfugié dans la prière et dans l'amour de Dieu ; cet amour-là n'est pas trompeur, c'est le seul amour infini ; les larmes qu'on y répand sont les plus douces. Adieu, je n'ai plus rien à dire en cette enceinte, je retourne à jamais en mon cher refuge, j'y vais prier pour vous. Adieu. »

Il s'inclina, remit son capuchon et s'achemina gravement vers la porte de sortie.

« Adieu donc, » dit Marie en soupirant.

Le plaidoyer de Talon fut curieux, mais sec et pâle, ne roulant guère que sur des citations. Il passa en revue toutes les lois romaines et françaises touchant l'adultère, mais sans trouver un exemple à sa cause : il parla pour et contre, afin de bien faire jaillir la vérité. On peut dire qu'il s'inspira un peu du vœu des spectateurs, tous favorables à la pauvre mère outragée et maudite par ses enfants ; il s'inspira aussi des préceptes de l'Évangile. Son dernier mot, attendu avec impatience des spectateurs, avec angoisse de Marie et de Thomé, son dernier mot fut pour le mariage.

La cour se conforma aux conclusions de M. Talon, et voici ce qu'elle prononça :

> « La cour, ayant égard à la requête des parents maternels, les a reçus intervenants, sans s'arrêter à l'opposition des parents paternels, ordonne que l'arrêt du 29 janvier sera exécuté et en conséquence passé outre, nonobstant l'opposition formée aux bans ; condamne les opposants aux dépens, sans néanmoins que Marie de Joysel puisse se pourvoir contre l'arrêt du 9 mars 1673, qui sera exécuté. »
>
> » Fait en parlement, le 21 juin 1684. »

Quand on prononça l'arrêt, Marie de Joysel, Henri Thomé et la vieille tante ne purent arrêter leurs larmes. Marie fut reconduite en prison, où elle devait attendre le jour du mariage. Madame de Montbreuil la quitta, en lui disant qu'elle enverrait son carrosse ce jour-là pour la prendre à la sortie de l'église : elle voulait que sa nièce et Henri passassent à son château les premiers temps du mariage.

## XIII.

Le lendemain, vers deux heures, comme Henri Thomé venait de sortir de la cellule de Marie, la sœur Marthe vint y annoncer la visite d'un bénédictin qui avait un laissez-passer de monseigneur l'archevêque. Marie pâlit, chancela, tomba sur sa chaise, se cacha le front dans les mains. « Lui! » dit-elle d'une voix étouffée.

Il entra, grave, triste et silencieux.

« Ma sœur, murmura-t-il d'une voix sourde, levez-vous et venez : j'ai longtemps prié pour vous comme pour moi. »

Et comme Marie ne répondait pas : « Ne craignez rien de moi, je ne suis plus que l'ombre de Montbrun, une ombre qui se traîne vers la vie éternelle à travers le repentir. Je vous ai aimée, Marie, je vous ai séduite, je vous ai égarée; aujourd'hui, je n'ai plus d'amour que pour le Seigneur, mais votre souvenir vient souvent encore me troubler dans mes prières de la nuit; j'ai voulu vous revoir, vous toucher la main, cette main qui m'a deux fois touché au cœur... Pardonnez-moi, c'est mon dernier adieu aux choses d'ici-bas... Marie, vous ne me voyez pas, vous ne m'entendez pas? je vous parle et je vous tends la main... la main d'un frère... Daignez la toucher, et tout sera fini! »

Marie leva lentement la main avec un soupir. « Vous avez été bien cruel, Montbrun ; vous avez laissé passer sur mon cœur onze mortelles années avec la pensée de votre mort. Vous ne savez pas ce que j'ai fait pour oublier mon amour et mon crime. Avec vous je n'étais pas une femme perdue, j'étais une amante qui sait se faire pardonner aux pieds de Dieu même à force d'amour. Mais depuis ce jour maudit où je suis allée retrouver votre cœur avec un poignard, je me suis abandonnée aux mille égarements des folles passions. Cruel! mille fois cruel! Pourquoi ne pas m'avoir dit que vous vous retiriez du monde? Avec quelle joie, triste peut-être, mais douce et chère à mon amour, je fusse allée me réfugier au couvent, loin de vous s'il l'eût fallu, mais toujours avec vous par la prière, par l'âme, par le cœur!

— Je ne vous cacherai rien, Marie, car aujourd'hui mon cœur ne se cache plus. Eh bien! cette femme que vous atteintes mortellement en me frappant moi-même, cette femme pria Dieu ce jour-là pour la première fois de sa vie, elle pria Dieu de me sauver. Dieu me sauva de la mort, Dieu me sauva deux fois, le corps et l'âme; car, touché des prières de ma pauvre maîtresse, je priai aussi : vous devinez donc de quel temps date ma conversion. Elle s'était convertie dans la même ardeur; elle avait une sœur au couvent de Sainte-Marguerite, elle alla rejoindre cette sœur. Mais, chez les femmes, la jalousie survit à l'amour : elle ne prit le voile que sur mon serment de renoncer au monde, à vous, la plus belle, sinon la plus aimée de toutes...

— Quoi! s'écria Marie, emportée par les élans de son ancien amour, quoi! vous l'aimiez plus que moi? »

Elle se leva tout agitée.

« Qui sait? murmura le bénédictin; vous avez été la première, elle a été la seconde; mais nous sommes si loin déjà de ce temps d'orages et de périls.

— Si loin! dit Marie. Ah! bienheureux, bienheureux ceux qui oublient!

— Allez, allez, Marie, vous avez oublié la première, vous avez oublié plus que je n'ai fait. Croyez-vous donc que je n'aie pas mis un cilice sur mon cœur pour venir jusqu'ici ? »

Marie de Joysel se jeta aveuglément dans les bras du bénédictin.

« Ah ! Dieu soit loué ! s'écria-t-elle en éclatant ; maintenant je puis mourir. Oh ! Montbrun ! quelle joie de mourir en songeant qu'après une si longue solitude votre cœur n'est pas glacé pour moi !

« Marie ! Marie ! de grâce, oublions de toutes nos forces. Rappelez-vous donc que ce cœur que je sens battre sur le mien n'appartient plus à moi ni à vous-même, mais à ce noble jeune homme qui vient répandre sur vous la bénédiction du mariage et de la famille. »

Marie se détacha des bras de Montbrun.

« Henri Thomé, dit-elle en levant les yeux au ciel, Henri Thomé ! je l'avais oublié, lui ! »

Un silence suivit ces paroles.

« Mais, reprit-elle en penchant la tête, s'il ne m'est plus permis de posséder mon cœur ni pour vous ni pour moi, je puis du moins l'élever jusqu'à Dieu.

— Oui, Marie ; c'est là-haut que je vous attends. Mais voyez ma pâleur funèbre et mon abattement ; je n'ai plus que peu d'années à vivre, je serai là-haut longtemps avant vous.

— Avant moi ! Dieu seul le sait. Mais vous me trompez encore, car cette femme que vous avez tant aimée, trop aimée, ce sera celle que vous chercherez là-haut.

— En vous attendant peut-être. »

Le bénédictin sourit de son charmant sourire d'autrefois.

« Mais, reprit-il en appuyant le cilice sur son cœur, je me hâte de vous dire adieu, car, si je restais près de vous une heure de plus, à quoi me serviraient onze années de luttes et de repentir ? Adieu, Marie.

— Ah ! dit-elle avec un cri douloureux, pourquoi êtes-vous revenu ? »

Montbrun avait repris son masque glacial.

« Adieu ! ma sœur. »

Il tendit sa main sèche et blanche ; Marie la saisit avec ardeur.

« Non, non, vous ne me quitterez pas sitôt. Songez donc que c'est notre dernier rendez-vous.

— Sur la terre.

— Ah ! si j'étais sûre de vous retrouver au ciel !

— Espérez en Dieu.

— Je vous dis que vous ne partirez pas sitôt ; à peine si je vous ai vu, à peine si vous m'avez parlé. Mais contez-moi donc ce qui s'est passé depuis onze ans ? Je veux tout savoir.

— Ne vous l'ai-je pas dit ? J'allais mourir, on a prié pour moi, Dieu a touché mon âme comme le cœur de celle qui priait ; je lui devais ma vie, elle m'a permis de la consacrer à Dieu, voilà tout.

— Mais je vous ai attendu rue Hautefeuille, je vous ai attendu comme une pauvre folle, assise sur une borne, le jour et la nuit. Que ne m'avez-vous écrit la vérité ? J'ai entendu le troisième jour crier la mort d'un jeune capitaine qui s'était poignardé dans les bras de sa maîtresse, je suis rentrée mourante ; j'ai voulu mourir, mais est-ce qu'une pauvre femme a la force de mourir quand son heure n'est pas venue !

— Moi, j'ai appris vaguement que vous étiez consolée ; vous êtes une femme, c'est tout simple. J'ai appris il y a quatre ans que notre indigne cousin, Pierre Gars de la Verrière, vous avait emprisonnée pour la vie suivant un jugement obtenu contre vous. J'ai tenté deux fois de venir jusqu'à vous ; j'ai d'abord trouvé un geôlier inflexible ; j'ai demandé, par une lettre de notre prieur, un laissez-passer à monseigneur l'archevêque ; mais monseigneur n'a pas répondu ; ce n'est que sur une seconde lettre écrite ces jours-ci qu'il a daigné me répondre selon mes vœux. Votre histoire a fait du bruit partout, même dans notre solitude ; mon cœur s'est révolté en apprenant que vos enfants allaient déposer contre vous ; je suis allé au tribunal en promettant de vous défendre, s'il le fallait, sans me faire connaître ; mais comment se cacher quand le cœur parle tout haut !... Adieu, Marie... adieu ! »

Montbrun alla rapidement à la porte de la cellule.

Elle courut à lui, mais il s'arracha de ses bras ; il partit en lui cachant sa douleur. Elle alla tomber mourante sur son lit, écoutant du cœur et de l'oreille l'écho du sombre corridor qui répétait l'adieu de Montbrun.

## XIV.

Montbrun n'était apparu que comme une ombre. Henri Thomé, plus tendre et plus dévoué que jamais, reprit peu à peu son empire sur Marie de Joysel. Ce fut avec joie qu'elle vit arriver le jour du mariage.

Ce mariage célèbre se fit trois semaines après le jugement. Je ne crois pouvoir mieux faire pour en raconter la cérémonie que de reproduire le procès-verbal de l'huissier. C'est le seul exemple d'un pareil hyménée.

Après avoir rapporté tous les actes dont il était nécessaire qu'il fît mention dans son procès-verbal, l'huissier dit :

« Nous nous sommes transporté, avec notre assistance, en la maison du Refuge, faubourg Saint-Marcel, où, étant à la grille, avons demandé la demoiselle *Amelin*, supérieure de cette maison, laquelle y étant venue, et après lui avoir fait lecture et laissé copie des arrêts, nous l'avons sommée et requise de nous mettre entre les mains la demoiselle *Joysel*, pour, et au désir des arrêts, la conduire en l'église Saint-Médard, pour, en notre présence, être procédé à la célébration du mariage : laquelle demoiselle *Amelin*, pour satisfaire aux arrêts, après avoir fait ouvrir la porte qui sert d'entrée à la maison, nous a remis en nos mains la demoiselle *Marie Joysel,* dont nous avons fait mention sur le registre de la maison, et ont signé : *Joysel, Amelin, supérieure.*

» Ce fait, avons fait monter icelle demoiselle *Joysel* dans un carrosse, et conduire en l'église et paroisse de Saint-Médard, où étant, s'est trouvé le sieur *Thomé ;* après qu'ils ont été fiancés et épousés par le sieur *Cornier,* vicaire de la paroisse, et que mention en a été faite sur le registre des mariages d'icelle, nous avons remis la demoiselle *Marie Joysel* entre les mains du sieur *Thomé,* son mari, au désir des arrêts, dont et de quoi nous avons dressé le procès-verbal, ès présence et assisté de *François Champion,* bourgeois de Paris, et autres témoins. »

Mais revenons de plus près à Henri et Marie.

En sortant de l'église, ils trouvèrent, selon leur attente, le carrosse de madame de Montreuil ; ils embrassèrent le vieux chanoine ; ils partirent avec empressement. Le voyage fut doux, mais silencieux ; malgré l'amour charmeur de Henri, Marie avait çà et là des instants de sombre tristesse ; s'il parlait de bonheur, elle penchait la tête et semblait dire : le temps est passé ; s'il parlait d'amour, elle regardait le ciel et semblait dire encore : le temps est passé. Mais aussitôt, voyant que sa tristesse inquiétait Henri, elle reprenait soudainement son masque d'insouciance et son gracieux sourire ; elle s'aveuglait elle-même pour aveugler son amant.

Il était près de dix heures quand ils arrivèrent au château. Ils descendirent de carrosse dans une grande cour déserte, aux pavés moussus, devant un perron à colonnade ombragée par deux ormes centenaires.

La vieille madame de Montreuil vint jusque sur le perron ; elle embrassa Marie avec une tendresse de mère, elle accueillit Henri comme son enfant.

16.

« Vous avez voulu être seuls, dit-elle en les conduisant à sa chambre; vous tombez à merveille : mon fils est parti pour rejoindre son régiment; M. le curé, qui est un peu curieux, espérait vous voir aujourd'hui; mais je l'ai prié d'attendre jusqu'à demain. Asseyez-vous, mes enfants; chauffe bien tes pieds, ma pauvre Marie, la soirée est fraîche. Tu es pâle; le voyage t'a fatiguée. Pauvre enfant! il y a si longtemps que tu n'avais fait un pas.—Dieu merci! nous souperons de bonne heure. — Ah! ah! voilà une image bien précieuse. »

Marie venait de détacher de la cheminée un petit portrait de sa mère.

« Ce n'est pas sans peine que j'ai arraché ce portrait des mains de ton procureur. Je t'avais bien dit de te méfier de ces mains-là. Mais mademoiselle voulait à toute force se marier. Grande sotte, un procureur!

— Ah! ma tante, de grâce, n'en parlons plus!

— C'est vrai, laissons-le reposer en paix dans sa robe noire. Avez-vous fait bon voyage? Que dites-vous de mon vieux carrosse et de mes pauvres chevaux? Ah! il y a vingt ans, mon équipage était plus fringant; mais, que voulez-vous? tout a passé de mode chez moi.

— Excepté le cœur, ma tante; vous avez toujours la même jeunesse de cœur.

— Tu as raison : mes cheveux ont blanchi; mais, comme disait si bien Benserade, les neiges de l'hiver n'ont pu atteindre mon cœur.

— Et vos chats, ma tante? Après madame de La Sablière, vous aviez les plus beaux chats du royaume.

— Tout à l'heure, au souper, nous les verrons venir par régiments. »

Henri prit la parole; il parla des distractions de la vieillesse, des magies du souvenir, des consolations de la nature et de la charité chrétienne; enfin il acheva de séduire la vieille tante.

Le souper fut très-agréable ; seulement madame de Montreuil remarquait avec un peu de souci que sa nièce mangeait à peine, qu'elle s'efforçait en vain d'être, sinon gaie, du moins souriante.

« Voyons, mon enfant, pourquoi cet air pensif, cette mine rêveuse ? Je te trouve beaucoup plus belle quand tu t'animes un peu.

— Hélas !

— Et vous, monsieur mon neveu, vous avez de l'inquiétude ? Allons, je vois bien que je suis de trop ici ; l'amour aime le silence, la solitude, comme disait mon oncle le chevalier de Tumières, l'amour aime être *entre quatre-z-yeux*. Mais, en vérité, ici mes pauvres yeux ne devraient pas compter ; pour y bien voir, il me faudrait mettre des lunettes.

— Mais, ma tante, croyez bien, dit Marie en lui tendant la main, croyez bien que nous sommes heureux et fiers d'avoir un pareil témoin à notre bonheur. Sans vous, où serions-nous allés ?

— Oh ! oh ! reprit la tante en hochant la tête, les amants ne sont jamais en peine ; une fois qu'on a un cœur pour reposer son front, on se moque bien du reste ; l'amour est un grand architecte qui bâtit des châteaux partout. Voyons, mes enfants, pour me prouver votre confiance en moi, ayez plus d'abandon ; allez, allez, ne craignez pas de vous embrasser un peu : cela vous fera du bien et à moi aussi. »

Marie sourit avec un charme adorable ; elle tendit son autre main à Henri, qui la baisa avec passion.

« A la bonne heure, dit madame de Montreuil ; au moins vous n'avez plus l'air de sortir du couvent. Je sais bien que le souvenir de ton infortune ne doit pas t'égayer beaucoup ni lui non plus ; mais tout cela est fini : il faut jeter un voile sur le passé.

— Oui, dit Marie en soupirant, un voile sur le passé ! »

Vers la fin du souper, madame de Montreuil était si animée qu'elle chanta un couplet de son cher abbé de Chaulieu à la déesse d'Amathonte. Après avoir chanté, elle babilla encore avec beaucoup de feu; enfin elle pencha la tête et s'endormit le front sur la table.

Une suivante avertit Henri et Marie qu'elle avait allumé du feu dans leur chambre. Henri leva sur Marie un regard suppliant, lui offrit la main et prit un flambeau sur la table.

« Allons, » dit-elle d'une voix brève.

Elle embrassa tendrement sa tante sur ses cheveux blancs; elle mit dans son sein le portrait de sa mère. Ils entrèrent au haut du grand escalier dans une chambre très-richement décorée. Les murs étaient tendus de tapisseries à scènes galantes et champêtres; les dessus de portes et les dessus de glaces, peints assez fraîchement, représentaient des Amours. La cheminée était d'une très-jolie sculpture à ornements. Le feu qui venait d'y être allumé répandait un vif éclat sur un grand lit à baldaquin digne d'un prince du sang. A la vue des rideaux, Marie pencha son front sur le sein de Henri, qui était toujours tremblant devant elle par la force de son amour.

« Marie, vous devez me trouver un bien triste amant; mais j'ai le cœur si mal fait que je suis effrayé de mon bonheur. Je tremble comme un enfant qui a peur; à peine si j'ose vous dire que je vous aime.

— Je le sais, Henri. Croyez-vous donc que je ne sois pas fière de cette passion si tendre et si craintive? Allez, Henri, moi aussi je tremble, car je n'ose croire que votre jeune cœur, qui est un trésor d'amour, soit pour moi, moi qui n'en suis pas digne. »

Ces derniers mots furent étouffés par un baiser de Henri.

« Marie, tu es digne de l'amour d'un roi! Est-ce que je crois à tous les contes dont on t'a poursuivie? Tu es trop belle pour n'avoir pas été victime de ta beauté. A quoi penses-tu, Marie? Hélas! toi, tu ne m'aimes pas! je ne suis qu'un enfant à tes yeux.

— Oui, un enfant plein de cœur et de force, un enfant que j'aime comme si j'étais sa sœur, sa mère...

— Ah, Marie! vous ne m'aimez pas comme un amant!

— Ne vous ai-je pas dit que je vous aimais de tout mon cœur, de toute mon âme, et pour la vie? »

En disant ces mots, Marie leva les yeux au ciel.

« Le ciel vous entende et vous bénisse!

— Vos beaux cheveux font ma joie; ces beaux cheveux que tant de fois j'ai vus en songe nageant en boucles sur l'oreiller!

— Eh bien! je vous abandonne mes cheveux. »

A peine Marie eut-elle dit ces mots que son amant, avec une touchante et folle ardeur, la décoiffa de ses mains et de ses lèvres.

« Hélas! lui dit-elle, voilà ce que je vous apporte de mieux en mariage. »

Elle avait la plus belle chevelure du monde, noire comme le jais, longue comme la branche du saule pleureur.

« Que vous êtes belle ainsi! Quelle grâce! quelle douceur! quel enchantement!

— Oui, je suis belle encore, » dit Marie d'un air distrait en se voyant dans la glace de la cheminée.

Une pâleur de mort passa sur ses joues légèrement animées.

Marie ouvrit sur la cheminée une petite cassette en bois de rose. Elle y prit d'un air d'insouciance un encrier, une plume et une feuille de papier.

« Êtes-vous folle? dit Henri en revenant près d'elle; pourquoi tout cet attirail d'écrivailleur, d'huissier ou d'avocat? Est-ce que l'amour est un homme de loi?

— Qui sait! l'amour a peut-être une supplique à vous faire. »

Comme Henri semblait attristé par ce mot, elle reprit en souriant : « Ne vous chagrinez pas, enfant, je dépose la plume.

— Savez-vous, madame, que tout le monde est couché au château ?

— Je crois bien, répondit-elle d'un air moqueur ; il est huit heures ! Vous ne vous êtes jamais couché si tard, n'est-ce pas ? Mais ce n'est pas tous les jours la nuit des noces. »

. . . . . . . . . . . . . . . . . . . . . . . .

Les flammes de l'âtre répandaient un vif éclat sur les fleurs épanouies des grands rideaux.

. . . . . . . . . . . . . . . . . . . . . . . .

Henri s'endormit, bercé par les paroles tendrement amoureuses de Marie. Elle souleva la tête et le regarda doucement. Mais bientôt, ne pouvant arrêter ses larmes, elle se retourna et joignit les mains avec ferveur.

Après une prière, elle descendit du lit, glissa ses jolis pieds dans des mules de satin, jeta un manteau sur ses épaules toutes frémissantes, s'approcha de la cheminée et saisit la plume d'une main agitée.

Elle écrivit en pleurant pendant plus d'une heure. De temps en temps elle se retournait tout inquiète vers le lit. Quand elle eut fini d'écrire, elle se leva et se regarda dans la glace avec une triste curiosité. Elle se promena un peu dans la chambre ; s'étant approchée d'une fenêtre, elle détourna les rideaux pour voir le ciel. Le ciel était parsemé de nuages vaporeux ; les étoiles ne brillaient que çà et là à travers la gaze flottante ; le vent passait doucement sur les vieux chèvrefeuilles du parc.

« Le beau temps qu'il fera demain ! dit Marie avec un soupir ; il va s'éveiller sous un rayon de soleil, quand les oiseaux chanteront ; je vais ouvrir la fenêtre ; le vent apportera jusqu'à notre lit les parfums du matin et les chansons de l'alouette. »

Elle retourna vers le lit; Henri dormait toujours : « J'ai froid, dit-elle en tressaillant. Il est temps que je retourne auprès de lui.

Elle alla encore jusqu'à la cheminée, où elle regarda longtemps le portrait de sa mère : « O mon Dieu ! murmura-t-elle, je vous remercie du courage que vous m'avez donné. »

Elle demeura plus d'une demi-heure à contempler Henri avec amour; à la fin, ne pouvant résister au sommeil, elle l'embrassa doucement sur le front, dénoua ses cheveux, les répandit autour d'elle, pencha la tête sur l'épaule de Henri, lui prit doucement la main et s'endormit avec un long soupir.

## XV.

Quand Henri s'éveilla, le jour commençait à poindre ; les premiers feux de l'aurore répandaient dans la chambre, par la fenêtre entr'ouverte, un pâle sillon de lumière; nul bruit au dehors, à peine entendait-on les rumeurs naissantes de la nature. Il n'osait respirer, de peur de réveiller Marie; il entrevoyait sa tête dans l'ombre, à demi cachée dans un pli de l'oreiller et à demi voilée par sa longue chevelure. Il attendit avec une douce impatience que le premier rayon de soleil vînt éclairer ces traits enchanteurs et adorés. Jamais rêves si doux n'avaient égaré son âme : cette amante qu'il n'espérait pas posséder, même aux plus folles ardeurs de son amour, elle était là, sans résistance, tout à lui, plus belle que jamais; cet horizon formé des murs d'une prison qui n'avait pu glacer son cœur s'était abattu sous ses mains; maintenant un horizon plein de soleil et d'espace se déroulait sous ses yeux ravis. Il n'était qu'au lendemain du premier beau jour, à l'aurore du bonheur, au printemps de l'amour.

Cependant il y avait dans cet amour un fond d'amertume dont il ne pouvait se défendre, une volupté triste et douce comme la mort, fatale et attrayante, pleine d'enivrements et d'inquiétudes.

Un rayon de soleil frappa soudain la fenêtre et descendit jusqu'au pied du lit.

« Voilà le soleil qui se lève, je puis éveiller Marie, » dit Henri en détournant d'une main légère les longs cheveux de son amante.

Il se pencha au-dessus d'elle, et, tout enivré déjà du baiser qu'il voulait lui prendre, il appuya ses lèvres émues sur les lèvres de Marie ; mais au même instant il eut un mouvement d'effroi, il détacha ses lèvres glacées.

« Marie ! Marie ! » s'écria-t-il tout pâle et tout atterré.

Il ne fut pas longtemps à douter de son malheur, il vit bien qu'elle était morte.

Il lui prit les mains, il la souleva dans ses bras, il l'appuya sur son cœur, il pleura, il pria ; enfin il fit tout ce que lui inspira la passion la plus tendre, la douleur la plus désespérée. Marie était morte, ses baisers et ses larmes n'y pouvaient rien.

Durant plus d'une heure il demeura penché au-dessus d'elle, l'œil hagard, sanglotant sourdement, la couvrant de ses beaux cheveux, lui parlant de sa tendresse.

« Où suis-je donc ! se demanda-t-il tout à coup ; tout cela n'est qu'un songe. »

Il leva les yeux ; il vit sourire les fraîches paysannes de la tapisserie, les Amours bouffis des dessus de portes ; il vit sourire le ciel bleu par la fenêtre. Il croyait rêver encore, tout dépaysé par l'ameublement de la chambre. Mais il entendit bientôt dans le corridor deux servantes du château qui parlaient à voix basse.

« O mon Dieu ! reprit-il en se jetant hors du lit, c'est donc fini ! Mais que vais-je faire, moi ? pourquoi est-elle morte ? comment est-elle morte ? »

Comme il venait de s'approcher de la cheminée, il découvrit la lettre que Marie avait écrite autant avec ses larmes qu'avec l'encre fatale : il saisit cette lettre avec un douloureux éclair de joie curieuse; il la déchiffra d'un œil troublé, tout défaillant, comme s'il allait mourir lui-même ; chaque mot de ce cruel adieu le frappait au cœur d'un coup mortel.

« Que vous écrire, Henri? je vais mourir. Mourir quand, après tant de tortures, grâce à vous, j'allais revivre de ma belle vie ! Mais ne vais-je pas revivre là-haut en vous attendant? Oui, mourir, car je le puis à cette heure que votre noble amour m'a revêtue de ma robe de lin, à cette heure qu'une larme de vos yeux est tombée sur mon cœur. Oh! Henri, pardonnez-moi; n'allez pas maudire celle que vous avez bénie ! ne regrettez pas de m'avoir aimée, car, avec votre amour, je vais paraître devant Dieu, qui accueillera la pauvre repentante dans sa miséricorde. J'ai tant souffert en ce monde qu'il m'en sera tenu compte dans l'autre. Mais vous êtes mon premier sauveur, vous. Il a fallu tout votre noble amour pour attendrir les juges d'ici-bas ; ils ont pardonné à celle qui inspirait une si grande passion. Ah! pourquoi ne pas vivre dans toutes les joies bénies de cet amour? Non, non, j'ai toujours été fatale à qui m'a aimée. Il faut mourir, car qui sait si bientôt vous ne verriez pas le fond de l'abîme où vous êtes descendu pour moi? Alors je ne serais plus pour vous qu'une chaîne de fer. Je pourrais répondre à votre douleur : vous l'avez voulu ; mais non, j'ai pitié d'un noble cœur égaré. Qu'aurai-je à vous donner pour tant d'amour? une âme flétrie, toujours inquiète des égarements du passé. Hélas! je vous ai aimé, je meurs en vous aimant, mais je sens bien que déjà je n'ai plus la force d'aimer. Il a fallu que votre âme vienne jusqu'à mon cœur pour y ranimer le feu divin. Sachez-le bien, Henri, dès que vous avez parlé de m'épouser, j'ai songé à mourir ; mais j'y ai songé avec une vraie volupté : mourir dans votre amour, mourir regrettée par un grand cœur, moi, maudite de tout le monde, que pouvais-je espérer de plus beau ? Vous m'avez donné votre nom, notre mariage a été pour moi un autre baptême, le baptême de l'absolution. C'est là tout ce que j'attendais de la vie, avec un baiser de vos jeunes lèvres sur mon front : ce baiser, n'est-il pas un diadème sacré ?... J'ai pris de l'opium il n'y a qu'un moment, et déjà je me sens tout abattue... O mon Dieu! donnez-moi la force de bien mourir. Henri, Henri, je n'ose plus retourner auprès de vous, je vous glacerais. Pauvre enfant! voilà une triste nuit des noces. Je n'ai plus longtemps à vivre : adieu, adieu! Cette lettre est mon testament ; ma volonté est que vous viviez sans me plaindre, mais pour défendre ma mémoire. Pauvre Henri, quand vous allez vous réveiller, vous serez seul, seul, en face d'une morte. Je vous demande un dernier baiser sur ces longs cheveux que vous aimez tant. Ensevelissez-moi vous-même avec le portrait de ma mère. Adieu, adieu!

« Marie. »

Marie fut enterrée au château de Montreuil. Après quelques jours de sombre tristesse, Henri retourna dans sa famille. Il ne se consola pas. Il revint à Paris au bout d'un an pour vivre de plus près dans ses tristes souvenirs. Il mourut avant son vieil oncle le chanoine. A ses derniers jours il reprit assez de force pour aller au château de Montreuil cueillir un peu d'herbe amère sur la tombe de Marie.

# LA FONTAINE AUX LOUPS.

Dans les beaux jours de l'automne dernier, un jeune homme, Franz Larivière, qui passait la saison en Normandie chez une vieille tante retirée du monde, se leva un matin saisi d'une idée soudaine.

Il rencontra sa tante dans l'escalier. « Ma tante, dit-il en la saluant, je vais au château de l'Écluse. »

Il ordonna à un domestique de seller son cheval.

« C'est un beau chemin, mon cher Franz, dit la tante : des bois à traverser, des prairies qui ne finissent pas, en un mot toujours des ombrages et du gazon. Heureux enfant ! toute la vie sera pour toi comme ce beau chemin. »

Franz Larivière se mit à table pour déjeuner avec sa tante. Non-seulement il ne déjeuna pas avec la bonne dame, mais il ne lui tint pas compagnie tant son esprit était loin de là.

Quand il monta à cheval, sa tante lui dit en lui faisant un

signe d'adieu : « Mon cher Franz, je vous trouve bien distrait et bien bizarre aujourd'hui. Prenez garde à vous. »

Le jeune homme partit sans répondre. Il commença par galoper avec l'ardeur d'un héros qui s'élance au combat. Il fit ainsi plus d'une lieue ébloui par mille visions charmantes, sans pitié pour la noble bête qui fuyait comme le vent. En arrivant dans les bois, il voulut respirer un peu : il flatta le cou de son cheval et lui parla doucement pour le calmer.

Il se mit à rêver avec délices au château de l'Écluse ; il voyait déjà se dessiner dans son imagination les tourelles badigeonnées, le portail massif, la grande fenêtre gothique sculptée avec tant d'art où peu de jours auparavant il avait vu s'encadrer une charmante figure. Il était dominé tour à tour par la crainte d'arriver trop tôt et par la crainte d'arriver trop tard.

« Voyons, dit-il, il n'y a pas de temps à perdre. »

Ce même jour, à la même heure, dans le même pays, un jeune médecin, à peine échappé des bancs de l'école, se dit, en fumant le premier cigare du matin : « Pourquoi n'irais-je pas au château de l'Écluse? »

Le médecin était un jeune homme élégant, qui s'était résigné depuis peu à la vie de campagne, n'ayant pas de quoi vivre ailleurs. Sa famille était pauvre : il n'avait rien à attendre que de sa science et du hasard ; il avait le bon esprit de compter beaucoup plus sur l'un que sur l'autre.

Il déposa soudainement son cigare, sella lui-même son cheval et partit par le chemin du château aussi gaiement que s'il eût été appelé par trois malades à la fois.

« C'est étonnant, dit son jardinier en le voyant disparaître dans une allée de pommiers, M. Martineau s'en va aujourd'hui sans me dire une seule parole. Que peut-il aller faire de ce côté-là ? »

M. Gustave Martineau ne songeait pas ce jour-là à son jardin ; tous ses rêves s'envolaient vers le château de l'Écluse, comme s'il devait y trouver bientôt la fortune et le bonheur.

Le même jour, toujours à la même heure et dans le même pays, un jeune homme de vingt-cinq ans à peine, fils d'un pauvre agriculteur, descendit d'une espèce de grenier qui lui servait de chambre, avec un fusil sur l'épaule.

« Où vas-tu si matin? lui dit sa mère, bonne et franche fermière, portant à la main un seau de lait.

— Je ne sais pas, répondit-il avec distraction, après avoir appelé son chien, une magnifique bête, gaie et folle, de pure race anglaise.

— Quel enfant! murmura la mère en l'embrassant; il ne sait jamais où il va. Es-tu raisonnable d'aller chasser pendant les semailles? Ton père est aux champs depuis la pointe du jour. Tu sais pourtant bien qu'il faut toujours être sur les quatre coins du terroir pour surveiller. »

Elle entra dans la maison, déposa son seau et soupira tristement.

« A propos, dit-elle en retournant sur le seuil, tu ne déjeunes donc pas aujourd'hui? C'est cela, tu vas encore passer à jeun ta journée dans les bois. »

La fermière saisit une tasse, la plongea dans le seau et courut la présenter à son fils, qui s'éloignait déjà.

Paul Dumarsais, ainsi se nommait le jeune chasseur, était un garçon sauvage, aimant les rêves et la solitude. Depuis son retour du collége, il avait passé son temps au fond des bois, sur le versant des collines, au bord des étangs, heureux de rien, c'est-à-dire de tout ce qui fait la joie des âmes poétiques. Le spectacle splendide de la nature avait chaque jour un nouveau charme pour lui. Il l'étudiait avec une pieuse ardeur dans toutes ses métamorphoses et dans tous ses mystères. En un mot, c'était un rêveur, un poète, un poète moins la rime. Je n'essaierai pas de peindre toutes les fantaisies de cette nature qui traversait avec tant de fière liberté le printemps de la vie.

Ce jour-là, quoiqu'il eût un fusil sur l'épaule, quoique son chien l'avertît par intervalles de la présence du gibier, il ne songea pas une seule fois qu'il portait un fusil. Il allait droit devant lui, sans détour, contre sa coutume, sans faire de halte. Après avoir marché d'un pas égal pendant plus de deux heures, il s'arrêta tout d'un coup et regarda en soupirant par une clairière. Il vit les arbres centenaires qui ceignent le château de l'Écluse. A ce seul aspect, son cœur battit avec force, son regard se troubla, il devint pâle et tressaillit.

Après avoir contemplé ces vieux arbres durant quelques secondes, il se demanda s'il devait avancer encore ou rebrousser chemin. Il se promena de long en large dans le carrefour où il se trouvait; enfin, prenant un parti violent, il se remit en marche vers le château.

Comme il touchait à l'avenue, un nouveau battement de cœur le saisit; il n'eut plus la force d'avancer.

« Allons donc! dit-il en cherchant à s'aguerrir, serais-je donc toute ma vie un écolier? Est-ce que je suis venu jusqu'ici pour ne pas aller plus loin? »

Tout en reprenant ainsi courage, il n'osa pourtant pas suivre l'avenue. Il se détourna, se promettant d'entrer par la petite porte du parc. Le bruit des pas d'un cheval au galop lui fit tourner la tête; il reconnut le jeune médecin.

« C'est étonnant! dit-il en se baissant pour ne pas être aperçu, que vient donc faire ici M. Martineau? »

Il s'arrêta dans une chenevière.

Le jeune médecin arriva très-bruyamment au perron, remit la bride aux mains d'un domestique et monta l'escalier d'un air assez dégagé.

« Voulez-vous annoncer le docteur Martineau, » dit-il à une femme de chambre qui vint à sa rencontre par curiosité.

On ne tarda pas à le recevoir. Il entra dans un grand

salon d'un aspect assez triste, d'un ameublement un peu
suranné. Une jeune femme, d'une beauté attrayante, se
souleva dans son fauteuil et le salua d'un air aimable.

« Hé bien! docteur, quoi de nouveau dans le canton?
Êtes-vous content des malades? »

Gustave Martineau s'inclina une seconde fois, et, s'imaginant que le temps était bien choisi, il déclara sans façon à la maîtresse du logis qu'il venait lui demander sa main.

La jeune femme fut surprise de cette impertinence.

« Il s'imagine, pensa-t-elle, qu'il est encore étudiant et qu'il parle à sa voisine du quartier latin. »

Elle ne voulut pas le mettre à la porte, tout offensée qu'elle fût. Elle se contenta de lui répondre qu'elle était résolue à demeurer fidèle à la mémoire de son mari. Elle fit cette réponse avec un dédain si digne que, malgré toute sa présomption d'homme à bonnes fortunes, le docteur Gustave Martineau jugea qu'il avait perdu son temps ; ne sachant plus quoi dire, il prit bravement son parti : il se leva, salua et s'en alla comme il était venu.

La maîtresse du château était veuve depuis près de deux ans, quoiqu'elle fût très-jeune encore. Après quelques mois de mariage elle avait perdu son mari, un vieil oncle qui lui avait laissé une fortune assez considérable. Quoique ayant presque toujours vécu en Normandie, elle avait, outre sa beauté, la grâce d'une parisienne, avec plus de naïveté. Tout le monde vantait, à dix lieues à la ronde, la belle madame de Thierny.

Depuis la mort de son mari elle habitait le château de l'Écluse, n'ayant d'autre compagnie que celle de sa grand'mère. Elle vivait simplement, donnant aux pauvres plus que les miettes de sa table. Pour toute distraction elle lisait des romans, allait à la messe, recevait quelques visites ennuyeuses. Son seul plaisir était une promenade solitaire dans les bois du château. Là, elle se créait un nouveau monde, où s'égaraient tous ses songes de vingt ans.

Il faut l'avouer, elle aimait surtout la promenade dans les bois depuis qu'un soir elle avait rencontré un jeune chasseur qui rêvait, les cheveux au vent, son fusil à ses pieds, le regard perdu à l'horizon. Vous avez reconnu le sauvage Paul Dumarsais. Grâce au chien du chasseur, elle avait pu parler au jeune homme. Lui-même, sous prétexte que son père tenait à ferme quelques arpents de terre dépendant de la succession de M. de Thierny, il était entré quelquefois au château. Un jour entre autres qu'il signait un nouveau bail avec la jeune veuve, elle lui avait dit : « Ce n'est pas le dernier bail que nous signons ensemble. »

Comme ils avaient tous deux l'esprit du cœur, l'esprit de la jeunesse, ils étaient arrivés bien vite à s'entendre sans trop se demander où les conduirait le plaisir de se voir et de se parler. Un jour madame de Thierny crut s'apercevoir qu'il lui manquait je ne sais quelle quiétude de cœur si douce pour ceux qui n'aiment pas. Elle eut beau en chercher la cause, elle ne la trouva point, ou plutôt elle ne voulut point s'avouer la vérité. Pour échapper à ce malaise qui avait bien des charmes inconnus, elle résolut de passer l'hiver à Paris, où elle n'était jamais restée plus d'une semaine. Sa résolution causa une grande surprise dans le pays. Elle avait des prétendants en grand nombre; ce fut une panique soudaine dans tous les cœurs du canton.

Dès que la nouvelle du départ fut annoncée officiellement, tous les soupirants se mirent en campagne. Le jeune docteur, Gustave Martineau, un des premiers avertis, fut, on l'a vu, un des premiers à se faire éconduire ; il n'en était guère venu que trois ou quatre la veille qui avaient subi la même réponse. Cette procession d'épouseurs finissait par amuser madame de Thierny, d'autant plus qu'elle devait partir le lendemain.

Cependant Paul Dumarsais était toujours à quelques pas de l'avenue, dans la chenevière, abrité par une haie de sureau.

Ce ne fut pas sans plaisir qu'il vit le docteur Martineau revenir bientôt sur ses pas penchant la tête comme un soldat vaincu.

« Qui sait, murmura-t-il en s'excitant, qui sait, si après la visite ennuyeuse du docteur Martineau, ce n'est pas pour moi la bonne heure de me présenter ? »

Il allait se lever quand il vit déboucher à la lisière du bois M. Franz Larivière.

« Cette fois, dit le chasseur, je suis perdu. »

Il savait que Franz Larivière était un homme à la mode auprès des femmes. On peut le peindre en quelques traits. Franz Larivière avait quinze mille livres de rentes; il montait à cheval et fumait comme un Arabe. Il portait fièrement sa moustache rousse, racontait lestement une histoire, remettait toujours au lendemain le jour de la sagesse; en un mot, c'était un garçon charmant et spirituel.

Franz Larivière fit caracoler son cheval avec toutes les grâces imaginables dans la vaste avenue, à peu près sûr d'être en spectacle.

« Ah! murmura le sauvage Paul Dumarsais en portant la main sur son fusil, peut-être sans savoir ce qu'il disait ni ce qu'il faisait, si jamais il est assez heureux pour être bien accueilli, je lui ferai payer cher son bonheur. »

Franz Larivière était entré au château. Son but, comme celui des autres, était d'épouser madame de Thierny, comptant sur les vingt-cinq mille livres de revenus en biens-fonds de la jeune veuve pour mettre désormais sa vie sur un bon pied.

« D'ailleurs, disait-il, comme pour se consoler déjà des ennuis du mariage, outre ses revenus, madame de Thierny a encore des qualités dignes de contenter un galant homme comme moi. »

Il se présenta devant madame de Thierny avec sa bonne grâce accoutumée. Il l'avait rencontrée à diverses reprises dans un château voisin. Elle l'accueillit par un sourire charmant.

« Madame, je suis bien heureux que la fantaisie vous prenne enfin de passer la mauvaise saison à Paris. C'est une bonne idée; tous les triomphes vous y attendent; je serai bien fier et bien heureux de me trouver dans la foule qui se pressera sur vos pas. »

Franz Larivière continua ainsi durant un quart d'heure. Toute raisonnable qu'elle fût, madame de Thierny se laissa bien un peu prendre à toutes ces jolies paroles. Elle était femme, et toutes sont ainsi faites; la plus raisonnable a bien de la peine à ne pas s'admirer dans le miroir de l'oiseleur.

Franz Larivière n'eut garde de tomber dans la niaiserie des autres; il ne dit pas qu'il se voulait marier, il confessa qu'il aimait. Il répéta qu'il serait bien heureux, à son retour à Paris, de rencontrer çà et là, aux Italiens, à la promenade, au concert, au bal, partout où s'épanouit le monde à la mode, cette charmante et gracieuse beauté qui lui avait souri, comme une image enchantée, dans tous les paysages de Normandie. Il parlait avec tant d'esprit que la jeune veuve l'écouta sans s'apercevoir qu'elle aurait dû ne pas l'entendre.

Il partit très-content d'elle et de lui. Selon l'habitude de la campagne, elle le conduisit sur le perron, ce qu'elle n'avait fait pour aucun des soupirants. Il s'inclina et lui dit adieu par le plus tendre regard. Pendant le trouble que causa ce regard à madame de Thierny, il lui saisit la main et y appuya ses lèvres avec un air si suppliant qu'elle ne trouva rien à dire contre cette témérité.

Il monta à cheval et s'envola dans l'avenue.

Madame de Thierny demeura sur le perron surprise et rêveuse, séduite d'avance par toutes les joies bruyantes de Paris. Elle craignit d'autres visites et demanda son ombrelle.

Dieu donnait à la terre une de ces belles, sereines et mélancoliques journées d'automne où la nature déploie toute sa splendide poésie. La jeune veuve s'avança dans l'avenue sans se demander où elle allait. Il fallait qu'elle marchât pour mieux rêver, qu'importait le chemin.

Cependant, sans y penser sans doute, elle prit un petit sentier bordé d'épines et de sureaux qui conduisait vers une prairie solitaire, presque au milieu du bois, au lieu dit *la Fontaine aux Loups,* où elle avait vingt fois rencontré le jeune chasseur.

Tout à coup elle aperçut Paul Dumarsais de l'autre côté de la haie, à quelques pas devant elle.

« Ah! c'est vous! » dit-elle aussitôt.

Il ne l'avait pas vue s'avancer. Il se leva et chercha un passage dans la haie. Son beau chien s'élança par-dessus et vint caresser madame de Thierny. Elle le caressa elle-même tout en se défendant de sa trop vive amitié. Paul Dumarsais arriva devant elle.

« Que faites-vous donc là dans cette chenevière?

— Moi, répondit-il tristement, je suis venu comme les autres... je suis venu... pour vous dire... adieu. »

Un silence suivit ces paroles dites avec amertume et avec trouble.

« Car, reprit le chasseur, vous partez demain avant midi, et je ne vous... verrai plus... jamais.

— Allez, j'aime trop mon pays pour n'y pas revenir. Mais pourquoi n'y venez-vous pas vous-même à Paris?

— A Paris, madame! moi, à Paris! qu'y ferai-je? Je ne suis pas né pour ce pays-là. Vivre ici... y mourir, ajouta-t-il en baissant les yeux, voilà mon lot.

— Vous êtes un enfant: il faut marcher avec le siècle, il faut allumer son âme au foyer des belles intelligences. Vous chassez comme un sauvage, c'est à merveille; mais toute la vie n'est pas là.

— Non, toute la vie n'est plus là pour moi, je ne le sais que trop.

— Songez qu'il y a toujours de la place au soleil pour les esprits comme le vôtre.

— Non, madame, il ne reste pas une place à prendre, pas une seule pour les esprits comme le mien. »

Le chasseur leva les yeux sur madame de Thierny.

« Vous ne savez pas ce que vous dites, » murmura-t-elle en rougissant.

A peine avait-elle prononcé ces paroles, que la femme de chambre vint lui annoncer l'arrivée d'un cousin, conseiller à la cour de Rouen. Comme il était entré par la ferme, elle n'avait pu le voir passer.

« En voilà encore un, dit le chasseur avec un léger sourire.

— Oh! pour celui-là, dit-elle... Et s'interrompant : Adieu donc! poursuivit-elle en tendant la main à Paul Dumarsais. Vous êtes bien aimable d'être venu me dire adieu. Croyez-moi, ne restez pas davantage à la ferme, où vous ne faites rien.

— Soyez tranquille, dit-il en cachant sa douleur, je partirai... »

Il la suivit des yeux jusque sous le vieux portail du château.

« C'est fini! murmura-t-il en s'éloignant. Adieu donc! »

Il entra dans le bois et marcha à grands pas ; il s'arrêta bientôt à la *Fontaine aux Loups.*

« C'est là que j'ai espéré, » dit-il en jetant un regard d'ami sur les arbres qui l'entouraient.

Il chargea lentement son fusil ; après quoi il pencha sa tête pensive. Tout à coup un petit pâtre de la ferme, qui l'avait suivi, tout surpris de son air farouche, entendit le bruit d'une détonation ; il écarta les branches et vit tomber le chasseur. Dans son effroi, il n'osa s'approcher et courut à la ferme raconter cet événement.

Madame de Thierny se promenait dans le parc avec sa grand'mère et le conseiller. Le chien de Paul Dumarsais vint soudain se jeter à ses pieds en hurlant.

« Mon Dieu! » dit-elle glacée d'épouvante.

Le chien était couvert de sang. Elle chancela et s'appuya contre un arbre de l'allée. Le chien hurlait toujours; jamais elle n'avait entendu de pareils cris de douleur. Il retourna sur ses pas. Elle voulut le suivre, malgré les prières de sa grand'mère, qui avait cru comprendre. Quand le chien s'aperçut qu'elle le suivait, il ralentit sa course comme pour la conduire.

Madame de Thierny, soutenue par le conseiller, arriva bientôt près du chasseur. Elle pensa que là, un soir d'août, pendant que les moissonneurs chantaient dans les blés, il lui avait lu *Paul et Virginie*. Elle avança : dès qu'elle vit Paul Dumarsais gisant sur l'herbe, elle courut vers lui comme une folle, se jeta à genoux, et, n'osant regarder la figure douce, fière et pensive qu'elle avait aimée à son insu, elle prit la main de Paul Dumarsais et tomba évanouie.

Elle n'alla point à Paris. Elle a passé l'hiver à pleurer et à se promener dans les bois avec le chien du chasseur.

J'ai connu Paul Dumarsais : sa mort ne m'a point surpris. Je connais madame de Thierny : elle a été sérieusement veuve depuis le dernier automne.

# UN ROMAN

## SUR LES BORDS DU LIGNON.

I.

En 1672, madame Deshoulières, déjà surnommée la dixième Muse, quitta avec ses deux filles *les prés fleuris des bords de la Seine* pour aller, disait-elle, rejoindre M. Deshoulières. M. Deshoulières était en Guyenne, présidant aux fortifications sous les ordres de Louvois; madame Deshoulières alla en Dauphiné. Aussi, durant trois belles années, ils firent très-bon ménage. Madame Deshoulières était célèbre par sa beauté comme par son esprit. Avec ses trente-huit ans, elle était jeune encore par la grâce et par le cœur. Elle laissait sur son chemin des Céladons sans nombre; mais, heureusement pour M. Deshoulières, tout finissait par des moutons.

Mesdemoiselles Deshoulières, Madeleine et Bribri, étaient de jolies filles de dix-sept à dix-huit ans, bercées dans les innocentes bergeries de leur mère; elles croyaient à toute la poésie que les rimes bucoliques accordent à la campagne; elles s'imaginaient voir dans leur voyage des pasteurs couronnés de roses et jouant de la cornemuse, des danses de bergères et de naïades sur les verdoyants rivages. Elles débarquèrent toutes les trois sur les bords du Lignon, en avril, au château de madame d'Urtis. La saison, quoique un peu pluvieuse, avait des matinées magnifiques. Aussi nos voyageuses se levaient de bonne heure pour fouler ce gazon encore ému des pas d'Astrée, cette source limpide, miroir de la bergère, ces bocages tout retentissants des plaintes de Céladon. Durant une des premières promenades, Madeleine Deshoulières, impatiente de voir quelqu'une des idylles rimées par sa mère, lui demanda ingénument si elles ne rencontreraient pas une seule bergère sur les rives du Lignon. Madame Deshoulières voyait depuis un instant un pâtre et une vachère qui jouaient au jeu divertissant du pied de bœuf; elle cherchait à peindre ce joli tableau : aussi répondit-elle à Madeleine par des vers.

« On a bien raison de dire, murmura Madeleine, que les tableaux de la nature sont plus beaux dans le lointain. Est-il jamais croyable que c'est là une bergère, une bergère du Lignon ? »

La vachère était tout simplement une pauvre petite paysanne mal peignée et mal tournée, avec des mains fabuleusement épâtées, des yeux clignotants, une bouche sans fin. Le berger était digne de répondre à la bergère; pourtant il y avait sur sa figure rondelette je ne sais quoi de naïf et d'heureux, la bêtise épanouie, qui faisait plaisir à des yeux parisiens. Madame Deshoulières, qui voyait toujours par le prisme d'Honoré d'Urfé, poursuivait poétiquement son tableau.

« Le métier que vous faites-là est bien gentil, n'est-ce pas, mon enfant ? dit Madeleine à la petite paysanne.

— Oh! que nenni, ma belle demoiselle : je ne gagne pas l'eau que je bois; et puis, le soir, j'ai encore des coups de bâton par-dessus le marché.

— Et vous? reprit Madeleine en se tournant vers le pâtre, qui s'éloignait tout rougissant.

— Pour moi, dit-il en bégayant un peu, c'est une autre affaire : je suis nourri et logé, mais je mange du pain noir et je couche à la belle étoile.

— Il n'est pas trop bête, dit Bribri. Où sont donc les moutons?

— Il n'y a plus de troupeau, dit le jeune pâtre.

— Quoi! dit Madeleine avec dépit et avec chagrin, je ne verrai pas les jolis agneaux bêlant et bondissant sur les rives du Lignon? O Céladon, que va dire ton ombre? »

En sa qualité de poète bucolique, madame Deshoulières se gardait bien de regarder et d'entendre. Elle ne voyait que les amours d'Astrée; elle n'entendait que les chansons du vieux roman.

De retour au château, Madeleine et Bribri se plaignirent de n'avoir pas vu de troupeau ni de bergère.

« Est-ce que vous y tenez? dit madame d'Urtis en souriant.

— Beaucoup, dit Bribri; nous espérions vivre ici de la vie des bergères; j'ai apporté tout l'attirail champêtre.

— Moi, dit Madeleine, j'ai là vingt aunes de ruban rose et vingt aunes de ruban bleu pour orner ma houlette et mes brebis.

— Eh bien! mes belles blondes, il y a une douzaine de moutons broutant au bout du parc : prenez avec eux la clef des champs, allez les conduire sous les aunes du grand parc. »

Madeleine et Bribri bondirent de joie pendant que leur mère cherchait péniblement une rime, sans songer à l'églogue qui se préparait. Elles prirent à peine le temps de déjeuner. « Elles s'attifèrent coquettement, écrivait madame Deshoulières à Mascaron; elles coupèrent elles-mêmes une houlette dans le parc; elles l'enjolivèrent de rubans. Madeleine fut pour le ruban bleu, Bribri pour le ruban rose. Oh! les gentilles bergerettes! Elles passèrent plus d'une heure à chercher un nom qui leur plût; enfin, Madeleine fut pour Amaranthe, Bribri pour Daphné. C'est un nouveau baptême où l'on s'est bien passé de vous. Je viens de les voir au travers des arbres, qui glissaient légèrement le long du ruisseau d'amour. Pauvres bergerettes, prenez bien garde aux loups. »

Ainsi donc, dès l'après-midi du jour même, Madeleine et Bribri, c'est-à-dire Amaranthe et Daphné, en jupe de soie grise, en corset de satin, cheveux bouclés à l'aventure, houlette à la main, conduisaient dans les prés les douze moutons du château d'Urtis. Le troupeau, qui avait grand'-faim ce jour-là, fut très-capricieux et très-indocile. Les deux bergères prenaient toutes les peines du monde pour le borner dans le bon chemin : c'était un charmant concert de cris argentins, de clairs éclats de rire, de bêlements et de chansons. Les heureuses filles! elles respiraient le bonheur dans l'âme de la nature. Elles couraient follement, elles se jetaient sur l'herbe parfumée, elles se regardaient dans les eaux limpides du Lignon, elles cueillaient les primevères à pleines mains. Le troupeau n'y perdait rien : de temps en temps le plus rusé mouton, se voyant gardé par de si folâtres bergères, s'en donnait à belles dents à quelque blé du voisinage. « C'est à toi, celui-là, disait Amaranthe. — C'est à toi, disait Daphné. » Elles convinrent de faire le partage, d'orner les uns de colliers bleus et les autres de colliers roses. Chaque bête eut son nom : Mélibée, Jeannot, Robin, Blanchette, et ainsi des autres.

Au coucher du soleil, les bergères ramenèrent leur petit troupeau en passant par l'abreuvoir; madame Deshoulières pleurait de joie.

« Ah! mes chères filles, dit-elle en les baisant sur le front, c'est vous qui avez fait une églogue, et non pas moi.

— En vérité, dit madame d'Urtis en s'asseyant sous les saules de l'abreuvoir, il ne manque rien au tableau.

— Il y manque un chien, dit Daphné.

— Il y manque plutôt un loup, » murmura la belle Amaranthe en rougissant.

II.

Non loin du château d'Urtis, le vieux manoir de Langevy élevait ses tourelles aiguës au-dessus des petits bosquets environnants. Là vivaient très-retirés du monde M. de Langevy, sa vieille mère et son jeune fils. M. de Langevy avait lutté contre tous les orages et tous les contretemps de la vie humaine ; il se reposait dans le silence de la solitude, regrettant sa femme et sa jeunesse, sa vaillante épée et ses aventures. Son fils, Hector Henri de Langevy, avait étudié chez les jésuites à Lyon jusqu'à dix-huit ans; accoutumé aux caresses de sa grand'mère, il était revenu depuis trois à quatre ans, résolu de vivre dans sa famille, sans souci des gloires guerrières qui avaient enivré son père. M. de Langevy, tout en condamnant cette façon de vivre qu'il jugeait mauvaise pour la jeunesse, laissait Hector libre; seulement il l'obligeait à chasser, voulant, disait-il, que son descendant ne perdît pas toutes les prérogatives de la guerre. La chasse n'amusait pas trop Hector; passe encore s'il avait pu chasser sans ce lourd fusil de son aïeul qui lui faisait peur, mais qui ne faisait pas peur au gibier. Ce terrible chasseur, après six mois de promenade, ne pouvait encore sans trembler entendre le battement d'ailes des perdrix. N'allez pas croire qu'Hector perdît son temps : il s'égarait dans les fraîches et souriantes rêveries, il voyait déjà à l'horizon poindre l'aurore de l'amour. Il était aux beaux jours de cet âge d'or où le cœur ne frémit encore qu'à l'espérance, où l'âme, plus ravie qu'enivrée, s'en va voltigeant, comme l'abeille qui butine, de la fleur à l'étoile, de l'ombrage au rayon, de la fontaine qui murmure à la colombe qui roucoule, du bosquet qui chante à la femme qui soupire; seulement Hector cherchait encore en vain la femme qui soupire dans les allées presque désertes du Forez. Au château de Langevy il n'y avait qu'une gouvernante hors d'âge et une servante joufflue indigne d'un cœur qui s'ouvre sur les bords du Lignon. Il comptait beaucoup sur une jeune cousine parisienne qui devait passer la belle saison chez son père. En attendant, il se promenait le fusil sur l'épaule, heureux d'espérer, heureux du printemps, heureux de rien, comme le sont, à certains beaux jours de la jeunesse, les pauvres créatures du bon Dieu.

Vous devinez ce qui arriva. Un jour qu'il se promenait lentement suivant sa coutume, perdu dans son monde imaginaire, il faillit à tomber dans le Lignon. A force d'aller toujours droit devant lui, sans souci des haies et des barrières, il se trouva sans y penser au-dessus du ruisseau, le pied levé pour avancer encore. Il demeura ainsi troublé, la bouche béante, durant quelques secondes. De l'autre côté du Lignon, dans les prés du château d'Urtis, il avait vu soudain, comme par enchantement, nos deux charmantes bergères qui le regardaient à la dérobée. Il rougit jusqu'aux oreilles tout en se demandant s'il devait avancer ou rebrousser chemin. S'en aller, c'était bien maladroit; pourtant il ne pouvait pas, pour sauver son honneur, se jeter à l'eau. Et d'ailleurs, une fois de l'autre côté, oserait-il s'approcher plus près des deux bergères ? Sans doute il prit le parti le plus sage : il s'assit dans les roseaux, déposa son fusil et regarda paître les moutons. A vingt ans, l'amour va vite comme une flèche; Hector se sentit soudain éperdument épris d'une des bergères. Il ne savait pas laquelle, mais qu'importe, il était amoureux. S'il avait eu vingt ans de plus, il les eût adorées toutes les deux du même coup ; c'eût été presque aussi sage.

Cependant Amaranthe et Daphné avaient rougi à leur tour de la demi-rencontre ; elles penchaient la tête avec une langueur attrayante, elles ne disaient plus rien. Enfin Amaranthe, plus folâtre et plus rieuse, reprit son babil et sa gaieté.

« Vois-tu, Bribri, c'est-à-dire Daphné, c'est un dieu de la fable ; c'est Narcisse qui regarde son image.

— Dis plutôt que c'est ton image qu'il regarde, dit Daphné en rougissant encore.

— C'est Pan qui soupire dans les roseaux en attendant que tu te métamorphoses en flûte, ma pauvre Daphné.

— Vous vous trompez, ma sœur, c'est Endymion qui poursuit la bergère Amaranthe.

— Du train dont il y va, il la poursuivra longtemps. S'il n'était pas si rustique, il serait bien gentil avec ses longs cheveux bruns ; sais-tu qu'il y a près d'une heure qu'il est là ! il va prendre racine comme les hamadryades.

— Le pauvre garçon ! murmura Daphné d'un air naïf ; il a l'air de bien s'ennuyer là-bas tout seul.

— Il va venir nous voir, c'est bien simple ; nous lui donnerons une houlette et un chapeau de fleurs.

— C'est vrai, il nous faut un berger, dit Daphné avec un charmant sourire d'innocence. Oh non ! reprit-elle aussitôt par jalousie ; c'est bien heureux en vérité qu'il passe une rivière entre nous.

— J'espère bien qu'il finira par trouver un pont *per passa lou riou d'amor.* »

Or, à cet instant plus que jamais, Hector songeait *à passer le ruisseau d'amour ;* il respirait avec un charme jusque-là inconnu les parfums enivrants de la violette et de la primevère, des roseaux et des herbes humides. Tout en cherchant des yeux un passage quelconque, il vit un vieux saule à demi renversé sur le ruisseau : avec un peu de hardiesse et d'agilité, c'était un pont agréable et poétique. Hector voulut s'y hasarder : il se leva avec résolution ; il alla droit au saule sans broncher ; arrivé-là, il ne put s'empêcher de songer qu'en cet endroit et à cette saison le ruisseau était assez profond. Enfin il grimpa au tronc, se glissa au bout d'une branche inclinée et se jeta avec assez de bonheur sur la prairie du château d'Urtis. Il n'avait qu'un chemin à suivre, c'était d'aller sans détour vers les bergères de la prairie. Il avança bravement, étourdissant de son mieux sa timidité enfantine. Il aborda le premier mouton du troupeau par des caresses insidieuses. Après quoi, ne se trouvant plus qu'à quelques pas d'Amaranthe, il s'inclina avec un sourire inquiet.

« Mademoiselle... »

Il fut soudainement interrompu par une petite voix claire et mignarde.

— Il n'y a point de mademoiselle ici, il y a la bergère Daphné et la bergère Amaranthe. »

Hector, qui avait une galanterie sur les lèvres pour la belle demoiselle qui gardait les moutons, ne sut plus trop que dire à la bergère. Il s'inclina une seconde fois.

« Belle Amaranthe et belle Daphné, daignez permettre à un humble mortel de fouler le gazon de vos prés.

— Cela n'est pas trop mal trouvé, » murmura la railleuse Amaranthe avec un sourire moqueur.

Daphné, plus charitable et plus touchée de la galanterie du chasseur, lui répondit en baissant la tête : « Oui, monsieur, il ne tient qu'à vous de fouler cette herbe en passant...

— Nous allons même vous faire les honneurs de chez nous, poursuivit Amaranthe ; nous offrons à votre seigneurie un siége de verdure.

— Je suis trop heureux de me jeter à vos pieds, » s'écria Hector en s'agenouillant à demi.

Mais il avait mal choisi la place; il brisa sous son genou la houlette de Daphné.

« Ah! mon Dieu, ma pauvre houlette! dit-elle avec un soupir.

— Je suis désolé, dit Hector; j'irai vous en couper une autre là-bas, dans la frênaie; mais celle-ci vous était chère sans doute; elle vous venait d'un berger peut-être. Que dis-je d'un berger! d'un prince plutôt, car vous-mêmes vous êtes des princesses ou des fées.

— Nous sommes simplement des bergères, reprit Amaranthe.

— Vous êtes simplement de belles dames de Paris prenant l'air de la campagne au château d'Urtis. Le ciel en soit loué! car, dans mes promenades au vallon, je vous verrai de loin si je n'ose vous voir de près; je vous verrai apparaître au travers des arbres comme des enchanteresses.

— Oui, nous sommes des Parisiennes, mais pour toujours retirées du monde et de ses bruits trompeurs. »

Amaranthe avait dit ces derniers mots en déclamant un peu.

« C'est s'y prendre de bonne heure, dit Hector en souriant; vous avez donc bien à vous plaindre du monde?

— C'est là notre secret, monsieur le chasseur. Mais vous, est-ce que vous vivez aussi en jeune ermite?

— Moi, belle Amaranthe, j'ai toujours rêvé avec délices la vie heureuse des bergers, mais j'avoue que je ne croyais plus aux jolies bergères. Puisque je vous ai rencontrées, je vais retomber plus avant dans la joie de mes rêves. Ah! que ne puis-je garder avec vous les moutons! »

Les deux jeunes filles ne savaient d'abord que répondre; le loup allait un peu vite à la bergerie. Daphné prit enfin la parole:

« Notre troupeau est bien petit, et il est déjà bien assez mal gardé comme cela.

— Quel bonheur pour moi de devenir Daphnis, de vous chanter un lai d'amour ou un chant de mai, de vous cueillir des bouquets et de vous tresser des couronnes !

— N'en parlons plus, dit Amaranthe un peu inquiète de l'ardeur soudaine de Daphnis ; voilà le soleil qui se couche, nous allons retourner au parc. Adieu, monsieur, ajouta-t-elle en se levant pour partir.

— Adieu, Daphnis, » murmura la tendre Daphné tout émue.

Hector n'osa pas les suivre, il demeura plus d'un quart d'heure debout dans la prairie, le regard fixé sur elles d'abord, ensuite sur la porte du parc d'Urtis. Son cœur battait violemment, toute son âme fuyait sur les traces des bergères. « Adieu, Daphnis, m'a dit Daphné ; j'entends encore cet adieu si doux. Qu'elle est jolie ! qu'elles sont jolies ! Amaranthe a plus de grâce, mais Daphné est plus touchante. Les beaux yeux ! les blanches mains ! Le doux sourire ! Et ce charmant costume si simple et si coquet ! ce blanc corset que je n'osais regarder ! cette jupe de soie qui ne pouvait cacher le bout de ces jolis pieds mignons ! C'est Diane, c'est Vénus, c'est un enchantement, j'en deviendrai fou. Ah ! ma cousine, vous auriez dû venir plus tôt ! »

Le soleil s'était couché dans un lit de nuages de pourpre ; le rossignol jetait sa note perlée ; le feuillage de mai était tout frémissant aux brises printanières qui répandaient les parfums enivrants de la prairie ; près de rentrer à sa ruche, l'abeille bourdonnait plus joyeuse ; la cigale dansait aux premières chansons nocturnes du grillon. Au fond de la vallée, le petit pâtre mêlait sa voix fraîche au concert rustique ; les raines jetaient leurs accents mélancoliques sur les rives du Lignon, qui racontait doucement, sous le mystère des roseaux, les plaintes de Céladon et les soupirs d'Astrée. Ce n'étaient que chansons, frémissements, parfums secoués, hymnes amoureuses. Hector n'avait pas assez de place dans son cœur pour toutes ces joies de la nature. « Demain, dit-il en baisant la houlette brisée de Daphné, demain je reviendrai. »

### III.

Le lendemain, Hector erra, dans la matinée, le long des rives du Lignon, ayant en main une houlette fraîchement coupée. Il regardait à chaque instant vers la porte du parc d'Urtis, espérant y voir apparaître les gracieuses images de la veille. Enfin, vers midi, un agneau, s'élançant de cette porte, bondit gaiement dans la prairie; les onze autres bêtes de la bergerie le suivirent d'un même bond, aux éclats de rire argentins d'Amaranthe. Daphné ne riait pas. Dès qu'elle eut mis un pied sur le seuil, elle regarda à la dérobée vers le ruisseau : « Je l'avais deviné, murmura-t-elle, Daphnis est revenu. » Or, Daphnis, ne pouvant contraindre sa joie, allait déjà au-devant des deux bergères, lorsqu'il fut subitement arrêté dans sa route par madame Deshoulières et madame d'Urtis. En rentrant la veille, Amaranthe avait, au grand dépit de Daphné, raconté mot à mot comment un jeune chasseur était venu, non pas en chasseur qui demande son chemin, mais en chasseur qui veut faire son chemin dans les cœurs. Madame d'Urtis n'avait pas douté que ce ne fût le jeune de Langevy. Amaranthe ayant ajouté qu'elle était bien sûre, malgré ce que pouvait dire Daphné, qu'il reviendrait le lendemain, tout le monde voulut être de la partie. Hector eût bien voulu s'en aller; deux femmes, passe encore, mais quatre! Pourtant il tint bon, il attendit de pied ferme et salua les dames en garçon assez résolu. On lui rendit trois gracieux saluts; Daphné seule passa sans s'incliner, ce qui lui sembla d'un bon augure. Ne sachant trop comment engager la conversation, perdant d'ailleurs un peu la tête, il hasarda d'offrir sa houlette à Daphné. N'ayant pas de houlette ni de raisons pour refuser, elle la prit d'une main tremblante tout en regardant madame Deshoulières.

« J'ai cassé hier la vôtre, charmante Daphné; mais pourtant elle n'est pas perdue, j'en ferai des reliques précieuses.

— Monsieur de Langevy, dit madame d'Urtis d'un air aimable, puisque vous faites tant que de garder les moutons avec ces demoiselles, venez donc avec elles, dans une heure, goûter au château.

— J'irai partout où vous voudrez que j'aille, dit étourdiment Hector.

— C'est bien entendu, reprit madame d'Urtis; je retourne tout de suite faire battre le beurre et tamiser le fromage : un goûter des plus simples, mais un goûter d'amis.

— En un mot, un goûter de bergères, dit madame Deshoulières. »

Daphné s'était éloignée lentement, pressant, sans y penser, la houlette contre son cœur; elle alla jusque sur la rive, entraînée par je ne sais quel vague sentiment mystérieux qui voulait de la solitude. Un jeune agneau, le plus gentil et le plus blanc du troupeau, déjà accoutumé à ses douces caresses, l'avait suivie comme un chien fidèle; elle glissa la main sur cet agneau tout en se retournant vers sa mère. Elle vit avec une certaine surprise madame Deshoulières et Hector devisant ensemble comme d'anciens amis, pendant que madame d'Urtis et Amaranthe se poursuivaient comme deux folles vers le parc. Elle s'assit sur l'herbe fraîche de la rive, vis-à-vis des roseaux où elle avait vu Hector la veille. Se voyant bien seule au moins pour une minute, elle osa regarder la houlette. C'était un jet de frêne d'une belle venue, enjolivé d'un bouquet rustique et d'un nœud de rubans assez mal fait. Comme

Daphné voulut y retoucher, elle entrevit avec effroi un billet caché dans le bouquet. Que faire de ce billet? le lire? Mais c'était dangereux, son confesseur ne prescrivait pas cela, sa mère était là qui pouvait la surprendre. Ne pas le lire, c'était bien plus simple; ne savait-elle pas à peu près ce que disait ce billet? D'ailleurs, à quoi bon le savoir? Ne pas le lire, c'était donc bien plus sage : vous devinez bien qu'elle le lut; vous auriez fait comme elle, madame. Ce n'était pas un vulgaire billet en prose, voyez plutôt :

### A LA BERGÈRE DAPHNÉ.

Le plus beau jour du mois de mai
Fut le plus heureux de ma vie;
Le beau dessein que je formai
Le plus beau jour du mois de mai!
Je vous vis et je vous aimai :
Si cet amour fut votre envie,
Le plus beau jour du mois de mai
Fut le plus beau jour de ma vie.

Le berger DAPHNIS.

Certes Daphné n'eût point pardonné à Hector s'il lui eût écrit en prose, mais en vers, ce n'était plus qu'une licence poétique. Bien loin de déchirer et de jeter le billet, elle le plia et le glissa doucement dans son joli corset de satin blanc, la plus douce chiffonnière d'une femme, disait Boufflers. Pour la première fois de sa vie, elle trouva un charme ineffable à voir couler les flots du ruisseau, qu'effleuraient les sautillantes moucherolles et les coquettes demoiselles. Bientôt, voyant tout d'un coup à deux pas les images de madame Deshoulières et d'Hector, elle devint toute pâle, comme une coupable surprise dans sa faute.

« Eh bien, ma fille, comme vous voilà pensive au bord de l'eau, oubliant vos moutons qui s'égarent! Monsieur de Langevy, vous qui lui avez donné une houlette, ramenez-la donc à ses moutons. Pour moi, je vais écrire une épître à mon évêque. »

Madame Deshoulières se promena sans trop s'éloigner, tout en marmottant du bout des lèvres :

> Des bords fameux du Lignon,
> Le moyen de vous écrire !
> L'air de ce pays inspire
> Je ne sais quoi de fripon,
> Depuis que feu Céladon,
> Pour la précieuse Astrée,
> L'âme de douleur outrée,
> Mit ses jours à l'abandon...

Madame Deshoulières n'était pas sévère avec l'amour, pourvu toutefois que l'amour eût les dehors galants et délicats comme à l'hôtel Rambouillet : ainsi elle rimait son épître sans inquiétude pour sa fille ; seulement elle lui disait un mot de temps en temps pour lui rappeler qu'elle était là. Daphné, qui répondait à peine à Hector, s'empressait de répondre longuement à sa mère ; il est vrai qu'elle ne savait pas ce qu'elle disait.

La bergère Daphné, ou plutôt Bribri Deshoulières, était, on l'a vu déjà, jolie, naïve et tendre ; jolie avec un caractère de douceur ineffable dans les traits, naïve comme le sont les jeunes filles, c'est-à-dire avec de petites malices diaboliques ; tendre avec ce doux sourire qui entr'ouvre le cœur en même temps que les lèvres. Ce qui frappait en elle au premier coup d'œil, c'était un léger voile de tristesse, pressentiment fatal qui la rendait plus touchante encore. Sa sœur était plus jolie peut-être, elle avait plus de roses épanouies sur les joues, plus de grâces séduisantes, plus d'aimables coquetteries ; mais, si les yeux étaient pour Amaranthe, le cœur était pour Daphné ; et, comme les yeux deviennent l'esclave du cœur, Daphné triomphait. Ainsi, Hector, dans sa fougue amoureuse, n'avait d'abord vu qu'Amaranthe, et pourtant, une fois loin des deux sœurs, il s'était surtout ressouvenu de Daphné.

## IV.

La cloche du château annonça le goûter : Hector offrit son bras à madame Deshoulières, Daphné appela ses moutons ; on rentra par le parc, où l'on rencontra madame d'Urtis et Amaranthe. La collation fut au goût de tout le monde par la gaieté et par les mets. Premier service : une omelette au jambon ; entrée : gâteaux et beurre frais ; second service : un magnifique fromage à la crème ; dessert : meringues et confitures. Je prends tous ces détails dans la correspondance de madame Deshoulières ; que ceux qui n'ont jamais goûté me pardonnent.

A la nuit tombante, Hector quitta la compagnie avec bien des regrets ; mais il n'avait pas de temps à perdre, même en si bonne compagnie : il avait deux lieues à faire sans clair de lune et par des chemins de traverse encore sillonnés des grandes pluies de l'équinoxe.

Le lendemain, Hector revenait au château d'Urtis en passant par la prairie : quand il fut près du saule qui servait de pont au ruisseau, il s'étonna de ne voir dans les prés ni les bergères ni le troupeau. Il passa le pont tout en songeant que c'était d'un mauvais augure ; mais à peine fut-il sur l'autre rive, qu'il entrevit tout au bout du pré quelques moutons éparpillés. Il alla rapidement de leur côté, assez inquiet de ne voir ni Amaranthe ni Daphné ; en s'approchant, il vit bientôt sa bergère bien-aimée tristement penchée au-dessus du Lignon, qui, en cet endroit, tombait bruyamment en petites cascades. La tendre Daphné avait ceint de son joli bras le tronc d'un jeune saule en fleur, qui la retenait ainsi gracieusement au-dessus de la cascade, et qui l'abritait de son ombre odorante. Elle abandonnait son âme à ces rêveries nuageuses dont le fil mille fois renoué est l'œuvre de la joie qui espère et de la tristesse qui craint. Elle ne vit pas venir Hector ; à sa vue elle fut surprise comme au sortir d'un songe :

« Vous êtes seule ? » lui dit Hector en l'abordant.

Elle s'empressa de répondre que sa sœur allait venir la rejoindre. Les deux amoureux gardèrent le silence durant quelques secondes, se regardant à la dérobée, n'osant se rien dire, comme s'ils eussent eu peur du bruit de leurs paroles dans la solitude.

« Il me semble, dit Hector en tremblant, qu'il y a quelque idée triste qui court sur votre front.

— C'est vrai, répondit Daphné. Maman a reçu des nouvelles de M. Deshoulières ; il passera ces jours-ci par Avignon ; nous allons partir pour le voir à son passage.

— Partir ! s'écria Hector en pâlissant.

— Oui. Moi qui me trouvais si bien ici dans ces prés avec ces moutons que j'aime tant ! »

En parlant des moutons, Daphné regardait Hector.

« Qui vous empêche de rester ? Madame Deshoulières viendra vous reprendre plus tard.

— Plus tard ! mon chagrin serait encore plus grand. Je veux partir ou rester toujours. »

Sur cette parole, Hector se jeta à genoux, saisit les mains de Daphné, les baisa avec feu, et lui dit en levant vers elle des yeux humides d'amour : « Eh bien ! oui, toujours, toujours ! Vous savez, Daphné, je vous aime, je veux vous le dire toute ma vie. »

Daphné, entraînée par son cœur, laissait baiser ses mains sans songer à se défendre.

« Hélas ! je ne puis pas toujours garder les moutons. Que deviendra la pauvre bergère ?

— Ne suis-je pas votre berger ? ne suis-je pas Daphnis ? dit Hector avec plus d'ardeur ; confiez-vous à moi, à mon cœur, à mon âme : cette main-là ne quittera jamais la vôtre ; nous vivrons de la même vie, sous le même rayon et sous le même nuage, au désert ou dans un palais. Mais avec vous la première baraque venue ne sera-t-elle pas un palais ? Tenez, ma chère Daphné, il y a à une demi-lieue d'ici une chaumière, la Chaumière-des-Vignes, habitée par la sœur de ma nourrice, où nous pourrions vivre dans tout le charmant mystère de l'amour.

— Jamais ! jamais ! » s'écria Daphné.

Elle détacha ses mains des mains de son amant, elle s'éloigna de quelques pas et se mit à pleurer. Hector se traîna tout agenouillé jusqu'auprès de l'aunaie où elle venait de s'arrêter ; il parla d'amour avec feu, il supplia avec larmes ; il fut si éloquent que la pauvre Daphné, trop faible pour résister longtemps à ces secousses démoniaques et angéliques d'un premier amour, qui nous égarent et nous enivrent tous tant que nous sommes, lui dit toute pâle et tout éperdue :

« Eh bien ! oui, je me confie à vous et à Dieu. Il arrivera ce qu'il pourra ; mais est-ce ma faute si je vous aime ? »

Un tendre embrassement suivi ces paroles. Le soir était venu, le soleil, caché sous les nuages de l'horizon, n'avait plus qu'une lumière pâlissante ; le petit pâtre reconduisait les vaches et les dindons, dont le glou-glou troublait l'harmonie des bocages. Les moutons du château reprenaient peu à peu le chemin de l'abreuvoir.

« Voyez, dit Daphné en détournant ses cheveux éparpillés sur le front ; voyez mes pauvres moutons qui m'indiquent le chemin à suivre.

— Au contraire, dit Hector, les ingrats s'en vont paisiblement sans vous.

— Mais je suis effrayée ! comment tromper ainsi ma mère ? Elle en mourra de chagrin.

— Elle fera des vers, et tout sera dit.

— Je lui écrirai que, ne pouvant résister à mon cœur, je suis partie, sans l'avertir, pour le couvent de Sainte-Marie-Madeleine dont on parlait hier. »

Ainsi la blanche et pure Daphné, si candide et si naïve,

se trouvait tout d'un coup ingénieuse à mal faire, tant il est vrai qu'au fond du cœur le plus aimable il se trouve un petit grain de perversité.

« Oui, oui, répondit Hector, vous écrirez à madame Deshoulières que vous vous êtes réfugiée au couvent : elle partira pour Avignon ; nous resterons seuls sous ce beau ciel et dans ce beau pays, heureux comme l'oiseau qui chante, libres comme le vent de la montagne. »

Et, tout en disant cela, Hector entraînait Daphné. Ils étaient arrivés tout au bout du pré, devant un léger pont de planches couvertes de mousses et d'herbes flottantes. Daphné refusait de passer ; elle avait déjà des remords, elle pressentait qu'une fois le pont passé, c'en était fait de sa candeur. Pourtant elle passa. Mais que les femmes qui n'y ont point passé lui jettent la première pierre.

Après une demi-heure de marche, souvent interrompue pour un regard ou un baiser, ils arrivèrent devant la Chaumière-des-Vignes. La bonne vieille sarclait des pois dans son jardin ; elle avait confié la garde de sa maisonnette à un gros chat grisâtre qui sommeillait sur le seuil. Daphné regarda cette demeure avec amour : c'était une solitude agréable : on y arrivait par un petit sentier bordé de sureaux et tapissé d'herbes odorantes. On traversait un enclos parsemé de quelques magnifiques ceps de vigne grimpant au tronc du poirier et aux branches de l'ormeau. Le Lignon, par un détour gracieux, passait à deux pas de cet enclos.

« Au moins, dit Daphné, si je suis triste, j'irai répandre une larme dans mon cher ruisseau.

— Est-ce que vous trouverez le temps de pleurer ? dit Hector en lui pressant la main ; ici tous nos jours seront filés de soie. Voyez cette petite fenêtre à demi voilée par le lierre et la vigne vierge : c'est là que vous respirerez la vie tous les matins en vous éveillant ; voyez là-bas cette tonnelle si verdoyante : c'est là que tous les soirs nous parlerons du bonheur passé et du bonheur à venir. Notre vie sera belle et douce comme un rayon de soleil qui passe sur les roses. »

Ils étaient entrés dans la chaumière. Ce n'était rien moins qu'un palais ; mais, sous ces solives vermoulues, à l'abri de ces murs un peu déserts, en face de cet âtre des plus humbles, la pauvreté vous souriait gaiement avec sa simplicité primitive, tout en vous offrant un escabeau. Daphné se trouva du premier abord un peu dépaysée sur ces dalles nues, en respirant l'odeur rustique de l'âtre où bouillonnait le souper, du lavoir où s'égouttait le fromage, du bahut ou moisissait le pain bis ; mais, grâce à l'amour, qui a le don des métamorphoses, qui répand sur tout des rayons magiques, Daphné trouva à son gré la chaumière, les meubles et le parfum rustique.

La bonne vieille, revenant du jardin, fut bien surprise à la vue d'Hector et de Daphné.

« Quelle jolie sœur vous avez là, monsieur Hector !

— Écoutez, Babet, depuis le mariage de votre fille, la petite chambre du haut est à peu près déserte ; mademoiselle passera quelques jours dans cette chambre, mais vous n'en direz rien. C'est un mystère.

— A votre aise, monsieur Hector ; je serai bien heureuse de voir la chambre de ma fille si bien habitée. Le lit n'est pas trop mauvais, les draps sont en toile, mais ils sentent bien la lessive et la haie.

— Que voulez-vous? reprit Hector, tout le luxe est en dehors, c'est le bon Dieu qui en fait les frais.

— Vous allez souper avec moi, ma belle dame, reprit la vieille; mes plats sont en étain, mais il y a dans mes légumes et dans mes fruits je ne sais quoi venant de la bénédiction du ciel. »

Là-dessus, la bonne vieille Babet mit la table et servit

le souper. Hector dit tendrement adieu à Daphné, lui baisa vingt fois la main, et partit en promettant de revenir le lendemain au lever du soleil.

## V.

Daphné ne dormit guère dans sa petite chambre. Elle était inquiète, elle songeait à sa mère, elle s'effrayait de l'amour. Au point du jour, elle ouvrit la fenêtre ; en voyant les premiers feux de l'aurore, les arbres tout brillants de rosée, en écoutant l'oiseau matinal qui essayait sa gamme et sautillait gaiement de branche en branche, le coq de son hôtesse qui chantait bruyamment ses conquêtes de la veille, elle reprit un peu de sérénité dans le cœur ; son amour printanier et aventureux lui apparut avec de nouveaux attraits. Le chemin du pécheur est d'abord semé de roses, qui plus tard se fanent sous les larmes : Daphné n'était qu'au début du chemin.

Comme elle repoussait, en se moquant, ses mauvais songes de la nuit, elle vit tout d'un coup Hector dans la haie de vigne et d'aubépine.

« A la bonne heure, lui cria-t-elle, vous m'arrivez avec le soleil.

— Que vous êtes belle ce matin, Daphné ! » lui dit Hector avec un regard d'amour et un sourire enchanté.

Elle se regarda d'un air distrait, et, voyant qu'elle n'était qu'à demi vêtue, elle se jeta tout au fond du lit.

« Comment vais-je faire? dit-elle ; je ne puis pas toujours mettre une jupe de soie et un corset de satin. »

Elle s'habilla pourtant comme la veille, se confiant au sort pour le lendemain. Hector apportait de quoi écrire à madame Deshoulières. Daphné écrivit une touchante lettre d'adieu.

« C'est bien cela, dit Hector, j'ai là un paysan qui

s'acquittera du message; moi, je retournerai cet après-midi dans le pré d'Urtis, comme si de rien n'était; on ne se doutera jamais que je vous ai vue. Votre mère part ce soir, dites-vous : demain donc nous n'aurons plus rien à craindre. »

Les amoureux déjeunèrent en gai tête-à-tête dans la petite chambre. Daphné elle-même avait préparé le miel, les fruits et le fromage, elle-même avait été à la fontaine avec la cruche ébréchée de la chaumière.

« Vous voyez, monsieur, dit-elle en se mettant à table, que j'ai tous les talents d'une paysanne.

— Et toute la grâce d'une duchesse, » dit Hector.

A deux heures il alla vers le château d'Urtis; ne voyant, après avoir un peu attendu, personne dans le pré, il s'approcha du parc, il poussa la porte entr'ouverte, il suivit la grande allée jusqu'au perron du jardin : madame Deshoulières, l'ayant aperçu, vint au-devant de lui avec empressement.

« Ma fille, monsieur, dit-elle tout agitée; vous n'avez pas vu ma fille?

— J'espérais la voir ici, répondit Hector avec une surprise bien jouée.

— Elle est partie, monsieur, partie pour je ne sais plus quel couvent, partie comme une petite folle, déguisée en bergère. Oh! la vilaine fille! quelle mauvaise nuit nous avons passée! que de peines! que d'inquiétudes! que de larmes! et moi qui vais partir aussi sans pouvoir la suivre. »

Hector continua de jouer naïvement la surprise; il joua même la douleur, il offrit ses services, parla de courir après la fugitive; enfin, malgré toute sa pénétration habituelle, madame Deshoulières ne devina pas le moins du monde qu'Hector savait où était sa fille. Après avoir salué madame d'Urtis et Amaranthe, il partit en se flattant d'être un garçon qui promettait pour les manœuvres d'amour.

Il retourna auprès de Daphné, qui était redevenue triste; il la consola par le tableau d'un doux avenir. Le lendemain il vint un peu tard; il était plus pensif que de coutume, il embrassa sa gentille bergère avec quelque contrainte.

« Savez-vous, lui dit-elle, que vous n'êtes pas trop galant? Un berger bien appris et bien amoureux éveillerait tous les matins sa bergère au son de la musette. Il cueillerait pendant la rosée des bouquets et des fruits plein sa panetière; il graverait sur l'écorce de l'arbre qui monte à sa fenêtre ses chiffres, comme ils le sont dans son cœur. Vous, rien de tout cela; vous vous contentez de venir comme un galant de ruelle, à midi sonnant, et vous vous plaignez que l'heure du berger ne sonne pas pour nous. Voyez, méchant, c'est moi qui ai cueilli des fleurs et des fruits. N'est-ce pas que notre petite chambre est belle à présent? Des jacinthes sur la fenêtre, des roses sur la cheminée, des violettes partout. Ah ! si vous étiez là plus souvent. »

Ils descendirent au jardin, où la bonne vieille déjeunait en compagnie de son chat et de ses abeilles.

« Venez de ce côté, reprit Daphné; voyez-vous ce petit coin fraîchement labouré? eh bien, c'est mon jardin. Il n'y pousse pas grand'chose encore, mais quel charmant berceau de vigne! que la haie est belle et odorante! Demain il y aura un banc de gazon pour nous asseoir. Mais qu'avez-vous donc? vous êtes si distrait que vous ne m'écoutez pas.

— Je n'ai rien, Daphné, rien en vérité; je vous aime de plus en plus, voilà tout.

— Il n'y a pas de quoi être si triste. »

Hector partit bientôt sans confier à Daphné le sujet de son inquiétude.

Or, voici ce qui se passait au château de Langevy : sa cousine Clotilde y était arrivée la veille avec une grand'-

tante pour y résider tout le printemps. M. de Langevy, qui n'allait point par quatre chemins dans ses projets, avait déjà sans détour signifié à son fils que mademoiselle Clotilde de Langevy, leur nièce et cousine, était une jolie fille, et, qui plus est, une riche héritière. Il devait, lui, Hector de Langevy, dernier du nom, héritier d'un mince patrimoine, se hâter, par toutes les voies de droit, d'épouser ladite cousine à ses risques et périls. Hector s'était de prime abord noblement révolté en songeant à la pauvre Daphné; mais peu à peu, en y regardant de plus près, il avait trouvé, l'héritage aidant, beaucoup d'attraits chez sa cousine. Elle était jolie, gracieuse, piquante; elle se suspendait à son bras sans façon, elle avait le plus charmant babil du monde; en un mot, sans le souvenir de Daphné, il en fût devenu fou.

Comme il fallait promener sa cousine ou lui tenir tête, il fut deux jours sans aller à la Chaumière-des-Vignes. Le troisième jour, Clotilde l'ayant supplié devant son père de la conduire sur les rives du Lignon, il n'osa s'y refuser. Il se contenta, pour apaiser son cœur qui souffrait, d'envoyer un soupir vers Daphné.

Du château de Langevy, le chemin le plus court pour aller au Lignon aboutissait tout droit à la Chaumière-des-Vignes : Hector n'eut garde de prendre le chemin le plus court; il se détourna de près d'une demi-lieue, il mena sa cousine vers le bout des prés d'Urtis. Pendant que Clotilde ployait les roseaux et effeuillait les branches retombantes des saules, tout en regardant couler le ruisseau célèbre, Hector jetait çà et là un coup d'œil désolé sur les prés déserts.

« Ah! mon Dieu, » s'écria tout à coup Clotilde en tombant sur la rive.

Son pied avait glissé; un peu plus elle tombait dans le Lignon. Hector courut à elle, se jeta tendrement à ses pieds, lui saisit les mains. Bientôt, comme elle était toute pâle et toute défaillante, il la prit doucement par le corsage, lui dit d'appuyer le front sur son épaule.

« On dirait une naïade surprise par un sylvain, » murmura-t-il en lui baisant les cheveux.

Comme il relevait la tête pour respirer, il vit sur l'autre rive, à demi cachée dans les branches d'un saule, la pauvre Daphné. Elle était venue dans son ennui revoir le berceau de ses amours, refouler l'herbe de ce pré enchanteur où deux jours avant, deux jours seulement, les heures avaient si doucement sonné à ses oreilles. Que vit-elle, qu'entendit-elle, la pauvre fille ! Pour répondre dignement au baiser d'Hector à Clotilde, elle brisa sa houlette avec un noble élan de colère ; et puis, tout épuisée par son désespoir, elle se laissa tomber sur la rive en poussant un cri plaintif.

A ce cri, à la vue de la pauvre Daphné tombant évanouie, Hector, tout éperdu, ne sachant où il en était, se lança en aveugle de l'autre côté du ruisseau, l'amour et la douleur l'avaient transporté. Il se releva et courut comme un fou vers sa douce bergère, oubliant tout à fait Clotilde, qui lui parlait toujours. Il souleva Daphné dans ses bras tremblants.

« Daphné ! Daphné ! lui cria-t-il, reviens à toi, c'est toi que j'aime, toi seule ! »

Et il l'embrassait tendrement, et il pleurait, et il lui parlait encore. Daphné rouvrit un œil désolé, qu'elle referma au même instant.

« Non, non, dit-elle, ce n'est plus Daphnis, et moi je ne suis plus Daphné ; c'est fini, laissez-moi mourir toute seule.

— Mon cher amour, ma pauvre Daphné, je vous aime, je vous le jure du fond du cœur ; je ne vous trahis point ; vous êtes la seule que j'aime. »

Cependant Clotilde était venue jusque vis-à-vis de ce touchant tableau.

« Eh bien! mon cousin, à merveille! cria-t-elle à Hector. Est-ce que je vais m'en retourner toute seule au château ?

— Allez, monsieur, dit Daphné en le repoussant; allez, on vous attend, on vous rappelle.

— Mais, Daphné..., mais, ma cousine...

— Je ne veux plus vous entendre, monsieur, mon quart d'heure de folie est passé ; n'en parlons plus.

— Mon cousin, cria de son côté Clotilde en voulant railler, savez-vous que cette scène touchante de bergère est une surprise des plus agréables? Je vous en tiendrai compte. Vous ne m'aviez pas promis cela sur les rives du Lignon. Dites-moi, mon cousin, est-ce le dernier chapitre de *l'Astrée?*

— Ma cousine, je vous rejoins à l'instant; je vous confierai tout, et vous ne rirez plus.

— De grâce, monsieur, dit Daphné en se relevant, de grâce, que cette triste histoire soit toujours un mystère. Je ne veux pas qu'on rie des faiblesses de mon cœur. Adieu, monsieur, que tout soit oublié, que tout soit enseveli. »

De belles larmes coulaient sur les joues de Daphné

« Non, non, Daphné, je ne vous quitterai jamais, je le dis tout haut. Je vais reconduire ma cousine au château ; je reviens dans une heure essuyer vos larmes et vous demander pardon à genoux. D'ailleurs je ne suis pas coupable, j'en prends ma cousine à témoin. N'est-ce pas, Clotilde, que je ne vous aimais pas?

— Ma foi, mon cousin, vous m'avez dit que vous m'aimiez; mais, comme les hommes disent toujours le contraire de ce qu'ils pensent, je veux bien admettre que vous ne m'aimiez pas. Du reste, ne prenez pas tant d'inquiétude sur moi, je retournerai bien seule. »

Elle s'éloigna très-offensée, mais de l'air du monde le plus calme et le plus dégagé.

« Je cours sur ses pas, dit Hector, car elle dirait tout à mon père. Adieu, Daphné ; dans deux heures je serai à la Chaumière-des-Vignes, plus amoureux que jamais.

— Adieu donc, murmura Daphné d'une voix mourante. Adieu ! reprit-elle en voyant s'éloigner Hector ; adieu ! Moi, dans deux heures, je ne serai plus à la Chaumière-des-Vignes.

## VI.

Elle retourna chez la vieille Babet. En revoyant sa petite chambre, qu'elle avait pris tant de peine et tant de plaisir à orner de fleurs et de verdure, elle inclina douloureusement le front. « Mes pauvres roses, murmura-t-elle en respirant le parfum de la chambre, qui était déjà un parfum d'amour, je ne songeais guère, en vous cueillant, que son cœur se flétrirait avant vous. »

La bonne vieille survint. « Eh quoi ! ma fille, je vous vois pleurer ? Est-ce qu'on pleure à dix-huit ans. »

Daphné se jeta dans les bras de Babet tout en sanglotant. « Il me trompait, il m'abandonnait pour sa cousine. Je vais partir ; vous lui direz qu'il m'a fait bien du mal... que je suis atteinte d'un coup mortel... Non, non, ne lui dites pas cela. Dites-lui que je suis partie bien résignée, en lui pardonnant et en priant Dieu pour lui. Mais je n'aurai pas la force de partir sans le revoir ! »

Daphné aimait Hector de tout son cœur et de toute son âme ; elle s'était aveuglément abandonnée à l'amour avec l'ardeur religieuse de la jeunesse qui espère. Avant de quitter Paris, elle avait rêvé que dans son voyage elle rencontrerait, le soir, dans la campagne, aux alentours d'un château, quelque jeune gentilhomme qui l'aimerait avec passion. Ce rêve caressé à Paris s'était presque réalisé dans le Forez. Hector était bien celui que son cœur attendait ;

bien mieux, le rêve s'était embelli de sa fantaisie de jouer
à la bergère et de tous les charmes imprévus d'un amour
naissant. Elle avait donc été ravie et enchantée : perdant
son cœur, elle avait perdu la tête; elle avait suivi son
amant au lieu de suivre sa mère.

Hector rejoignit Clotilde; mais, durant le trajet, ils n'o-
sèrent se parler de la scène de la prairie. Hector augurait
bien du silence de sa cousine ; il espérait qu'elle ne dirait
pas un mot au château de son secret amour. Vain espoir!
Dès qu'elle trouva une échappée, le secret fut répandu.
Le soir, M. de Langevy, la voyant plus pensive que de coutume, lui demanda si elle avait du chagrin.

« Je n'ai rien, » dit-elle en soupirant.

L'oncle insista. « Clotilde, ma chère fille, qu'avez-vous?
Est-ce que le pèlerinage aux rives du Lignon a fait un
mauvais miracle?

— Oui, mon oncle.

— Est-ce que mon fils... Mais où est donc Hector?

— Il est retourné au pèlerinage, lui.

— Que diable va-t-il faire là-bas?

— Il a sans doute ses raisons.

— En vérité! Voyons, ma nièce, est-ce que vous en
savez quelque chose?

— Pas le moins du monde, mon oncle, seulement...

— Seulement? Allons, dites-moi tout.

— Je vous le dis, mon oncle, je ne sais rien, mais j'ai
vu la bergère de M. Hector.

— Sa bergère! vous voulez rire, Clotilde. Est-ce que
vous croyez aux bergères, vous?

— Oui, mon oncle, car j'ai vu la bergère de M. Hector
tombant évanouie sur le bord du ruisseau.

— Ventrebleu! Une bergère! Hector s'amouracher d'une
bergère!

— Mais, mon oncle, c'est une très-jolie bergère en jupe
de soie et en corset de satin,

— A la bonne heure. Mais quelle est donc cette histoire ? cela doit être piquant. Qu'on m'apporte tout de suite ma gibecière et mon fusil. Vous croyez, ma bonne Clotilde, que ce diable de garçon est retourné à sa bergère ?

— Oui, mon oncle.

— Ah çà, cette bergère-là a-t-elle des moutons ?

— Non, mon oncle.

— Diable, diable, c'est plus dangereux. Vous avez suivi le chemin de l'oseraie ?

— Oui, mon oncle, mais j'imagine que la bienheureuse bergère est plus près du village.

— Très-bien ; j'espère les voir tout à l'heure. »

M. de Langevy partit tout en murmurant : « Des jupes de soie, des corsets de satin. Ah ! monsieur mon fils, je voudrais bien savoir où vous prenez de l'argent pour habiller ainsi vos bergères. »

Le vieux baron alla tout droit à la Chaumière-des-Vignes, espérant que Babet lui donnerait quelques renseignements sur les prouesses d'Hector. Il trouva la vieille sur le seuil, se reposant des fatigues de la journée.

« Eh bien ! Babet, quoi de nouveau sur votre terroir ? dit le vieux baron d'une voix adoucie.

— Rien de nouveau, dit la vieille en voulant se lever par respect.

— Restez, restez, Babet, dit M. de Langevy en appuyant la main avec une familiarité rustique sur l'épaule de la vieille. Tenez, voilà bien à propos pour m'asseoir une botte de joncs et de roseaux. »

A cet instant M. de Langevy entendit fermer la petite fenêtre du haut. « J'avais deviné, pensa-t-il. Voilà peut-être la cage de mes pigeons amoureux. Dites-moi, Babet, avez-vous vu mon fils cette semaine ?

— Je le vois souvent, monsieur le baron ; il vient chasser jusque dans mon enclos.

— A la bonne heure! Lui voyez-vous faire belle et bonne chasse?

— Aujourd'hui encore on m'a remis de sa part un lièvre magnifique, dont je ne savais trop que faire; j'ai fini par le mettre à la broche. Ma pauvre crémaillère était bien étonnée de voir ce morceau de roi.

— Ce lièvre n'était pas pour vous seule, sans doute?

— Et qui donc en mangerait avec moi? vous peut-être, monsieur le baron? Je serais bien fière de régaler un pareil hôte.

— Écoutez, Babet, parlons le cœur sur la main: je sais tout ce qui se passe, mon fils est amoureux d'une certaine bergère qui ne doit pas être loin d'ici.

— Je ne sais pas ce que vous voulez dire.

— Vous le savez si bien, que vous voilà toute troublée. Mais apaisez-vous, il n'y a pas grand mal à tout cela. C'est un simple enfantillage. Seulement, dites-moi un mot de cette fille.

— Ah! monsieur le baron, s'écria la pauvre Babet, qui croyait ne plus devoir feindre; c'est un ange, vous verrez, c'est un ange.

— Ah çà! d'où vient cet ange, s'il vous plaît? Il n'est pas descendu des cieux, j'imagine.

— Je ne sais pas un mot de plus, monsieur le baron, mais je prie Dieu à toute heure du jour que vous n'ayez pas d'autre fille.

— Nous verrons, nous verrons. Nos deux amoureux sont là-haut, n'est-ce pas?

— Pourquoi vous le cacher? Oui, monsieur le baron, ils sont là-haut qui s'adorent comme de vrais enfants du bon Dieu. Vous pouvez monter, car c'est un amour qui ne ferme jamais la porte. »

M. de Langevy entra dans la chaumière, alla vers l'escalier, et monta légèrement. Il s'arrêta au milieu de l'escalier à la vue des amoureux, doucement appuyés l'un sur l'autre, l'un pleurant, l'autre consolant. Le vieux soldat fut presque touché ; mais, la raison reprenant le dessus :

« A merveille ! » dit-il en montant les dernières marches.

Daphné poussa un cri de surprise et de frayeur.

« Il n'y a pas de quoi pleurer, lui dit M. de Langevy. Pour vous, mon fils, vous allez me confier un peu ce mystère.

— Je n'ai rien à dire, » murmura Hector avec amertume.

Daphné, qui s'était détachée de ses bras, venait de tomber toute défaillante sur une chaise.

« Mon père, reprit Hector en s'élançant vers Daphné, vous voyez que votre place n'est pas ici.

— Ni la vôtre non plus, monsieur, dit le baron avec colère. Que signifient tous ces enfantillages ? Vous allez sans retard prendre le chemin du château, si vous ne voulez que le château se ferme à jamais pour vous. »

Hector ne répondit plus, il était tout à Daphné.

« Encore une fois, monsieur, dit le baron piqué, songez à ce que vous faites.

— J'y songe, murmura Hector en soulevant la pauvre fille dans ses bras. Le château se fermera à jamais pour moi si vous voulez.

— Voyons, monsieur, pas tant de jactance ; revenez-vous avec moi, ou restez-vous ici ?

— Écoutez, mon père, je vous suivrai par respect ; mais, je dois vous le dire, j'aime mademoiselle Deshoulières de toutes les forces de mon cœur ; entre elle et moi, c'est à la vie, à la mort.

— Deshoulières, Deshoulières, j'ai ouï parler de ce nom-là. J'ai connu un M. Deshoulières dans nos campagnes de Flandre, un galant homme qui avait une belle femme, mais qui n'avait ni sou ni maille. Revenez-vous avec moi, monsieur ? »

Repoussé par Daphné, qui le suppliait de partir, Hector suivit son père en silence, espérant l'attendrir, espérant pouvoir bientôt aimer Daphné avec toute liberté de cœur et d'esprit. M. de Langevy salua la jeune fille, souhaita, en passant dans la chaumière, bon appétit à la vieille, et se mit en route en sermonnant son fils sur ses inclinations extravagantes. Pour toute réponse, Hector se retournait à chaque pas pour jeter un regard d'adieu à la petite fenêtre.

Quand Daphné vit disparaître Hector sous les arbres touffus du chemin, elle soupira, versa une larme d'adieu, et murmura : « Je ne le verrai plus. » Elle regarda d'un œil désolé les murs attristés par le soir de cette petite chambre qui avait renfermé tant d'espérances verdoyantes. Elle cueillit une rose sur la fenêtre, la respira tristement, l'effeuilla avec un plaisir sauvage, et jeta les feuilles au vent. « Ainsi je ferai de mon amour, dit la poétique amante, j'irai le jeter au vent de la mort. »

Elle descendit en passant à son corsage la tige défleurie.

« Adieu, dit-elle en embrassant la vieille ; adieu, je retourne avec résignation d'où j'étais venue si follement. Si vous revoyez Hector, dites-lui que je l'ai bien aimé ; mais dites-lui qu'il m'oublie comme je vais l'oublier moi-même. »

En prononçant ces derniers mots, la pauvre fille pâlissait et chancelait.

Elle partit, elle reprit le chemin du château d'Urtis. En arrivant à la prairie, ses yeux s'arrêtèrent sur la houlette qu'elle avait cassée le matin ; elle la ramassa et l'emporta comme le seul souvenir d'Hector. Le soleil était couché, la nuit tombait peu à peu comme une nuit de printemps, la nature dans tout son luxe répandait un parfum de bonheur qui fut amer pour Daphné. Elle tomba agenouillée, et pria Dieu tout en pressant la houlette sur son cœur.

## VII.

Elle ne trouva plus sa mère au château ; madame d'Urtis l'accueillit avec bien de la joie.

« Eh bien ! ma blanche brebis égarée, vous voilà donc revenue au bercail ?

— Hélas ! dit la pauvre fille, oui, me voilà revenue, mais plus égarée que jamais ; j'étais partie avec les plus folles et les plus riantes espérances, et je reviens toute seule. Voyez : voilà encore ma houlette cassée, mais cette fois Daphnis ne viendra plus m'en couper une autre. »

Elle confia tout à madame d'Urtis.

De retour au château de Langevy, en face de son père et de Clotilde, Hector demeura fidèle à son cœur. Il raconta ce qui s'était passé avec l'enthousiasme entraînant de l'amour. M. de Langevy fut touché ; Clotilde elle-même fut attendrie. Elle pria M. de Langevy pour Hector.

« Allons, mon oncle, vous aurez beau faire, on ne détruit pas les passions en les combattant, comme disait grand'mère.

— Les passions passent vite comme le vent, le temps balaie le cœur du bout de son aile, disait aussi votre grand'mère. Avant huit jours Hector aura oublié sa bergère ; telle est ma volonté.

— Autant en emporte le vent, mon oncle. Le cœur seul a de la volonté, car la volonté du cœur vient de Dieu.

— Allons, Clotilde, je vois que vous déraisonnez comme les autres.

— Ah ! mon oncle, sur ce sujet celui qui déraisonne le plus est, je crois, le plus raisonnable.

— Je vous le dis encore, avant huit jours Hector aura changé de culte ; vous le savez trop bien, vous n'avez pas en vain de si jolis yeux.

— Mon oncle, soyez-en sûr, Hector ne m'aimera jamais ; et d'ailleurs, je ne tiens pas du tout à succéder à une autre : comme dit mademoiselle de Scudéry, en amour les plus heureuses reines sont celles qui créent des royaumes dans les pays inconnus.

— Vous lisez des romans, Clotilde, tant pis ; je ne raisonne ou ne déraisonne plus d'amour avec vous. »

Hector prit son père par son côté faible :

« Songez-y, mon père ; si j'épousais mademoiselle Deshoulières, je suivrais glorieusement la carrière des armes ; le chemin, vous me l'avez ouvert, et n'y serais-je pas dignement conduit par ce brave M. Deshoulières, que Louvois honore de son amitié ? M. de Langevy finit par dire qu'il réfléchirait là-dessus ; ce qui était beaucoup dire en faveur de l'amoureux. »

Hector était le lendemain au point du jour à la Chaumière-des-Vignes.

« Eh bien ! lui dit la vieille en lui ouvrant la porte, elle est partie, la chère fille.

— Partie ! Et vous l'avez laissée partir ! Mais je sais où la trouver. »

Il courut au château d'Urtis. En arrivant à la porte, il vit avec un triste pressentiment un carrosse qui fuyait au bout du chemin. Il sonna d'une main agitée. Un vieux domestique le conduisit vers madame d'Urtis, qui lui parut triste, contre sa coutume.

« Ah ! c'est vous, monsieur de Langevy ; vous venez sans doute pour revoir mademoiselle Deshoulières. Tout est fini entre vous deux, vous ne la verrez plus en ce monde, car dans une heure elle ne sera plus de ce monde : elle est partie avec ma fille de chambre pour le couvent du Val-Chrétien.

— Partie ! s'écria Hector tout atterré.

— Elle m'a laissé son adieu pour vous en cette lettre. »

Madame d'Urtis alla prendre un billet dans sa corbeille.

— S'il vient jusqu'ici, donnez-lui cette lettre, m'a-t-elle dit.

Hector prit le billet de Daphné, l'ouvrit en pâlissant, et lut ces quelques lignes :

« Adieu donc, ce n'est déjà plus Daphné qui vous écrit, c'est une pauvre fille repentante qui va prier Dieu pour ceux qui souffrent. La fortune m'éloigne du monde, je me résigne, je vais m'enterrer vivante. Je ne me plains pas, car j'ai eu un beau rêve ici-bas. Un jour de bonheur m'a fait entrevoir le ciel ; nous avons commencé la plus fraîche églogue du monde ; nous n'avons pu la finir, mais les beaux rêves ne finissent qu'au ciel. Adieu. »

« Madame, dit Hector en baisant ce billet, avez-vous un cheval ?

— Qu'en voulez-vous faire ?

— Je veux rejoindre mademoiselle Deshoulières.

— Vous pouvez la rejoindre, mais non la détourner de son chemin.

— De grâce, madame, un cheval ; prenez pitié de mon malheur. »

Madame d'Urtis, qui n'avait vu qu'avec regret la triste résolution de Daphné, fit seller un cheval pour Hector.

« Allez, lui dit-elle ; que Dieu vous conduise tous les deux ! »

Il partit au galop, il atteignit le carrosse en moins d'une demi-heure.

« Daphné, vous n'irez pas plus loin, dit-il en tendant la main à la triste résignée.

— C'est vous ! s'écria Daphné avec de la surprise, de la joie et de la douleur.

— Oui, moi qui vous aime comme une amante et comme une épouse ; mon père a fini par entendre raison.

— Moi aussi, j'ai fini par entendre raison, et vous savez où je vais. Laissez-moi dans le bon chemin : vous êtes riche, je suis pauvre ; vous m'aimez aujourd'hui, mais qui sait si vous m'aimeriez demain! Je vous l'ai écrit; nous avons commencé un beau rêve, n'allons pas le gâter par une mauvaise fin. Que ce rêve garde toute sa fraîcheur, tout son parfum du mois de mai, toute sa grâce printanière. Nos houlettes sont cassées, on a déjà tué deux de nos moutons, on abat depuis hier les saules de la prairie. Vous voyez bien que notre plus doux soleil a lui. Votre épouse doit être celle que j'ai vue hier. (Comme vous l'embrassiez, méchant!) Épousez-la donc, et dans vos jours de bonheur, si vous vous promenez encore sur les bords du Lignon, mon ombre vous apparaîtra peut-être, mais cette fois je vous sourirai.

— Daphné, Daphné, je vous aime, je ne vous quitte plus, je vis ou je meurs avec vous. »

Près d'un demi-siècle après, un soir, dans un hôtel de la rue Saint-Dominique, où l'on soupait gaiement, Gentil-Bernard, qui faisait toujours la gazette de la journée, raconta la mort d'un original qui avait recommandé de mettre dans sa bière un vieux bâton cassé.

« C'est M. de Langery, dit Fontenelle. Il avait, à son grand regret, épousé la belle Clotilde de Langery, qui se fit enlever si scandaleusement par un mousquetaire. Pour M. de Langery, il avait fort aimé Bribri Deshoulières; ce bâton cassé, c'était une houlette coupée durant leurs amours sur les bords du Lignon. Le dernier berger est mort, messieurs, il nous faut aller à son enterrement.

— Et Bribri Deshoulières, qu'est-elle donc devenue? demanda une dame.

— On m'a dit qu'elle était morte très-jeune dans un couvent du Midi, reprit Fontenelle; ce qu'il y a d'étrange, c'est qu'on a trouvé en l'ensevelissant une houlette attachée à son cilice. »

# RACHEL ET LUCY.

L'an passé, j'ai rencontré dans la vallée du Rhin le héros de ce petit roman. Nous étions deux voyageurs enthousiastes, nous devînmes deux amis. Henri des Feugeraies, qui traverse à cette heure les déserts de l'Égypte, était alors une nature oisive et nonchalante, partant très-poétique et très-passionnée, se laissant vivre tout naturellement comme il plaisait à Dieu, à sa maîtresse et à ses cinq mille livres de revenu. On vantait, il y a deux ans, sa figure et ses belles façons dans plus d'un hôtel du faubourg Saint-Germain.

Après quelques pèlerinages dans les montagnes, nous avions fait bien des découvertes en nos cœurs : un soir, devant une pinte de bière presque toujours pleine, mon voyageur se laissa surprendre, comme d'habitude, par une silencieuse et profonde tristesse, cette morne tristesse qui vient du cœur et qui incline le front.

« Avez-vous jamais été amoureux? » me demanda-t-il tout à coup.

Je ne sais ce que je lui répondis; il retomba dans le silence, il pencha la tête sur une pensée désespérante, il promena lentement son âme dans le chemin de la douleur : « Ah! mon Dieu, reprit-il, quelle histoire ou plutôt quel roman! Voyons, je vais tout vous dire, car tout cela fatigue trop mon cœur.

— Depuis que je vous ai rencontré, repris-je, je vous écoute sans cesse, car de prime abord j'ai deviné quelque histoire singulière : on n'est pas pour rien si triste et si pâle ; ce n'est pas sans raison qu'on a l'œil battu et le front ravagé.

— Oui, une histoire étrange qui a commencé comme la première histoire venue, par un caprice, mais qui a fini... Est-ce fini, mon Dieu, est-ce fini ? »

Il regarda le ciel par la fenêtre, il sortit, il passa dans sa chambre et revint avec une liasse de lettres. En dénouant un ruban bleu, il respira avec un charme amer le parfum qu'elles exhalaient.

« Dieu merci! dit-il, ces lettres ne sentent ni le musc ni le pachouli; mais moi, j'y respire je ne sais quel doux et triste souvenir d'un temps évanoui. En voyant ce ruban bleu, n'allez pas croire que ces amours-là soient une pastorale, une idylle, une églogue. Mais voyez ces lettres qui vous apprendront mieux qu'un récit le charmant début de ces amours ; moi, je ne pourrais m'empêcher d'être triste dès la première page, puisque je sais la dernière. Avant tout, il faut que je vous dise un mot sur les personnages que vous allez rencontrer ; d'abord, c'est madame de Marsault ou plutôt Rachel. Hélas! que vous en dirai-je, si ce n'est que je l'ai aimée trop tard? Pour l'autre, madame de Verdilly ou plutôt Lucy... Ah! pourquoi celle-ci m'a-t-elle aimée ? »

En disant ces mots, Henri retomba dans sa silencieuse

tristesse : il éparpilla les lettres sur la table, tantôt avec l'ardeur religieuse d'un dévot qui touche une relique, tantôt avec la colère poétique d'un amant que le destin a frappé au cœur. Enfin, après un soupir, il me dit en me présentant une lettre : « Lisez. »

Cette première lettre était de lui ; il avait rassemblé les siennes, comme les autres, dans sa religion du souvenir.

*De Henri des Feugeraies à Ernest d'H\*\*\*, au château d'A..., du côté de Guise.*

« De Paris, ce 15 juillet 1839.

» Tu m'avais bien dit que l'amour est une surprise. L'amour est comme la fortune, d'abord parce qu'il est aveugle, ensuite parce qu'il vient s'asseoir à notre porte quand nous le cherchons bien loin. Je t'ai écrit l'autre matin que je cherchais l'amour. En vérité mes regards avaient beau faire ; le temps passait, mais l'amour ne passait pas avec le temps. Enfin, hier, au retour d'un pèlerinage aventureux dans le grand pays de la passion, mon cœur a trouvé de quoi s'amuser. Voici comment : depuis la belle saison, je demeure dans la rue de Varennes, en vue de magnifiques jardins. Hier, à mon retour, j'avais à peine entr'ouvert ma fenêtre, quand je vis sous les branches touffues des tilleuls une belle femme qui se promenait. Du premier coup d'œil je fus ébloui ; pourtant c'était une femme ni plus ni moins. Mais quelle femme ! quelle nonchalance aimable ! quelle grâce attrayante ! quelle noble simplicité ! Elle inclinait la tête sur l'épaule avec un abandon charmant, elle souriait avec cette tendre mélancolie qui va si loin dans le cœur, enfin elle était pour moi à cet instant, la plus belle femme du monde. Par malheur, elle lisait un journal. « Pourtant, me dis-je en réfléchissant, ce journal est d'un bon augure : une femme ne lit si bien un journal que quand elle n'a rien à écrire dans son cœur. Dieu soit loué, me voilà amoureux ! Dieu soit loué si le soleil luit pour moi ! »

» Adieu, mon vieil ami ; je pardonne à toutes les extravagances de ton cœur ; je crois que les miennes vont commencer, mais pour tout de bon. Si tu vois Ernest en passant à S..., ne m'oublie pas auprès de ses chiens anglais, de sa petite flamande et de ses roses chinoises. »

*De Henri à Ernest.*

« 17 juillet.

» Le mal n'est pas dans la tête, le mal est dans le cœur. Je l'ai revue, hélas ! plus belle encore, se promenant toujours sous les tilleuls. C'était le matin par la rosée. Ah ! quel charmant déshabillé ! Elle était venue là je ne sais pourquoi, peut-être pour entendre les derniers échos de la fête du colonel Th.... Cette fois elle n'avait plus un journal à la main, mais un bouquet dont elle secouait par intervalles la rosée sur son front. C'est cela, je devine : une petite migraine. Avant de rentrer, elle leva les yeux par mégarde vers ma fenêtre, c'est-à-dire vers le ciel ; heureusement qu'elle ne vit pas le ciel ; et puis elle respira son bouquet et le jeta sur le perron. Voilà ce qu'on fait souvent de l'amour. « Ah ! me suis-je écrié, si j'avais ce bouquet ! quelle relique ! que de soupirs et que de baisers ! Après tout, ce jardin n'est pas le jardin des Hespérides. » Et tout en disant cela, je descendais sans m'en douter. J'ai tendrement abordé une fille de chambre. « Mademoiselle, voulez-vous m'ouvrir le jardin ? une lettre précieuse s'est envolée tout à l'heure du côté des dahlias. » Cette fille m'a reconnu pour un habitant de la maison, pourtant elle hésitait à me laisser passer. « Mais, monsieur... — Mais, mademoiselle... » Je devenais plus suppliant encore. « Allez, monsieur. » Elle me conduisit avec quelque froideur jusque sur le perron. En descendant je ramassai le bouquet presque éparpillé. « C'est vous, mademoiselle, dis-je en me retournant et dans le dessein d'attendrir la fille de chambre, c'est vous qui cueillez ces fleurs-là si matin ? — Mon Dieu, non, monsieur. » J'allai sans m'arrêter vers les dalhias. Là, je ne sais comment cela se fit, mais je me souviens qu'au lieu de trouver une lettre perdue, j'en pris une dans ma poche et la jetai sur le parterre. Advienne que pourra, dis-je ; et je revins sur mes pas. Qu'en dis-tu ? Mais qu'en dira-t-elle ?

» *P. S.* C'est une vicomtesse, la vicomtesse de Marsault ; elle s'appelle Rachel, comme ta cousine ; il y aura bientôt sept ans qu'elle a vingt-quatre ans ; mais enfin elle ne lit pas encore les romans de M. de Balzac. Cependant elle a eu trois amants et demi. Pour son mari, c'est un homme d'esprit : il voyage depuis qu'elle a vingt-quatre ans. »

*Lettre trouvée sous les dalhias par madame la vicomtesse de Marsault.*

« 17 juillet.

» Madame,

» Ne vous offensez pas trop du mot que je vais vous dire ; c'est un mot vieux comme notre première mère, un mot profané par toutes les bouches comme par toutes les plumes, un mot que tout le monde a dit bien ou mal, que vous avez dit, madame, mais, hélas ! que vous ne direz jamais : — Je vous aime ! J'en suis fâché pour vous et peut-être pour moi, mais, en vérité, je vous aime.

» Henri des Feugeraies. »

*Lettre jetée dans le jardin en question un jour qu'il ne faisait pas trop de vent.*

« 18 juillet.

» J'oubliais de vous dire qu'avant tout, madame, je vous aime parce que vous êtes belle, belle de toutes les beautés, de celles du corps comme de celles de l'âme. Ève n'était pas plus belle au sortir des mains divines ; mais alors Ève n'était pas tout à fait une femme ; car, suivant la Genèse, si Dieu a commencé la femme, le serpent l'a finie.

» A propos, madame, vous ne m'avez pas répondu. Pour parler le beau langage, est-ce que l'amour, en battant des ailes sur votre chemin, n'a pas laissé tomber une plume ?

» Hélas ! madame, je me torture l'esprit sans raison. Ah ! si je laissais parler mon cœur tout simplement ! »

*De Rachel à Lucy.*

« 19 juillet.

» Voilà ce qui se passe, ma chère Lucy, pas tout à fait à Paris, où je ne mets plus les pieds, mais dans un petit hôtel de la rue de Varennes, l'ancien hôtel de C.... J'habite le rez-de-chaussée ou plutôt le jardin depuis trois mois, depuis que *je me suis retirée du monde,* mais je m'ennuie comme si j'allais encore dans le monde, voilà pourquoi j'y retournerai. Pourtant, depuis vendredi, il se prépare ici une petite comédie sentimentale qui me distraira un peu. J'en suis l'héroïne, bien entendu ; mon héros n'est pas mal tourné. S'il en faut croire ma femme de chambre, il s'entend à merveille à faire caracoler un cheval. Il s'appelle Henri des Feugeraies ; crois-tu que ce nom-là soit d'une bonne roche ? Tu as *la clef du blason,* vois donc ce qu'il en retourne. Mon héros a dans la mine quelque chose de fier qui me ravit, mais voilà tout : sa main n'est pas des plus belles ni sa barbe non plus. Il est sentimental à faire peur ; heureusement pour lui qu'il est passablement spirituel, vois plutôt :

» *Samedi.* — Il est ingénieux à ce point qu'il ose descendre dans mon jardin pour ramasser un bouquet par moi cueilli et pour jeter sous les dahlias une lettre par lui écrite. La lettre valait-elle le bouquet ?

» *Dimanche.* — Seconde lettre apportée (franco) par le zéphyr et par la grâce de Dieu. Pourquoi ne pas lire ces lettres qu'on ramasse par mégarde en cueillant une rose ou une marguerite ? Pour ton désennui, je t'envoie les deux lettres en question, ne sachant qu'en faire.

» *Lundi.* — Il n'a pas mis aujourd'hui la tête à la fenêtre, c'est de plus en plus spirituel.

» Tout cela m'a rappelé les divines extravagances de lord O'T.... En vérité, je crois que celui-là a été jusqu'à mon cœur, mais quelle course au clocher, ma chère ! Le nouveau venu n'ira pas si loin, n'est-ce pas ?

» Écris-moi bien vite. Que devient ton beau cousin ? Ne me cache rien : tu te souviens que nous nous sommes promis de nous dire tout, même ce qui ne se dit pas. Tu sais que je passe l'automne au château de T.... J'avais bien envie d'aller à Spa, mais je n'irai pas, car je ne veux plus rencontrer lord O'T.... dans ce monde. Adieu ! une autre fois je ne ferai pas seulement la gazette de mon hôtel, je te parlerai de Paris ; mais qu'y a-t-il à dire de Paris au 19 juillet ! »

*De Lucy à Rachel.*

« 24 juillet.

» Ah ! coquette ! que je te reconnais bien ! Tu fais semblant de m'envoyer les deux lettres mises à la poste du hasard ; tu dis que tu ne sais qu'en faire, et pourtant, pour les garder, tu te donnes la peine de les copier à mon usage. Tout cela commence d'une façon romanesque et ravissante, c'est presque un écho des romans de madame Cottin. Sais-tu qu'il écrit à merveille. Mais il n'a pas l'air d'un homme à écrire des volumes pour l'amour de Dieu. Prends-y garde! il commence à ne plus mettre la tête à la fenêtre, comme tu dis; il est capable de ne plus mettre son style à la poste restante. Ne fais pas tant la superbe, ce serait bien dommage de rebuter un amoureux de si bonnes façons, de si bon style et si bon cœur.

» Adieu, je retournerai peut-être à Paris avant l'hiver. M. de Verdilly est toujours consul au bout du monde; aussi je l'aime par-dessus tout. Mon beau cousin n'a pas le sens commun ; cependant il commence à m'ennuyer; les amoureux de Paris sont plus drôles. Adieu, méchante. Plus j'y pense, plus je trouve que ton aventure est amusante. »

*De Henry à Ernest.*

25 juillet.

« Rien de nouveau sous le soleil des amours. La belle vicomtesse n'a pas répondu, si ce n'est qu'elle se promène toujours. Pour moi, je n'ouvre plus ma fenêtre que pour l'amour du ciel. Ce soir, en regardant au travers des rideaux, j'ai vu madame de Marsault qui regardait ma fenêtre du coin de l'œil au travers des branches. En attendant mieux, c'est presque une réponse. Ce jardin est le chef-d'œuvre de l'horticulture ; on dirait que le bon Dieu va y passer le jour de sa fête. Le parfum qui me vient du parterre des roses est à coup sûr pour quelque chose dans mon amour. Tout au fond j'y vois un petit cabinet de verdure des plus attrayants. Y passer une demi-heure avec elle dans l'oubli du monde et de moi-même, comme disent les romans, et puis mourir par-dessus le marché, voilà tout ce que je rêve de plus magnifique. Tout à l'heure je vais encore écrire, mais autant en emporte le vent !

» La présente n'est à autre fin que de m'informer de l'état de ta bourse ; quant à la mienne, elle est vide. Que vas-tu faire de tes betteraves, mon pauvre ami ? J'ai imaginé un nouveau moyen de se ruiner en peu de temps, mais je n'ai garde de te l'enseigner. Je pense qu'en faveur de cela, tu m'enverras un millier d'écus, dont reconnaissance d'autant. Sans ce millier d'écus, je suis un homme perdu dans le cœur en question ; car, depuis que je n'ai plus d'argent, je n'ai plus d'esprit qui vaille ; cette lettre en fait foi. Tu sais que, pour complaire à ma famille, je vais par-ci par-là porter mes lumières au ministère de la justice. Je fais des rapports sur des pourvois en grâce ; ainsi dépêche-toi d'assassiner quelqu'un.

*De Rachel à Lucy.*

26 juillet.

« Comment ne pas le regarder, ma chère belle, comment ne pas le regarder un peu, pour l'amour de son prochain, après ces vers adorables que j'ai reçus ce matin, toujours par le même courrier :

> Dans mon âme il est un bocage,
> Un bocage aux abords touffus ;
> D'un bel oiseau bleu c'est la cage,
> Et j'écoute ses chants confus.
>
> Dans mon âme il est une source
> Qui ravage fleurs et gazons ;
> Au bruit funèbre de sa course,
> L'oiseau s'endort : adieu chansons !
>
> A travers la feuille ondoyante
> Il vient souvent un soleil d'or
> Pour tarir la source bruyante
> Et réveiller l'oiseau qui dort.

> L'oiseau bleu, c'est l'amour, ma belle,
> La source est celle de mes pleurs ;
> Le soleil que mon âme appelle,
> C'est ton regard semant des fleurs. »

» N'est-ce pas que ces vers sont charmants? Mais sont-ils bien de lui? Te souviens-tu de ce sous-préfet de je ne sais où qui t'adressait avec feu des vers de Lamartine?

» Je sais, — par hasard, bien entendu, — qu'il va ce soir se promener au bois ; sans cela, j'y serais allée moi-même. Il n'est pas encore l'heure de nous rencontrer ; d'ailleurs je ne suis pas du tout belle ce matin. Mais serai-je belle demain? La beauté passe vite, comme les morts de la ballade. En vérité, d'après mon babil, ne dirait-on pas que j'ai été belle? Je ne sais plus ce que je dis. Adieu. Ah! que je vais m'ennuyer aujourd'hui! Pourtant le bois de Boulogne doit être charmant : du silence, de l'ombre, un cœur agité, un souvenir, une espérance, que sais-je? Et puis tout d'un coup l'apparition toute romanesque d'un cavalier qu'on attend... Je n'irai pas... »

### De Rachel à Lucy.

« 26 juillet, onze heures du soir.

» J'y suis allée, ma chère. Tu t'y attendais bien, n'est-ce pas? Ce petit imbécile de V.... m'a accompagnée ; mais, une fois au beau milieu du bois, je l'ai prié d'aller à Auteuil avertir madame de T.... que nous dînerions avec elle. Je lui ai donné rendez-vous pour nous retrouver ; mais tu devines qu'il s'est trouvé le premier au rendez-vous. Ce petit imbécile est fait pour attendre en toute chose.

» Il y avait un autre rendez-vous ; je ne savais pas où, mais je m'y suis trouvée. Or, ceci vaut bien la peine que je taille ma plume.

» Donc, dès que je fus seule, mon cheval prit un galop

superbe; il fit des zigzags sans nombre, il parcourut le bois à tort et à travers en moins d'une demi-heure. J'étais heureuse plus que jamais; sans métaphore, je volais sur les ailes de l'amour. Pourtant j'avais peur; car, ainsi que le voyageur hors de son chemin, je ne savais pas trop où j'allais. Tout à coup j'entends qu'on me poursuit, je me retourne un peu, c'était lui !

» — Madame, pardonnez à ma sollicitude, je vous croyais emportée trop vite par votre cheval.

» Je ne savais que répondre, car enfin je ne pouvais pas lui dire après qui je courais si follement, puisque c'était après lui. Le plus facile était de ne pas répondre; mais si jamais il passait son chemin sans dire un mot de plus !

» — Monsieur, répondis-je avec un sourire *des plus doux*, je cherche mon compagnon de voyage.

» — Eh bien ! madame, en attendant, accordez-moi la grâce de veiller sur votre cheval. Est-ce vers Auteuil qu'il nous faut aller ?

» — Oh non ! dis-je tout de suite, peut-être avec un peu trop de précipitation, tant j'avais peur de retrouver l'autre.

» Cependant nos chevaux s'étaient mis au pas, côte à côte, ouvrant les yeux et les naseaux en chevaux de bonne compagnie qui se rencontrent pour la première fois entre Auteuil et Boulogne. Le temps était magnifique, un nuage çà et là, des petits oiseaux qui chantaient, des petites fleurettes sauvages qui montraient leur aigrette ou leur collier sur le bord du chemin, un peu de rosée encore dans la chenaie touffue. En vérité, c'était partout un air de fête. Tu sais comme j'aime ces nuages perdus dans le bleu du ciel. Mon cœur battait malgré moi; j'avais beau faire, mon regard s'attendrissait beaucoup. Qu'allais-je devenir ? M. Henri des Feugeraies reprit la parole :

» — Puisque je suis en si bon chemin, madame, permettez-moi de bien passer le temps, permettez-moi de vous dire... Mais ne savez-vous pas tout ce que j'ai à vous dire ?

» Les femmes ont toujours l'air de ne rien savoir quand il est question de ces choses-là. Aussi je répondis nonchalamment à mon cavalier :

» — En vérité, monsieur, je ne sais pas ce que vous voulez dire.

» La réponse, comme tu vois, pouvait s'entendre de deux façons. M. Henri des Feugeraies répliqua :

— » Madame, vous y mettez de la mauvaise volonté.

» Il y eut un silence plein d'amour. Je ne parle pas de son regard. Après quoi, comme son genou touchait mon amazone, il s'imagina que ma main n'était pas loin de la sienne, et, en effet, ces deux mains, jusque-là étrangères, se touchèrent — comme par miracle.

» — Ah ! madame ! dit-il en se penchant vers moi et en m'attirant à lui, si bien que nos cœurs étaient à deux battements l'un de l'autre. — Madame ! dit-il encore.

» — Je m'appelle Rachel, dis-je, entraînée malgré moi.

» Je n'eus pas plutôt dit cela, qu'un baiser, — pris au vol, mais un baiser pourtant, — frappa mes lèvres agitées comme le coup d'aile d'un oiseau. J'en demande pardon à Dieu et *à qui de droit.*

» Sur ces entrefaites, cet imbécile de V*** est survenu à bride abattue. Il a remercié fort galamment M. Henri des Feugeraies pour avoir veillé sur moi.

» Adieu, méchante. Quand viens-tu ? »

### *De Rachel à Lucy.*

27 juillet, le matin.

» En toute chose, ma chère, il faut considérer la fin ; or, en amour surtout, la fin est toujours mauvaise. En amour, il faut s'arrêter à propos ; crois-m'en, j'ai été à bonne école, je suis savante là-dessus. Dans le cœur de la femme, même la plus passionnée, c'est toujours la curiosité qui domine, l'*amour de la science*, comme dit l'Écriture. Eh bien ! quand on sait à peu près ce qu'il en retourne, il ne faut pas se risquer plus loin. Voilà pourquoi je ne veux plus revoir M. Henri des Feugeraies. Qu'il fasse de la passion tout à son aise à sa fenêtre ; je ne m'en plaindrai pas, mais je n'y répondrai pas. »

*De Lucy à Rachel.*

« 30 juillet.

» Tu ne comprends rien de bon à l'amour, ma chère amie. N'en parlons plus.

» Je pars après-demain pour Paris, où je dois *prendre quelqu'un* pour aller aux eaux d'Ostende. J'irai t'embrasser, ma belle ennuyée ; j'irai *respirer les roses de ton jardin.* »

*De Henri à Ernest d'H...*

« 3 août.

» Tu sais l'histoire du bois de Boulogne ; mais voici bien une autre histoire. J'en perds la tête et le cœur. Écoute.

» Je n'avais presque pas revu madame de Marsault depuis notre promenade. Il semblait qu'elle se mordît les lèvres pour le baiser surpris. En vain je fumais sans cesse à ma fenêtre, je dévorais le jardin du regard : ce n'étaient que flammes et fumées perdues. La belle Rachel voulait sans doute que le prologue traînât en longueur, car je la crois savante sur la comédie d'amour. Moi, je n'écrivais plus ; j'avais mes raisons pour parler au lieu d'écrire. J'attendais l'heure de parler, mais j'attendais toujours. Çà et là je l'entrevoyais au jardin ; mais elle passait comme une ombre. Un soir, devenu tout à fait l'esclave de mon cœur, je descends à son appartement, je sonne d'une main agitée. La fille de chambre vint m'ouvrir. — Il faut que je parle à madame de Marsault, dis-je d'un air décidé. — Cette fille m'annonça avec un peu de contrainte. — Je n'y suis pas, dit avec empressement madame de Marsault. — La porte se referma à mon nez. Ne sachant que faire, je m'en allai, jurant à mon pauvre cœur qu'il serait vengé. La nuit, je ne dormis pas; mon amour n'était plus que de la colère. Rachel serait venue, que je ne sais si elle eût été la bienvenue. Dans la matinée, je reçus par la poste ce petit billet, qui m'expliquait un peu l'énigme :

« Monsieur,

» Les rêves n'ont pas de suite; il faut se contenter de ce qu'ils nous donnent, sans trop les poursuivre quand nous sommes éveillés. »

» Après avoir relu ce billet étrange, je tombai d'accord sur ceci, à savoir que j'avais affaire à une femme curieuse, qui se donnait toutes les peines du monde pour ne pas suivre le chemin battu, au risque de ne pas arriver. Je ne perdis pas la carte, je résolus de jouer mon mauvais jeu.

» Comme je m'étais mis à la fenêtre, suivant la coutume, je vis tout à coup près des dahlias une femme que je n'avais pas vue encore. C'est ici que l'autre histoire commence.

» Cette femme est jeune, c'est-à-dire qu'elle a trente et un ans; elle est belle comme les roses de juin; elle est blonde comme les épis d'or; elle est nonchalante comme les cygnes qui s'abandonnent aux flots. Un poëte ne dirait pas mieux; mais le cœur n'est-il pas un grand poëte? En un mot, mon cher, cette femme est adorable.

» De temps en temps elle levait les yeux à ma fenêtre un peu languissamment, si j'ai bien vu. C'était aussi de la curiosité, mais de la curiosité plus tendre et plus voilée.

Or, que diable cette femme venait-elle faire là ? Mais ses regards surtout, pourquoi daignaient-ils monter jusqu'à ma fenêtre ?

» Sur le soir, je suis allé au bois, à coup sûr entraîné par la fatalité. Comme je côtoyais l'horrible petit mur de Boulogne, je vis tout à coup flotter en avant l'amazone ; cette amazone que j'ai pressée sur mon cœur ! Le petit monsieur qui m'a si bien remercié l'autre fois, était là, fidèle au poste. Comme alors j'étais aussi plus curieux que passionné, je parvins à dominer mon cœur, je résolus d'aborder la cruelle madame de Marsault, à mes risques et périls. En face du petit monsieur, cependant, je ne savais quelle figure faire.

» Enfin, j'anime mon cheval, qui s'élance léger comme une flèche à côté de l'amazone. — Madame...

» Madame se retourna ; mais juge de ma surprise, ce n'était pas Rachel : c'était l'inconnue, ou plutôt la belle nonchalante du jardin.

» Elle tourna la tête avec une grâce charmante. — Eh bien ! monsieur, que voulez-vous donc, s'il vous plaît ?

» Le petit monsieur jugea à propos de passer en avant ; aussi je le saluai de l'air du monde le plus aimable.

» — Madame, pardonnez-moi si je viens sans façon....

» — C'est à moi, monsieur, de m'excuser d'avoir mis une amazone qui vous a trompé, j'imagine.

» — Je ne m'en plains pas, madame...

» Ici elle sourit avec toute la douceur angélique des vierges de Perugin. J'étais troublé au point que je lui parlai du beau temps.

» Tout en parlant du beau temps avec moi, elle s'écria tout à coup : « Oh ! la jolie petite fleur bleue ! » A peine eut-elle dit ces mots que je fus à terre pour cueillir la fleur. — La voilà, madame ; ne la refusez pas, quoique ma main l'ait profanée. C'est un myosotis. Souvenez-vous de moi, dit le myosotis ; que ne puis-je en dire autant !

» — Monsieur, je n'oublierai pas, dit-elle en glissant la fleur sur son sein, je n'oublierai pas que le *souvenir*, le *souvenir* seul de madame de Marsault m'a valu ce myosotis.

» — Madame de Marsault, croyez-le bien, madame, n'est pour rien dans tout ce qui se passe ici.

» Cette fois, au lieu de sourire, l'inconnue pencha son front rougissant.

» Enfin, mon cher, je ne puis te dire tout mot à mot. Sache seulement que durant plus d'une heure nous fûmes sur ce chapitre épineux. L'inconnue fit si bien son compte, qu'à l'instant du départ elle me dit d'une voix adorable : « A revoir, monsieur Henri des Feugeraies. »

» Comment sait-elle si bien mon nom ? Elle s'appelle madame Lucy de Verdilly. Elle a passé le printemps dans la Bretagne, au château de M... ; elle est revenue à Paris ces jours derniers, je ne sais pourquoi. »

*Lettre anonyme adressée à M. Henri des Feugeraies.*

8 août.

» Monsieur,

» Je vais à Ostende ; que Dieu me conduise. Mais vous ! est-ce que vous restez à Paris ? Oui, vous y resterez pour les deux beaux yeux que vous avez chantés. Adieu donc, monsieur. Je pars ce soir, emportant un myosotis un peu fané ; mais en vieillissant le souvenir ne perd rien de son parfum ni de sa grâce. »

*De Henri à Ernest.*

D'Ostende, 15 août.

» Oui, mon cher, c'est d'Ostende que je t'écris. Mais que te dirai-je ? je suis heureux en diable, et le bonheur ne se raconte pas. Je suis venu ici avec madame de Verdilly, qui m'aime à la fureur. Figure-toi qu'elle était la confidente de madame de Marsault. Madame de Marsault lui écrivait tout, jusqu'à mes lettres. N'ayant pas grand'chose à faire là-bas dans son château, elle s'est prise d'une belle passion pour moi. Comme sa dédaigneuse amie répondait mal à mon amour, elle a voulu bien répondre : elle a pris la poste. Elle m'a trouvé très-ressemblant au portrait qu'elle avait déjà dans le cœur. Tu sais à peu près la suite. Après notre rencontre du bois, rencontre qu'elle avait préparée, je lui ai écrit avec feu ; sa réponse demandait une réponse, et ainsi de suite. J'ai su qu'elle allait à Ostende ; j'ai voulu aller à Ostende. Je suis parti avec elle dans la malle-poste. Une fois en route, elle m'a tout confié en pleurant sur mon cœur. Ah! la coquette, comme elle sait bien pleurer! Ces larmes-là ne sont jamais perdues ; il y a toujours des lèvres pour les recueillir. C'est la femme d'un honnête consul qui est au bout du monde : tu le vois, c'est un peu la femme libre. Elle est gaie, folâtre, capricieuse ; c'est une Française en un mot, digne d'un meilleur temps. Enfin, j'ai donc trouvé l'amour. — Mais Rachel, diras-tu ? — Chut ! Lucy pourrait me surprendre ! »

*Post-scriptum d'une lettre de Lucy à Rachel.*

« 15 août.

» J'ai fait le voyage avec assez d'ennui ; j'étais seule : pour me distraire je pensais à toi et à tes amours. Or, tu ne t'imaginerais jamais, ma chère, qui j'ai rencontré hier à Ostende ? M. Henri des Feugeraies, qui n'a pas trop l'air de s'ennuyer. »

Quand je fus au bout de cette dernière lettre, qui me semblait un dénoûment, mon voyageur reprit ainsi la parole :

« Eh bien ! vous avez vu par ces lettres précieuses, réunies à grand'peine, comment j'ai aimé Rachel, comment la confidente de madame de Marsault, n'ayant rien dans le cœur, mourant d'ennui en province, est venue à Paris, déjà amoureuse de moi, voir si j'étais digne du portrait extravagant tracé dans les confidences de Rachel. Moi, un peu froissé des grands airs fatigués et dédaigneux de madame de Marsault, je me suis laissé aimer sans trop de mauvaise volonté par madame de Verdilly ; j'ai trouvé l'aventure des plus piquantes ; je suis parti avec Lucy pour Ostende sans trop regretter Rachel. Cependant, à peine en route, un souvenir opiniâtre, une espérance, un pressentiment, que sais-je ! est venu jusqu'à mon cœur. Tout en baisant la main de Lucy, j'entrevoyais dans un rêve furtif la pâle figure, dédaigneuse et touchante à la fois, de madame de Marsault ; tout en caressant les cheveux de madame de Verdilly ( dans son laisser-aller romanesque elle avait dénoué ses cheveux, sur le soir, au premier relais ), oui, tout en caressant cette blonde chevelure éparse, j'enchaînais avec volupté mon âme ardente dans les tresses d'ébène de Rachel. Certes, j'aimais Lucy, je l'aimais pour ses yeux si doux, pour la fraîcheur si tendre de ses lèvres ; enfin, je l'aimais pour son amour, — par contre-coup et par ricochet, dirait Sterne. Mais Rachel n'était pas moins belle ni surtout moins attrayante, Rachel avait cette pâleur adorable qu'on s'imagine voir aux anges des rêves ; Rachel avait sur les lèvres je ne sais quel souvenir ou plutôt quelle science de l'amour qui troublait tous les cœurs : le sourire d'Ève après le péché. En un mot, on aimait Lucy avec des sourires, du soleil et des fleurs : on devait aimer Rachel avec des larmes. Vous comprenez que, si j'aimais Lucy, j'aimais aussi Rachel. Vous est-il arrivé (cela arrive à tout le monde) d'aimer deux femmes en même temps, le même jour, à la même heure ? C'est un chapitre ravissant du roman de la vie, mais c'est le chapitre qui finit le plus mal, — en nous déchirant le cœur.

« Le voyage de Paris à Ostende, quoique très-monotone, fut charmant pour nous ; quand l'amour est de la partie, le voyage est toujours gai ; on ne se plaint jamais de la lenteur des chevaux, on maudit les chemins de fer ; l'amour donc nous égayait à propos, il animait le paysage, il parfumait le vent. Je n'ai jamais vu si bien verdoyer les peupliers, les colzas et les prés de la Flandre. Jusque-là, j'avais entrevu, sans y prendre garde, les magnifiques vaches si bien éparpillées sur l'herbe touffue. Certes, si jamais le voyageur a rêvé que le bonheur était au fond de quelqu'une de ces silencieuses baraques, vues au loin et presque dans l'ombre, ce voyageur ne passait pas en Belgique, qui est la prose du paysage ; il faut au bonheur des rochers et des montagnes. Cependant, je me souviens que, entre Gand et Bruges, j'ai bâti mon château, comme j'eusse fait en Espagne.

« A Bruges, cette ville funèbre où logent l'ennui, le spleen, le fanatisme, nous qui n'avions pas le spleen, nous nous arrêtâmes plus longtemps que les autres voyageurs. L'amour est bien placé partout, il élève hardiment son trône au premier endroit venu. Après une halte de quelques jours, nous partîmes pour Ostende. — A propos, dis-je à Lucy, nous n'avons rien vu à Bruges ? — C'est vrai, *je n'y pensais pas,* me répondit-elle. — Nous rencontrâmes à Ostende de blanches baigneuses de Londres, trois ou quatre Allemandes plus ou moins baronnes, enfin quelques Françaises, entre autres la belle madame Th..., la comtesse D..., madame d'O... Dès la première promenade, je fus accosté sur la jetée, s'il m'en souvient, par quelques-uns de ces amis de passage qui ne donnent que la main ; on a plus ou moins bien déjeuné avec eux, mais voilà tout.

Pourtant, je rencontrai à Ostende un brave et loyal ami, le marquis de R...; mais avec celui-là, au lieu de déjeuner, je m'étais battu. Malgré notre désir de vivre à l'ombre, presque en sauvage, au bord de la mer, dans quelque café dépeuplé, nous fûmes entraînés au Casino. — Après tout, me dis-je, je puis bien me promener au grand soleil avec une belle femme qui a l'air d'être éprise de moi pour la saison (ici, c'était la vanité qui parlait); d'ailleurs (reprit la raison), un tête-à-tête infiniment prolongé devient infiniment ennuyeux, surtout au bord d'une mer toujours endormie qui n'est qu'un étang moins les saules. Puisque tout le monde veut de nous, vivons pour nous, mais dans l'ivresse du monde. — Nous fûmes de tous les petits plaisirs d'Ostende. Après midi, à l'heure du bain, la mer offrait un coup d'œil charmant, c'était là notre seul théâtre: on voyait les jolies baigneuses sortir des baraques, — du moins on voyait leurs têtes presque toutes blondes nageant sur l'eau agitée; çà et là on voyait un bout d'épaule, mais au même instant un flot jaloux passait mal à propos. Et puis, c'étaient de petits cris effarés, celle-ci qui perdait le pied, celle-là qui perdait la tête, l'une qui s'élevait trop haut, l'autre qui recevait un jet d'eau d'une compatissante voisine. Et puis, les promeneurs qui rient sur le rivage, le rayon du soleil, les nuages qui passent, l'oiseau qui rase les flots. Enfin, vous savez comme moi quel tableau ravissant c'était là, plein de distractions pour les promeneurs qui n'avaient rien à faire si ce n'est l'amour.

» Nous étions descendus à l'hôtel d'Angleterre, où Lucy s'ennuyait un peu en dépit de moi-même. Mais comment ne pas s'ennuyer un peu dans un hôtel quand on voyage, même quand on voyage à Cythère? comme disait madame du Deffant. Nous sortions toujours entre onze heures et midi, nous allions sur le rivage, nous revenions déjeuner en tête à tête, comme deux ramiers qui becquètent au-dessus du nid. L'après-midi se passait au bain, à la promenade, je ne sais plus comment. Le soir venu, après un dîner passablement gai, nous allions au Casino. Les oisifs de cœur lisaient les gazettes. Hélas! au bout de quinze jours, je les lisais, moi. Lucy s'en plaignit d'abord, mais bientôt les œillades anglaises ne lui laissèrent plus le temps de se plaindre. Je me plaignis à mon tour, mais, dès la première plainte, elle étouffa ma voix par un baiser et par un éclat de rire. — Je m'amuse bien avec vous, me dit-elle d'un air de charmante moquerie; je puis bien m'amuser de tous ces *gentlemen*. — Nous nous aimions de bonne foi, qu'avais-je à dire? Cependant je me mis de plus belle à lire les gazettes.

» A peine un mois s'était-il écoulé depuis notre arrivée, qu'on vint à parler au Casino d'une étrangère un peu farouche qui voyageait seule. Elle s'était promenée durant deux après-midi sur la rive, mais voilée, mais solitaire. On ignorait encore si elle était brune ou blonde. « Elle est jolie, dit le marquis de B..., car elle fuit toujours. — Ou plutôt, dit le jeune W..., c'est la violette qui se cache; mais on la reconnaît, parmi les grandes herbes, à son parfum suave et printanier. — Ce parfum m'a joliment l'air d'être de l'amour, dit une dame, mais quelque amour fatal et romantique. — Alors, reprit le marquis, ce n'est plus un parfum printanier, car, si j'en crois sa main, qui a la blancheur du marbre, c'est une femme de trente ans. — C'est bien étonnant, dis-je, que je ne l'aie pas encore rencontrée. — C'est tout simple, cela ne vous regarde pas, madame Th... en jetant un coup d'œil malin sur Lucy, vous n'êtes pas de ceux qui font des rencontres, laissez-les aux solitaires. — D'autant plus étonnant, reprit le marquis, que ce matin elle vous suivait de près vers la jetée, mais on n'a pas des regards pour tout le monde. » Là-dessus on parla à perte de vue et d'esprit des femmes délaissées, des tristesses de l'amour, de la mauvaise foi des hommes, des peines du cœur, le tout sans mettre de côté ses moyens de séduction, si bien qu'à la fin de la séance, il y avait plus d'un cœur de pris — non pas à la leçon.

» Le lendemain, comme nous allions prendre le thé avec Lucy : « Aujourd'hui, me dit-elle, j'espère bien que nous serons seuls. Décidément il y a trop d'importuns à Ostende; c'est à peine si on nous laisse un peu à nous-mêmes. » Nous nous mîmes à table; le thé n'était pas versé quand une servante de l'hôtel nous vint avertir qu'une dame en grand deuil demandait madame Lucy de Verdilly. « Le nom de cette dame? — Elle me l'a dit, monsieur, mais elle me l'a si mal dit... » Lucy se mit soudainement à rire. « A coup sûr, dit-elle, c'est lady M... qui vient nous tirer les cartes. Dites-lui que je l'attends. » La servante sortit. « Lucy, vais-je rester dans votre chambre? Suis-je digne du jeu de cartes? — Oui, oui, restez malgré vos pantoufles; je vous le dis tous les matins, de ne pas venir en pantoufles chez votre voisine, monsieur; mais enfin restez tel que vous êtes. » A cet instant la porte s'ouvrit : « Ciel! s'écria Lucy.—Mon Dieu ! » m'écriai-je moi-même.

» Rachel venait d'entrer.

« Soyez la bienvenue, dis-je en lui tendant la main, sans trop savoir ce que je disais; vous arrivez à propos, vous allez prendre du thé. »

» Lucy, toute chancelante de ce coup si imprévu, alla pourtant se jeter sur le cœur de son amie; elles s'embrassèrent, mais comme deux comédiennes au théâtre. Pendant cette accolade, où leurs cœurs n'étaient pas à l'aise, Lucy eut le temps de se remettre un peu. « Comme te voilà tout en deuil, ma toute belle Parisienne, ni plus ni moins qu'un corbeau; mais tu n'es pas un oiseau de mauvais augure, toi. — Qui sait ? » dit tristement Rachel. Elle se laissa tomber sur un fauteuil, elle pencha son front abattu, et nous regarda l'un et l'autre à la dérobée. Qu'elle était pâlie depuis notre départ! Sa beauté n'avait rien perdu, car ce n'était plus le dédain qui dominait sa figure, c'était la douleur.

» Moi, je ne savais que dire, je ne savais que faire; j'étais là muet et immobile. Ah! si j'avais écouté mon cœur, comme je me serais jeté de bonne foi sur le sein agité de Rachel! Comme j'aurais éclaté dans ma passion! Comme j'aurais versé de douces larmes sur ce cœur attendri! « Enfin, reprit Lucy après un silence fatigant pour tout le monde, tu me diras cependant pourquoi ces habits funèbres? — Je suis *veuve*, répondit Rachel d'une voix brisée. — Ah! voilà donc le secret de cette grande douleur? — Oui, *voilà le secret*, reprit Rachel avec amertume. Dans ma douleur, n'ayant près de moi nulle âme charitable et compatissante, je suis revenue à toi, toi, ma meilleure amie, toi, *ma confidente*... — Je te remercie, ma chère, de ce souvenir et de cette confiance. Tu tombes ici à merveille : Ostende est une vraie ville de deuil; le plaisir y met un crêpe à son bonnet. — En vérité, reprit madame de Marsault d'un air de doute, tout en nous regardant; je vous croyais ici dans la joie la plus radieuse, car vous n'êtes pas *veufs*, vous autres... Est-ce que vous prenez sérieusement les bains de mer? — Très-sérieusement. — Je veux me baigner aussi. — Eh bien! ma chère, prends donc tout de suite du thé; dès cette après-midi, nous irons nous baigner ensemble. J'ai pour voisines de mer deux Anglaises charmantes, un peu rieuses et un peu folles, qui finiront par t'égayer.

» Vous savez la lettre cruelle que Lucy avait écrite à Rachel. Cette lettre, ce chef-d'œuvre de raillerie amère et d'impertinence féminine, fut un coup de feu pour la pâle et dédaigneuse Rachel. Jusque-là elle avait douté, jusque-là elle avait joué avec l'amour, sans prendre la peine de descendre dans son cœur; mais cette lettre, comme un éclair qui illumine et qui brûle, lui avait appris tout d'un coup qu'elle m'aimait et que j'aimais Lucy.

» Je ne vous redirai pas mot à mot tout ce qu'elles se dirent ce jour-là ; je vous en apprendrai bien plus, à coup sûr, en vous disant ce qu'elles ne se dirent pas. Avant le soir, vous devinez qu'elles étaient jalouses, sous ce ciel flamand, comme deux amoureuses de Grenade ou de Séville ; jalouses à faire pitié : car si mes paroles étaient pour Lucy, mes regards étaient pour Rachel ; si mon cœur était pour l'une, mon âme était pour l'autre. Enfin, il s'élevait entre elles une lutte terrible, sauvage, désespérée ; un combat à outrance, commencé avec l'amour, mais qui devait finir avec la mort. Ce qui vint encore donner plus d'ardeur au combat, ce fut la jalousie de la beauté, qui, pour les femmes, est pire que la jalousie de l'amour. Au bain, au dîner, à la promenade, au Casino, Rachel et Lucy, Rachel avec sa beauté et sa tristesse, Lucy avec sa grâce, ses charmes et son esprit, étaient le point de mire des madrigaux des quatre parties de l'Europe. Elles faisaient bon marché toutes deux de l'esprit des Anglais, de la sentimentalité des Flamands, de la raison des Français et de la grâce des Allemands. Mais quelle femme en ce mauvais monde se résigne de bon cœur à voir l'encensoir lui passer devant le nez pour les beaux yeux d'une autre, l'encens fût-il des plus grossiers ? L'amitié de Lucy et de Rachel s'était perdue dans l'amour, bientôt la haine s'alluma dans la jalousie. Quelle jalousie, mon Dieu ! Mon cœur en frémit encore.

» Cette jalousie s'accrut de jour en jour comme un incendie battu par les vents. J'avais beau faire pour l'apaiser ; je n'avais qu'un bon parti à prendre, c'était de m'en aller loin d'Ostende, sans mot dire. Mais, je vous le demande, comment partir quand le cœur veut rester ? Comment prendre la force de me séparer violemment, par bonne volonté, de ces deux femmes adorables, de ces deux femmes adorées qui étaient toute ma vie, tout mon tourment, toute ma joie ? Je me laissai aller au fatal enchaînement des choses, espérant du temps qui calme tout. Mais, mon Dieu! ce n'est pas le temps qui calme tout, c'est la mort. Il y a un an que le temps passe en vain sur mon cœur.

» J'aimais donc Rachel, j'aimais Lucy, tantôt l'une, tantôt l'autre; Lucy avec passion, comme le souvenir, comme la femme qui vous a donné mieux qu'un sourire sur ses lèvres; Rachel avec adoration, comme l'espérance, comme la femme qui est plus qu'une femme, qui n'a pas encore mordu avec vous à la pomme de l'amour. J'étais toujours flottant de çà, de là; j'essayais de consoler Rachel par de petites méchancetés envers Lucy; mais la cruelle Lucy se gardait bien de se montrer au grand jour méchante avec moi; c'étaient des gentillesses à n'en pas finir, mais du reste je n'y perdais rien ; une fois seule avec moi, elle se vengeait sans pitié. Quand elle me voyait trop près de madame de Marsault, elle venait tout en folâtrant pirouetter entre nous; elle épiait si bien mes regards, que je finissais par ne plus oser lever les yeux devant elle. Vous direz que c'est de l'enfantillage. Eh! mon Dieu, c'est de l'amour.

» J'étais entre deux feux ou plutôt entre deux sources de larmes, entre deux douleurs de plus en plus profondes. Moi, je souffrais par contre-coup de ces deux douleurs. Je n'étais pas jaloux, moi, mais toutes les angoisses de la jalousie ont déchiré mon âme. Rachel, toujours plus pâle, se renfermait dans sa tristesse comme dans un tombeau; elle pleurait en silence, elle gardait un sourire pour cacher son mal; mais que pour moi ce sourire était éloquent! Lucy, toujours plus belle, éclatait par des sanglots, des sarcasmes, des évanouissements. Elle voulait partir avec moi seul, moi je ne voulais pas. Elle voulait fatiguer Rachel, mais la pauvre femme ne se voulait pas fatiguer, tant elle recherchait le tableau de notre amour, tableau si amer pour elle!

» Elles se baignaient à la même heure et du même côté. Plus d'une fois, hélas ! j'avais pensé qu'il n'était pas sans danger de laisser ainsi à peu près seules au-dessus de l'abîme deux jalousies, deux haines, deux douleurs si profondes. Çà et là, tout en me baignant au loin, je cherchais à les voir. Je les voyais alors allant, venant, se mêlant aux autres baigneuses. La mer les apaise, me disais-je ; la mer est bonne pour ceux qui souffrent ; elle berce toutes les douleurs.

» Une après-midi, elles se baignaient comme de coutume ; moi, je me baignais plus loin sans inquiétude pour elles, me reposant sur Dieu, sur les matelots, sur l'insouciance. Cependant depuis deux jours Rachel était plus sombre encore, elle semblait pencher le front sous un dessein sinistre, elle avait des distractions étranges. Ce jour-là le soleil éblouissait les baigneuses, la rive était presque déserte, à peine si quelques nouveaux venus se promenaient sur la jetée. M'étant tout d'un coup, peut-être par pressentiment, soulevé sur une lame, j'entrevis Rachel et Lucy en tête de toutes les baigneuses, s'éloignant de plus en plus dans la mer. Lucy se coiffait quelquefois d'un petit cachemire bleu ; ce jour-là je la reconnus à ce cachemire dont un pan flottait au vent, hélas ! en signe de salut ! Surpris de les voir si loin dans la mer, je m'avançai un peu de leur côté, regardant toujours avec ardeur. Ah ! mon ami ! irai-je jusqu'au bout de cette triste histoire ? vous dirai-je que tout à coup j'entendis un cri effaré, qu'au même instant je perdis de vue les deux baigneuses ? Est-ce une lame qui a couvert leurs têtes ? dis-je en volant sur l'eau. Hélas ! quand la lame fut passée, je ne vis plus que la surface verte un peu agitée.

» J'appelai au secours : toutes les baigneuses poussèrent des cris d'épouvante et revinrent à leurs barques ; quelques baigneurs s'avancèrent sur mes traces. Moi, je me débattais comme un furieux avec les flots ; j'étais comme

dans ces horribles songes où l'on ne peut avancer, où l'on n'arrive que trop tard, et, comme dans les songes, j'arrivai trop tard; j'arrivai tout ruisselant et tout ensanglanté, la mort dans le cœur, résolu de ne pas reparaître si je ne pouvais reparaître avec elles, avec toutes les deux, car je n'eus pas une seule fois l'idée de sauver l'une sans l'autre. Un homme du bain, sorti d'une baraque quand j'avais crié au secours, arriva avant moi vers l'endroit fatal. Il plongea deux fois en vain. « Où sont-elles? me cria-t-il tout en colère pour me cacher son imprudence.
— Elles sont là, » dis-je en me jetant au fond.

» Je m'étais trompé; je ne trouvai comme cet homme qu'un peu de sable et de gravier. Je reparus seul en levant au ciel un regard désespéré. J'avançai au hasard, perdant la tête et voulant perdre la vie. Rachel, Lucy, où êtes-vous? murmurai-je d'une voix étouffée. Je redescendis encore dans cette tombe infinie; enfin je sentis une femme qui se débattait avec la mort; — mais seule! Je fus presque tenté de laisser celle que j'avais trouvée. Pour l'amour du soleil, je remontai avec elle.

» Toute cette scène terrible se passa en quelques secondes. Eh bien! mille pensées, mille images, mille rêves traversaient mon esprit. Ainsi, pendant que je revenais sur l'eau l'espace d'une seconde, j'eus le temps de me demander si c'était Rachel ou Lucy, laquelle j'aimais mieux sauver, s'il y avait une coupable. Ah! dans les moments suprêmes, la pensée va bien vite! Celle que j'avais trouvée, c'était Rachel. « Pourquoi n'est-ce pas Lucy? dis-je en la voyant.
— Pourquoi n'est-ce pas Rachel? » eus-je dit en voyant Lucy. Et, tout en baisant les cheveux épars de Rachel, je la jetai avec colère au premier marin venu. « Allez, dis-je, elle n'est pas morte celle-là. » J'avais à peine achevé ces mots que j'étais déjà au fond de la mer. Mais, hélas! vingt fois je recommençai en vain ce pénible et douloureux voyage. La pauvre Lucy était perdue à jamais. Dieu fut

inexorable. Je voulais mourir à chaque voyage ; mais, quand j'étais sous les flots, j'espérais revoir Lucy à la surface au bras de quelque nageur plus heureux que moi dans ses recherches. Cependant sans le marquis de B..., qui m'entraîna malgré moi, mais tout défaillant, je ne fusse jamais revenu sur le rivage. — Faut-il vous le dire? Rachel était encore dans mon cœur, je voulais revoir Rachel, je voulais tout savoir.

» Je n'abandonnai la rive qu'après avoir vu les courageux mariniers à la recherche de Lucy. Tout le monde l'aimait; elle était la joie d'Ostende; morte ou vivante, on voulait la retrouver; ce devait être une conquête glorieuse. On me transporta à moitié mort et à moitié habillé dans le premier cabaret du rivage où on avait déposé Rachel. Elle revenait peu à peu à la vie; elle se débattait toujours comme dans la mer. Je voulus la voir et lui parler. Je la revis, mais je ne lui dis rien. Que pouvais-je lui dire ? A ma vue, elle se cacha le front dans les mains, et s'écria dans un sanglot : « Lucy ! Lucy ! » Elle tendit les bras et s'évanouit encore. « N'ayez pas peur, dit un médecin, celle-là est sauvée. »

» Pendant que le marquis de B... lui prodiguait des secours, je ressaisis mes forces et je retournai sur la rive ; mais les nageurs cherchaient encore : il était trop tard déjà. « Hélas! dis-je dans mon désespoir, je ne te reverrai plus, toi, ma chère Lucy! » Et je jetais des regards de fureur et d'amour sur la mer.

» Je ne voulus pas me détacher du rivage ; je m'étais couché à moitié nu sur la grève, poursuivant les songes les plus funèbres. De temps en temps me revenait le souvenir de Rachel, mais je repoussais ce souvenir qui devait être toujours amer à mon cœur. « Allez, allez, disais-je, fuyez loin de moi si vous êtes coupable, car la mer est trop près de nous; fuyez, pauvre jalouse insensée, car j'ai encore assez de force pour vous traîner là-bas où est Lucy. »

Sur le soir, le marquis de B..., qui savait tout ce qui se passait dans mon cœur et dans le cœur de Rachel, vint me supplier de retourner pour un instant à l'hôtel. Je le suivis sans rien dire. Il me prit le bras dans l'escalier et me conduisit à la chambre de Rachel. Elle m'attendait : sur ses prières, elle allait partir pour Spa avec deux baigneuses que le marquis devait rejoindre bientôt ; elle voulait me revoir et me toucher la main en signe d'éternel adieu. J'avais résolu d'être impitoyable. « Mais un seul mot cruel la tuera, » me dit le marquis de B... Et, en effet, elle était si défaillante, elle était si près de la mort qu'une seule secousse de plus la renversait à jamais. « Elle va mourir en chemin, dis-je. — Je le crains, mais elle mourrait ici à coup sûr ; il faut donc qu'elle parte à l'instant ; mes amies auront pour elle tant de sollicitude qu'elle y mettra un peu de bonne volonté. Allons, approchez-vous d'elle : soyez charitable ; songez qu'elle vous aime et que vous l'avez aimée. »

» J'allai à elle tout chancelant : un soupir, un regard profond et douloureux, une main touchée d'une main tremblante (si j'avais pressé sa main, je l'eusse brisée !), voilà tout notre adieu. En m'en allant, je l'entendis qui murmurait d'une voix étouffée : « O Henri ! me pardonnerez-vous ! » Elle partit ; moi, je retournai sur le rivage. On ne cherchait plus Lucy. Lucy était perdue pour moi, pour le monde, pour la terre. Ah ! vous ne saurez jamais quelle est l'amertume des larmes versées sur cette tombe sans fin. Dans un cimetière, les larmes pieuses font éclore des fleurs et pousser des herbes consolantes où l'on respire l'âme des morts ; mais dans la mer ! La mer cependant venait par moments sourire à mes souffrances ; elle avait comme moi ses plaintes et ses agitations, ses colères et ses larmes. Ah ! que je prenais une sombre joie à la voir le matin dans son flux, quand chaque flot venait bruyamment se briser à mes pieds ! Je voulais sans cesse me laisser engloutir, mais sans cesse j'espérais voir revenir dans une lame la blanche dépouille de ma pauvre maîtresse. Je reculais peu à peu l'œil égaré sur chaque nouvelle vague ; je reculais ainsi jusqu'à l'heure du reflux, et, plus que jamais désespéré, je tombais presque mort sur la grève.

« J'épuisai mon cœur, mon âme, ma vie, mais non pas ma douleur, à ce spectacle cruel. La mer fut avare de mon trésor. Un jour, cependant, à l'heure du flux, ayant cru entrevoir dans une vague encore lointaine un vêtement de femme, je m'élançai comme un fou, avec des cris de fou, au-devant de cette espérance ; je me jetai tout éperdu et tout défaillant sur cette vague, comme si elle eût renfermé Lucy. Cette vague était comme le dernier adieu de la morte ; car elle m'apportait un petit cachemire bleu dont s'était coiffée Lucy le jour fatal. La pauvre coquette !

» Je saisis avec ardeur ce cachemire qui avait touché des cheveux adorés, qui a gardé un parfum d'elle-même, qui est pour moi la plus sainte des reliques !

» Que vous dirai-je encore ? Le marquis de B... m'entraîna loin d'Ostende. Bon gré, mal gré, il m'emmena à Spa, où Rachel n'était restée que deux jours. Nous avions appris son départ dans une lettre des deux amies de mon brave et dévoué compagnon de voyage. C'est là que je vous rencontrai, dans ma tristesse toujours profonde, mais un peu effacée au dehors. Plaignez-moi, car je suis bien à plaindre. Si nous voyageons encore ensemble, pardonnez-moi mes heures de profonde solitude. Je sais bien que le temps nous éloigne toujours des morts, c'est une loi de la vie humaine ; mais il est de grands malheurs où le temps ne peut rien. Mon grand malheur, à moi, le devinez-vous ? — J'aime Rachel ! »

# DAVID TÉNIERS

ET

## ANNE BREUGHEL.

---

J'ai toujours reconnu que les beaux romans sont ceux que la destinée s'amuse à créer dans ses jours de distraction poétique. La destinée n'a ni plume ni encre pour écrire, mais elle a le cœur des hommes ; elle n'écrit pas sur une feuille de papier, mais sur le monde entier. Que d'enchevêtrements et de péripéties dans ce livre éternel qui a pour titre la comédie humaine !

Quand je veux lire un roman, j'étudie tout simplement la vie d'un homme heureusement doué. Poëte, artiste, grand capitaine, homme d'État, philosophe, maître d'école, pâtre, bohémien, bûcheron, chiffonnier, qu'importe, si je reconnais que la destinée a pris plaisir à le tourmenter, à l'élever au-dessus des autres hommes par l'héroïsme, par la passion, par la poésie, par la misère ?

C'est surtout dans la vie des poëtes et des artistes que

je m'arrête avec joie; car ceux-là, s'élevant plus haut que les rois et les héros par le rêve ou par la pensée, donnent à l'étude un champ plus vaste. Ils répandent autour d'eux je ne sais quels rayons charmants qui colorent avec magie le monde où ils vivent. Avec eux, les sentiers sont plus verts, les roses plus fraîchement épanouies, les forêts plus éloquentes, les vignes plus généreuses, et, le dirai-je, les femmes qu'ils aiment ont tout l'accent de la souveraine beauté, — quand elles sont belles. — Pardonnez-moi cet avant-propos.

David Téniers, — qui d'entre vous ne connaît au moins une page de son œuvre? — comme tous ceux qui arrivent à se faire un sceptre de leur talent, commença rudement sa carrière. Il avait à peine onze ans quand Rubens vint un jour à l'atelier de son père le vieux Téniers. David barbouillait une kermesse. A la vue du grand peintre, il fut ému jusqu'aux larmes et laissa tomber son pinceau. Rubens, voyant bien qu'il lui faisait peur, daigna ramasser le pinceau et peindre lui-même à grands traits dans l'ébauche du jeune écolier. Dès ce jour, David Téniers sentit en lui une étincelle divine; mais durant plus de dix ans, il vécut comme un peintre d'enseignes, jusqu'au moment où l'archiduc Léopold le nomma son peintre ordinaire et gentilhomme de sa chambre.

Une petite aventure décida tout à fait de sa fortune.

Vers ce temps-là, un gentilhomme du duc, près de se marier, commanda à Téniers un tableau de l'Hymen. Comme le gentilhomme était passionné, Téniers, pour le contenter, mit en œuvre toutes les ressources de son génie. Il imita les grâces de l'Albane et le coloris de Rubens; il fit l'Hymen plus beau que l'Adonis antique. Jamais lignes plus pures ne s'étaient animées d'un plus charmant sourire. Téniers n'oublia pas le flambeau; jamais flambeau d'Amour n'avait jeté tant d'éclat. La veille des noces, Téniers appelle le gentilhomme à son atelier :

« Voilà, dit-il, tout ce que j'ai rêvé de plus beau et de plus aimable.

— Vous avez manqué votre coup, dit le gentilhomme en secouant la tête d'un air mécontent ; j'ai une meilleure idée de l'Hymen, je le vois plus agréable et plus gai ; il manque à cette figure je ne sais quoi d'enchanteur que je sens et que je ne puis exprimer. »

En garçon d'esprit, Téniers prit aussitôt son parti.

« Vous avez raison de n'être pas content de mon tableau, il n'est pas sec, ce visage est embu ; d'ailleurs, mes couleurs ne gagnent qu'avec le temps, comme toutes celles des grands maîtres. Voulez-vous que je vous rapporte ce tableau dans quelques semaines ? Puisque vous vous mariez demain, vous avez bien autre chose à faire aujourd'hui qu'à voir l'Hymen en peinture. Croyez-en ma parole, si vous trouvez à la première entrevue que je me sois trompé, je consens à n'être pas payé. »

Le gentilhomme n'avait rien à répliquer. Il sortit de l'atelier pour aller revoir sa fiancée. C'était une Flamande d'origine espagnole, digne du pinceau de Murillo comme du pinceau de Rubens : comme elle n'avait guère que la beauté flamande et que son imagination n'égalait pas sa beauté, Téniers, en homme sensé, attendit un peu ; il laissa au gentilhomme le loisir de voir l'Hymen sous toutes ses faces.

Enfin, au bout de trois ou quatre mois, il porta le tableau au logis du gentilhomme.

« Vous aviez raison, s'écria celui-ci après l'avoir contemplé un instant, le temps a singulièrement embelli votre peinture. A peine si je la reconnais ! le temps doit passer sur les meilleurs tableaux. Comme ces couleurs ont bien plus d'éclat ! comme ce flambeau a bien plus de feu ! Je ne puis m'empêcher de vous dire que votre tableau a trop gagné en grâce et en agrément. Vous avouerez que cet air de tête est trop enjoué, on dirait l'Amour ; or, ne vous y trompez pas, c'est l'Hymen que vous avez voulu peindre. Cet œil est trop vif, cette bouche est trop folâtre. L'Hymen est un dieu raisonnable avant tout ; plus j'y regarde et plus je trouve que vous n'avez pas saisi son caractère.

« A merveille! dit Téniers, comme je l'avais dit, l'Hymen s'est métamorphosé dans votre imagination ; le fiancé n'est plus qu'un mari. Sachez-le donc, ce n'est pas ma peinture qui a changé, c'est votre idée. »

Le gentilhomme voulut se fâcher pour l'honneur de sa femme ; mais comment se fâcher contre un pareil raisonnement? Il offrit de payer le tableau.

« Non, dit le peintre ; j'ai manqué de génie en cette aventure, accordez-moi quelques jours. »

Téniers se remit au travail; il fit un chef-d'œuvre d'esprit : grâce à la perspective, il fit un portait de l'Hymen qui paraissait charmant, vu de loin, et un peu renfrogné, vu de près.

L'archiduc Léopold ayant appris l'histoire de ce portrait, exigea qu'il fût placé au bout de sa galerie. Tous les curieux, mariés ou non mariés, le vinrent admirer. Dufresny, qui a raconté cette histoire avec tout son esprit, termine ainsi son récit : « Le duc fit placer le portrait au bout d'une agréable galerie, sur une espèce d'estrade, et, pour monter sur cette estrade, il fallait passer un pas fort glissant ; en deçà, c'était le charmant point de vue ; mais, sitôt qu'on avait passé ce pas, adieu les charmes ; ce n'était plus cela. »

Cornille Schut, le peintre-poète, a le premier rapporté cette petite histoire : « Ce qu'il y a de curieux, dit-il dans sa narration, c'est que ce tableau de l'Hymen a amené le mariage de David Téniers. » Voici comment : Cornille Schut était un des tuteurs d'Anne Breughel, fille de Breughel de Velours ; elle demeurait avec sa famille. Comme elle était aimable et belle, il prenait plaisir à la conduire à la promenade, tantôt aux ateliers de Rubens et Van

Baelen, ses autres tuteurs, tantôt à la cour de l'archiduc Léopold, tantôt sur l'eau ou en pleine campagne. Un jour qu'il lui montrait le tableau de Téniers, vu en deçà du pas glissant, notre peintre survint. Après quelques paroles sur la pluie et le beau temps, sur la poésie et la peinture, Téniers dit tout à coup à la jeune fille :

« Madame, voulez-vous passer au delà ?

— Oui, dit-elle, peut-être sans réfléchir.

— Je vous prends au mot, reprit Téniers en lui offrant la main. »

Agne Breughel rougit et refusa de passer. Cornille Schut prit l'aventure en poète plutôt qu'en tuteur.

« Pourquoi ne passeriez-vous pas ? dit-il en souriant.

— A quoi bon, dit-elle un peu enhardie, puisque de l'autre côté le tableau change d'effet et de couleur ?

— Pour vous et pour moi, jamais ! dit étourdiment le jeune peintre ; ou plutôt, je vous promets de revenir tout de suite en deçà du pas fatal. »

Il survint du monde mal à propos. Téniers salua galamment et s'éloigna déjà amoureux. Le lendemain il entra, après mille détours, à l'atelier de Cornille Schut, qui peignait des camaïeux dans une guirlande de fleurs de Seghers.

« Maître Cornille, demanda Téniers, voulez-vous me dire ce qu'il y a de mieux à faire pour plaire à une femme ?

— Des vers, répondit le poète-peintre. Vous êtes donc amoureux ?

— Comme un fou, au point que l'archiduc croit que j'ai perdu la raison.

— Et amoureux de qui, messire David Téniers ?

— Vous devinez,... répondit le jeune peintre. Ah ! si je savais faire des vers comme les vôtres !

— Je ne suis pas maître de la main d'Anne Breughel ; elle a deux autres tuteurs, Rubens et Van Baelen ; d'ailleurs, je la tiens pour femme résolue; elle prendra un époux à sa guise. »

Téniers, voyant Rubens peu de jours après, lui demanda aussi ce qu'il y avait de mieux à faire pour plaire à une femme.

« Un portrait qui l'embellisse, répondit le grand peintre.

— Que n'ai-je votre talent! s'écria Téniers avec un soupir, j'embellirais encore Anne Breughel!

— Puisqu'il est question d'Anne Breughel, allez voir notre grave ami Van Baelen, son premier tuteur; il vous dira, en vieux philosophe revenu des passions de ce monde, ce qu'il y a de mieux à faire sur ce chapitre. »

David Téniers alla tout droit à l'atelier du vieux peintre, il le trouva peignant sur cuivre une copie de son grand tableau *Saint Jean qui prêche dans le désert*. Téniers l'avait vu souvent au palais de l'archiduc, il aborda tout de suite la question.

« Qu'y a-t-il de mieux à faire pour plaire à une femme?

— L'aimer, répondit le vieux peintre.

— Vous avez peut-être raison; cependant j'adore Anne Breughel, qui n'est, j'imagine, pas le moins du monde touchée de mon amour. »

Les trois tuteurs interrogèrent tour à tour Anne Breughel, qui n'avait pas oublié David Téniers. Il se trouva que Van Baelen avait parlé plus judicieusement que ses cotuteurs. Tous trois tinrent conseil; on mit sur les balances le talent de Téniers et la fortune d'Anne Breughel, l'esprit de l'un et la grâce de l'autre. Après bien des débats, on se décida pour le mariage. On réunit les deux jeunes gens dans un souper chez Rubens, on s'amusa un peu de leur embarras; au dessert, on dit à Téniers qu'on l'avait appelé pour signer au contrat de mariage d'Anne Breughel, en sa qualité d'imitateur du vieux Pierre Breughel, son grand-père.

En effet, un garde-notes se présenta très-sérieusement. On lui fit place au bout de la table; il déploya son parchemin, tailla sa plume, et offrit de lire son acte sur les conventions des futurs époux. David Téniers ne douta plus de son bonheur; il offrit de signer des deux mains.

Ce contrat de mariage, conservé aux archives d'Anvers, fut rédigé en faveur de la femme contre le mari.

Il y est dit qu'en cas de décès d'Anne Breughel, ses enfants recueilleraient, non-seulement les biens qu'elle apportait en dot, mais encore tous les bénéfices de la communauté.

Nous verrons tout à l'heure cette clause exécutée de point en point. Les trois tuteurs avaient tout arrangé en hommes de loi, tout artistes qu'ils étaient.

Le mariage eut lieu solennellement à quelques jours de là. L'archiduc, le matin même, donna son portrait en médaillon à Téniers, avec une chaîne d'or.

Cette chaîne d'or fut d'un heureux présage; ce mariage n'eut pour Téniers que des chaînes de fleurs. Anne Breughel lui fut toujours douce et gracieuse; elle lui donna quatre jolis enfants, sans cesser de l'aimer comme au premier jour; lui-même l'aima toujours avec la tendresse d'une âme ardente; en un mot, ils ne virent jamais l'Hymen qu'en deçà du pas fatal.

Dans les premières années de son mariage, il continua d'habiter le palais de Léopold, ne travaillant guère que pour le roi d'Espagne.

Le roi d'Espagne fut si enchanté de sa façon de faire et de son agilité, qu'il fit bâtir une galerie tout exprès pour ses œuvres. D'abord, Téniers n'avait guère que copié les grands maîtres de Flandre et d'Italie: bientôt, ennuyé de suivre les maîtres à la lettre, il ne fit plus que les imiter. Ses imitations eurent une vogue singulière: on alla jusqu'à les préférer aux modèles; il réussissait surtout à imiter Rubens au point qu'on s'y méprenait quelquefois. Ces pastiches furent gravés sous sa direction ; ces gravures forment un grand volume in-folio très-curieux à étudier.

Téniers comprit que jusque-là il n'avait mis son génie qu'au service de sa fortune et des maîtres qu'il traduisait ; il voulut être à son tour un peintre original.

Dans ses heures de loisir, se rappelant les leçons de son vieux père, il créait en quelques coups de pinceau une scène prise autour de lui dans la nature pure et simple. Il finit par abandonner tout à fait les grands sujets ; il borna son esprit, flamand avant tout, dans un horizon flamand. Il s'était lassé de voir des saints en extase, des saintes en pénitence ; il n'avait jamais rencontré de pareils tableaux sur son chemin. Assez d'autres avaient peint pour l'Église catholique, apostolique et romaine ; n'était-il pas temps de représenter la créature humaine sous une autre face, dans un caractère plus vrai? Puisque la peinture est un miroir, pourquoi ne pas promener ce miroir dans le chemin où l'on passe aussi bien que dans le chemin où l'on ne passe guère? Le tableau de la joie franche et naïve, le tableau de la vie telle qu'elle est, ne doit pas être indigne de l'art ; la prose doit plaire aussi bien que les vers. Ainsi raisonnait Téniers, et, comme tous les hommes de génie, il avait raison. On aurait bien pu lui répondre que la peinture, comme la poésie, est une fille du ciel, qu'elle ne doit descendre que pour s'élever plus haut ; qu'elle a pour mission de parler à l'âme le langage des dieux ; qu'elle doit enseigner en même temps que séduire, et autres paradoxes de cette force ; mais comment dire à Téniers qu'il avait tort, en voyant ses paysans en gaieté?

Adrien Brauwer et Van Craesbeck avaient pris à Anvers, parmi les mariniers et les buveurs, toutes les physionomies originales ; pas un intérieur de cabaret, pas une figure plaisante qu'ils n'eussent peints à diverses reprises. David Téniers voulut aller à la conquête d'un nouveau monde ; il ne fit pas grand chemin pour cela.

Entre Malines et Anvers, au village de Perck, il y avait un château à vendre, le château des Trois-Tours, vieil édifice gothique, digne d'abriter un prince. David Téniers, qui était un prince parmi les peintres flamands, acheta hardiment le château, résolu d'y passer sa vie dans le luxe, le travail et la nature. Le lieu était bien choisi : clocher pointu, prairie, étang, enclos pittoresque, ménétriers, ivrognes, tout ce que Téniers cherchait, il le trouva à Perck et aux villages environnants. Il mena grand train : il eut des laquais et des équipages. Ce qui surprendra sans doute, c'est qu'il étudiait presque toujours les danses et les cabarets par la portière de son carrosse. Il n'imitait point en cela son ami Brauwer, qui buvait et dansait avec ses modèles.

Son château devint un des plus beaux rendez-vous de chasse; l'archiduc Léopold, le prince d'Orange, le duc de Marlborough, l'évêque de Gand, don Juan d'Autriche et autres personnages illustres plus ou moins, s'y donnaient rendez-vous. Don Juan d'Autriche passa au château des Trois-Tours plus d'une belle saison, prenant des leçons de peinture et fraternisant avec Téniers. Comme souvenir de bonne et franche amitié, il a peint, avec le talent de la patience, le portrait du fils de Téniers.

Notre peintre n'était pas seulement célèbre en Flandre et en Hollande : la reine Christine de Suède lui écrivait et lui envoyait son portrait en médaillon, orné des plus riches pierreries. La France, l'Allemagne et l'Italie se disputaient ses œuvres. Il y avait pourtant çà et là des protestations contre son talent; on sait le mot de Louis XIV : « Qu'on m'ôte ces magots de devant les yeux ! » dit ce prince un jour qu'on avait orné sa chambre de quelques grotesques de Téniers. Ce mot ne prouve rien contre Louis XIV ni contre Téniers. Le grand roi, qui n'avait jamais vu que des courtisans en longues perruques, en fines dentelles et en habits brodés, ne pouvait croire qu'il y eût quelque part, en Flandre ou ailleurs, une créature humaine comme celles que peignait Téniers.

Cependant, ce peintre grand seigneur n'étudiait pas toujours en carrosse; dans ses kermesses, nous le voyons quelquefois assis au bout d'une table rustique, entre sa femme et ses enfants, suivant d'un regard pénétrant tous les jeux de physionomie des buveurs éparpillés autour de lui ; il lui arrive même de verser à boire à ses modèles, mais d'une main blanche et dédaigneuse, qui contraste singulièrement avec son action.

Son grand train le ruina deux fois. A sa première ruine, il se contenta de travailler la nuit ; il n'en supprima point pour cela un seul cheval ni un seul domestique; il n'en reçut pas moins des Excellences de tous les pays, qui se croyaient, au château des Trois-Tours, dans un château royal. Le travail rétablit ses finances. On assure qu'il produisit jusqu'à trois cent cinquante tableaux dans une seule année. Mais à force de produire, il désespéra les chalands : ses œuvres tombèrent de prix ; bien des tableaux restèrent suspendus aux lambris dorés de l'atelier. Alors ne sachant plus comment se tirer d'affaire, on rapporte que Téniers, de complicité avec sa femme et ses enfants, se fit passer pour mort. On éleva un mausolée dans le jardin, Anne Breughel revêtit un habit de deuil ; enfin, la comédie fut jouée si bien, que le dénoûment prévu arriva. Les tableaux de Téniers quadruplèrent de prix ; ce que voyant, Téniers sortit encore de son atelier, et reprit encore son beau train de vie. Mais c'est là un conte de biographe anecdotique ; Téniers, avec ses sentiments religieux, n'eût jamais consenti à jouer ainsi la comédie de la mort. D'ailleurs, Anne Breughel, cette épouse adorée et si adorable, cette mère si tendre et si pieuse, n'eût jamais voulu profaner les larmes du veuvage. Sous l'Empire, quatre vaudevillistes, qui n'ont pas eu de l'esprit comme quatre, ont, à propos de ce conte, gâté à plaisir, dans un pauvre petit cadre, la riche et belle figure de Téniers.

David Téniers a peint quelques pages de sa vie au château des Trois-Tours. Un de ses plus jolis tableaux, très-admiré au dix-huitième siècle, dans le cabinet du duc de La Vallière, le représente avec sa famille sur la terrasse de son château. Son costume est flamand et espagnol. Il joue du violoncelle avec bonne grâce et d'un air mélancolique. Anne Breughel ouvre devant lui un livre de musique. Le plus jeune de leurs fils s'épanouit naïvement entre eux; l'aîné, qui a dix à douze ans, vient du château, apportant un verre et une cruche. Abraham Téniers, drapé fièrement dans son manteau, le chapeau sur la tête, à demi masqué par une porte, observe gravement ce tableau. Un singe, grimpé sur un petit mur, semble écouter la musique avec charme. Madame Téniers est très-simplement vêtue : des cheveux qui tombent en boucles, une rose à son corsage, un tendre sourire de mère, voilà toute sa parure.

Un autre tableau de famille, *la Diseuse de bonne aventure*, représente Anne Breughel écoutant les prédictions d'une horrible bohémienne qui lui tient la main. On est en pleine campagne. Téniers est présent. D'un côté du groupe, on voit son fils qui s'éloigne et entraîne un grand lévrier; de l'autre côté, d'autres bohémiens, dignes de Callot, font une halte pour attendre leur compagne. Toutes les physionomies sont bien exprimées : madame Téniers a l'air de douter des prédictions de la sibylle qui doit lui promettre une longue vie et une belle mort, une place en ce monde et dans l'autre. Or Anne Breughel mourut vers ce temps-là.

Le château de Trois-Tours domine un grand nombre de paysages du peintre; mais Téniers voulut lui consacrer un tableau tout entier. C'est un vieux château sans caractère et sans style. Cependant il a quelque chose d'imposant dans ses vieilles tours inégales. Il est baigné par un étang où s'inclinent le roseau et la fleur aquatique. Téniers s'est peint sur le pont avec sa femme et ses enfants. Dans un autre tableau, il s'est peint voguant sur l'étang dans une nacelle; des chiens le suivent à la nage.

Abraham a laissé un beau portrait de David Téniers, peint au château des Trois-Tours. Quoique drapé à l'espagnole, en dépit de ses cheveux bouclés, de sa fine moustache, de sa fraise, de ses chaînes d'honneur, de ses manchettes et de ses éperons, il a un peu l'air d'un riche paysan de la Flandre.

Il était à peine au milieu de sa carrière quand il vint à perdre sa femme. Son affliction fut des plus grandes. Le château des Trois-Tours, si égayé par son bonheur passé, se transforma en un tombeau vaste et glacial. La nature, son atelier ordinaire, ne lui parla plus que des grâces et des vertus d'Anne Breughel. Comme, selon son contrat de mariage, il devait, à la mort de sa femme, abandonner tout son bien à ses enfants, il se trouva pauvre comme au point de départ. Ses enfants n'eussent point exigé que les clauses du contrat fussent accomplies en leur faveur; mais David Téniers, malgré les représentations de tout le monde, voulut se déposséder dans l'année même de son veuvage, disant qu'il ne voulait pas vivre sur un bien d'orphelins. Le château des Trois-Tours fut donc mis en vente. Un conseiller au parlement de Brabant, Jean de Fresne, l'acquit en deniers payables aux enfants du peintre, à leur majorité. Téniers se retira à Bruxelles en très-petit équipage. Il conserva pourtant un cheval, ne pouvant peindre qu'au retour de la promenade en pleins champs.

A peine si on voulait croire à cette métamorphose. Naturellement il vendit ses tableaux à moitié prix. On n'osait marchander avec le grand seigneur; avec le peintre redevenu pauvre, on craignait toujours d'offrir trop d'argent.

D'ailleurs, la fortune se lasse de sourire aux mêmes visages. Téniers vivait solitairement; il tournait ses idées vers l'ombre de sa chère Anne et vers la religion chrétienne; il veillait avec sollicitude sur ses enfants au collége. David commençait à trouver un certain charme de mélancolie dans cette existence pleine de regrets, mais paisible; il s'était remis au travail avec l'ardeur de sa première jeunesse, quand une aventure toute romanesque le ramena à sa vie ancienne.

Plusieurs fois déjà, dans ses courses à cheval, il était allé rêver à Perck, en vue du château, sur ses gracieux souvenirs de fortune, de gloire et d'amour.

Un soir, par la grille du jardin, il vit apparaître une jeune dame en promenade, dont la figure avait quelques nuances de celle d'Anne Breughel. Dans sa douce surprise, il laissa aller la bride de son cheval, qui effeuilla d'une dent impatiente la branche d'un vieux saule. Il suivit d'un regard ardent cette gracieuse apparition, qui était comme un songe du passé. La jeune dame disparut presque au même instant dans une allée touffue conduisant au château. Téniers regardait toujours, tantôt le château, tantôt l'étang, tantôt l'allée touffue. « Ma pauvre Anne Breughel, tu n'es pas morte pour moi, » dit-il tristement, mais avec un pressentiment de joie.

« Non, reprit-il, non, tu n'es pas morte; je te retrouve partout ici, sous ces mêmes arbres, à cette même fenêtre, dans cette même nacelle qui a promené tant de bonheur. » Tout en parlant ainsi le pauvre peintre ne voyait pas que son cheval, qui avait aussi ses souvenirs, prenait tout doucement le chemin des écuries. Sur le pont, Téniers ressaisit la bride en soupirant. « Non, non, mon noble ami, nous n'avons même plus de droit de pied à terre dans ce château. »

Ce jour-là Téniers rentra plus triste que de coutume à son logis.

« Pourquoi ai-je vendu ce château? disait-il avec amertume; au moins là je serais en quelque sorte plus près de ma chère Anne, je m'imaginerais encore la voir et l'entendre. »

Le lendemain il ne put s'empêcher de retourner à Perck. Le conseiller, l'ayant rencontré au bord de l'étang, le pria d'entrer au château et de s'y considérer comme le maître. Il fut présenté à Isabelle de Fresne. C'était une jeune fille blonde et blanche, qui s'ennuyait dans la solitude, quoique dans un château. Elle avait le regard tendre et naïf d'Anne Breughel. Téniers en fut charmé. Elle peignait un peu; le peintre offrit de lui donner une leçon dans son atelier. Une giboulée vint fondre sur le château; le conseiller retint Téniers qui ne fut pas fâché de ce contretemps. Le souper fut très-gai. Le pauvre peintre se croyait presque revenu à son ancienne splendeur. La douce figure d'Anne Breughel manquait au tableau; mais Isabelle de Fresne avait bien du charme.

« Quelle fâcheuse idée vous a pris de quitter ce château? dit le conseiller au dessert. Pour augmenter le patrimoine de vos enfants, je le sais; mais c'est pousser trop loin l'amour paternel. A un génie tel que le vôtre, il faut un palais pour asile.

— Mon vrai palais, c'est la nature, dit le peintre en jetant un regard d'envie sur les lambris dorés du château des Trois-Tours.

— Mon vœu le plus cher, monsieur Téniers, serait de vous voir ici pendant toutes les belles saisons.

— En vérité, monsieur le conseiller, je serais fier de vivre en si bonne et en si belle compagnie; mais le temps des fêtes est passé pour moi. J'ai été un grand seigneur et un peintre, aujourd'hui je ne suis plus qu'un peintre, toute ma joie est sur ma palette. Je peindrai encore le bonheur, mais le bonheur des autres. »

Disant cela, Téniers regardait tendrement Isabelle. La jeune fille rougit et parla d'autre chose.

Le lendemain, Téniers se leva dès l'aube pour retourner à Bruxelles.

Pendant que son cheval mangeait l'avoine il alla se promener au bord de son étang bien-aimé. La matinée était des plus fraîches et des plus agréables ; un vent léger secouait la brume au-dessus des prairies de Vilvorde. Grâce à l'orage de la veille, la campagne répandait l'odeur pénétrante des herbes et des buissons ; le soleil levant blanchissait les tours et la cime des arbres ; enfin, selon Arnold Houbraken, qui a rapporté cet épisode, la matinée était pleine d'amour et d'espérances. Téniers s'appuya contre le tronc d'un saule pour regarder tour à tour l'étang et le château, il était perdu dans ses souvenirs, quand tout à coup, levant les regards pour la vingtième fois vers la fenêtre adorée où s'appuyait Anne Breughel durant les beaux soirs, il vit apparaître son image comme par enchantement. C'est bien elle avec ses blonds cheveux tombant en longues boucles ; voilà bien cette figure pensive où la grâce naïve sourit. Il allait tendre les bras, quand il reconnut Isabelle de Fresne.

« Hélas ! dit-il en baissant la tête, ce n'est pas elle, et pourtant... »

Il rentra au château, monta à cheval et partit lentement. Durant toute une semaine, il ne fit rien de bon. Il voulut peindre le portrait d'Isabelle de Fresne ; mais c'était une œuvre au-dessus de ses forces. A peine ébauché, ce portrait lui rappelait en même temps Anne Breughel et Isabelle de Fresne ; ces deux charmantes images étaient pour jamais enchaînées sous son regard. Il chercha des distractions, craignant de devenir amoureux ; il fit un voyage en France ; il partit même pour l'Italie ; mais, à peine à Lyon, l'amour lui fit rebrousser chemin. A son retour il trouva une lettre du conseiller, qui se plaignait de son oubli. « Venez, monsieur, nos paysans eux-mêmes sont en souci de voir leur seigneur, et ma fille Isabelle trouve que ce n'est pas assez de prendre une seule leçon de peinture, même d'un maître tel que vous. » Téniers partit aussitôt pour Perck. Le conseiller le pria avec instance de passer au château le reste de la saison ; Téniers s'y installa à toute aventure, ne sachant s'il était plus heureux pour lui de fuir Isabelle que de la voir sans cesse.

Par hasard sans doute, la jeune fille avait depuis peu pour suivante une des caméristes d'Anne Breughel ; ce fut une autre illusion pour le pauvre Téniers, qui, en la rencontrant, voulait toujours lui demander si sa femme était à la promenade, sur l'étang, au jardin ou dans la prairie. Cette fille, par habitude sans doute, habillait sa nouvelle maîtresse comme l'ancienne ; c'était la même coiffure, la même plume au chapeau, les mêmes dentelles, les mêmes couleurs. Téniers s'imaginait souvent rêver à la vue de ce souvenir vivant si doux et si triste. Plus d'une fois, en baisant la main d'Isabelle de Fresne, il croyait ressaisir son bonheur passé, chaque jour il découvrait de nouvelles ressemblances ; hier c'était la main, aujourd'hui c'est le pied ; demain elle chantera, et il s'écriera avec transport : « C'est Anne qui chante. » Jamais l'illusion n'a été si puissante, il faillit en devenir fou. A certaines heures, il s'éloignait en toute hâte du château dans la crainte de ne plus pouvoir maîtriser son cœur.

« Qu'avez-vous donc, mon hôte ? lui demandait le conseiller, frappé de ses distractions inquiètes ; est-ce que notre façon de vivre ne vous plaît pas ? votre mine ne fait pas honneur à notre maître-d'hôtel.

— Je n'ai rien, répondait Téniers ; un souvenir, un regret, je ne sais. »

Un soir, après le coucher du soleil, comme notre peintre était assis au bord de l'étang, secouant du pied les roseaux, évoquant les gracieuses images du souvenir, Isabelle de Fresne et sa suivante vinrent à passer dans la nacelle grise. Grâce à la nuit tombante qui jetait un voile léger, grâce à sa rêverie nuageuse, grâce à un grand chien qui suivait la nacelle à la nage, comme au beau temps, Téniers ne fut plus maître de lui. La nacelle touchait les roseaux, il s'y élança tout éperdu.

« Anne! Anne! s'écria-t-il. Isabelle, pardonnez-moi, reprit-il aussitôt, en tombant agenouillé aux pieds de la jeune fille.

— Eh bien! oui, lui dit-elle avec entraînement, Anne Breughel si vous voulez. »

On devine sans peine que la jeune Isabelle, peut-être un peu romanesque, avait aimé Téniers ; que, touchée de ses regrets pour Anne Breughel, elle avait entrepris de les adoucir, en arrivant peu à peu, à force d'illusions, à prendre la place de cette femme adorée.

Trois semaines après, Téniers épousa la fille du conseiller, qui avait vainement élevé quelques obstacles. Il revint habiter son château ; il reprit la façon de vivre de son meilleur temps. Isabelle de Fresne, séduite par son génie rustique et ses nobles manières, lui fut très-dévouée jusqu'à sa mort. Elle savait qu'elle lui rappelait toujours sa première femme : loin de s'en plaindre et de s'en irriter, elle avait pris à peu près les habitudes d'Anne Breughel, dans le dessein généreux de faire illusion sans cesse au peintre. Aussi Téniers, ravi d'avoir retrouvé une si douce compagne, l'aimait pour elle et pour Anne Breughel.

Il survécut encore à cette seconde épouse. Il mourut âgé de plus de quatre-vingts ans. Il vivait retiré de Bruxelles, toujours ardent au travail. Sa mort fut douce et paisible. Un de ses fils, récollet à Malines, lui ferma pieusement les yeux. Grâce au zèle de ce fils, il était devenu très-catholique. Il avait peint pour le couvent à Malines les dix-neuf martyrs de Gorcum. Ce fils a écrit une vie de son père, entremêlée d'oraisons et de litanies. La seule page curieuse est la dernière, qui parle de la mort de ce grand peintre.

Déjà dans le délire, David Téniers ne parlait qu'à de longs intervalles.

Au milieu de la nuit, après un assoupissement pénible, il prit la main de son fils avec agitation. Il voyait sans doute passer dans son esprit toutes les curieuses créations de son pinceau : « Voyez-vous là-bas ? » lui dit-il en soulevant la tête.

Le récollet regarda dans le fond de la chambre.

« Je ne vois rien, mon père.

— Voyez-vous, reprit le vieux peintre, dans ce laboratoire, cet alchimiste qui médite ? Il s'est tourné vers moi pour me dire adieu. Adieu donc. Qu'ai-je dit, un alchimiste ? c'est un buveur ; ils sont deux, trois, quatre ; l'odeur de leur bière me monte à la tête. Oh ! les profonds politiques ! les voilà qui transportent les Flandres en Espagne ! Les ivrognes ! c'est pour y boire à plein verre du vin de Malaga. Mon fils, empêchez donc de fumer ce paysan qui n'a rien à dire. Bien à propos, j'entends sa pipe qui se casse ; je me trompe c'est le violon du vieux Nicolas Soëst ; il y a donc kermesse à Perck aujourd'hui ? Ouvrez la fenêtre, que j'entende mieux leurs cris. A merveille ! ils dansent sous la fenêtre. Prenez garde, Marguerite, le vent bat vos jupons. Comme ce chimiste est profond ! Le vieux fou ! c'est bien la peine d'avoir des cheveux blancs ! J'aime mieux voir ton violon, Nicolas Soëst ; mais que diable joues-tu donc là ? Mon fils ! mon fils ! voyez-vous ? c'est effrayant ! »

Le vieux peintre tressaillit et passa la main sur ses yeux.

« Voyez-vous la triste danse ; le vieux Nicolas Soëst n'est plus qu'un squelette, il joue des airs funèbres. Je les vois tous qui passent dans le cimetière. Ils s'en vont.

Adieu, mes amis. Appelez mon laquais, il est temps de partir. »

Voilà à peu près les derniers mots du peintre de la petite nature. Le fils, suivant le vœu du père, fit transporter la dépouille mortelle dans le chœur de l'église de Perck, sous ce clocher qui, dans ses tableaux, se dessine à tous les horizons. Les dimanches, les arrière-petits-fils des paysans qu'il a peints au cabaret et à la kermesse passent sur le marbre de sa tombe avec un naïf sourire de mélancolie et de gaieté.

# Mlle DE MARIVAUX.

### I.

Madame de Bez, veuve de bonne heure, assez jolie et assez coquette, avait la passion du bel esprit. Elle voulait, sur la fin de la régence, continuer un peu la tradition de l'hôtel Rambouillet. Marivaux surtout était l'oracle de son cercle ; il fallait qu'il la suivît partout, même à la campagne. Elle l'emmenait souvent à sa terre de Bez en Bourgogne.

Bien que madame de Bez fût encore attrayante comme le sont certaines femmes à leur déclin, comme le soleil d'automne qui va disparaître, Marivaux n'avait jamais vu en elle qu'un camarade. Madame de Bez, de son côté, pourvu qu'elle discutât trois ou quatre heures par jour sur quelques points indécis de la métaphysique du cœur, croyait avoir rempli son temps. On comprend bien que des gens si savants sur la philosophie de l'amour, ne songeaient pas à s'aimer.

En 1721, pendant l'été, Marivaux était au château de Bez; la maîtresse du lieu avait réuni autour d'elle quelques Parisiens et quelques provinciaux; le château était très-animé; Marivaux et madame de Bez n'avaient pas perdu l'habitude de disputer sur des points de théologie profane. Un jour qu'ils s'étaient arrêtés comme deux philosophes solitaires sous une charmille du parc, une jeune fille de Sens, mademoiselle Julie Duriez, confiée par sa mère à madame de Bez, curieuse comme on l'est à dix-huit ans, ne put s'empêcher, en les voyant sous la charmille, de passer aux alentours pour les écouter.

« Vous persistez à dire du mal de nous? disait madame de Bez.

— Oui, madame, répondit Marivaux. Quand quelqu'un me vante une femme et l'amour qu'il a pour elle, je crois voir un frénétique qui me fait l'éloge d'une vipère qui l'a mordu. La vipère n'ôte que la vie; les femmes nous ravissent notre liberté, notre raison, notre repos; elles nous ravissent à nous-mêmes et nous laissent vivre; ne voilà-t-il pas des hommes en bel état! Les hommes amoureux sont des esclaves ivres. Et à qui appartiennent ces esclaves? À des femmes? Et qu'est-ce qu'une femme?

— Pour la définir, il faudrait la connaître.

— Notre siècle peut en commencer la définition; mais je soutiens que l'on n'en saura le dernier mot qu'à la fin du monde.

—Allez, la science du cœur n'appartient qu'à la femme. Vous autres, vous avez la marotte d'être délicats et vous faites des méthodes de tendresse. Une femme ne veut être ni tendre ni délicate, elle est tout cela sans le savoir. Regardez-la quand elle aime et qu'elle ne veut pas le dire : vos tendresses les plus babillardes approchent-elles de l'amour qui passe à travers son silence? Sans l'aiguillon du plaisir, qu'est-ce que votre cœur? Un vrai paralytique. Au lieu que le cœur d'une femme se donne sa secousse à lui-même : il part sur un mot qu'on dit, sur un mot qu'on ne dit pas. La vocation d'une femme est de mettre en démence l'homme le plus raisonnable. En revanche une femme est toujours une enfant : on l'amuse avec des contes de fées.

— Il faut avouer, monsieur de Marivaux, que voilà bien des saisons que nous passons à ne pas nous entendre. Il y aurait un moyen beaucoup plus simple de vous convaincre du mérite des femmes ; ce serait de parler à votre cœur, qui ne pense pas un mot de tout ce que dit votre esprit. Je suis bien sûre que si mademoiselle Julie se trouvait à ma place, vous ne chercheriez pas à avoir raison contre les femmes. Tenez, pour vous punir, il faut que je vous force d'être heureux en vous mariant. »

La jeune fille, qui écoutait aux portes, s'enfuit toute rouge et toute confuse, sans trop savoir pourquoi.

Peu de jours après, dans une allée du parc, Marivaux rencontra cette jeune fille.

Avant d'aller plus loin, je reproduis ce portrait que le poëte nous a laissé d'elle. « Julie, sans être belle, est une brune fort aimable ; c'est un visage de goût, dont les traits ont je ne sais quelle heureuse irrégularité et qui n'en valent que mieux pour n'être pas beaux. J'ai toujours appelé ces physionomies-là d'agréables fantaisies de la nature, qui n'amusent jamais les yeux qu'aux dépens du cœur. Oui, ce sont de ces physionomies à part qui ne ressemblent à rien ; on aime à les voir sans s'aviser de les craindre ; on les regarde avec un plaisir de bonne foi, qui n'avertit pas de ce qu'il est. Il y a des visages d'ostentation déclarés dangereux ; quand on vient à les aimer, on n'en a point été la dupe, on avait présagé l'aventure ; mais les physionomies dont je parle ne font point de fracas : rien n'est d'abord plus familier ; leur charme agit sans faste, il ne prélude pas avec un cœur, et l'on est tout surpris de se trouver un amour dont on n'avait pas eu la moindre nouvelle. »

Or, dans le parc, Marivaux aborda Julie par une de ces phrases entortillées que madame de Bez seule avait l'art de comprendre. Julie, qui n'avait pas la clef de ce langage artificiel, ne répondit pas ; elle baissa ses beaux yeux et rougit. Marivaux, qui jusque-là ne l'avait pas remarquée, décida qu'elle était charmante. Il continua à lui parler ; elle continua à ne pas lui répondre. Il finit par sentir que ce silence était éloquent. Il ne trouva bientôt plus rien à dire lui-même, tant ses paroles lui semblaient au-dessous de sa pensée. Pour la première fois de sa vie son cœur était sérieusement troublé. Durant toute la semaine il vécut pour Julie sans oser lui rien dire.

Cet homme qui avait passé les dix belles années de sa jeunesse à étudier la métaphysique du cœur, se sentit tout d'un coup le plus ignorant amoureux du monde. L'amour n'est point une science, c'est une révélation. L'apparition d'une figure qui charme fait jaillir plus de lumière dans le cœur que toutes les réflexions des philosophes et des poètes.

« Qu'avez-vous donc? dit un jour madame de Bez à Marivaux, vous êtes devenu triste et silencieux.

— Triste ! dit Marivaux en se récriant ; quoi! madame, je ne laisse rien voir de toute ma joie ? Mon silence ne vous dit pas que je suis amoureux ?

— Amoureux ! je n'en crois rien ; cependant l'Amour est le dieu des miracles.

— Amoureux à ce point, madame, que si j'osais, je demanderais à l'instant même la main de mademoiselle Julie.

— Allons, dit madame de Bez, il ne faut jamais désespérer ; je vais demander pour vous mademoiselle Julie en mariage. »

Le même jour madame de Bez, sachant que Marivaux

et mademoiselle Julie se trouvaient seuls dans le salon, voulut, par amour pour la philosophie, connaître le langage de Marivaux amoureux. Elle fut bien surprise d'entendre Marivaux parler avec une simplicité digne des premiers âges du monde. « Vous êtes belle et je vous aime, » voilà tout ce qu'il trouvait.

En rapportant cette histoire, il disait : « J'étais devenu trop bête pour en trouver davantage. » Il a sans doute voulu dire dans sa fureur d'entortiller sa pensée : « J'étais devenu trop spirituel. »

Mademoiselle Julie avait aimé Marivaux dès la première vue, mais elle ne s'était avoué son amour que cette après-midi, où, sous la charmille du parc, elle avait surpris la conversation étrange rapportée plus haut. C'était la fille d'un procureur de Sens, mort depuis peu presque sans fortune. Sa mère avait connu beaucoup madame de Bez ; elle lui avait confié Julie pour la saison.

Madame de Bez n'eut pas de peine à décider la mère et la fille pour le mariage que proposait Marivaux. La cérémonie eut lieu au château. Une fois marié, Marivaux retourna à Paris, craignant de perdre son bonheur dans la brillante et folle compagnie du château de Bez. En cela il montra de la sagesse, car il faut de la liberté au bonheur. Il se fit un intérieur très-calme, très-silencieux, traversé par l'étude laborieuse et l'amour inquiet.

Mais Marivaux n'a jamais trouvé le secret d'être heureux, dans sa déplorable habitude d'étudier à la loupe les atomes de la passion. Sa femme avait tout le charme du cœur, de la simplicité et de la grâce. Elle l'aimait avec une tendresse touchante; elle était la vie, le sourire, la joie de la maison ; il n'était pas riche, mais elle était contente de peu. Elle lui donna bientôt une fille qui devait égayer encore ce doux intérieur. Il avait le bonheur sous la main ; mais l'aveugle philosophe ne s'en aperçut qu'à la mort de sa femme, dix-huit mois après son mariage.

Pendant ces dix-huit mois il avait perdu son temps à chercher la philosophie du bonheur.

## II.

A dix-huit ans de là, au château de Bez, une jeune fille d'une beauté délicate se promenait toute pensive dans le parc. C'était mademoiselle de Marivaux.

Elle allait et venait dans une allée de tilleuls centenaires. Au bout de cette allée elle s'arrêtait un instant et levait les yeux vers une montagne où l'on entendait par intervalles le son du cor et l'aboiement des chiens. Il y avait grande chasse dans les bois du château. Mademoiselle de Marivaux était comme les femmes rêvées par son père, plus belle par l'expression que par la ligne, par la couleur que par le contour. Ses yeux bleus et ses cheveux noirs étaient d'un effet doux et charmant. Le marquis d'Argens parle d'un portrait d'elle, peint par Largillière, dont il admirait beaucoup le vif éclat et la fraîcheur délicate. C'était un roseau qui devait plier au premier vent contraire.

Pendant que mademoiselle de Marivaux se promenait ainsi, son père, assis sur le perron près de madame de Bez, poursuivait ses disputes philosophiques. Comme il n'était plus en âge de dire du mal des femmes, il disait du mal de la vie.

« Cependant, murmura tout à coup madame de Bez, si nous revenions à vingt ans? si nous ressaisissions tous nos plaisirs envolés? Ah! la jeunesse! la jeunesse! Tout est là. Car c'est Dieu qui vous la donne. Voyez mon fils comme il est heureux là-bas dans les bois, libre, fort, prêt à tout. Allez demander à votre fille, qui rêve je ne sais où, si à son âge la vie n'est pas douce à supporter? »

Si mademoiselle de Marivaux avait pu répondre, elle

aurait dit : « Ah! oui, la vie est douce, je le sens à mon cœur qui bat quand le cor résonne dans la montagne ; oui, la vie est belle : je la vois qui me sourit dans les arbres et dans les fleurs, je l'entends qui me parle dans la voix des oiseaux chanteurs, dans la source qui jaillit si pure et si fraîche. » Peut-être, imitant le style de son père, mademoiselle de Marivaux aurait ajouté : « Oui, la vie est belle, je la vois qui me sourit le matin dans le miroir, à l'heure où je peigne mes longs cheveux. »

Madame de Bez avait un fils qui devait recueillir une immense fortune à la mort de sa grand'mère. Madame de Bez, tout en passant sa vie à médire des vanités humaines, avait tous les préjugés de la vanité et de la grandeur. Quand elle causait avec Marivaux ou quelque autre philosophe manqué, elle soutenait que la joie du cœur était toute la fortune qu'il fallût chercher ici-bas ; mais quand elle devisait avec elle-même, c'était un tout autre point de vue. Aussi voyez comment madame de Bez et Marivaux, qui passaient pour des sages, firent le bonheur de leurs enfants après avoir oublié de faire le leur.

Le soir au retour de la chasse, M. Guillaume de Bez, jeune homme de vingt ans, qui n'avait pas encore gâté par les belles manières ses franches allures un peu rustiques, rentra au château par le parc. Mademoiselle de Marivaux se trouva sur son chemin, sans doute par hasard. Le hasard est de si bonne volonté pour les jeunes garçons et pour les jeunes filles !

« Ah ! c'est vous, dit mademoiselle de Marivaux en pâlissant, dans quel équipage vous voilà !

— Vous savez : des roches à pic, des épines, des mares ; tout à l'heure encore, pour rentrer par ce côté du parc, il m'a fallu presque nager ; mais, Dieu merci, la chasse a été bonne.

Disant ces mots, Guillaume de Bez présenta un bouquet de fraises à mademoiselle de Marivaux.

« Je me suis rappelé, poursuivit-il, en entrant dans les bois, que l'an dernier nous avions passé toute une matinée à cueillir des fraises avec une joie toute pastorale. Nous étions heureux de rien, comme des enfants. »

A cet instant, un des amis de Guillaume de Bez l'appela à quelque distance ; mademoiselle de Marivaux lui fit un signe d'adieu et s'éloigna. Elle rentra au château, monta à sa chambre et se mit à pleurer.

« Il ne m'aime pas, dit-elle toute pensive ; il fallait qu'il retournât dans les bois et qu'il revît des fraises pour se rappeler cette fraîche matinée qui a été toute ma vie depuis un an... Ma vie n'a-t-elle pas commencé là ?... »

Elle prit le bouquet de fraises et le respira avec une tristesse pleine de charme.

« Cependant, reprit-elle en essuyant ses larmes, il ne pourrait pas me cueillir un bouquet qui me fût plus doux que celui-là. »

La cloche ayant sonné le souper, elle déposa le bouquet dans un verre, et descendit au salon. Le souper fut un peu morne ; la chasse avait fatigué les jeunes gens ; Marivaux et madame de Bez ne savaient plus en quoi se contredire ; mademoiselle de Marivaux pensait qu'elle n'était pas aimée.

Après souper, comme madame de Bez et Guillaume se trouvaient seuls, le jeune homme lui demanda si mademoiselle de Marivaux devait rester longtemps encore au château.

« Son père est attendu à l'Académie pour une réception.

— Et il veut emmener sa fille ?

— Sans doute ; d'ailleurs la saison s'avance.

— Elle ne partira pas, car, puisqu'il faut vous le dire, je l'aime et veux l'épouser.

— Vous êtes fou...

— Nullement. Est-ce donc une folie d'aimer une belle fille ? »

Madame de Bez vit bien qu'il n'y avait pas à raisonner. Elle alla droit à la chambre de mademoiselle de Marivaux.

« Ma chère enfant, Guillaume vous aime, c'est une folie ; vous allez retourner à Paris ; mais avant votre départ, faites bien voir à Guillaume que vous ne l'aimeriez pas, même si vous ne deviez pas entrer au couvent.

— Au couvent ! s'écria mademoiselle de Marivaux, qui fut tout à la fois bouleversée par la joie d'apprendre qu'elle était aimée, et par la douleur d'entendre parler de cette tombe plus noire que l'autre, où l'on voulait ensevelir sa jeunesse.

— Votre père ne vous a donc pas encore avertie qu'il voulait vous abriter, dans ce refuge béni, contre tous les dangers de ce monde ? Le duc d'Orléans doit payer votre dot.

— Ma dot ! murmura la jeune fille d'une voix éteinte. Oui, madame, mon père m'a parlé du couvent ; mais... mais je l'avais oublié... »

Mademoiselle de Marivaux ne dormit pas de toute la nuit ; le lendemain, au soleil levant, comme elle ouvrait sa fenêtre, elle vit Guillaume qui partait à cheval.

« Où va-t-il ? » se demanda-t-elle en portant la main sur son cœur.

A l'angle d'un chemin il tourna la tête et aperçut la jeune fille. Il lui fit un gracieux signe de main.

« Hélas ! dit-elle, c'est peut-être un signe d'adieu. »

Elle le suivit du regard ; quand il disparut dans les arbres, elle tomba agenouillée et pria Dieu avec ferveur.

« Et pourtant il m'aime ! » dit-elle après avoir prié.

### III.

Elle ne revit plus Guillaume. Madame de Bez, craignant quelque coup de tête, avait envoyé son fils chez un ami du voisinage. Il devait revenir le lendemain ; mais le lende-

main madame de Bez alla le rejoindre et lui apprit que
M. de Marivaux et mademoiselle de Marivaux étaient depuis la veille sur la route de Paris. Guillaume voulut
monter à cheval et suivre les traces de la jeune fille ; il
jura qu'il la retrouverait ou se laisserait mourir de chagrin. Madame de Bez, qui connaissait les hommes de près,
laissa dire son fils. Elle lui promit d'ailleurs de plaider sa
cause devant mademoiselle de Marivaux à leur retour à
Paris. Guillaume attendit avec un peu de patience, grâce
aux plaisirs de la saison : il adorait mademoiselle de Marivaux, mais la chasse est si bonne aux cœurs inquiets !

Quand il revint à Paris, six semaines après, mademoiselle de Marivaux était au couvent du *Thrésor*. Il voulut la
voir ; il tenta de l'enlever. Il n'eut même pas la consolation de savoir si ses lettres toutes passionnées arrivaient
jusqu'à elle.

Marivaux, qui avait la prétention de lire dans tous les
cœurs, ne s'aperçut pas de l'amour de sa fille. « C'est
étonnant, écrivait-il après sa première visite au couvent,
comme la solitude et la prière pâlissent une femme. La
pauvre petite était si fraîche avant d'entrer au Thrésor !
O mon Dieu ! par quelles joies d'en haut payez-vous ces
sacrifices humains ? Ce n'est pas seulement son cœur et sa
liberté qu'on dépose à vos pieds. Les vierges vous immolent leur beauté et l'éclat si doux de leur jeunesse. »

A une seconde visite, voyant sa fille plus pâle et plus
défaite, Marivaux lui demanda si le sacrifice était au-dessus
de ses forces.

« Non, » répondit-elle en joignant les mains.

Mais pensait-elle à Dieu ou à Guillaume de Bez ? Elle
ne succomba pas du premier coup ; Marivaux la vit revenir à elle ; sa résignation eut même un certain caractère
de joie mélancolique.

« Je vais prendre le voile, lui dit-elle un jour ; je me
sens digne de cette action, j'aurai la force de m'éloigner

sans regret du rivage de la vie, comme disent nos cantiques. »

Elle cherchait sans doute à s'aveugler elle-même. Le jour solennel arriva. Le matin, comme son père la voyait pleurer, elle lui dit que c'étaient des larmes de joie. Madame de Bez survint; c'était l'heure de l'habillement; on apporta le voile : Madame de Bez voulut l'attacher elle-même sur cette tête charmante qu'elle aurait dû couronner de roses moins pâles. La cloche sonna. Mademoiselle de Marivaux se jeta dans les bras de son père. « Je vais mourir, dit-elle avec calme; adieu, ma mère m'attend. » Marivaux, qui ne comprenait jamais le langage naturel, crut qu'elle parlait au figuré.

La supérieure vint au-devant de la jeune vierge, qui était plus blanche que la mort. Arrivée à l'autel, il fallut la soutenir. Elle subit les félicitations du prêtre venu pour la bénir. A toutes les demandes elle répondait oui d'une voix sépulcrale.

Quand on saisit sa fille pour la placer sous le drap mortuaire, Marivaux n'eut pas la force de rester plus longtemps dans la chapelle. Il sortit en essuyant ses larmes. Par un hasard singulier il rencontra une comédienne à la porte du Thrésor, mademoiselle Sylvia de la Comédie-Italienne.

« Vous pleurez, Marivaux.

— Oui, cependant je viens d'accomplir une bonne œuvre, j'ai sauvé ma fille des périls de ce monde; à l'heure qu'il est elle est vouée à Dieu.

— Quelle idée !

— Vous savez que je n'avais pas de dot à lui donner.

— N'était-elle pas jolie ? Ah! Marivaux, la liberté n'est-ce donc rien ? C'est bien la peine d'être un philosophe!

— J'y ai réfléchi depuis sa naissance; j'ai tout étudié, tout comparé; les joies d'ici-bas sont noyées dans les larmes.

— Et vous ne comptez donc pas le plaisir de pleurer ? Allez, vous n'êtes pas un homme, vous n'êtes qu'un philosophe. »

## IV.

Peu de jours après, Marivaux retourna pour la dernière fois au château de Bez. A la vue des arbres s'agitant en plein air, des oiseaux voyageurs, des sources jaillissantes, des vertes prairies, des moissons dorées, des pampres rougis, ne songea-t-il pas avec un serrement de cœur à la cellule étroite et sombre où priait, où pleurait sa fille ?

Guillaume de Bez, cédant aux prières de sa mère, se résigna à épouser à contre-cœur mademoiselle de Riancourt, qui ne l'aima jamais.

Mademoiselle de Marivaux ne survécut guère à son cœur. Elle mourut à vingt ans. Son père la pleura ; mais il se consola bientôt en pensant que sa fille était morte dans la paix du cœur et dans l'amour de Dieu.

# L'ARBRE DE SCIENCE[1].

AVEC APPROBATION ET PRIVILÉGE DU ROI.

Ce roman est dédié au paradis de mes yeux, à l'enfer de mon âme,
A la belle ***, l'arbre de science ;
A son cœur, le livre de la science ;
A sa bouche, le fruit de la science :
Arbre fertile entre les plus fertiles.
Livre défendu,
Fruit amer.

## DE LA COUR A LA BASTILLE.

Sous la régence, le marquis de Sombrevanes avait été à la cour et à la Bastille, deux prisons qui se touchent de près. A la cour, il avait soupiré pour madame la marquise de P*** ; il avait osé lui écrire sa façon de penser sur ses charmes ; à quoi M. le duc d'Orléans avait répondu par

[1] Il y a quelques années ce conte a paru, je ne sais pourquoi, sous un nom généralement connu au dix-huitième siècle. Ce qu'il y a de certain, c'est que je l'ai écrit il y a cent ans, quand j'étais l'ami de M. de Voltaire, et que je l'ai trouvé, après ma mort, dans les papiers de ma succession.

une lettre de cachet. A la Bastille, le marquis de Sombrevanes devint philosophe. Que pouvait-il faire de pis? Il se mit à étudier les sages de la Grèce. De sage en sage, de système en système, de château de cartes en château de cartes, il traversa tous les âges en ramassant un chaos d'idées d'où il ne put faire jaillir la lumière.

A force d'étudier, il arriva bientôt à douter de son âme et de Dieu, de la vie et de la mort, de la terre et du ciel ; il douta même de l'enfer, ce qui est bien plus grave.

Tout en revenant sur le passé, il se demanda pourquoi il avait eu le malheur de devenir philosophe. Il se souvint qu'un jour, au Palais-Royal, il s'était laissé prendre aux regards incendiaires de madame de P*** ; qu'il avait voulu mordre à belles dents dans cette pomme amère ; que Monseigneur le Régent de la dame et du royaume l'ayant surpris la bouche ouverte l'avait envoyé se mordre les lèvres à la Bastille.

## LE VIOLON.

J'ai rencontré à la Bastille le marquis de Sombrevanes. Quoique marquis, il était devenu raisonnable en quelques semaines de cette solitude. Je lui parlais philosophie, il me jouait du violon : nous nous entendions à merveille ; mais, un jour, il voulut me répondre sans violon ; il me dit que ses réflexions l'avaient conduit à cette idée de Socrate : *L'âme est corporelle et éternelle.*

« Jouez du violon, lui dis-je.

— C'est indigne d'un philosophe ! s'écria le marquis ; Socrate ne jouait ni de la flûte ni du violon.

— Prenez garde, monsieur le marquis ; vous êtes un philosophe catholique : or les anges jouent du violon. Voyez plutôt les vieux tableaux italiens. »

Il me répondit en brisant son violon. Dès ce jour nous

ne nous entendîmes plus. J'en fus fâché, car jusque-là j'avais trouvé M. le marquis très-raisonnable.

### L'AMOUR ET LA PHILOSOPHIE.

Le lendemain, un carrosse amena une belle dame à la Bastille ; c'était la baronne de ***, dont plus d'un amant avait eu le bonheur de faire le malheur. Elle ne venait pas pour moi, mais pour M. le marquis.

» Que fait-il ? demanda-t-elle au gouverneur.

— M. le marquis pense. »

Elle ouvrit elle-même la porte du prisonnier.

« Ah ! c'est vous, Zulmé.

— Je viens d'apprendre une jolie nouvelle ! Cet imbécile de gouverneur m'a dit que vous pensiez. Les gens de qualité savent tout sans y penser ; il en est de l'esprit comme des titres, on en hérite. Eh bien ! vous avez oublié de m'embrasser. »

Le marquis de Sombrevanes baisa la main de la baronne d'une bouche glacée.

« Voilà tout ! Ce n'était pas la peine, en vérité, de me lever à onze heures. Qu'allez-vous faire de votre liberté, pauvre oiseau sans ailes ?

— Ma liberté ! vous avez ma liberté ?

— Oui, en vérité le Régent est plus aimable que vous, car il me l'a rendue avec mille et mille galanteries.

— Allez, madame, allez vous faire régenter [1] ; car, pour moi, je n'aurai pas d'autre maîtresse que la philosophie. Si vous avez ma liberté, veuillez me la donner pour que j'aille étudier la sagesse humaine dans le château de Sombrevanes.

— Voilà votre liberté, dit la baronne en montrant un

---

[1] Verbe actif sous la régence du duc d'Orléans.

papier à demi caché par les roses de son corsage. Est-ce que vous prendrez les pincettes comme le roi Louis XIII, monsieur le philosophe ? »

Et madame la baronne, voyant que M. le marquis ne se hâtait pas de prendre sa grâce autrement, devint rouge de colère, saisit le bouquet et le papier, les jeta aux pieds de feu son amant et lui dit avec un magnifique sourire de moquerie : « Adieu, monsieur le philosophe ! »

Quand le marquis fut sur la route de son château, il ne put s'empêcher de penser à son violon et à sa maîtresse. « Pauvre violon ! Pauvre baronne ! comme elle écoutait bien mon violon ! »

Le marquis allait se remémorer tous les charmes de la baronne, mais il en était à peine à l'A B C que la voix de la philosophie lui cria : *Pêcheur, rentre en toi-même !*

« Cependant, dit M. le marquis, j'aurais dû prendre le bouquet et la lettre de grâce. »

## LA BIBLIOTHÈQUE.

On touchait à l'automne ; la pluie et le vent de bise étaient souvent les hôtes du château de Sombrevanes, digne retraite d'un philosophe, bâtie au bord d'un bois vieux comme le monde. M. le marquis habita la bibliothèque ; il feuilleta tous les livres en se promettant de brûler ceux qui ne renfermeraient pas une parcelle de vraie sagesse. Il brûla, il brûla, il brûla encore, il brûla toujours, à ce point qu'un jour, ne voyant plus un seul bon livre, il poussa la colère jusqu'à vouloir brûler les rayons de la bibliothèque.

« La science n'est pas dans les livres, dit-il en prenant son chapeau, ou plutôt il n'y a qu'un livre, c'est la nature ; celui-là seul ne se trompe pas ; je vais étudier la nature. Les bibliothèques ne sont que les mauvais lieux de l'esprit humain.

## LA NATURE.

Comme on était en plein hiver, la nature ne lui dit rien du tout. Il se morfondit sur la montagne et dans la vallée, dans le bocage et sur la prairie. Il résolut d'attendre le printemps. Il retourna à ses livres; il écouta encore une fois avec patience les téméraires disputeurs qui ont fait si lourdement le roman de l'âme quand ils voulaient en faire l'histoire.

Vint le printemps. La violette embauma la montagne, la marguerite émailla la prairie, le rossignol gazouilla dans le bocage, la bruyère fleurit dans la vallée. Il assista scène par scène à tout ce beau spectacle de la création; il vit l'arbre secouer sa perruque blanche, la bergère Aminthe faire écho au berger Daphnis. Il ne comprit rien à tout cela; pour y comprendre quelque chose, il lui manquait la baronne et son violon.

Vint l'été. L'or des moissons tomba sous la faux ardente; le travail, le roi de la terre, se couronna d'épis et de roses. M. le marquis vit tomber la javelle, la moissonneuse sur la javelle, la nuit sur la moissonneuse, sans rien comprendre à cet enchaînement du travail et de l'amour.

Vint l'automne. « Allons, dit M. le marquis, la nature est de l'hébreu pour moi. J'aime encore mieux les livres écrits en français et en latin. »

Il retourna à sa bibliothèque.

## LA CRÉATURE.

Il eut des distractions. Un jour, sans y penser, il prit son fusil et se mit à chasser. Hélas! dit-il, depuis que je chasse dans le domaine de la philosophie, que d'idées j'ai tuées sous les coups de la raison! Mais c'est là une mauvaise chasse.

Comme il passait devant le château de M. le comte de Hauteroche, il pensa qu'il avait un droit de revenu à débattre avec son voisin. Il le trouva dans le parc, se promenant avec sa femme et sa fille. Mademoiselle de Hauteroche était bien la plus belle, la plus blonde, la plus fraîche, la plus douce créature de la province; à la cour même elle y eût éclipsé les plus belles. Tout philosophe qu'il fût, le marquis de Sombrevanes ne put s'empêcher de rêver qu'il lui serait doux de faire de la philosophie avec mademoiselle de Hauteroche. Il pensa que si une telle femme était dans son château, elle y tiendrait mieux sa place qu'une bibliothèque. Il pensa...

« Non, dit-il, au lieu de faire de la philosophie, nous ferions des philosophes. »

Il étudia mieux que jamais les atomes de Démocrite, les tourbillons de Descartes, la substance infinie de Spinosa, la substance efficace de Mallebranche, les monades de Leibnitz; enfin il interrogea tous les philosophes depuis Brama et Zoroastre jusqu'à lui-même, M. le marquis de Sombrevanes.

A force d'étudier ces demi-dieux, il s'imagina qu'il était aux Petites-Maisons, qu'il entendait parler des fous. Il comprit enfin que ce n'est pas avec les philosophes qu'il faut chercher la philosophie.

Il fit un magnifique auto-da-fé des derniers livres de sa bibliothèque.

Après quoi il songea à écrire pour former le cœur et l'esprit des autres. « Puisque je ne sais rien, disait-il, j'ai tout ce qu'il faut pour faire un bon auteur. »

Il écrivit un chapitre sur chaque sentiment humain. J'ai lu ce beau livre où il n'y avait de vraiment remarquable que deux chapitres : *La Liberté* et *l'Amitié*. Qu'avait-il trouvé à dire là-dessus? Il avait laissé des pages blanches sous les deux titres. Était-ce un oubli? Était-ce une satire?

### LES DEUX ESPRITS QUI GOUVERNENT LE MONDE.

Dans la salle voisine de la bibliothèque était un cabinet orné de deux tableaux italiens venus là je ne sais comment; ces deux tableaux enfumés représentaient deux saintes de l'école de Raphaël, deux belles figures qu'on eût aimées, l'une dans le ciel, l'autre sur la terre; l'une était pensive, l'autre souriante; celle-ci inquiète, celle-là naïvement insouciante.

Il avait déchiffré deux noms gravés sur les cadres : LÆTITIA et MAGDALENA.

« C'est cela, dit-il un jour, la joie idéale et l'amour profane. »

Comme M. le marquis de Sombrevanes passait souvent ses soirées dans ce cabinet, il s'était accoutumé à ces deux aimables figures; plus d'une fois son regard les avait interrogées sur la vraie science. Faut-il penser? demandait-il à la première; faut-il sourire? demandait-il à la seconde. — Faut-il regarder là-haut, au-delà des nuages? faut-il s'épanouir ici-bas sous le pampre avec sa maîtresse?

### LE MIRACLE.

Un soir que M. le marquis rêvait devant la flamme de l'âtre, une belle femme, revêtue d'une chevelure d'ébène et d'une écharpe couleur du ciel, vint sans façon s'asseoir à côté de lui au coin de la grande cheminée. Il se leva pour la saluer.

« Madame...

— Je suis la vierge Létitia. »

Le marquis s'imagina qu'il avait affaire à une aventurière; ce vêtement un peu sans façon pour une vierge, cette voix surnaturelle, cette qualité qu'elle prenait sans périphrase pouvaient bien donner au marquis une pareille opinion.

« Vous ne me reconnaissez pas ? dit-elle en lui faisant signe de s'asseoir.

— Pas du tout; cependant.... attendez.... c'est bien singulier... »

Il regarda du côté des tableaux; le premier n'avait plus que son cadre ; la figure pensive et inquiète s'en était détachée.

« Quoi ! c'est vous ! Par quel miracle êtes-vous descendue pour moi[1] ?

— Depuis longtemps je suis touchée de vous voir si épris de la sagesse et si loin de la sagesse. J'ai daigné descendre du ciel sur un rayon de la lune pour vous ouvrir le livre de la science. Grâce à la mort, qui est le dernier mot, j'ai débrouillé les mystères qui font divaguer tous vos esprits de passage.

— Puisque vous êtes morte, j'en suis bien aise, dit M. le marquis, vous allez me dire ce qui s'est passé à l'heure suprême.

— D'abord, sachez l'histoire de ma vie. Mon père était gentilhomme du duc de Florence; le duc devint amoureux de moi, je m'enfuis au couvent et tout fut dit.

— Voilà pourquoi vous mourûtes vierge, c'est peut-être la faute du couvent, mais vous n'en êtes pas moins martyre, canonisée par l'Église et patronne de toutes les Létitia du monde. Pour prix de vos hautes vertus le ciel vous fut ouvert à deux battants au milieu des fanfares archangéli-

---

[1] Je répondrai au lecteur qui ose douter de ce miracle que Romulus et Rémus sont nés d'un dieu et d'une vestale, que le serpent qui perdit Ève parlait en hébreu, que la chevelure de Bérénice balaya une belle nuit le ciel, si bien que toutes les étoiles restèrent au bout du balai.

ques. Et une fois au ciel vous avez vu la comédie que nous jouons ici-bas.

— Non-seulement la comédie, mais l'esprit de la comédie; je me suis bien amusée en voyant que les meilleurs acteurs de la troupe ne savaient pas leurs rôles.

— Dites-moi, je vais sonner mon valet; car le feu va s'éteindre, et, vêtue comme vous l'êtes, vous pourriez vous enrhumer.

— Ne voyez en moi qu'une âme délivrée de sa dépouille terrestre, vivant d'ambroisie et de musique dans les régions divines.

— Mais ces mains si blanches, ces épaules d'un contour si pur, cette bouche si fraîche et si jolie....

— Silence! fermez les yeux. Si j'ai repris ma forme ancienne, c'est parce que je ne pouvais venir vous parler tout simplement avec mon âme. Vous n'entendez pas le langage du ciel, j'imagine. »

Le marquis voulut d'abord interroger l'âme de la sainte sur le pays qu'elle habitait; mais il pensa, avec assez de raison, qu'il avait le temps d'apprendre ce qui se passait au ciel. Il fallait bien se laisser un peu le plaisir de la surprise. Comme il devait habiter encore la terre pour un demi-siècle, il jugea à propos d'interroger la belle vierge italienne sur les choses d'ici-bas.

« Qu'est-ce qu'il y a de bon sur la terre?

— La vue du ciel, le parfum de l'encensoir, les chants de l'Église.

— Diable! dit le marquis, vous êtes un peu trop catholique. Que dites-vous donc de la vue des femmes, du parfum de la rose, des chants de l'Opéra?

— Ne me parlez pas des œuvres du démon.

— Il me semble que le démon n'a point fait la rose, ni la musique de Pergolèse, ni mademoiselle Gertrude de Hauteroche. Vous avez beau dire, les femmes ont leur beau côté.

— Ne vous fiez pas plus aux femmes qu'au printemps.

— Mais une femme qui parle d'amour est presque une divinité.

— Une femme qui parle d'amour n'en a pas un mot dans le cœur. Si les femmes vantent si bien l'amour, c'est parce qu'elles savent que, grâce à son prisme, on ne les voit pas comme elles sont. Les femmes sont des romans en trois tomes. Le premier donne de vagues espérances, le second n'est qu'un zigzag capricieux et fantasque, le dernier est arrosé de larmes de joie ou de larmes de douleur ; sauter des pages dans ce roman, c'est risquer de n'y rien comprendre ; ne rien passer, c'est perdre bien du temps.

— La vertu n'est-elle pas aimable pour les hommes ?

— Qu'est-ce que la vertu ? Le chemin du plaisir est le chemin de traverse ici-bas, le chemin de l'enfer ! or, je vous le demande, connaissez-vous beaucoup de femmes qui prennent le plus long, en dehors de ces saintes filles qui s'éteignent dans la prière ?

— J'ai connu jusqu'à trois femmes, sans vous compter, qui ont résisté aux œuvres du démon.

— La première a mis, sans le vouloir, sa vertu sous la sauvegarde de l'obstacle ; la seconde a résisté parce que chez certaines femmes le désir de la résistance est aussi impérieux que le désir de l'amour ; la troisième avait l'âme dans la tête et non dans le cœur, ou bien il lui manquait un verrou dans sa chambre à coucher.

— Mais si l'amour est la vraie cause de la chute ?

— Sur trois femmes, la première se donne pour de l'amour, la seconde pour de l'or, la troisième pour rien : celle-là est la plus facile.

— Cependant l'amour, c'est une rosée du ciel qui rafraîchit notre cœur.

— C'est un regard du diable qui brûle votre âme. D'ailleurs l'amour n'est qu'un voile, ou plutôt une image de la mort; l'amour vous attire, vous étreint et vous tue. Le délire de la mort vous rappellera les délices de l'amour. C'est de la folie, une sombre folie dévorée d'inquiétudes. Si vous êtes franc, vous me direz que vous avez plus d'une fois, au plus beau jour de la passion, trouvé amère la bouche de votre maîtresse. Or ici nous ne sommes qu'au beau côté de l'amour; car ce ne sont pas toujours des cornes d'abondance qui vous pointent au front. Salomon l'a dit, la femme est le commencement de la mort. Pas une seule femme ici-bas, pas une parmi les plus aimables, qui vous verse l'amour sans vous déchirer les lèvres au bord de la coupe.

. . . . . . . . . . . . . . . . . . . . . .

— Croyez-moi, poursuivait la sainte, tous les rôles à jouer sont ennuyeux ou ridicules, dans vos farces grotesques, pauvres marionnettes soumises à mille et mille coups de vent par jour! Les rois craignant les peuples, les peuples bridés par les rois, les reines enviant la couronne de bluets des bergères quand celles-ci se couronnent d'épines, tout le monde ici-bas trace péniblement son sillon de douleur, soit que l'orgueil, l'amour, la colère ou toute autre passion méchante vous fouette ou vous pique, pauvres chevaux sans feu ni force! Vous n'êtes tous qu'une troupe de visionnaires vous inquiétant de bagatelles, courant après les syrènes et les chimères, jouant avec des poupées, haïssant le soir ce que vous avez aimé le matin.

— La vie est une rude guerre ou une triste plaisanterie, murmurait M. le marquis.

— Vous n'êtes nés que pour apprendre à mourir. En effet, chaque heure qui passe sonne le glas dans votre cœur; vous arrivez à la mort après tout le cortége de vos funérailles, funérailles de l'amour et de l'amitié, funérailles de toutes les passions et de tous les rêves. Mais consolez-vous; si la vie est le commencement de la mort, la mort est le commencement de la vie, de la vie éternelle ! »

. . . . . . . . . . . . . . . . . . . . . . .

« Hélas ! dit sentencieusement le marquis, si je n'étais pas si bon chrétien, je répéterais la pensée ingénieuse d'un philosophe : *Les dieux étaient ivres quand ils créèrent l'homme.* »

M. le marquis avait baissé la tête pour mieux réfléchir.

« Enfin, reprit-il, qu'est-ce que Dieu ? »

Comme la sainte ne répondait pas à cette grande question, il leva son regard, mais il ne la vit plus au coin du feu ; il se tourna tout surpris : la sainte était dans son cadre.

« Jusqu'à présent, dit-il avec désespoir, ce que je vois de plus certain dans la vie c'est la mort. Notre seule action est de mourir ; nous ne sommes venus au monde que pour cela. Cependant les arbres et les fleurs, qui sont aussi des créatures de Dieu, ne portent pas de cilice. Enfin, puisque la sainte le dit, il faut la croire . nous ne sommes descendus sur la terre que pour le seul plaisir de remonter au ciel. »

Il se coucha.

### UN AUTRE MIRACLE.

Un matin M. le marquis détourna le rideau de son lit et ouvrit la fenêtre pour contempler le soleil levant au travers des vieux marronniers du parc. Sur le premier rayon il entrevit un nuage singulier qui traversait l'espace et les feuilles avec la rapidité du vent. Bientôt il distingua des ailes blanches ; en moins d'une seconde il vit à sa fenêtre une figure charmante qui lui souriait.

« Que voulez-vous ? demanda-t-il en homme désabusé de tout.

— Tu ne me reconnais pas ? dit la jolie apparition. Je suis la belle Magdalena qui sourit dans ton cabinet ; je viens t'ouvrir le livre de la science. »

27

Le marquis reconnut la seconde figure de son cabinet.

« La science ! je la connais, lui-dit-il ; c'est la mort.

— Insensé ! la science, c'est la vie.

— Je n'en crois rien ; j'ai vu la vie sous toutes ses faces ; je l'ai étudiée dans toutes ses phases ; je n'y ai pas trouvé le grand mot ; la vie est un fruit vert dont mes lèvres ne veulent plus ; la mort est le fruit savoureux des sages.

— Écoute la voix d'une trépassée qui sait à quoi s'en tenir sur toutes choses. J'étais jolie dans mon temps, je fus aimée et enlevée un jour de chasse : quelle belle chasse ! quel beau jour ! A mon premier cheveu blanc j'ai fait pénitence ; faire pénitence, c'est se souvenir, c'est espérer, c'est aimer encore.

— Expliquez-vous un peu, dit le marquis ; venez-vous pour me déclarer votre amour ?

— Je viens pour vous enlever.

— Avez-vous là des chevaux de poste et une échelle de corde ?

— Touchez mes ailes, monsieur le marquis. »

Le marquis ayant, par curiosité, touché du bout des doigts le bout des ailes de la belle Magdalena, se sentit soudain emporté dans l'espace, en croupe sur un rayon de soleil. C'était par la plus belle matinée du monde : le ciel était bleu, l'horizon était pur ; M. le marquis de Sombrevanes respirait avec délices la fraîcheur odorante des vallées et l'air sauvage des montagnes ; il écoutait avec transport une musique inconnue.

« Il me semble, disait M. le marquis, que j'entends le violon des anges et que je respire le parfum des lèvres de ma première maîtresse. C'est étonnant, poursuivit-il en saisissant la main de la belle Magdalena, j'ai sans doute changé de pays ; mon cœur, qui ne battait plus, s'agite plus que jamais : le démon de l'amour tourmente mes lèvres. Si vous n'aviez pas des ailes...

— Parlons d'autre chose, dit la sainte ; n'allez pas troubler une âme en repentir.

— A propos d'âme, dites-moi comment la vôtre passe son temps ; je serais même assez curieux de savoir la géographie du ciel. A quel degré de longitude est bâti le paradis, s'il vous plaît ?

— De quel paradis voulez-vous parler ?

— Il y en a donc plus d'un ?

— Il y en a mille. Les âmes habitent, à leur gré, tantôt celui où l'on chante, tantôt celui où l'on rêve : l'un est bâti avec des roses, l'autre avec des lys. Noé et sa grande famille habitent un pampre jauni. Le plus doux est une tente filée par la mère du Dieu d'Israël ; c'est là que se rencontrent souvent les Suzanne et les Jeanne d'Arc. Le plus aimable est bâti dans un flot des blonds cheveux de Madeleine encore tout parfumés d'amour.

— Avez-vous vu là-haut un paradis pour les pauvres d'esprit ?

— Que voulez-vous que les pauvres d'esprit aillent faire au ciel ? ceux-là n'ont pas une âme, mais seulement une parcelle de ce rayon divin. A leur mort cette parcelle d'âme n'a pas la force de s'élever au delà des nuages ; elle s'égare, se disperse ou se réunit à d'autres parcelles, selon la volonté de Dieu.

— Ainsi les pauvres d'esprit n'ont pas le royaume des cieux, comme dit l'Écriture, qui se trompe souvent, mais bien le royaume de la terre ?

— Au ciel on ne reçoit que la bonne compagnie, c'est-à-dire les âmes qui, sur la terre, se sont le plus rapprochées de l'esprit pur, qui est leur essence ; les poètes et les musiciens ont au ciel leurs coudées franches. Prenez garde ! les philosophes n'y sont pas à leur aise ; on se moque beaucoup de tous leurs systèmes. J'ai vu le Père Malebranche persiflé, tandis que le divin Virgile s'éveillait au bruit des sérénades.

— Virgile là-haut ! mais qu'en disent les saints du calendrier ?

— Ils font assez mauvaise figure. J'ai trop peu aimé (on ne dit plus *vivre* là-haut, on dit *aimer*), j'ai trop peu aimé, de leur côté, pour vous en parler. Je sais par ouï-dire que saint Augustin et sainte Thérèse sont en désaccord sur la couleur de l'extase : l'un veut qu'elle soit blanche, l'autre blonde.

— Quand vous n'avez rien à faire, que vous vous amusez de la comédie que nous vous donnons, reconnaissez-vous parmi les acteurs des amis de passage ici-bas, votre frère ou votre sœur, votre amant ou votre maîtresse ?

— Nullement. Dès que nous sommes hors de ce carnaval, dès que le masque est tombé, tout nous est étranger : nous ne nous reconnaissons qu'au ciel ; mais combien d'amis qui manquent à l'appel, combien de pauvres d'esprit qui n'ont pu s'élever jusqu'à nous !

— Il devrait y avoir dans le chemin du ciel quelque bon hôtel pour les âmes qui passent et qui n'en peuvent plus.

— Il y a mieux qu'un hôtel : il y a un hospice dans les nues à l'usage des âmes malades ; c'est là que font quarantaine (à peu près quarante siècles) les pécheurs qui s'élèvent sur l'aile du repentir. Cette quarantaine est une bonne pénitence, grâce aux feux de l'orage et aux flots de la tempête.

— Mais Dieu...

— Dieu est tout amour. Nous aimons en lui, mais il est invisible ; il se montre à vous comme à nous, par la grandeur, la beauté et l'amour. Quand vous aimez sur la terre, c'est Dieu que vous aimez.

— L'amour est donc une sainte chose ?

— L'amour est béni de Dieu ; il vient de Dieu, il retourne à Dieu ; aimez les fleurs de votre parterre, les vieux arbres de votre parc, le rayon du soleil qui féconde la vallée :

aimez la femme qui vous a porté dans son sein ; aimez la femme qui porte votre nom dans son cœur ; aimez, aimez, aimez : l'amour est toute la vie. »

— De bonne foi, est-ce que Dieu s'amuse aussi du spectacle que nous lui donnons?

— Orgueilleux! est-ce que vous vous arrêtez au spectacle des mille insectes qui aiment et qui chantent dans une touffe d'herbe?

## L'ARBRE DE SCIENCE.

A cet instant ils descendirent dans une vallée enchantée plus attrayante et plus belle que le paradis terrestre. La nature avait bâti là son trône.

« Suis-je dans le ciel ou sur la terre? demanda le marquis émerveillé.

— Sur la terre. Vous le voyez bien, puisque le ciel est au-dessus de vous.

— D'où vient que jamais je n'ai si bien vu le sourire de la nature?

— C'est que vous arrivez à la science.

— Qu'ai-je vu là-bas sous cet arbre? »

Le marquis venait d'entrevoir une femme couchée nonchalamment à l'ombre.

« Allez toujours en avant, » répondit la belle Magdalena.

Il allait, entraîné par cette autre apparition. Il arriva devant un tapis d'herbe émaillé de toutes sortes de petites fleurs charmantes, sillonné par les flots argentés d'une fontaine rustique dont le murmure rafraîchissait le cœur. Le marquis, de plus en plus enchanté, ne perdait pas de vue la dame couchée à l'ombre, qui d'abord lui rappela la bergère Chloé dont il avait vu les jambes peintes par Coypel et gravées par le Régent. Il arriva bientôt sous l'arbre. Quelle fut sa surprise de reconnaître mademoiselle Gertrude de Hauteroche endormie sur le gazon! Elle était plus jolie encore. Il tomba agenouillé devant elle pour admirer de plus près, de point en point, ce chef-d'œuvre de la création.

« Ah! dit-il avec enthousiasme, comme il serait doux de la réveiller!

— Eh bien! dit la belle Magdelena en déployant ses ailes, vous voilà sous l'Arbre de Science.

— A merveille! dit le marquis; mais, un dernier mot avant de nous quitter : puisque notre âme est immortelle, je serais bien aise de savoir quel chemin elle doit suivre pour aller là-haut en l'un des mille paradis?

— Le chemin qu'il vous plaira, pourvu qu'il soit beau; le chemin de la charité et du travail; tous les chemins vont au ciel, qu'on parte du Pérou ou de la Chine, qu'on soit en compagnie du grand lama ou de monseigneur le pape. »

Là-dessus, la belle Magdalena ayant repris son vol dans les nues, M. le marquis de Sombrevanes voulut mordre au fruit de l'arbre...

Mais il s'éveilla.

« Oui, dit-il en cherchant à se rappeler son rêve, il y a ici-bas deux esprits qui gouvernent le monde : celui qui va chercher l'inconnu au delà des nuages, celui qui s'enivre sous le pampre avec la créature. »

Il ordonna à un laquais de seller son cheval. Sans perdre de temps il alla au château de Hauteroche demander la main de mademoiselle Gertrude.

# VOYAGE A PARIS.

## I.

### GÉOGRAPHIE DE PARIS.

#### ORIGINES.

« Si Rome a été fondée par un fils du dieu Mars et par le nourrisson d'une louve, Paris le fut par un prince échappé au sac de Troie, Francus, fils d'Hector, qui, devenu roi de la Gaule après avoir bâti la ville de Troyes en Champagne, vint fonder celle des Parisiens et lui donna le nom du beau Pâris son oncle. » Pour expliquer cette haute opinion d'un savant historien, un autre historien non moins savant nous démontre que le mot *Paris* se compose de deux mots, savoir : le radical *Par* ou *Bar* et le mot *Isis*, « attendu qu'il a été trouvé sur le territoire de Paris une statue de cette déesse, ce qui prouve abondamment que

Francus, qui veut dire Français, est le fondateur de Paris. — Voir, pour plus de lumières, les mémoires de l'Académie des inscriptions et belles-lettres qui fourmillent de preuves tout aussi authentiques.

Il existe cependant d'autres opinions dignes d'être étudiées. Si on daignait nous écouter sur ce point, nous dirions que le fondateur de Paris, ce fut le hasard. Il y avait une île dans un pays sauvage : figurez-vous une peuplade dispersée qui cherche à s'abriter contre ses ennemis ; cette peuplade traverse le fleuve et se barricade sur ce grain de sable que protégent les eaux. Cette peuplade de bateliers et de pêcheurs, lasse d'errer de rive en rive, de la rivière au fleuve, du fleuve à la mer, veut prendre dans l'île quelques jours de repos. Après la palissade, voilà la tente qui se dresse. Les vents sont mauvais ; le fleuve est un autre ennemi qui vient menacer à son tour ; pourquoi ne pas élever un mur contre les tempêtes de l'occident ? Cependant on a eu le temps de s'apercevoir que l'île était fertile ; pendant que les pêcheurs s'aventurent sur leurs barques, les plus paisibles de la colonie défrichent le sol par distraction, par curiosité, par instinct pour l'avenir. Quelque temps se passe ainsi ; l'heure est venue de partir, de marcher à l'aventure comme autrefois ; mais l'amour du sol a pris ces hordes nomades ; ils ont semé, ils veulent recueillir. Ils se complaisent d'ailleurs dans ces quelques enjambées de terre défendues des bêtes et des hommes, des ennemis de toute espèce, où ils peuvent avoir chacun un arbre, un épi et une maison. Ils se décident à rester ; les plus aventureux et les plus jeunes iront courir au loin à la découverte, mais ils reviendront. Dès ce jour, Paris exista. Au lieu de quelques palissades, où étaient suspendues toutes fumantes encore les peaux de bêtes, l'industrie, fille de la paix, envoie des barques chercher des pierres sur les rives voisines, élève des murs, les couvre de chaume ; et voilà une bourgade qui vit et palpite. Laissez-la respirer un peu, vous la retrouverez bientôt avec des mœurs, gouvernée par des lois. Aujourd'hui elle s'appelle Loutouhezi ; plus tard César passera qui lui donnera son acte de naissance ; plus tard la bourgade sera la ville universelle, elle sera tout à la fois Babylone, Athènes, Rome ; mais quelles que soient sa fortune et sa gloire, elle n'oubliera pas qu'elle est sortie d'une famille de pêcheurs, et pour ses armoiries elle prendra un vaisseau.

J'ai commencé par citer l'histoire, j'ai fini par produire le roman. Comme il arrive souvent, le roman n'est-il pas plus vraisemblable que l'histoire ?

Aujourd'hui Paris n'est plus une île déserte, une bourgade, une grande ville, c'est une nation où fourmillent mille peuples divers. Cette nation a autour d'elle, pour la défendre des barbares, ses grandes murailles comme la Chine.

### POPULATION. SITUATION. DIVISION.

La population de ce pays est trop variable pour qu'il soit permis d'en fixer le chiffre. Ce soir vous comptez un million d'habitants, demain matin la statistique sera en défaut, car il aurait fallu compter d'après et non sur la vertu des femmes. Si la Russie est en congé à Paris, la population est plus variable que jamais, car les boyards enlèvent encore nos Sabines.

Paris est la première nation du monde. — Longitude : 20 degrés moins 6 minutes. — Latitude : 48 degrés 50 minutes 14 secondes. Le sol est à 73 mètres au-dessus du niveau de la mer. Les montagnes renommées sont : Montmartre, le Père Lachaise, la Porte-Saint-Denis, l'Arc-de-Triomphe, les tours de Notre-Dame, le Panthéon et les Invalides.

Ce pays qui se divise en continent, îles, presqu'île, détroits, isthmes, est arrosé par un grand fleuve, la Seine, par un puits, le puits de Grenelle, par une petite rivière, la Bièvre, et par une multitude de ruisseaux. On se rappelle le mot de madame de Staël : Oh! qui me rendra mon ruisseau de la rue du Bac! En outre, ce pays est traversé par un canal qui unit la Seine à l'Escaut.

### MONTAGNES.

Le sol, originel et éventif, est bas et uniforme ; on ne cite guère que deux montagnes à pic, la montagne Sainte-Geneviève et la butte Montmartre. Et encore, sans les moulins à vent et le Panthéon, elles ne seraient guère considérées que comme des collines.

### MÉTÉRÉOLOGIE. AGRICULTURE.

Le climat est des plus tempérés et des plus charmants ; il n'y pleut en général que sept jours par semaine, sans compter la nuit. Il y fait froid l'été, mais il y fait beau temps l'hiver. On reconnaît le changement des saisons au changement des habits : il y a jusque dans la garde nationale la tenue d'hiver et la tenue d'été. Il y a aussi des almanachs qui vous avertissent que 21 mars est le premier jour du printemps et que la neige ou le givre qui couvre les arbres est une fleur de la belle saison.

Grâce à cet heureux climat, l'agriculture y est en faveur. On y cultive les roses, les radis et les petits pois. Aucun pays au monde ne renferme plus de jardins, jardins suspendus comme ceux de Sémiramis ; — on n'a pas besoin d'y descendre pour s'y promener : ce sont les jardins qui montent vers vous ; — il y en a à tous les étages.

### ZOOLOGIE.

Au Marais', on trouve de précieux restes de la création avant le déluge.

### INDUSTRIE.

C'est le pays par excellence de l'industrie. Parmi les plus connues, on cite celles des papiers publics : il s'y répand environ deux cent mille feuilles par jour; les unes, il est vrai, ne sont pas publiques, attendu qu'on ne les lit pas.

On prétend que c'est là que bat le cœur de la nation. On se trompe : il y a longtemps que le cœur ne bat plus dans ces régions-là.

Cependant il existe encore quelques journaux noblement exaltés ou noblement indignés.

Il y a une autre industrie assez bien cultivée, celle des coupeurs de bourse. C'est une industrie qui exige beaucoup d'études; mais on peut prendre des leçons à dix ou vingt francs le cachet.

### CULTE.

La religion catholique est la religion dominante de l'état. Les prédicateurs y sont fort à la mode. On va dans les églises avec la même ferveur qu'à l'Opéra ou à la comédie.

On ne paye pas en entrant; mais, quand la voix de l'orgue et l'encens de l'autel vous élèvent l'âme dans les plus hautes régions avec l'esprit du Seigneur, un chapeau à trois cornes laisse tomber sa hallebarde sur vos pieds et vous crie d'une voix de tonnerre : — Pour les frais du culte, s'il vous plaît!

L'église catholique est une mendiante perpétuelle : elle

mendie à la porte sous le prétexte de vous donner de l'eau bénite; elle mendie au chœur, parce qu'à l'église, comme au cimetière, ceux qui ont le plus d'argent sont les mieux placés; elle mendie en vous offrant une chaise. Mais elle mendie surtout le jour de votre mariage ou le jour de votre mort. Si vous n'avez pas cent francs dans votre poche, je vous défie de vous faire conjoindre ou enterrer comme il convient à un honnête homme.

Il y a bien quelques autres religions, celles d'Israël, de Luther, de Calvin; il y a même des dieux nouveaux : l'un s'appelle Enfantin, l'autre Fourier, celui-ci le Mapah.

Ce dernier, le plus humble de tous, vit dans un grenier avec sa maîtresse.

### PROMENADES.

Parmi les promenades célèbres, on cite encore le bois de Boulogne — fortifié contre les promeneurs. Il y reste le Ranelagh, où l'on va avec la même ardeur qu'à l'ancienne abbaye de Long-Champ. — Succursale Mabile.

Mais la belle promenade aujourd'hui — pour les chevaux — c'est les Champs-Élysées.

Il ne faut pas oublier le Luxembourg, promenade amoureuse; — la place Royale, promenade déchue; — la place de la Concorde, ainsi nommée parce qu'on y a guillotiné un roi et son peuple; — le Jardin des Plantes, paradis terrestre digne de ceux de Breughel de Velours, où sont réunies toutes les richesses de la création, depuis le lion superbe jusqu'au Parisien de la rue Mouffetard.

### DE QUELQES MONUMENTS REMARQUABLES.

#### La Bourse.

La Bourse est le temple de la civilisation moderne. Le matin, les agioteurs y vendent de l'argent; le soir, devant ce monument, on rencontre des agioteuses qui se vendent pour de l'argent.

### Le Palais-Royal.

Le Palais-Royal n'est plus qu'un immense caravansérail où se renouvellent par les tailleurs les métamorphoses d'Ovide. Le palais est bien déshérité de sa gloire depuis qu'il a perdu ses bayadères. C'est le rendez-vous de toutes les provinces et de toutes les nations. Les bourgeois de Paris y vont régler leurs montres, car on sait qu'à midi, lorsque le soleil passe au méridien, un coup de canon annonce l'heure attendue; mais, comme le soleil ne se montre que par hasard, il arrive presque toujours un nuage qui le dispense de faire feu. Qu'on juge du désappointement des bons bourgeois de Paris! voilà les montres qui ne sont plus à l'heure! Conséquences terribles! Là c'est un mari qui rentre trop tard, ici c'est un mari qui rentre trop tôt; deux extrémités fâcheuses.

### Les Tuileries.

*Les Tuileries* sont le palais des rois constitutionnels. Les uns y vont parader en gardes nationaux, les autres se contentent de se promener dans les jardins pour y admirer à loisir les royautés de Girardon, de Coysevox et de Coustou; les autres s'arrêtent tout embourbés à la place du Carrousel, car depuis plus de dix ans la ville de Paris et la liste civile se disputent à qui pavera cette place.

### Le Louvre.

Palais des chefs-d'œuvre — pendant six mois, — jusqu'au 1ᵉʳ avril, jour néfaste où M. Bidault remplace... ne remplace pas le Poussin.

### L'Hôtel-Dieu.

Ainsi nommé parce que tous ceux qui y vont y meurent. — Mourir c'est aller à Dieu.

### PROVINCES.

Ce pays est divisé depuis peu de temps en douze provinces ; mais le voyageur ne s'arrête qu'à la division ancienne, qui est la plus naturelle. Ainsi le faubourg Saint-Germain et le pays latin, le faubourg Saint-Honoré et le faubourg Saint-Marceau, les Tuileries et le faubourg Saint-Antoine, la Chaussée-d'Antin et le Marais, ces diverses provinces sont d'une physionomie tellement distincte qu'elles semblent n'avoir aucun rapport entre elles et ne pas faire partie de la même nation.

Il y a encore une autre province qu'il ne faut pas oublier, connue sous le nom de treizième arrondissement. Ce n'est pas la moins agréable et la moins pittoresque ; les voyages y sont charmants, à la condition toutefois de n'y pas trop séjourner.

### COLONIES.

Deux colonies dépendent de cette nation. Ce sont deux îles importantes : la Cité et l'île Saint-Louis. Il y avait autrefois une troisième colonie, l'île Louviers, qui a été réunie au continent.

La Cité est le lieu le plus varié de l'univers ; c'est la demeure la plus habituelle des juges et des voleurs. Il y a un Palais de Justice à l'ombre duquel sont abritées de hideuses maisons ouvertes aux forçats plus ou moins libérés, garnies de filles de joie et de filles de douleur.

C'est là que se préparent tous les grands crimes. Or, à

la porte de ces maisons se trouve un marché aux fleurs qui va embaumer les mille coins de Paris.

Ainsi, on a sous la main les filles et les fleurs, la justice et les voleurs.

L'île Saint-Louis est une province paisible, discrète, solitaire, où l'on ne remarque ni commerce ni industrie. On n'y naît pas, on y meurt. Généralement, les naturels du pays sont d'un âge mûr. Les dignitaires de cette île sont un prince et une princesse, un archevêque et un peintre.

### LE PAYS LATIN.

Le pays Latin est très-varié et très-pittoresque. Comme on y étudie beaucoup les lois et les femmes, les naturels du pays s'appellent étudiants. On assure qu'ils se sont réfugiés sur la montagne Sainte-Geneviève, comme les Romains sur le mont Aventin, pour se soustraire aux pernicieuses influences de la civilisation.

### LE FAUBOURG SAINT-GERMAIN.

Le faubourg Saint-Germain est une suite de châteaux ruinés où il y a beaucoup de Ravenswood et peu de Caleb. Les naturels de cette contrée regardent avec obstination, dans un ciel orageux, une étoile qui ne brille plus. — Anne, ma sœur Anne, ne vois-tu rien venir?

On trouve dans cette contrée une tour de Babel qui s'appelle la Chambre des députés, un palais qui s'appelle les invalides du pouvoir ou la Chambre des pairs, un autre qui s'appelle les invalides des lettres ou l'Académie. — Succursale : l'Abbaye-aux-Bois.

Il serait injuste d'oublier l'Académie des inscriptions, où l'on devine des logogriphes laissés par les anciens, qui avaient aussi leurs jours de malice.

Parlons aussi d'un palais, l'Observatoire, où l'on est en correspondance directe avec la lune et les autres pays éloignés. On y rencontre un beau jardin aboutissant à un lieu célèbre qui s'appelle la Chaumière. — Succursale : la Grande-Chartreuse.

### LE FAUBOURG SAINT-HONORÉ.

Rival du faubourg Saint-Germain. Les habitants ne cherchent pas une étoile filante, ils se tournent toujours vers le soleil.

### LE FAUBOURG SAINT-MARCEAU.

Le faubourg Saint-Marceau est la patrie des chiffonniers, horde de mœurs bizarres, qui n'a pour soleil que le gaz, les réverbères et sa lanterne; Diogènes qui vont cherchant des immondices et qui découvrent quelquefois des hommes.

Le faubourg Saint-Marceau est un pays, le seul pays où l'or soit une chimère, où jamais deux écus d'argent n'ont sonné ensemble. C'est un pays où ne vont jamais que les La Peyrouse de la terre ferme. Il y a en cette province, abandonnée aux Diogènes modernes, un tribunal en plein vent. Les parties belligérantes attroupent les voisins et s'accusent sans périphrases. Les voisins donnent tort aux deux parties, qui finissent toujours par se battre et aller au cabaret. Ces peuplades ont cela de particulier avec les chameaux que le dimanche à la barrière elles boivent pour huit jours.

### LE FAUBOURG SAINT-ANTOINE.

Le faubourg Saint-Antoine est aux antipodes des Tuileries. Les habitants de cette contrée ne descendent à Paris que les jours de révolution et les jours de feux d'artifice.

### LA CHAUSSÉE-D'ANTIN.

Dans la Chaussée-d'Antin, on fait sa fortune ou on la défait; dans le faubourg Saint-Germain on la conserve. Là-bas, c'est l'aristocratie de la Bourse, comme ici c'est l'aristocratie de la naissance. La Chaussée-d'Antin renferme deux églises curieuses, celle des madeleines et celle des lorettes. On y va beaucoup; mais on va encore davantage à l'Opéra, qui est à peu de distance. Cela se comprend : dans les églises, il y a des prêtres; à l'Opéra, il y a des prêtresses. Mais, depuis que les madeleines et les lorettes vont à la messe, on abandonne beaucoup l'Opéra, château en ruine où dansent des ombres.

L'opéra des gueux, c'est toujours l'église.

### LE MARAIS.

Le Marais, comme l'île Saint-Louis, est une province perdue, un monde d'un autre âge, qui ne croit pas à l'obélisque ni aux chemins de fer. Il n'y a pas cent ans que, selon Mercier, les naturels du pays n'apercevaient que de loin la lumière des arts. « Le Mercure de France était mis sur la dépense avec les balais; et ce compte regardait le portier. » Le Mercure ayant cessé de paraître, il faut en tirer un augure favorable aux habitants du Marais.

### VOYAGES.

Il y a dans ce merveilleux pays diverses manières de voyager par terre et par eau; il y a même des chemins de fer, mais seulement établis pour les relations extérieures. Le voyage par eau se fait tantôt en nacelles, tantôt en bateaux à vapeur : ce voyage n'est guère utile, excepté pour aller du Jardin des Plantes aux Tuileries. Le voyage par terre est très-facile ; on trouve à chaque pas de grandes voitures qui vont partout, mais qui ne vous conduisent jamais où vous voulez aller. Des espèces de carrosses ambulants, vulgairement appelés fiacres, vous mènent au lieu même que vous désignez ; mais ces carrosses-là n'arrivent jamais, étant traînés par deux haridelles qui vont toujours parce qu'elles vont lentement. Il est vrai que l'on peut aller à pied, mais en disant, comme le spirituel Louis XV : *Si j'étais lieutenant de police, je défendrais les cabriolets.* En effet, cette manière de voyager devient presque impossible : les voitures ayant le milieu du pavé et défilant sans cesse, le piéton ressemble beaucoup à ce paysan de la fable attendant, pour passer la rivière, que l'eau ait fini de couler.

Jean-Jacques Rousseau fut renversé en 1756 par un énorme chien qui précédait une berline. Le maître de l'équipage passa sans sourciller, ne rouant guère que le chapeau du philosophe. Le lendemain, ayant appris qu'il avait failli tuer le citoyen de Genève, il envoya son laquais demander au blessé ce qu'il pourrait faire pour lui. « Tenir désormais son chien à l'attache, » répondit Jean-Jacques Rousseau.

Voici une ancienne relation bien digne d'être enregistrée ici : c'est *le voyage de Paris à Saint-Cloud par mer, et le retour de Saint-Cloud à Paris par terre.*

« Le Parisien qui entreprend ce long voyage prend toute sa garde-robe, se munit de provisions, fait ses adieux à ses amis et parents. Après avoir offert sa prière à tous les saints et s'être recommandé spécialement à son *ange gardien,* il prend la *galiote ;* c'est pour lui un vaisseau de haut-bord. Étourdi par la rapidité du bateau, il s'informe s'il ne rencontrera pas bientôt la *compagnie des Indes ;* il estime que les échelles des blanchisseuses de Chaillot sont *les échelles du Levant ;* il se regarde comme éloigné de sa patrie, songe à la rue *Troussevache,* et verse des larmes. Là, contemplant les *vastes mers,* il s'étonne que la morue soit si chère à Paris ; il cherche des yeux le *cap de Bonne-Espérance ;* et quand il aperçoit la fumée ondoyante et rouge de la verrerie de Sèvres, il s'écrie : Voilà le *mont Vésuve* dont on m'a tant parlé. Arrivé à Saint-Cloud, il entend la messe en actions de grâces, écrit à sa chère mère toutes ses craintes et ses désastres ; notamment que, s'étant assis sur un amas de cordages nouvellement goudronnés, sa belle culotte de velours s'y est comme incorporée, et qu'il n'a pu se relever qu'après en avoir abandonné des *fragments considérables.* Il conçoit à Saint-Cloud l'idée sublime de l'étendue de la terre, et il entrevoit que la nature vivante et animée peut s'étendre au delà des barrières de Paris.

« Le Parisien, stupéfait et ravi, apprend que le hareng et la morue ne se pêchent point dans la rivière de Seine. Il croyait que le bois de Boulogne était l'ancienne forêt où habitaient *les druides,* il est détrompé. Il avait pris *le mont Valérien* pour le véritable Calvaire où Jésus-Christ avait répandu son sang précieux, on le désabuse ; il juge savamment qu'il est encore *parmi des catholiques,* puisqu'il aperçoit des clochers et que sa foi n'est conséquemment pas en danger. Il voit passer un cerf et un faon, et voilà le premier pas qu'il fait dans l'*Histoire naturelle.* On lui annonce *Madrid : la capitale d'Espagne ?* répond-il vivement. On lui dit que ce n'est pas là le château où François I$^{er}$ fut prisonnier ; il s'étonne du rapport, et cette singularité exerce toute son intelligence. Il est toujours bon patriote et ne renie point son pays ; car il annonce à tous ceux qu'il rencontre qu'il est *né natif* de Paris, que sa mère vend des étoffes de soie à la Barbe-d'Or, et qu'il a pour cousin un notaire. Il rentre dans sa famille, on le reçoit avec des acclamations ; ses tantes, qui depuis vingt ans n'ont été aux Tuileries, admirent son courage et le regardent comme le plus hardi et le plus intrépide voyageur. »

### LITTÉRATURE NATIONALE.

La littérature nationale du pays doit frapper bien vivement les étrangers, car elle s'étale sans vergogne sur toutes les murailles ; ce sont des pages de papier où tout le monde veut signer son œuvre, depuis le gamin qui va à l'école jusqu'au plus grave universitaire. Je lisais ceci hier : « Aux cœurs timides et pusillanimes, aux vieillards, femmes et adultes qui craignent d'aller en chemin de fer : *Les Gondoles parisiennes vont toujours à Versailles par la voie de terre.* »

### CHANSONS.

Mazarin disait : « Ils cantent! eh bien! laissez-les canter ; s'ils cantent, ils payeront ; » hélas! aujourd'hui on ne chante plus à Paris, même pour son argent.

### LES CHEMINÉES.

Pays de gloire et de fumée! Les cheminées y sont en trop grand nombre ; non pas les jours d'hiver, mais les jours d'orage.

### ACADÉMIES.

Rien ne fait vivre plus longtemps que le ridicule. Ce qui manque aujourd'hui à l'Académie française, ce n'est ni

Lamennais, ni Béranger, ni George Sand, ni Dumas, ni Balzac, ni Musset ; ce sont les épigrammes de Piron.

A l'Académie des inscriptions et belles-lettres, l'esprit ne vit que de ce qui n'est plus. On admire beaucoup les tableaux d'Apelles et de Zeuxis, parce qu'on ne les a jamais vus. Aussi, sur la tombe de tous les membres de cette Académie, on grave ces vers de Piron :

> Ci-gît un antiquaire opiniâtre et brusque :
> Il est esprit et corps dans une cruche étrusque.

## LE PEUPLE DE PARIS.

O grand peuple! peuple insolent, peuple clamateur, où es-tu? Qu'as-tu fait de ton cœur de 92, quand la patrie était en danger? Républicain d'un jour, où es-tu? Le peuple de Paris ne lit plus que le feuilleton du papier public, ce papier public qui l'entraînait à toutes les frontières, il y a cinquante ans. Il n'y a plus de peuple depuis qu'il n'y a plus de grands seigneurs. Où est le temps où l'on rossait le guet, où l'on cassait les lanternes, où l'on enlevait le souper qui allait du pâtissier à l'hôtel pour le porter chez les filles? On était jeune à vingt ans il y a un siècle, mais aujourd'hui où est la jeunesse?

## SUR L'ESPRIT DU PEUPLE.

Tout l'esprit du monde est à Paris. Les Parisiens sont le peuple le plus spirituel du globe ; mais, comme a dit Montaigne, il faut à toute heure lui désenseigner la sottise.

Il y a le Parisien qui naît à Paris, le Parisien par excellence; celui-là voit le monde par un trou ; il étudie le cœur humain, le sien et celui de sa voisine aux théâtres des boulevards. Il croit à tout : on lui cria un matin d'ouvrir sa fenêtre *pour voir passer l'équinoxe porté sur un nuage ;* — il ouvrit sa fenêtre. —

Et moi aussi je vais ouvrir ma fenêtre.

## II.

### PARIS PAR LA FENÊTRE.

La fenêtre ! A ce seul mot que de rêves envolés reviennent voltiger autour de moi. La fenêtre ! Toute la jeunesse parisienne est là. La jeunesse intelligente, poétique, oisive, qui rêve d'amour ou de renommée. Quel est celui d'entre nous qui ne s'est pas délicieusement accoudé, entre les cheminées et les gouttières, au bord du toit, comme l'oiseau chanteur qui va prendre sa volée dans le monde. Ah ! comme alors toutes les femmes passaient belles sous nos yeux ! Quels corsages embaumés et quels regards célestes, quelles lèvres frémissantes et quels sourires divins ! C'étaient plus que des femmes, c'étaient des anges, des sœurs, des maîtresses : c'étaient plus que des sœurs, des anges et des maîtresses, c'étaient des illusions ! Adorables illusions de nos vingt ans ! Avec quelle grâce elles nous jetaient au passage les parfums de la jeunesse ! Bienheureux, bienheureux celui qui, à vingt ans, c'est accoudé sur sa fenêtre en compagnie de sa maîtresse, de son cigare et de ses illusions !

Si le bonheur est quelque part, c'est à la fenêtre. Bernardin de Saint-Pierre l'a dit en cultivant ce fraisier célèbre qui fut pour lui un monde durant toute une matinée.

On a fait des voyages à la plume sur terre et sur mer : on a été plus loin, on a fait des voyages autour de sa chambre, des voyages où il vous plaira, des voyages autour de soi-même. Pour moi, si j'avais le temps de voyager, je me garderais bien de faire tant de chemin, j'ouvrirais tout simplement ma fenêtre : ce serait là le voyage le plus long, le plus curieux, le plus imprévu. Ne me parlez pas des chemins de fer, ils vont droit devant eux : ils ne vont pas assez vite pour la pensée, ils vont trop vite pour les yeux ; le voyage en chemin de fer est un voyage manqué. Mais un voyage à la fenêtre ! Ouvrir la fenêtre, n'est-ce pas s'ouvrir le monde ? Voyez plutôt !

J'habite la rue du Bac à un point de vue assez élevé. Quand je n'ai rien à faire, ce qui m'arrive tous les jours, j'ouvre ma fenêtre et je voyage. J'ai ce grand avantage sur tous les autres voyageurs de ne jamais savoir où je vais. Tantôt je descends dans la rue, cette rue qu'aimait tant madame de Staël, à la poursuite d'un certain coupé dont je porte les armoiries dans mon cœur ; tantôt je m'envole dans le pays charmant où j'ai bâti tant de châteaux ; tantôt je m'élève dans les nues pour savoir comment les anges font leurs nids ; tantôt... mais ce n'est pas le voyage d'hier ni celui de demain que je veux vous raconter, c'est le voyage d'aujourd'hui.

C'est aujourd'hui le 10 avril ; le printemps, qui n'est plus loin, nous jette çà et là un sourire à travers les nuages. Paris est égayé de je ne sais quel rayon de jeunesse ; les maisons sont moins noires, les femmes sont plus jolies. Celle qui vient là-bas nonchalamment est charmante, en vérité : on dirait un portrait de Murillo. Quels yeux ardents ! quels cheveux noirs ! quel teint doré ! c'est une espagnole de Paris ; on voit de prime abord quel est son pays à sa désinvolture. Quand je dis qu'elle est de Paris, je dois ajouter qu'elle appartient au treizième arrondissement, ce fameux arrondissement dont la Chaumière est la mairie. Elle a le privilége de vivre de l'air du temps, elle est vêtue comme il plait à Dieu et à son amant. L'heureuse fille, comme elle porte bien sa misère ! Elle répand à chaque pas un trésor d'insouciance ; elle n'a pas d'ombrelle ni de chapeau pour se garantir du soleil ; mais en est-elle moins jolie? Comme les fleurs vivaces, elle aime le soleil ; le soleil, c'est sa vie, après l'amour.

La voilà qui s'arrête devant une marchande de bouquets, dont la voix cassée poursuit les passants. Un bouquet de lilas, c'est tout un roman pour elle. Que de fois déjà elle a vu s'ouvrir dans sa vie un nouveau chapitre pour un bouquet de lilas. Il y a des étudiants qui ne font pas d'autre déclaration galante ; quand ils ont donné un bouquet, ils ont tout dit. On met le bouquet à son corsage, le soir on le jette dans un coin de sa chambre, trois semaines après on le ramasse par mégarde ; il est flétri comme l'amour qui l'a embaumé ; on le respire encore ; un triste sourire passe sur les lèvres ; on se souvient, on essuie une larme et on suspend le bouquet aux rideaux de son lit comme une sainte relique.

Elle s'est donc arrêtée devant la marchande de bouquets, comme elle s'est arrêtée devant toutes les boutiques. « Si j'avais de l'argent! » Voilà une exclamation qu'elle jette au diable mille fois par jour devant chaque tentation du luxe et du plaisir. La pauvre fille du treizième arrondissement n'a jamais un sou ; je me trompe, elle se réserve tout juste de quoi passer le pont des Arts. La nôtre était dans ce cas. « Bah! dit-elle, je reviendrai ce soir par le Pont-Royal. » Elle tira son sou de sa poche, convoitant déjà du regard le plus joli bouquet de lilas qui fût dans l'éventaire. A cet instant son regard fut détourné par la voix plaintive d'une pauvre femme, assise sur la borne voisine, portant un enfant sur ses mamelles sans lait. A la vue de cette pâle figure, ravagée par la douleur et par la misère, la jolie fille, si gaie et si alerte, s'attrista soudainement. Cette femme, toute jeune encore, n'était-elle pas une sœur d'infortune ; un seul pas séparait ces deux existences. « Si je lui donnais mon sou, » pensa la promeneuse ; du moins je devinai sa pensée à son mouvement. A ma grande surprise, elle se retourna vers l'éventaire. Je lui en voulus un peu, quand je la vis choisir le lilas et payer la marchande. Je ne prévoyais pas sa sublime charité ; elle respira la branche et s'avança tristement vers la pauvre mère assise sur la borne. « Tenez, madame ! » dit-elle, et elle s'envola comme un oiseau, légère et heureuse d'avoir paré cette misère d'un sourire de printemps.

La malheureuse comprit ; elle respira le lilas tout en essuyant une larme : « Que Dieu te conduise longtemps, toi, » dit-elle en suivant des yeux la jeune fille. « Elle est folle, » dit la marchande de bouquets.

Voilà une fenêtre qui s'ouvre en face de la mienne ; je vais voir un intérieur du faubourg Saint-Germain : c'est là que depuis deux hivers M. et madame de R... savourent à longs traits la lune de miel. Quel noble amour, quelle élégance native, quel parfum de bonne compagnie. Voyez : le jeune vicomte se penche à la fenêtre tout en fumant un cigare ; la jeune vicomtesse s'appuie sur l'épaule du fumeur tout en lisant un journal. Le cigare, le journal, voilà la vie aujourd'hui ; autrefois on causait, aujourd'hui on lit. Encore si le journal avait autant d'esprit que les charmants bavards d'autrefois. La société française s'en va, grâce au journal et au cigare : c'en est fait des belles mœurs, du beau langage, des belles manières. Le cigare a tué la galanterie, le journal a tué la conversation. Comment faire des madrigaux avec un cigare à la bouche ? comment oser dire un mot à des gens qui ont lu leur journal ? Tout ce qu'on peut dire dans la journée est imprimé la veille.

J'aime mieux promener mon regard et ma pensée trois étages au-dessus. J'aime mieux cette lucarne pittoresque qui a l'air de s'ouvrir dans le ciel ; le bonheur est là, si j'en crois ces trois pots de bruyères roses et blanches qu'une main amie vient d'apporter au soleil. J'ai été bien longtemps sans savoir qui demeurait si haut. Je voyais tous les jours un jeune homme s'encadrer dans la lucarne et y rester des heures entières dans l'immobilité d'une statue. S'il eût pris une seule fois une plume ou un crayon, j'aurais jugé que c'était un poète; mais il a trop d'esprit pour cela : c'est un sublime paresseux qui ne perd pas une heure de sa vie dans les misérables luttes du monde. Voilà dix ans qu'il se promet de faire choix d'un état, il n'a garde de se décider si vite : vivre de peu, au grand air, en pleine liberté, voilà sa philosophie. Il aime les fleurs, il les arrose avec délices, il les respire avec extase même quand elles n'ont plus de parfum. Il aime les oiseaux, le voilà qui leur jette sur le toit les miettes de sa table. Les oiseaux viennent becqueter jusque sous sa main. Il n'aime pas seulement les oiseaux et les fleurs : j'entrevois, à l'angle de sa petite cheminée, une tête blonde qui chante un air d'opéra comique. La voilà qui se lève pour voir les oiseaux gourmands. Elle vient sans bruit, elle passe sa jolie figure sous le bras du philosophe : c'est s'emprisonner de bonne grâce dans les liens de l'amour. Mon philosophe n'a qu'à baisser la tête pour toucher de ses lèvres les plus beaux cheveux du monde. Je m'aperçois ici qu'au lieu d'une plume pour peindre mon voyage, il me faudrait un pinceau.

Qu'entends-je? les sons d'un piano. D'où viennent ces sons? Hélas! j'ai dit un piano, il y en a vingt qui sont étagés autour de moi. Il y a des pianos partout, jusque chez moi; mais j'ai toujours la clef du mien dans ma poche.

Un équipage s'arrête au Petit-Saint-Thomas. Ah! la jolie jambe qui descend! c'est à coup sûr la jambe d'une femme distinguée; en effet, je reconnais les chevaux du marquis de \*\*\*. Madame la marquise entre nonchalamment dans le bazar du luxe parisien. Je vais allumer un cigare pendant qu'elle va choisir un chiffon. Mon cigare est à peine allumé que déjà elle remonte en voiture. C'est cela, madame la marquise, levez le store que je vous voie à mon aise. Elle déploie, avec une curiosité toute féminine, la robe qu'elle vient d'acheter : la robe lui tombe des mains ; il me semble que je l'entends rire à gorge déployée ; elle se renverse dans les éclats de gaieté. Il y a bien de quoi, vraiment ; elle vient de trouver dans l'étoffe du Petit-Saint-Thomas un bouquet qu'un galant commis y a glissé mystérieusement. Les chevaux piaffent, la voiture s'envole ; adieu, madame la marquise.

La rue du Bac est bien habitée ; plus d'un joli pied a passé avec la légèreté d'un oiseau ; plus d'un homme célèbre, à commencer par Chateaubriand, y rêve aux destinées des nations. Mais n'est-ce pas lui que j'aperçois là-bas, lui, le grand poète, qui a replanté d'une main vaillante la bannière du christianisme ? Hélas ! nul ne remarque au passage cet homme qui a fait tant de bruit : il ne tient pas plus de place dans la rue qu'un bourgeois endimanché. La beauté vaut mieux que le génie, — dans la rue et ailleurs encore. — Voyez, en effet, comme tout le monde se retourne pour voir passer cette jeune femme, qui est la beauté en personne ; Chateaubriand lui-même s'est retourné. Ah ! madame, si vous aviez su qui se retournait ainsi !

Je connais cette femme, je l'ai rencontrée cet hiver à je ne sais plus quel bal de député ; comme elle était la lionne de la fête, les femmes se racontaient tout bas une certaine histoire que je n'entendis pas, mais que je compris. J'espère revoir un jour cette femme, je n'oublierai pas de lui dire que Chateaubriand a salué sa beauté.

Mais où va-t-elle ainsi à cette heure ! Cela ne me regarde pas. Quelle aimable nonchalance, mais pourtant quelle démarche inquiète ! J'aime ses yeux bleus, qui me rappellent les plus pures créations des vieux maîtres de Cologne. La voilà qui rebrousse chemin. Qu'a-t-elle donc oublié? Pourquoi lève-t-elle ainsi les yeux vers ces deux fenêtres où flottent des rideaux de guipure. Hélas! hélas! cette femme vient de chez son mari, et elle va chez son amant.

Je n'ai que trop bien deviné. Un jeune homme, orné de moustaches brunes et de cheveux bouclés, se penche langoureusement à l'une des fenêtres, et commence à babiller des yeux avec ma belle nonchalante, qui baisse son front en rougissant et qui chancelle sous l'ivresse. Est-ce qu'il ne va pas arriver quelque obstacle pour l'honneur du mari? Est-ce que cette femme si belle et si perverse ne va pas s'abimer sous les yeux de son amant par un châtiment du ciel? Ce n'est pas le ciel qui se mêle de cela. La charmante pécheresse a franchi le seuil de la porte cochère; elle fuit comme une ombre et s'envole dans l'escalier. Son amant se détache de la fenêtre en jetant aux passants un sourire victorieux; l'insolent a l'air de nous dire, à nous tous qui représentons la société en miniature: « Allez vous promener! »

Je ne vois plus rien que la guipure qui s'agite au vent, la dame ne met pas la tête à la fenêtre; mais je ne l'ai pas tout à fait perdue de vue, je verrai longtemps encore la pâleur, la mélancolie ardente, la grâce ineffable de cette adorable figure, œuvre du ciel et de l'enfer.

Quand je la rencontrerai dans le monde, lui parlerai-je du jour où Chateaubriand l'a saluée?

10 avril 1841.

Aujourd'hui 10 avril 1846 je relis ces pages pour la réimpression, sur le quai Voltaire, dans l'appartement même du patriarche. (Le hasard seul y a conduit mes pénates d'argile.) Le point de vue a bien changé. Je vois tout Paris, depuis l'Arc-de-Triomphe jusqu'à Notre-Dame; en un jour elle passe devant moi la ville éternelle, y compris le Roi et la Seine. Mais qui oserait peindre ces soudaines métamorphoses? qui oserait décrire ces mille odyssées quotidiennes? Quel tableau! quel voyage! quel livre! J'aime mieux lire Voltaire sous ces lambris dorés, — dorés pour lui et non pour moi, — sous cet harmonieux plafond où les Muses tressent des couronnes, comme s'il était encore là, celui qui les aima toutes sans passion sérieuse.

Mais je m'aperçois que je n'ai pas Voltaire dans ma bibliothèque.

## III.

### LA RUE SAINT-DENIS.

Je vais voyager. — Où irai-je? — Ailleurs, je ne sais pas où, en vérité; ô mon Dieu, faites que je n'arrive jamais! — Pourquoi voyager? — Le lointain a des prismes sans nombre; je veux voir un peu mes amis dans le lointain. — Ni mes amis, ni moi n'y perdrons : *Les absents ont tort,* dit le proverbe. — Les absents ont tort? moi je dis : les absents ont tort — de revenir.

Avant de prendre la poste, — ou le chemin de fer, si je veux aller un peu moins vite, — ou mon bâton, si je veux voyager, il faut y réfléchir un peu. — Un moyen de faire un beau voyage, voyage d'esprit et de cœur, de souvenir et d'espérance; — voyage autour du monde, voyage autour de moi-même, ce serait d'ouvrir encore ma fenêtre; c'est la vraie route de l'esprit : c'est par là qu'il s'envole pour aller partout, dans le monde où l'on va à pied ou à cheval; dans le monde où on ne s'élève que sur cette locomotive toute de flamme qui s'appelle *l'imagination.* En route et bon voyage. Insensé, est-ce que mon médecin ne m'a pas dit de voyager, d'aller au loin, au bout du monde; pourquoi ai-je un médecin ? Est-ce que vous n'en avez pas plusieurs, madame ? aujourd'hui qu'il y a plus de médecins que de malades, le moyen de les fuir, ces messagers de la mort ? J'avais juré de vivre et de mourir sans le secours de la Faculté ; mais j'ai dans ma famille un pauvre garçon qui d'avocat s'est fait médecin, en désespoir de causes : selon les plus strictes convenances, je dois me faire tuer par lui, sous peine de passer pour un homme sans entrailles.

En route donc ; mais où aller ? à Vichy, à Spa, aux Pyrénées, à Baden ? c'est là et ailleurs encore que coule l'ambroisie du dix-neuvième siècle ; demandez plutôt aux belles dames qui vont prendre les eaux par ennui ; Cupidon s'est mis au régime. C'est aller un peu loin pour boire de l'eau, même pour boire à la coupe enchantée.

Le dirai-je, oserai-je le dire ? depuis longtemps je suis inquiété par une fantaisie bizarre ; pendant que d'autres, plus aventureux, me parlent d'aller à Rome, à Alexandrie, à Constantinople, au Mogol, dans les îles Marquises, je me promets de saisir la première échappée pour faire un voyage dans la rue Saint-Denis. Pourquoi vous étonner tant ? Je n'ai jamais vu la rue Saint-Denis, mais j'en ai beaucoup entendu parler, comme disait une femme d'esprit à qui on parlait de la mer. Ce voyage n'est pas trop long, on peut en revenir. Je vais donc, ne vous déplaise, me hasarder dans ces peuplades inconnues.

S'il faut en croire une vieille histoire de Sauval, la rue Saint-Denis aurait été, même après le déluge, la rue par excellence de la bonne ville de Paris ; mais peut-on ajouter foi à un historien ? Si la rue Saint-Denis avait jamais sillonné le vrai Paris, est-ce que, depuis plus de dix ans que j'habite cette ville, je n'aurais point traversé cette rue, « inabordable à pied, à cheval ou en carrosse ? » disait Voltaire. Voltaire avait bien ses raisons pour avancer un pareil paradoxe.

Un jour qu'il avait touché cent louis de madame la duchesse de Richelieu, pour avoir corrigé ou loué ses vers, il s'arrêta tout enivré d'avoir une pareille somme, car il n'était alors âgé que de dix-sept ans ; il s'arrêta dans la rue Saint-Denis pour assister à une vente à l'encan après décès : « Quoi qu'on vende, fût-ce des vers non corrigés, je veux acheter ! » s'écria-t-il gaiement. On vendait un carrosse, des chevaux et des habits de livrée ; il y avait même là un laquais sans place, le laquais du défunt, qui demandait à aller où iraient ses habits. Voltaire achète le carrosse et les chevaux ; il ordonne au laquais de reprendre sa place sur le siége ; lui-même se jette dans le carrosse et déclare qu'il veut aller bon train pour son argent. Il y avait un si grand embarras de voitures dans la rue Saint-Denis qu'il fut plus d'une demi-heure sans avancer. A la première échappée, le laquais fouette les chevaux de toutes ses forces, mais l'équipage du poète accroche une lourde voiture et Voltaire verse comme un grand seigneur habitué à cela.

Je me suis mis en route par une belle matinée de printemps, c'est-à-dire entre une giboulée et un orage ; j'ai suivi les quais, très-surpris de voir des gens de mon âge et de ma tournure se diriger vers le même point. J'ai commencé dès lors à m'apprivoiser avec la rue Saint-Denis, espérant ne pas m'y trouver tout à fait étranger ; mais où ne se rencontre-t-on pas, aujourd'hui que le monde est sillonné de chemins de fer et de bateaux à vapeur ? J'avançais donc avec plus de confiance ; peu à peu cependant je voyais disparaître mes compagnons de voyage : celui-ci, c'était un étudiant, s'éclipsa par le Pont-Neuf ; celui-là, c'était un beau du boulevard de Gand, alla fumer son cigare sur le quai aux Fleurs ; ainsi des autres. Je traversai bravement la place du Châtelet, déterminé à tout, comme Lapeyrouse. Je me trouvai bientôt au milieu d'un autre monde, qui n'a de commun avec le nôtre que les Omnibus.

J'avais trop compté sur mes fines semelles; pour marcher dans la rue Saint-Denis, quel que soit le temps et la saison, il faut armer ses pieds de bottes de province. Je fis quelques pas sans pouvoir respirer, tant j'étais ému par les clameurs des indigènes : l'un poursuivait un provincial qui montait une boutique d'épicerie à Noyon; l'autre insultait un charretier qui avait renversé au passage une pyramide de sucre ou accroché avec son fouet une guirlande de calicot. Le charretier me prit à témoin; pour me délivrer de ce mauvais pas, je lui répondis en allemand : je parvins à passer outre. Parmi toutes les femmes qui semaient la rue, j'en voyais à peine une digne par sa chaussure et sa physionomie du beau nom de Parisienne; toutes les autres étaient des provinciales sans grâce et sans style, mal peignées, mal coiffées, vêtues au hasard, traînant dans la boue des souliers sans forme. Pour les hommes, c'étaient des portefaix, des commis de première année et des gamins. Je fis une halte chez un épicier pour savoir quelle était la langue des naturels du pays. Il y avait une femme trônant au comptoir. « Monsieur, me dit-elle en français douteux, nous ne vendons rien au détail. — Je le sais, madame, aussi je viens vous demander mille kilos de thé Pekoa : j'en prends tous les soirs, je voudrais profiter de l'escompte. — Très-bien, monsieur, asseyez-vous; mais je ne connais pas le Pekoa ; est-ce du sucre de betterave ou du sucre colonial ? — C'est du sucre de pomme, madame. Mais dites-moi, êtes-vous contente du commerce ? — Non, monsieur, le commerce ne va pas. » A ce mot, je reconnus que j'étais en plein Paris.

Quoique le commerce n'aille pas, j'appris pourtant de l'épicière, qu'elle possédait pour cent mille écus d'herbages en Normandie, une maison à la Madeleine, et de quoi marier sa fille *Héloïsa*, qui devait épouser un notaire de Beaugency. La dame du comptoir me raconta sans se faire prier comment se faisaient et se défaisaient les fortunes dans la rue Saint-Denis. Voilà toute l'histoire : Ceux qui veulent s'enrichir en dix ans se ruinent presque toujours; ceux qui ne demandent la richesse qu'après vingt ans de travail achètent un domaine sur leurs vieux jours. Le secret est dans ce mot *patience;* mais, surtout aujourd'hui, le siècle de la vapeur n'est plus le siècle de la patience. Ce n'est d'ailleurs point l'épicerie, mais la bonneterie qui abonde dans la rue Saint-Denis. C'est surtout la rue des bonnets de coton.

Je me remis en route, déjà passablement ennuyé de ne rien découvrir de plus pittoresque. Des maisons, encore des maisons, toujours des maisons, et quelles maisons ! pas d'air, pas de soleil, pas même de fleurs sur les fenêtres. A quoi bon des roses ou des pervenches dans une rue où l'on ne prend pas le temps de dormir? D'ailleurs les fleurs sont des choses de luxe; or jamais le luxe n'a osé se montrer dans la rue Saint-Denis; jamais la marchande de violettes, cette pauvre créature d'heureux présage qui vend pour un sou le sourire du printemps, n'a mis le pied dans la rue Saint-Denis. On vend des violettes partout, jusque dans le faubourg Saint-Jacques; le peuple achète des fleurs et recherche le soleil; mais dans la rue Saint-Denis on ne veut de fleurs et de soleil que pour les terres qu'on a achetées ou qu'on achètera.

L'origine de la rue Saint-Denis est comme celle des Chinois : elle se perd dans la nuit des temps. C'était d'abord une chaussée, une bourgade s'éparpilla sur la chaussée, la chaussée devint une rue, cette rue prit le nom de l'abbaye de Saint-Denis, d'autres disent de Saint-Denis lui-même, qui avait souvent passé par ce chemin.

A peine le hasard l'eut-elle tracée, qu'elle fut surnommée la rue par excellence; en effet, pendant bien des siècles, la rue Saint-Denis fut la première rue de la capitale de France. Les rois et les reines y passaient en triomphe, soit au retour du sacre, soit au retour de la guerre.

C'était encore par cette rue qu'ils allaient au tombeau. Le grand et le petit commerce de Paris y ouvrirent des boutiques et y élevèrent des entrepôts; pendant cinq ou six siècles, la Bourse, la rue Vivienne et Tortoni se trouvaient tout simplement rue Saint-Denis.

Enfin, voilà un monument qui m'apparaît : la Fontaine des Innocents. Mais par quel chemin vais-je aller jusque-là ? comment traverser cette haie de femmes qui font des bouquets de cerises tout en parlant la langue de Vadé? Cette fontaine est l'œuvre de Pierre Lescot et de Jean Goujon ; que dire de plus à sa louange, si ce n'est qu'elle est infatigable à désaltérer les indigènes qui l'entourent! Un cimetière a fait place à un marché ; cependant le cimetière était plus gai que le marché. En effet, le cimetière des Innocents a été le Palais-Royal de nos aïeux. Ce lieu choisi s'appelait les Charniers. Nicolas Flamel et le maréchal de Boucicaut l'avaient fait bâtir à leurs frais. Les morts étaient abrités par les vivants ; sur chaque tombe une marchande de rubans, de dentelles, de colifichets, de fanfreluches étalait gaiement sa marchandise en souriant au chaland. Jamais on ne s'était si bien familiarisé avec la mort; ces comptoirs d'un nouveau genre étaient sans cesse assiégés par les beaux oisifs du temps. On faisait l'amour aux Charniers comme dans un bazar ; on s'y donnait rendez-vous comme aux Tuileries. En 1424 les Anglais, maîtres de Paris, choisirent ce lieu pour y donner une fête ; ils y dansèrent avec fureur la danse macabre : il y a un siècle on y faisait des miracles.

Enfin, en 1785, les idées de Voltaire sur les cimetières hors les villes ayant prévalu, on exhuma douze mille squelettes qui servirent au grand ossuaire des catacombes; on détruisit l'église, et, pour ne pas perdre de place, on fit un marché. A Paris, la vie et la mort se touchent toujours ; n'y a-t-il pas un marché à la porte de la Morgue ?

Le plus grand poète comique du monde est né à deux

pas de la Fontaine des Innocents ; c'est là, dans ce coin enfumé de Paris, qu'il a poursuivi ses premiers rêves. Patience! je croyais voyager dans un monde inconnu, voilà déjà que j'ai salué Pierre Lescot, Jean Goujon, Arouet et Poquelin! Je vous défie de faire un pas dans cette ville grandiose sans fouler du pied un grand souvenir. Paris, c'est le cœur de la France qui vous bat sous la main.

J'ai vu une église, j'y suis entré pendant une averse. J'aime les églises, d'abord parce que Dieu s'y trouve comme ailleurs, ensuite parce que la plus pauvre église renferme une précieuse œuvre d'art. L'église de la rue Saint-Denis s'appelle Saint-Leu Saint-Gilles ; elle date du règne de saint Louis. Elle est simple et belle, d'un bon style et d'un gracieux aspect. Le maître-autel est élevé sur une chapelle souterraine ; il est dominé par huit statues d'apôtres et de patriarches. La chapelle souterraine se nomme *Chapelle du Tombeau ;* elle n'est éclairée que par un demi-jour, qui inspire le recueillement. Elle fut construite par les chevaliers du Saint-Sépulcre. Georges Cadoudal s'y cacha durant quelques jours, sous le tombeau du Christ. L'église de Saint-Leu Saint-Gilles est la plus riche en reliques ; elle possède celles de sainte Clotilde, reine de France, et de sainte Hélène, mère de l'empereur Constantin ; en outre, elle possède, comme toutes les églises de la chrétienté, des morceaux de la vraie Croix, ce qui me fait tristement songer que Jésus-Christ a porté une croix bien lourde. Saint-Leu Saint-Gilles est la seule église de Paris où l'on osa faire un service pour le repos de l'âme de la princesse de Lamballe, au temps même de son horrible mort. Peu de jours après l'église fut mise à l'encan : deux juifs Ottevairi et Stevens, pourquoi ne pas dire leur nom, l'achetèrent moyennant quelques pièces d'or. Ils en firent un magasin à salpêtre. En 1802, quand les églises furent rouvertes au culte catholique, les deux juifs la louèrent trois mille francs pour l'amour de Dieu. Après un an de bail, voyant que les prêtres y replantaient l'étendard de la foi, ils demandèrent dix mille francs, toujours pour l'amour de Dieu, disant qu'ils ne la voulaient louer à d'autres qu'à Dieu même. Jusqu'en 1811, ils se firent un très-bon revenu aux frais des pêcheurs de la paroisse.

Avant la révolution, l'église de Saint-Leu possédait plus d'un tableau signé d'un grand-maître : au-dessus du maître-autel il y avait une Cène de Porbus, qui passait pour son chef-d'œuvre. A l'entrée du chœur, un grand tableau représentait d'après nature Louis XV enfant, sa gouvernante, les ducs d'Orléans et de Bourbon priant Saint-Leu pour la conservation du prince. Aujourd'hui, hormis un saint François de Sales sur son lit de mort, de Philippe de Champagne, un Christ de Mignard et une Visitation de Boucher, l'église ne renferme que de mauvaises copies et de pauvres originaux.

Le plus curieux tableau de l'église Saint-Leu est une vierge encadrée de cinq médaillons. Cette œuvre n'est pas d'une date fort ancienne, mais elle est précieuse par ce qu'elle représente : c'est l'histoire au pinceau d'un événement qui arriva en 1428 dans la rue aux Ours ; c'est plus qu'un événement, c'est un miracle, un miracle rapporté par les graves historiens du temps. Les cinq médaillons encadrant la rayonnante image de la Vierge représentent les diverses scènes de cette histoire. Dans le premier, on voit le soldat au cabaret qui perd avec désespoir ; dans le deuxième, il frappe la statue en blasphémant ; dans le troisième, il est conduit en prison ; dans le quatrième, on le juge solennellement ; dans le cinquième, il apparaît sur un bûcher enflammé en face de la statue. Le tableau est en outre parsemé d'inscriptions. Je reproduis la plus curieuse : « Cette image a été faite en 1772 en l'honneur du signalé miracle arrivé à Paris, rue aux Ours, paroisse Saint-Leu Saint-Gilles, le 3 juillet 1428, en mémoire de quoi les bourgeois de ladite rue, tous les ans à pareil jour, brûlent l'effigie du malfaiteur, qui *malheureusement* frappa l'image de la sainte Vierge de laquelle sortit du sang, et fut puni par arrêt de la cour du parlement, comme il est représenté ci-dessus. »

Au-dessous de ce tableau est un bas-relief des plus précieux, qui montre bien tout le génie de la sculpture du moyen âge. C'est un poème en marbre divisé en trois chants : le premier représente la cène ; le deuxième, la trahison de Juda ; le troisième, la flagellation. C'est un chef-d'œuvre de sculpture naïve dû à un artiste qui avait la foi.

En face on voit encore les traces d'un beau monument funéraire de Girardon, élevé à la mémoire de madame de Lamoignon, de son fils et de son petit-fils. Les deux premières épitaphes étaient d'une noble simplicité. Pour la mère : « Elle vint au monde le 28 décembre 1576 ; elle mourut le 31 décembre 1651. Le lieu de sa sépulture avait été désigné ailleurs ; mais les pauvres s'emparèrent de son corps et le déposèrent en ce lieu. » Pour celle du fils, qui fut chanté par Boileau : « Le cœur de Guillaume de Lamoignon, par acte de ses dernières volontés, repose en ce lieu, aux pieds de sa mère ; 10 décembre 1677. » Voilà bien le dix-septième siècle, tout y respirait la grandeur, même les épitaphes. Patience, nous touchons au dix-huitième siècle ; voyez plutôt l'épitaphe du petit-fils :

« Chrétien-François de Lamoignon, fils de Guillaume, marquis de Basville, baron de Saint-Yon, avocat-général du parlement de Paris durant l'espace de vingt-cinq ans, nommé président à mortier ; il continua encore pendant huit ans à employer ses loisirs de chaque jour à terminer les procès des grands. (Pourquoi pas des petits?) Il fut habile jurisconsulte, célèbre par son éloquence, par la maturité de ses conseils, par l'affabilité de ses manières et par sa piété envers Dieu. Il cessa de vivre le 7 août 1709, âgé de 65 ans. Il ordonna que son corps fût transporté ici par les pauvres. » Que dire de cette épitaphe ? Il y aurait là tout une belle page à écrire ; mais, en disant que c'est l'épitaphe d'un avocat faite par lui-même, n'est-ce pas tout dire ? O Marie de Lamoignon, sa noble grand'mère, vous n'avez pas ordonné que votre cœur fût transporté ici par les pauvres ! Et vous, illustre Guillaume de Lamoignon, qui fûtes l'ami de Racine et de Boileau, qui êtes mort entre une prière de Bourdaloue et une oraison funèbre de Fléchier, vous n'avez ordonné qu'une chose simple et chrétienne : « Que mon cœur repose aux pieds de ma mère ! »

N'oublions pas en passant deux églises qui viennent de disparaître ; à peine s'il reste, à cette heure où j'écris, un pan de mur et trois fenêtres originales de l'abbaye de Saint-Magloire. L'hôpital Saint-Jacques-aux-Pèlerins a disparu ; mais il n'y a pas quatre ans qu'en fouillant le sol bénit pour les fondations d'un magasin qui a pour enseigne aux Statues de Saint-Jacques, on trouva dix statues gothiques en pierres toutes mutilées et noircies ; on reconnut encore saint Jacques à son costume de pèlerin. Quelque bon sacristain les avait pieusement ensevelies pour les préserver de la fureur des sans-culottes.

« En 1317, dit un historien, sous le règne de Philippe V, dit le Long, plusieurs notables et dévotes personnes qui avaient fait le voyage de Saint-Jacques-de-Compostelle, en Galice, mues de dévotion, délibérèrent entre elles d'édifier une église et un hôpital en la rue Saint-Denis, près la porte aux Peintres, à l'honneur de Dieu, de la sainte Vierge et de saint Jacques, apôtre, pour loger et héberger les pèlerins passants, allants et retournants de leur voyage. » Voilà l'origine de l'église. Elle avait la forme d'un parallélogramme sans bas-côtés ; la voûte était en ogive avec nervures croisées ; la nef était éclairée par six grandes fenêtres à meneaux et de style flamboyant ; elle était percée d'une grande fenêtre pareillement à meneaux avec l'assise de nervures à point ogival. Outre les pèlerins, tous les jours la confrérie ouvrait les portes de l'hospice à soixante-dix pauvres et les *hébergeait*. L'abbaye de Saint-Magloire existait dès le dixième siècle sur la chaussée qui conduisait de la Cité à Saint-Denis. En 1572, Marie de Médicis demanda cette abbaye pour en faire une communauté de filles repentantes. Le couvent prit le nom des Filles-Dieu et de Sainte-Marie-Madeleine. Ce couvent fut institué par un religieux de saint François. Ce religieux, « doué d'une éloquence vive et touchante, convertit, en 1491, dit l'abbé Vacher, un grand nombre de femmes de mauvaise vie. Parmi celles qui étaient filles ou veuves, plus de deux cents se vouèrent à la pénitence et à la clôture. » Cette communauté subsista jusqu'en 1793, mais non pas grâce aux Madeleines repentantes, car dès 1700 il ne s'y présenta plus que des personnes de bonne vie et mœurs. En effet, au dix-huitième siècle on ne se repentait pas, on attendait bravement, dans toutes les joies enivrantes du carnaval, ce solennel mercredi des cendres, qui s'écrit avec quatre chiffres : 1793. — Avant la révolution, on voyait encore près de la porte de l'église un crucifix devant lequel s'agenouillaient les coupeurs de bourses et autres honnêtes gens qu'on menait pendre à Montfaucon. Ils baisaient les pieds du Dieu qui s'est fait homme; ils recevaient l'eau bénite, autre baptême pour la mort, et s'asseyaient un moment à leur dernier banquet. Les Filles-Dieu leur servaient le pain et le vin avec de tendres paroles de charité et d'espérance; c'était, dit Charles Nodier : « le repas libre des anciens, adouci par les mœurs évangéliques. »

J'allais oublier le couvent du Saint-Sépulcre, ou l'hôtel de la Trinité, bâti en 1325 pour les pèlerins qui allaient en Orient ou qui en revenaient. Bientôt le saint Sépulcre étant tombé au pouvoir des infidèles, les pèlerins ne partirent plus. Que devint le couvent? En 1402, les bourgeois de Paris, menuisiers, maîtres maçons, serruriers et autres gens de piété bruyante, après avoir, les jours de fête, représenté les scènes les plus dramatiques du Nouveau Testament, depuis la conception jusqu'après la résurrection, obtinrent du roi Charles VI, à la suite d'un procès avec la prévôté de Paris, des lettres-patentes érigeant leur société en confrérie de la Passion, et lui concédant le privilége de jouer Dieu le Père, Dieu le Fils, l'autre Dieu, la Vierge, les saints, enfin, tous les habitants du paradis ; ils s'installèrent vers la seconde porte Saint-Denis, en l'hôtel de la Trinité. Ces grotesques parodies de la divinité étaient recommandées au prône comme de bonnes œuvres. Les fidèles sortant des vêpres se précipitaient vers la Trinité ; l'affluence était grande, les théâtres d'aujourd'hui n'offrent pas souvent à leurs portes une queue aussi respectable. Le saint théâtre était de plusieurs étages : au rez-de-chaussée l'enfer, au premier étage la terre, au deuxième étage le paradis. L'orgue et la prose des églises composaient l'orchestre : c'était là l'Opéra du quinzième siècle. Les décors et les vêtements étaient pareillement empruntés aux églises ; la plus belle chasuble était pour Dieu le Père, à tout seigneur tout honneur. Le fond du paradis était peint par Guyon-le-Doux ; c'était, disait-on, le plus beau paradis du monde ; Guyon-le-Doux disait lui-même, dans sa naïve admiration pour son œuvre : « Jamais ne verrez un si beau. » Dans ce théâtre, s'il y avait unité de lieu, il n'y avait pas tout à fait unité de temps. Le même mystère représentait la nativité de Notre-Seigneur et le martyre de Saint-Denis, qui s'en allait *en chantant jusque dans l'église*, quoiqu'il eût la tête coupée. « Dans le mystère de l'Apocalypse, dit un historien du vieux théâtre, les agents de Domitien s'embarquent à Rome pour Éphèse, où saint Jean prêche le peuple, *et pendant qu'ils passeront parlera l'enfer*, c'est-à-dire Lucifer, Astaroth, Satan, Burgibus, que l'approche d'une persécution met en gaieté. Dès qu'ils ont pris l'apôtre, les tyrans se rembarquent avec lui pour Rome. *Ici entrent en la nef et pendant leur navigation parlera paradis,* c'est-à-dire Marie, Jésus et Dieu le Père. »

Durant plus d'un siècle, les confrères de la Passion jouèrent les pieuses farces, les grotesques mystères, en l'hôtel de la Trinité. Ainsi, le premier théâtre français fut ouvert dans la rue Saint-Denis. Plus tard, le berceau de l'opéra comique et du vaudeville se trouvera à la foire Saint-Laurent, dans la rue du faubourg Saint-Denis ; là s'épanouira dans toute sa sève la vieille et franche gaieté française. Dufresny, Regnard, Lesage, Fuselier, Dancourt, Piron, les rois immortels de l'esprit qui fait la gaieté. En 1775 ils étaient tous morts ; on ne riait plus en France que du bout des lèvres ; Arlequin ferma pour jamais son théâtre.

Voulez-vous savoir l'*étymologie* de la place Gastine ? Au seizième siècle, Pierre Gastine, riche marchand de la rue Saint-Denis, tenait chez lui une assemblée de huguenots : on le brûla vif et on rasa sa maison. Deux siècles plus tard, on mit sur la place Gastine des catholiques à la lanterne. On changeait de religion et de supplice.

Depuis Louis-le-Jeune jusqu'à Louis XIV la porte Saint-Denis a fait trois haltes ; elle n'était qu'une limite, grâce au passage du Rhin et à Blondel elle est devenue un monument. Sous Louis-le-Jeune, elle était à la hauteur de la rue de la Ferronnerie, sous Philippe-Auguste en face du cul-de-sac des Peintres, sous Charles V à la rue des Deux-Portes.

Guyon-le-Doux, un des plus anciens peintres français, ouvrit un atelier rue Saint-Denis ; de là, le cul-de-sac des Peintres. L'histoire ne daigne pas consacrer une seule page à Guyon-le-Doux et à ses disciples. Seulement, Froissard parle de leurs peintures communes : « A l'entrée d'Isabeau de Bavière, il y avait à la porte aux Peintres (ainsi la porte illustrait ses peintres), un ciel nué et étoilé très-richement, et Dieu par figure séant en sa majesté, le Père, le Fils et le Saint-Esprit; et là, dedans le ciel, petits enfants de chœur chantaient moult doucement, en formes d'anges; et ainsi que la royne passa, dans sa litière découverte, sous la porte de paradis; d'en haut, deux anges descendirent, tenant en leurs mains une très-riche couronne, et l'assirent moult doucement sur le chief de la royne en chantant tels vers :

> Dame enclose entre fleurs-de-lys,
> Royne êtes-vous de Paradis ?

A l'entrée de Louis XI la fête fut des plus solennelles. Il y eut par toute la rue des fontaines de vin, de lait et d'hypocras, et au-dessus de ces fontaines, les plus belles filles de Paris, déguisées en sirènes, c'est-à-dire toutes nues, rappelant bien ces vers du poète :

> L'embarras de paraître nue
> Fait l'attrait de la nudité.

L'historien ne daigne pas dire si le *déguisement* fut du goût de ce bon Louis XI. Aujourd'hui, grâce au gouvernement représentatif, la ville de Paris ne se met plus en si belle humeur pour fêter son roi. Au lieu de ces fontaines de vin, de lait et d'hypocras, surmontées de sirènes vivantes dressant leur sein nu et secouant leurs cheveux flottants, nous avons une haie de gardes nationaux! Ce fut d'une fenêtre ouverte au-dessus de la porte de Charles V, que Henri IV vit défiler la garnison espagnole : « Mes baise-mains à votre maître, leur cria-t-il; allez-vous-en, à la bonne heure, mais n'y revenez plus. »

Que dirai-je de la porte de Louis XIV? elle est trop visible pour en parler. C'est un arc-de-triomphe qui rappelle bien le passage du Rhin; on ne peut passer dessous sans se mouiller les pieds.

L'histoire de la rue Saint-Denis n'apprend plus rien de

bien curieux. En montant dans la rue du Faubourg-Saint-Denis, on lit encore une belle page d'histoire : Saint-Lazare! Saint-Ladre, comme disait le peuple. C'était d'abord une léproserie : là, les rois de France recevaient le serment de fidélité des ordres de la ville; là, étaient déposées à la garde des lépreux, les dépouilles mortelles de nos rois et reines de France, allant à Saint-Denis pour recevoir l'ablution des prêtres du royaume, représentés par l'archevêque de Paris. Cette halte à Saint-Lazare était un curieux spectacle, touchant symbole de l'égalité chrétienne, dit un historien. Cette égalité chrétienne n'est-elle pas une raillerie? Égalité chrétienne, — après la mort! — c'est toujours ainsi que cela s'est entendu à la cour. Saint-Vincent de Paul fut abbé de Saint-Lazare et y mourut.

Sous le régime de la terreur, on fit de Saint-Lazare une prison au nom de la liberté, comme partout ailleurs. Le peintre Robert y fut sauvé par une erreur de nom, mais André Chénier et Roucher y écrivirent leurs derniers vers. Saint-Lazare est devenu un refuge pour les filles de mauvaise vie. Le pauvre saint n'a jamais assisté qu'aux misères et aux douleurs de l'humanité. Ce n'était donc point assez d'avoir vécu avec les miettes de la table; après sa mort, il est le patron des lépreux, des rois trépassés et des filles de joie; mais Roucher et Chénier ont souffert près de lui.

Me voilà à peu près au bout de mon voyage, je reviens sain et sauf tailler ma plume pour écrire sur mes découvertes. Une femme d'esprit disait, après avoir vu Lyon : « Les maisons m'ont empêchée de voir la ville. » Pour moi je puis dire : « Les passants m'ont empêché de voir la rue Saint-Denis. »

## IV.

### POURQUOI ON QUITTE PARIS.

Écrit en vue de Berg-op-Zoom.

On quitte sa maîtresse pour en prendre une autre ; on cherche bientôt la première dans la seconde. — On quitte Paris pour chercher quelque autre pays ; — en quelque lieu qu'on aille on cherche à retrouver Paris, car Paris est à l'intelligence française ce que la femme est au cœur de l'homme.

Un beau matin on s'imagine qu'on va s'ennuyer à Paris ; un journal vous parle de la mer du Nord ; vous pensez à l'Orient et vous voilà en route — sur le chemin de fer, en poste, sur le bateau. Vous voyez des arbres qui passent, des troupeaux qui ruminent, des pigeons qui battent des ailes. — Vous allez ; vous voyez des oiseaux qui passent, des horizons clairs ou vaporeux, des villes qui ont l'air d'être là à s'ennuyer depuis la création du monde. — Vous allez toujours, et toujours les mêmes tableaux. Vous êtes dans l'enthousiasme. Vous regrettez de n'avoir pas la palette d'un Claude Lorrain ou d'un Ruysdael. Vous plaignez ces pauvres Parisiens qui étudient le monde en lisant les gazettes et ne voient le ciel qu'en passant le pont des Arts. Vous vous arrêtez dans une ville où tout ce qu'il y a de charmant vient de Paris. La première chose que vous demandez, c'est un journal de Paris. Vous vous promenez par la ville ; vous finissez par rencontrer une figure qui vous séduit ; vous allez l'admirer quand on vous apprend que c'est une femme qui vient de Paris. On va en Orient pour y étudier les costumes : on y trouve les Turcs qui suivent rigoureusement les modes de Paris ; on va en Allemagne pour y étudier la littérature : on y voit représenter sur les théâtres *les Bohémiens de Paris*, et on lit dans les journaux *les Mystères de Paris ;* on va à Berg-op-zoom pour y étudier (il faut bien préparer son chemin à l'Institut) les danses à caractères des matelots hollandais, et on y voit danser la polka de Cellarius. — Toujours Paris, Paris partout. — De sorte que s'il me fallait répondre à cette question : — Pourquoi quitte-t-on Paris ? — Je répondrais : — Pour voir Paris.

Car, il faut oser le dire, le pays le moins exploré aujourd'hui c'est Paris lui-même. Un poète a dit aux philosophes : « N'allez pas vous perdre dans les mers lointaines de la métaphysique, ô vous qui mourez sans avoir fait le tour de vous-mêmes ! » Ne pourrait-on pas dire aux Parisiens qui voyagent : Pourquoi faites-vous autant de chemin avant de voyager dans Paris ? L'Orient n'est plus qu'à Paris, à Paris seul sont les forêts vierges ; rien de nouveau sous le soleil, si ce n'est sous le soleil de Paris.

### AUTRE POINT DE VUE.

###### Harlem.

Cependant je commence à croire que je me suis trompé ; il serait plus juste de dire que Paris n'existe pas, j'ai plus d'une bonne raison pour nier Paris. Un homme n'existe que par son caractère, une femme que par sa physionomie, un poète (c'est tout à la fois un homme et une femme) n'existe que par son originalité ; or, les villes sont comme les poètes, les femmes et les hommes. Quel est le caractère quelle est la physionomie, quelle est l'originalité de Paris ? J'ai dit qu'on trouvait Paris partout, c'est un paradoxe absurde qui ne pouvait venir qu'à mon esprit. On ne trouve Paris nulle part et moins encore à Paris qu'ailleurs. Piron, reconnaissant des vers de Corneille et de Racine dans une tragédie de Voltaire, les saluait avec respect. Moi, retrouvant dans mes voyages les modes, les coutumes, les aspects de Paris, je m'imagine retrouver ma bonne ville, et j'ôte mon chapeau à ces vieilles connaissances; mais la vérité est que Paris a tout simplement pris aux autres pays ce qui le distingue aujourd'hui. Je m'habille à Paris comme on s'habille à Londres, tout à l'heure j'ai acheté une twine; je dîne avec du rosbif et du beef-steak; je fume, comme un Hollandais, des cigares de la Havane tout en buvant une choppe de bière allemande; je danse la polka comme un Hongrois; je chante des airs de Rossini; je prends du thé, comme un Chinois, dans de la porcelaine de Saxe; je me passionne pour le vin de Rhin, pour la Grisi ou pour le vin d'Espagne; si j'ai une galanterie à faire à une Parisienne, je lui donne des cachemires des Indes et des dentelles de Flandre; si j'avais le temps d'avoir des chevaux, je les ferais venir d'Afrique ou d'Écosse; si j'avais de l'esprit, on dirait que j'ai de l'humour.

Mais je m'aperçois que ce second paradoxe détruit le premier. Pourquoi donc ai-je écrit le premier? Peut-être parce que je voulais écrire le second.

# VOYAGE EN HOLLANDE.

### I.

J'ai traversé deux fois le pays de Rembrandt,
Pays de matelots — qui flotte et qui navigue —
Où le fier Océan gémit contre la digue,
Où le Rhin dispersé n'est plus même un torrent.

La prairie est touffue et l'horizon est grand ;
Le Créateur ici fut comme ailleurs prodigue...
— Le lointain uniforme à la fin nous fatigue,
Mais toujours ce pays m'attire et me surprend.

Est-ce l'œuvre de Dieu que j'admire au passage ?
Pourquoi me charme-t-il, ce morne paysage
Où mugissent des bœufs agenouillés dans l'eau ?

Oh ! c'est que je revois la nature féconde
Où Berghem et Ruysdaël ont créé tout un monde;
A chaque pas ici je rencontre un tableau.

---

Je retrouve là-bas le taureau qui rumine
Dans le pré de Paul Potter, à l'ombre du moulin ;
— La blonde paysanne allant cueillir le lin,
Vers le gué de Berghem, les pieds nus, s'achemine.

Dans le bois de Ruysdaël qu'un rayon illumine
La belle chute d'eau ! — Le soleil au déclin
Sourit à la taverne où chaque verre est plein,
— Taverne de Brauwer, que l'ivresse enlumine.

Je vois à la fenêtre un Gérard Dou nageant
Dans l'air ; — plus loin Jordaens : — les florissantes filles ! —
Saluons ce Rembrandt si beau dans ses guenilles !

Oui, je te connaissais Hollande au front d'argent ;
Au Louvre est ta prairie avec ta créature ;
Mais dans ces deux aspects où donc est la nature ?

---

Le grand peintre est un dieu qui tient le feu sacré ;
Sous sa puissante main la nature respire :
Ne l'entendez-vous pas, sa forêt qui soupire ?
Ne la sentez-vous pas, la fraîcheur de son pré ?

Comme aux bords du canal, sous ce ciel empourpré,
La vache aux larges flancs parcourt bien son empire !
Dans cet intérieur comme Ostade s'inspire !
Gai tableau qui s'anime et qui parle à son gré.

Pays doux et naïf dont mon âme est ravie,
Oui, tes enfants t'ont fait une seconde vie,
Leur souvenir fleurit la route où nous passons.

Oui, grâce à leurs chefs-d'œuvre, orgueil des galeries,
La poésie est là qui chante en tes prairies,
Comme un soleil d'été sourit à nos moissons.

## II.

Ce n'est pas pour moi que je voyage, — madame, — mais pour vous. — Je porte votre pensée. — Je suis la locomotive. — Tout ce que je vois ne me semblerait pas curieux si je ne devais vous le raconter. On l'a dit il y a longtemps : le poète est un miroir qu'on promène le long du chemin. Si je promène le miroir, vous savez que c'est pour vous.

Où suis-je? où vais-je? d'où viens-je? — Voilà un début de héros de tragédie — Mais ne nous arrêtons pas aux métaphores. — Je vais à Amsterdam, si j'ai bonne mémoire. Je viens de Bruyères, — je m'en souviens, car mon cœur est resté là-bas. Partir sans vous! perdre pour huit jours ce profil grec qui me fait croire à Phidias, ces cheveux ondés comme les peignait Titien avec tant d'amour, ces yeux charmants taillés à vif dans le ciel un soir d'automne, — vous perdre, vous que je cherchais avant de vous connaître!

Je vous ai promis, madame, d'être un voyageur naïf, je veux tenir ma parole. Être bête est une qualité de plus en plus rare. Autrefois on était bête, aujourd'hui on n'est que sot. Je ne parle pas de ceux qui sont spirituels. Je suis un homme d'esprit, c'est là, vous le savez, mon plus grand tort. Aimez-moi toujours comme je suis. — Qui n'a pas ses défauts ?

Aujourd'hui donc je veux être bête s'il est possible. Je commence bien : je m'étonne de tout. Tout à l'heure en traversant Cambrai, voyant un Fénelon, chapelier, un Fénelon, confiseur, un Fénelon, pharmacien, j'ai demandé à mon voisin si c'étaient là des descendants de l'illustre archevêque de Cambrai. J'ai bien vu, à la mine ébouriffée de mon voisin, que je venais de dire une bêtise. Je m'en réjouis pour vous, madame.

Mais voilà que je raisonne au lieu de raconter. Il n'est si méchant livre qui n'ait sa préface. — Vous savez comme j'aime les préfaces. — Les préfaces dans la vie, — dans l'amour, — dirais-je si je ne parlais à vous-même.

En route. Je ne vous dirai rien de ce joli paysage qui tient à la Champagne, à la Picardie et à l'Ile-de-France. A Bruyères, on se croirait dans le duché de Bade : montagnes à pic, roches moussues, bancs de sable d'argent, bois de chênes, verts étangs, rien ne manque au tableau. Seulement ici les teintes sont adoucies. Le Lorrain s'y trouverait mieux que Salvator. Ce paysage triste et gai n'a pas longtemps passé sous mes yeux. A trois lieues de là, j'étais en pleine Picardie, disant adieu de la main à ces majestueuses tours de la cathédrale de Laon que vous saluez tous les matins.

Je ne vous dis rien de mes voisins : comme je monte orgueilleusement sur l'impériale, comme les gens illustres, je n'ai jamais de voisines. Au premier relais, pendant qu'on changeait de chevaux, j'ai changé de voisins. — Qu'importe, me disais-je. Cependant j'étais assez content. Par la même raison que je changeais de point de vue dans la nature, pourquoi ne pas changer de point de vue dans l'humanité ?

Oui, nous étions en pleine Picardie : de larges pommiers étendaient fastueusement leurs branches qui ployaient sous le fruit tour à tour jaune, vert et rouge. Le paysage était de plus en plus uniforme : de vastes champs fraîchement labourés pour les semailles ; des tapis de trèfles et de luzerne ; quelques rares carrés d'avoine en javelles ; à l'horizon un moulin à vent qui tourne, une ferme où s'abattent les pigeons, un village caché dans les arbres de ses jardins.

Comme nous allions entrer à La Fère, nous fûmes arrêtés par la rencontre d'un artilleur qui traînait un sabre nu. Il avait l'air d'un homme ivre. Des enfants lui criaient : Prenez garde de tomber ! Il arrivait droit à nos chevaux. Des soldats venant à passer firent cercle autour des chevaux et de l'artilleur. « Artilleur, qu'avez-vous ? »

Il regarde son sabre. « Voyez, » répondit-il d'une voix haute.

Le sabre était taché de sang. « Eh bien ? — Eh bien ! j'ai tué Théodore ! »

Il prononça ces mots avec calme, mais avec tristesse.

Nous regardions tous en silence. « Théodore ! dit un des soldats, c'était votre camarade de lit ? — Oui. — Pourquoi l'avez-vous tué ? — Pour un autre camarade de lit qui s'appelle Julienne. — C'est cela, dit le postillon, toujours les femmes ; c'est bien la peine. — Oui, mordieu ! s'écria l'artilleur en brandissant son sabre ; oui, celle-là en vaut la peine. On pourra me fusiller, mais on ne me fera pas changer d'avis. »

La foule grossissait de plus en plus. « Il faut l'arrêter, » dit une petite voix perçante.

Il entendit ces mots. « M'arrêter ! dit-il en levant la tête, m'arrêter ! est-ce que j'ai l'air d'un homme qui s'en va ? Je vais moi-même tout dire au capitaine ; il a du cœur celui-là, je n'aurai pas besoin de lui dire que je me suis battu loyalement. Je ne suis pas un assassin. On me fusillera, très-bien ; mais Théodore n'ira plus chez elle. »

Il fendit la foule, prit fraternellement le bras d'un soldat et s'éloigna par le chemin de la caserne.

J'étais ému jusqu'aux larmes, non point de la mort de celui qui venait d'être tué, mais de celui qui va l'être.

Or, quelle est cette Julienne qui est deux fois homicide? Elle est donc jeune et belle, puisque deux hommes, jeunes, beaux, forts et braves, ont consenti à se sabrer pour ses charmes. Ce qui va vous surprendre, c'est qu'en vérité elle est jeune et belle. Elle a vingt ans. Un officier nous a fait ainsi son portrait à l'auberge : « C'est la Madeleine pécheresse dans tout son éclat; elle serait la fille du diable, qu'elle ne serait pas plus jolie. »

Toujours est-il qu'à cette heure la plus belle femme de Paris, la plus tendre, la plus dévouée, la plus adorable, ne trouverait pas deux amants capables de mourir si vaillamment pour elle. Aphorisme : Il y a encore des amants, mais non plus comme aux beaux jours, — à la vie! à la mort! —

Que vous dirai-je de Saint-Quentin? C'est la patrie du peintre La Tour, qui semblait né pour faire le portrait de trois femmes charmantes, — à divers titres, — madame de Pompadour, madame du Barry et la reine Marie-Antoinette. La Tour seul, dans ses pastels, les a fait sourire avec leur esprit et leur grâce. Au temps où naquit La Tour à Saint-Quentin, il n'y avait ni fabriques ni houillères. La noire fumée de l'industrie ne couvrait pas le pays d'un linceul funèbre. C'est pourtant là un pays riche, — riche! point de ciel, point de soleil. Les lazzarones ont une richesse plus vraie et plus poétique : le soleil, l'air, la liberté.

De Saint-Quentin au Câtelet, la route est bordée de cerisiers sauvages, je ne sais pourquoi. Grâce à l'automne, les feuilles déjà rougies donnent beaucoup d'accent à ce paysage un peu froid. Je ne regrette pas les pommiers. Du reste, comme toutes les maisons des villages du Nord sont bâties en briques, le paysage un peu vert même en automne prend ainsi du ton et de la variété.

Cambrai est une ville toute blanche, peinte de la cave au grenier. C'est une ville fortifiée,—qui s'en serait douté? Cependant on m'assure qu'elle a subi plus d'un siége. C'est là que j'ai passé une nuit à rêver et à dormir, — je ne dis pas à dormir et à rêver, car ce n'est pas la même chose.

Près de Valenciennes je me suis plus d'une fois rappelé les Paul Potter que nous avons vus ensemble. Dès le point du jour les vaches étaient éparpillées dans les prairies; les unes, un peu surprises de nous voir passer, levaient la tête entre les saules; les autres, — paresseuses et gourmandes, — couchées au bord de l'eau, mangeaient nonchalamment tous les brins d'herbe qu'elles pouvaient atteindre. Un troupeau de génisses toutes noires tachetées de blanc m'a surtout émerveillé. La civilisation moderne a supprimé le pâtre, ce qui est un malheur, non pas pour les vaches, mais pour le paysage. Le pâtre de Paul Potter était d'un très-bon effet, soit qu'il jouât de la flûte dans les roseaux, comme le dieu Pan, soit qu'il chantât l'air de Margot ou de Jacqueline.

A Valenciennes, il faut dire adieu à ces braves chevaux picards qui m'avaient appris la patience. Je vais saluer les ailes de flamme de la vapeur. Voilà les arbres qui dansent la sarabande et la mazurka. Quelle légèreté! quels tourbillons! c'est le bal de l'Opéra habillé de feuilles vertes. — Première station. — Un jeune homme se promène en fumant. Il est d'une exquise élégance. C'est le fils du prince de Ligne. Un goujat à moitié ivre lui demande sans façon à allumer sa pipe à son cigare. — C'est reçu dans la bonne compagnie. — Le jeune homme donne avec grâce du feu au goujat. Rien n'est plus simple. — Cependant qu'aurait dit, il y a cent ans, le fameux prince de Ligne, celui qui fut toujours un homme d'esprit grand seigneur et un grand seigneur homme d'esprit? — car il y aura toujours des grands seigneurs et des goujats.

Si nous n'allions pas si vite, j'aurais eu le temps de voir à Tubize un intérieur digne de Van Ostade. Figurez-vous un forgeron bien coiffé de travers, magnifiquement éclairé par le feu de la forge. Devant la porte, — car on le voyait par la fenêtre, — était une femme qui tenait un enfant par la main et qui donnait à boire à un autre. Sur la façade de la maison, encadrée par des saules, s'étendait un cep vigoureux que le soleil aurait bien dû griller un peu. C'était un joli tableau, très-franc, très-clair, très-gai, un Van Ostade authentique : il n'y manquait guère que la signature.

## III.

#### BRUXELLES.

Mon ami Stahl, je m'aperçois d'une vérité fâcheuse : — il y aura toujours des voyageurs, mais il n'y aura plus de relations de voyage, du moins dans les pays où fleurissent les journaux ; je ne parle pas des voyages *où il vous plaira,* ceux-là seront toujours charmants à écrire ; il ne faudra pour les faire que beaucoup d'esprit et d'imagination. Mais parlons des voyages sérieux. Le moyen, je vous prie, de lutter avec les nouvelles diverses que publient à chaque heure du jour les organes de l'opinion, comme on disait au bon temps? Ici comme ailleurs il se passe des événements qui intéressent tout le monde ; mais aurai-je la patience de copier les gazettes? La plume me tombe des mains. Il faudrait voyager dans je ne sais quelle mer Pacifique où les sauvages n'ont pas l'erreur de se passionner avec les organes de l'opinion. Mais il n'y a plus ni sauvages, ni forêts vierges ; l'espèce humaine a mis partout son vilain pied.

Ainsi je ne vous dirai rien des lois, de la politique, des événements du pays : c'était bon au temps de Regnard ; aujourd'hui tout a été dit : voilà pourquoi tant d'honnêtes gens passent leur vie à écrire des journaux : ils n'ont qu'à redire ce qui s'est dit la veille et ainsi de suite durant tous les jours de l'année.

Je voudrais bien vous parler *des mœurs privées ;* rien n'est plus difficile ; ce n'est pas en passant comme la vapeur dans un pays que j'y puis découvrir ce que les anciens appelaient l'âme du foyer ; d'ailleurs ici on n'ouvre pas sa porte à deux battants, on vit à l'ombre et en silence ; à peine si on entr'ouvre ses rideaux quand par hasard vient le soleil. (A propos du soleil, le voyez-vous toujours là-bas ? nous nous sommes tout à fait perdus de vue. — Piron disait autrefois du bon Dieu : « Nous nous voyons, mais nous ne nous parlons pas ; » je voudrais bien pouvoir en dire autant du soleil.)

Des Essarts et Gérard de Nerval sont là qui font un premier-Bruxelles sur les huîtres d'Ostende. C'est une haute question politique tout à fait à l'ordre du jour ; vous comprenez que je n'y entends rien du tout.

Gérard est arrivé hier par une pluie battante. Comme il est habitué à tout, — vrai voyageur autour des mondes, — il est entré plein *d'humour* et non d'humeur, avec son charmant sourire ; il était majestueusement couvert de son manteau oriental, qui fait à Bruxelles tourner toutes les têtes, je ne dirai pas de l'autre côté.

Il y a ici une très-spirituelle manière de faire les journaux, qui sont en grand nombre. A Paris, on est armé de ciseaux et on coupe pour un journal ce qu'il y a de curieux dans un autre. De cette façon, on relit la même chose durant toute une semaine ; c'est déjà bien ; mais ici, à Bruxelles, dans le pays de la contrefaçon, on est beaucoup plus avancé dans cette industrie. Six journaux du même format s'entendent fraternellement. La composition tout entière du premier sert aux cinq autres. Il n'y a en vérité que le titre à changer. Aussi les abonnés ne se plaignent pas du désaccord de leurs journaux. Décidément nous sommes dans le pays de la paix et du silence. Des Essarts est le rédacteur en chef d'un de ces journaux, — position éminente et difficile : — il faut qu'il veille à ce qu'on ne se trompe pas de titre. Du reste, à l'heure qu'il est, Des Essarts est un homme de lettres accompli, qui écrit aussi bien et aussi mal à Bruxelles que nous écrivons à Paris.

Gérard m'a remis une lettre à mon adresse signée Hetzel. Voilà toute la teneur de cette épître : « Puisque vous voilà loin de Paris, vous pouvez écrire sur Paris. Faites écrire Gérard et que Gérard vous fasse écrire. » Nous n'en ferons rien ni l'un ni l'autre.

Adieu. Nous partons pour Anvers. Soyez mon ami aujourd'hui comme vous le fûtes hier, comme je serai le vôtre demain.

## IV.

### EN VUE DE BERG-OP-ZOOM.

J'avais promis de t'écrire, — mon cher Lafayette ; — ce n'est qu'en m'éloignant encore de toi, ô très-heureux poëte perdu dans les montagnes de l'Auvergne, que je taille ma plume pour toi. Je suis revenu dans cette bonne Flandre si hospitalière aux artistes par ses musées, ses prairies et ses biftecks, pour revoir de près les chefs-d'œuvre des maîtres hollandais. Il est bon d'ailleurs de quitter Paris tous les six mois ; c'est le seul moyen de juger ce qui se fait à Paris et de se juger soi-même : mes jugements, tu t'en doutes, n'ont pas été favorables.

Je t'avertis que je vais te parler au hasard de ce qui frappe mes yeux et mon esprit.

C'est une erreur de croire que nous arriverons à une grande uniformité de mœurs. La civilisation, à mesure qu'elle éclaire un point, laisse tous les autres dans l'ombre, même ceux où elle a passé; elle fait le tour du monde, mais n'entoure jamais le monde. Partout il y aura toujours des voyages à faire. Il est vrai qu'on trouvera partout de plus en plus le même sentiment humain; il y aura partout des gens qui ne se lasseront pas de remédier aux effets pour n'être pas obligés de changer les causes, des gens qui feraient volontiers des pauvres rien que pour pouvoir exercer leur philanthropie. On retrouvera toujours la faiblesse et la vanité humaines de quelque côté qu'on se tourne, dans quelque pays qu'on aille.

Un pays qui gardera longtemps son caractère, c'est la Hollande. En effet, comment les Hollandais vivraient-ils en pleine mer comme nous vivons en terre ferme? comment rêver à Amsterdam sous les brumes du Nord, comme on rêve à Naples sous l'éclat du ciel? Les chemins de fer, en transportant à tous les bouts du monde le même homme et le même esprit, ne transporteront pas le soleil.

De Bruxelles à Anvers on sent déjà venir la Hollande. C'est déjà la prairie humide qui a l'air de voguer sur l'eau. Nous avions hier un ciel de France après l'orage. Le soleil avait fini par se montrer un peu, à moitié, — de profil, — de trois quarts, — de face, — çà et là. Le soleil est comme les Anversoises : on ne les voit qu'à travers leurs rideaux ou à travers leurs voiles. Les Anversoises ne sont guère de leur pays; ce sont pour la plupart de vraies Espagnoles, brunes, légères, dorées d'un rayon du Midi. Le paradis n'est pas dans leurs yeux.

Nous sommes arrivés sur le soir. Nous avons eu tout à coup un spectacle imprévu : en débouchant sur le port, nous fûmes éblouis par le soleil qui se couchait dans un lit d'or, de pourpre et de feu; il répandait sur l'Escaut un magnifique jet de lumière. Je n'ai jamais vu plus solennel spectacle; Backuisen en eût pâli de joie. Je ne puis te peindre tout le tableau, — le ciel qui avait les tons les plus riches, — les vaisseaux gaiement parsemés de matelots chanteurs, — les blanches maisons du port, dont chaque fenêtre encadrait des femmes amoureuses du soleil, — enfin des détails sans nombre.

Après avoir dîné comme des Flamands ou plutôt comme des poètes, nous allâmes voir danser les Anversoises. Hélas! le croiras-tu? elles qui dansaient, il y a quelques années à peine, des danses originales, elles dansaient hier la polka.

Anvers a pourtant conservé de sa physionomie sombre et gaie, catholique et profane. On y fait son salut et on s'y donne au diable avec la même ferveur. Ici il n'y a point d'indifférents. Il est bien entendu que nous y avons fait notre salut.

Nous sommes dans un accord parfait avec Gérard. Seulement, comme c'est un *voyageur expérimenté* et que je suis un *voyageur naïf*, nous ne partons pas toujours du même pied. Il a toujours peur d'arriver trop tard, j'ai toujours peur d'arriver trop tôt, — tu le sais; — voilà le seul point qui nous divise. Nous arriverons tous les deux.

A l'heure qu'il est, — en vue de Bath, — un peu avant Berg-op-Zoom, — nous écrivons pour Hetzel. De temps en temps nous regardons par les fenêtres. Pour tout spectacle nous voyons l'Escaut; sur l'Escaut des goëlands qui marchent sur l'eau du bout de leurs ailes; sur les rives de l'Escaut des bouquets d'arbres, des moulins à vent, des prairies tachetées de vaches blanches et noires; dans le lointain, des clochers aigus. Nous rencontrons çà et là un bateau pêcheur. Il vient d'en passer un dont j'ai vu les mœurs : un homme qui fume, une femme qui lave, un enfant qui fait tourner un petit moulin; — sans parler d'une bonne odeur de soupe aux choux et au lard que j'ai humée au passage. Cela m'a rappelé le peintre Jean Griflier, qui aimait la mer avec passion. Ayant gagné un peu d'argent, se trouvant mal logé sur terre, il acheta un vaisseau, disant qu'il y voulait vivre et mourir. Il fit avec la mer un bail de trois ans. Sa femme et ses enfants s'ennuyant à la fin de ce genre de vie, il les mit à terre et retourna dans sa maison voyageuse.

Dieu veille sur la nôtre et sur la tienne, ô mon vieil ami!

## V.

#### AU RÉDACTEUR EN CHEF DE LA REVUE DE PARIS.

Autrefois on voyageait un peu pour perdre de vue ses amis; en montant dans le coche, on se détachait tout d'un coup de ses idées, de ses habitudes, de sa perspective journalière. Durant tout le temps du voyage, on n'entendait plus parler de sa famille ni de ses amis, de sa fortune ni de soi-même; c'était le bon temps, car alors un voyage était une nouvelle vie. Aujourd'hui on emporte toute sa vie avec soi; la vapeur vous suit pas à pas pour vous dire ce qui se fait chez vous, non-seulement dans votre pays, mais au foyer de vos amis. On se croyait délivré des ennuis de la veille, mais voilà le journal, cet enfer de l'esprit, qui vous suit, qui vous atteint, qui vous devance partout. Vous demandez à dîner à Dordreck, on vous offre le *Constitutionnel;* vous entrez au café à Bois-le-Duc, on vous sert le *Journal des Débats;* vous descendez dans le bateau à vapeur qui va vous conduire de Paris à Rotterdam, vous y trouvez LA REVUE DE PARIS et L'ARTISTE.

LA REVUE DE PARIS et L'ARTISTE! Eh bien, salut donc à mes amis! J'y trouve mon nom d'un côté comme de l'autre. Quoi, après quinze jours d'absence, on ne m'a pas oublié! Mais je m'aperçois avec une profonde tristesse que mon nom se trouve de part et d'autre jeté en arme de guerre. De quoi suis-je donc coupable? d'un mauvais roman, à ce qu'il paraît, du moins c'est l'avis de LA REVUE DE PARIS, qui veut dire la vérité même à ses rédacteurs ; mais voilà qu'il se trouve à L'ARTISTE des amis imprudents qui ne sont pas du même avis, c'est bien la peine d'allumer la guerre! LA REVUE DE PARIS a raison, le livre est mauvais, laissez passer la justice de la REVUE. Jusque-là, ce n'est rien ; mais voilà que la REVUE, qui me sait absent, déclare que les absents ont tort. Ah! mon ami Bonnaire, où étiez-vous? certes, ce n'est pas vous qui m'auriez donné tort parce que j'étais absent. Votre critique ordinaire déclare qu'en ma qualité de rédacteur en chef de L'ARTISTE, je suis auteur de tout ce qui s'y dit de mauvais, même quand je suis à Rotterdam. Rédacteur en chef! Est-ce que ce n'est pas le public qui est le rédacteur en chef d'un journal? Vous le savez aussi bien que moi, le rédacteur en chef ressemble un peu à l'archevêque de Paris qui demandait à Piron s'il avait lu son mandement. On pourrait répondre souvent à cette question du rédacteur en chef : Avez-vous lu mon journal? *Non, monseigneur, et vous?*

Je croyais la guerre terminée, mais voilà encore L'ARTISTE et LA REVUE DE PARIS qui escarmouchent plus vivement ; voilà que d'autres noms se mêlent aux débats : sous prétexte de me défendre, on attaque trois ou quatre de mes amis.

En vérité, il serait temps que les journaux de haute littérature donnassent l'exemple de la dignité dans les lettres.

Aujourd'hui que la pensée est la souveraine du monde, même dans les contrées où ne règne pas encore la liberté d'écrire, — comme en France, — les penseurs sont les rois de l'univers : noble royauté dont les états n'ont pas de bornes, la seule qui sera reconnue dans un avenir fécond, dont nul n'ose nier l'approche. La royauté de la pensée admise, ne peut-on pas dire que les journaux sont ses ministres, eux qui vont partout répandre ses bienfaits, dans la chaumière où l'on espère, dans la lande où l'on défriche, dans le cabaret où l'on se console; — partout où il y a une forge ou une échoppe, un château ou une métairie. Jamais, en aucun temps, une si splendide aurore ne se leva sur le monde; il y a encore des ténèbres, — la brume du matin, les dernières vapeurs de la nuit; mais ne voyez-vous pas déjà les premiers rayons du soleil? Bayle, Voltaire, Diderot, n'ont pas cultivé un champ aride; déjà plus d'un épi d'or a poussé sur leurs pas. Le moment est beau pour les écrivains qui se sentent dans le cœur un bon grain à semer. Le journal est un oiseau voyageur qui traverse le monde : jetez votre idée sur le bout de ses ailes, et votre idée va fleurir jusque dans les déserts les plus ignorés.

Il serait bien curieux d'étudier la marche d'un paradoxe, d'un sentiment, d'une idée emportée au hasard par un journal, qui la transmet à ses milliers d'abonnés, à ses millions de lecteurs. Qu'est-ce que la tribune de la chambre des députés auprès de la tribune du journal? Le journal est devenu la vie de toute la France; — un journal qui ne paraît pas à temps, c'est une éclipse de soleil. Le plus souvent, les journaux, il est vrai, paraissent et ne disent rien; ils réimpriment ce qu'ils ont réimprimé la veille. Les intelligences supérieures n'y trouvent rien, mais pourtant les hommes d'esprit eux-mêmes lisent les journaux. N'est-ce pas pour eux un baromètre qui leur indique le degré de bêtise humaine de chaque jour; par le journal, ils tâtent le pouls à la nation.

Le journal, depuis quelque temps surtout, doit donner aux observateurs une triste idée de notre dignité politique, littéraire, religieuse et philosophique. Guttemberg a-t-il donc permis que des démentis honteux et des injures grossières fussent imprimés chaque jour chez le peuple le plus civilisé de la terre?

Il serait temps que les écrivains songeassent qu'ils sont en spectacle au monde entier; qu'on les juge et qu'on juge le pays sur leurs tristes querelles. S'ils deviennent les chefs de la nation par la force de leur plume, qu'ils se gardent d'avilir cette noble et fière puissance, œuvre de leur talent. Ils ressemblent trop à des écoliers taquins qui s'injurient en brisant les vitres de l'école. Si la presse veut prévenir une décadence profonde, si elle veut garder son empire sans bornes, elle doit veiller de près à ses œuvres; elle doit, gardienne de nobles passions, se défendre des petites colères. Puisqu'elle arrive à tant de force, puisque le monde l'écoute comme l'ancien oracle, qu'elle se tienne dans la majesté de la puissance. Aujourd'hui qu'on ne croit plus à rien, si ce n'est à la presse, faites au moins qu'on ne perde pas cette dernière croyance. Les prêtres ont perdu leur cause — je ne parle pas de Dieu — pour avoir manqué à la dignité de l'autel : perdrez-vous pareillement la vôtre? L'univers est à vous, sachez-le donc; soyez grands, nobles, fiers de vous-mêmes; faites de la pensée humaine un culte et non un odieux trafic. Donnez l'exemple des vertus qui s'en vont. Au lieu d'avoir des laquais, ayez des cœurs d'homme et de citoyen; c'est plus riche et plus distingué. Est-ce que Diderot, qui était un vrai journaliste, a jamais songé à transformer l'Encyclopédie en Bourse?

Oui, plus que jamais la plume est toute-puissante. L'écrivain tient une place immense soit qu'il veuille parler au cœur par le sentiment, soit qu'il cherche à séduire l'esprit par la force de l'idée ou l'éclat du paradoxe. Ce qu'il écrit aujourd'hui, demain tout Paris le lira, après-demain la France, dans huit jours l'Europe, dans un mois les cinq mondes : ainsi il ira porter la lumière dans la nuit. Il fera d'un sauvage un homme, d'un homme un poète. Il tient toutes les clefs d'or de l'intelligence. Mais, dans les lettres comme dans la politique, il y a un temple qui domine et qui s'appelle la Bourse.

Dans les arts, depuis quelque temps, le même temple projette son ombre sinistre. Les artistes ont vu, il y a douze ans, leurs beaux jours de fraternité, vont-ils donc faire tous de leur atelier une boutique? La peinture à la toise va-t-elle envahir tous nos monuments? Le pinceau subira-t-il toutes les dégradations de la plume? Jeunesse, foyer sacré, jeunesse, où es-tu?

A revoir, mon cher Bonnaire; les journaux et surtout les articles passent, les hommes demeurent — un peu plus longtemps. — Nous nous retrouverons. — En attendant, voulez-vous donner une poignée de main à Gleyre, à Sandeau, à Esquiros; voulez-vous remettre ce billet à votre critique ordinaire.

### A UN CRITIQUE.

Monsieur, vous êtes, j'imagine, un homme d'esprit, cependant depuis trois mois, depuis les premiers beaux jours de la saison, vous avez passé votre temps à lire de mauvais livres pour écrire d'excellents articles sur ces mauvais livres. Moi surtout j'ai eu l'honneur de fournir matière à votre verve; vous avez daigné me donner des conseils; me sera-t-il permis, à moi humble poète, de vous donner à mon tour un petit avertissement? Croyez-moi, monsieur, laissez passer les mauvais livres; n'apprenez pas si jeune à vous indigner : la vie est bonne; il y a sous le ciel certaines choses qui valent mieux que les livres, même les plus beaux. Est-ce que votre cœur n'a jamais battu pour vous l'apprendre? Ne savez-vous pas l'histoire de cette femme qui disait au buste de Descartes : *O l'ignorant!* Ne vous offensez pas, monsieur; je ne veux pas faire de comparaisons. Si vous êtes né avec l'instinct de la critique, pourquoi nourrir cet instinct dans la lecture des pages que nous imprimons. Contentez-vous donc d'étudier les pages toujours belles, toujours jeunes, toujours puissantes que Dieu daigne écrire chaque jour dans le livre universel. Je ne doute pas qu'en changeant ainsi de lecture, vous n'arriviez bientôt à changer de point de vue ; peu à peu vous reconnaîtrez que la vie d'un critique négatif est une vie manquée. Prenez garde, croyez-moi, de vous habituer à ne voir que le mauvais côté des choses. Parce qu'une jolie femme a un cheveu blanc, vous dites qu'elle est vieille ; admirez la femme et ne regardez pas le cheveu blanc. L'autre jour, pendant que vous faisiez votre critique, un doux sommeil d'automne égayait le monde : quelle bonne journée vous auriez passée à vous promener le cœur ouvert, l'esprit flottant, dans quelque forêt éloquente, au pied de la vigne généreuse où l'on vendangeait, partout où passait un rayon du ciel ! Est-ce la rage d'écrire qui vous pousse à ce triste métier? Eh bien, au lieu de prouver aux autres qu'ils se sont trompés, que ne vous trompez-vous vous-même ! Vous dites qu'ils n'ont pas d'imagination, pas de style, pas de talent ; vous qui avez l'esprit si juste, que n'écrivez-vous un roman, une comédie, un poème? je m'empresserais de signaler toutes les beautés de votre œuvre, car moi, Dieu merci ! je ne vois que le beau côté des choses de ce monde. Ne croyez pas que j'aurais le mauvais goût de vous appliquer cet aphorisme : « Les poètes sont vengés des critiques, dès que les critiques se font poètes. »

## VI.

La Hollande n'est plus tout à fait la république faite de hasard dont parle Hugo Grotius : « *Respublica casu facta, quam metus Hispanorum continet;* » mais c'est toujours un pays où les quatre éléments ne valent rien. On peut lui conserver encore ses vieilles armes : le démon de l'or couronné de tabac, assis sur un trône de fromage.

J'ai promis d'écrire sur la Hollande, jusqu'ici j'écris sur tout, excepté sur la Hollande. Quand on entreprend un voyage au long cours, c'est surtout à l'heure du départ qu'on se trouve en verve de raconter ses aventures ou ses impressions. Je vais arriver en Hollande ; j'ai bien peur de n'avoir plus la patience de reprendre ma plume. Parler de la Hollande avant d'y arriver, c'est bien naturel; mais, quand on entre de plain-pied dans ses vertes prairies, on a bien le temps d'écrire. Les relations de voyage sont écrites, j'imagine, par des gens qui restent au coin de leur feu ; les vrais voyageurs n'écrivent pas.

Nous sommes toujours dans le bateau à vapeur qui va d'Anvers à Rotterdam. Il n'y a pas d'autres passagers français dans notre humide maison. On parle flamand autour de nous, — ou hollandais, — car je n'entends ni l'une ni l'autre langue. On fume des cigares de Batavia, on boit du vin du Rhin et on mange des biftecks de Berg-op-Zoom. Nous avons déjeuné avec l'appétit des héros de Lesage. Comme on ne boit pas une goutte d'eau dans ce pays où il y en a tant, nous avions à choisir entre le café et le vin du Rhin. Nous avons choisi l'un et l'autre, nous avons bu le vin du Rhin comme vin ordinaire et le café comme vin de Bordeaux.

Un passager attire mes regards; c'est, il est vrai, une passagère. — Ne vous alarmez pas, c'est une petite fille qui n'a guère que douze mois. — Je crois retrouver ma fille. Elle est toute surprise de me voir écrire. Sa mère a un peu l'accent des vierges de Rubens. Elle pleurait beaucoup tout à l'heure en s'embarquant au-dessus de Oud-Vosmaar. On nous dira pourquoi : c'est tout un roman. Elle est là près de nous qui habille et déshabille son enfant. Les jolis petits pieds mignons ! mais que ceux d'Edmée sont bien plus jolis quand elle les prend dans sa main !

Les Hollandais sont de grands paysagistes. Pour égayer les tons froids et tristes de leurs rives, ils peignent leurs maisons et habillent leurs paysans en rouge. Leurs moulins à vent, qui ont le pied dans l'eau, rivalisent d'élégance avec leurs clochers; rien de plus svelte, de plus gracieux, de plus aérien. A les voir ainsi voler dans les nues, au-dessus des lacs, on se rappelle les demoiselles au corselet d'or qui voltigent si légèrement sur les ruisseaux.

Je viens de voir Wilemstadt ; c'est une petite ville jolie et coquette comme les villes chinoises. Elle jette un vif éclat par la peinture de ses maisons. Jamais on n'a mieux varié les nuances; on dirait un village d'Opéra. Il n'y a pas moins de trois ou quatre églises où règnent et où ne gouvernent pas divers dieux très-fêtés : les dieux des papes, les dieux de Luther, les dieux des juifs. Le plus petit village en Hollande est divisé par plusieurs religions. Avant de bâtir, en Hollande, la première maison d'un village, on commence par élever deux temples qui se tournent le dos.

Au premier aspect, on s'imagine que Dordreck est une ville de moulins à vent. C'est un bien curieux spectacle que la vue de ces centaines de moulins bariolés, d'une forme très-svelte, qui ont l'air d'hirondelles ou de cigales courant la poste. Ces moulins ne font pas de farine, ils scient du bois, ils battent du beurre et promènent les eaux de l'éternel canal hollandais. Ainsi ils ont une roue comme les moulins à eau ; mais, au lieu de se laisser aller au courant, ils le précipitent. Ces moulins sont pour la plupart gaiement juchés au haut d'une maison pareillement bariolée, bâtie au milieu d'un joli jardin chinois : aussi nous avons beaucoup de peine à prendre ces moulins au sérieux.

Je vous salue, ô Rotterdam, berceau d'Érasme, tombeau de Bayle! N'est-il pas curieux de remarquer ici que la ville du monde la moins spirituelle a vu se lever celui qui fut surnommé le soleil de l'esprit et s'éteindre celui qui le premier en France a annoncé la lumière? Ces deux hommes illustres sont morts exilés, l'un de Rotterdam, l'autre à Rotterdam; mais exile-t-on le génie, le génie dont la patrie est partout?

La maison d'Érasme est à cette heure une taverne où, comme dans toutes les tavernes hollandaises, on fait plus de fumée que de bruit. Cette maison, qui se trouve dans le Breede-Kerkstraat, porte une petite figure d'Érasme avec cette inscription :

Hæc est parva domus, magnus qua natus Erasmus.

Érasme a une statue.

Sur le piédestal j'ai traduit, tant bien que mal, ces vers hollandais :

« Le grand astre, le flambeau des langues, le sel des
» mœurs, la merveille brillante ne se contente pas des
» honneurs d'un mausolée, c'est la voûte sacrée qui seule
» couvre dignement Érasme. »

Qui songe à la statue de Bayle? En France, n'y a-t-il point assez de marbre pour glorifier tous les génies de la nation? mais en France le droit divin de la pensée n'est point encore reconnu. Molière n'a une statue qu'à la condition de verser à boire aux Auvergnats, à l'ombre d'un horrible pignon. En France, — en 1844, — on a refusé une place à la statue de Voltaire, sous prétexte que les rois seuls ont le privilége d'occuper les places publiques. J'ai le premier parlé, dans L'ARTISTE, au mois de janvier, d'élever une statue à Voltaire; des architectes et des sculpteurs sont venus offrir leur talent avec enthousiasme; des écrivains ont offert le marbre; la ville de Paris a refusé la place.

La statue d'Érasme est en bronze. Je vais vous donner une idée de la propreté hollandaise : on tint conseil, en 1622, pour décider s'il fallait frotter la statue ; on n'était pas habitué aux statues dans le pays. On décida qu'elle serait frottée ; on la rendit bientôt polie et brillante. Quelques hommes raisonnables, — propres, mais artistes, — déclarèrent qu'avec ce système on altérait tous les traits délicats. Depuis on n'a plus frotté, mais les bons bourgeois de Rotterdam n'ont plus admiré la statue.

Rotterdam, comme Nuremberg, est la patrie des poupées : aussi les femmes du peuple ressemblent beaucoup aux poupées ; c'est la même coupe de figure, c'est le même vermillon des joues, c'est la même grâce de corsage. Avant de juger *les œuvres d'art* d'un pays, il faut y avoir voyagé.

Il y a toujours beaucoup de libraires à Rotterdam ; mais il n'y a point du tout de littérature. Tous les livres français, — ceux qui sont imprimés en Belgique, — sont pompeusement étalés aux vitres des libraires de Rotterdam, malgré le traité entre la France et la Hollande touchant la contrefaçon. Certes, si les Hollandais violaient un traité sur les lins ou sur les tabacs, les ministres français réprimeraient l'abus ; mais violer un traité sur la propriété littéraire, ruiner la librairie et appauvrir les écrivains, la belle affaire en vérité pour M. Villemain, qui n'est plus un homme de lettres !

Rotterdam est une ville d'un aspect magique, avec ses mille vaisseaux, ses rues liquides, ses moulins à vent, ses arbres centenaires, son peuple de matelots et d'écaillères. Le pittoresque domine à chaque coin de rue ; l'œil s'arrête tout surpris à la vue de ces maisons d'un joli goût architectural, toujours fraîchement peintes et défendues de grilles noires. On entrevoit çà et là une femme à la fenêtre, qui jette tour à tour un regard sur son aiguille et sur le miroir curieux qui lui montre sans relâche le tableau changeant de la rue.

On voyage peu en Hollande. On nous regardait d'un air surpris, d'abord parce que nous étions étrangers, ensuite parce que nous n'avons pas l'habitude de nous faire la barbe, ce qui est là-bas une grande singularité. Sur le soir nous sommes sortis dans la campagne pour respirer en toute liberté l'arome des prairies. Nous avons retrouvé ces belles vaches brunes qui sont bien sur leurs terres ; les unes s'agenouillaient mélancoliquement aux approches de la nuit devant leur table verte ; les autres allaient et venaient dans leur champ coupé de ruisseaux. Quelques chèvres espiègles gambadaient gaiement ; quelques moutons frileux s'abritaient l'un contre l'autre. Déjà dans les lointains la brume se dessinait comme des montagnes de neige. Ce vaste paysage un peu froid, égayé par les nuages empourprés du couchant, coupé par les moulins, les clochers et les maisons de campagne, nous avait poétiquement attristés. Nous n'avions plus rien à nous dire, tant notre esprit s'était laissé prendre aux harmonies de cette nature nouvelle pour nous, toute pleine d'un charme mélancolique.

Nous fûmes distraits de cette impression par l'arrivée d'une cinquantaine de paysannes venant de divers points pour se rassembler au *meldplaets*. Quelques-unes chantaient, quelques autres appelaient les vaches. Toutes portaient à la main de grands seaux de fer-blanc. Peu à peu les vaches se réunirent en troupeau ; les paysannes s'agenouillèrent et leur saisirent les pis. Nous distinguâmes, à travers leur babil, leurs cris et leurs chansons, le bruit argentin du lait jaillissant dans les seaux. Le soleil répandait des teintes pâlies sur ce tableau qui a charmé les rêveurs, même avant Théocrite, par sa poésie naïve et franche. C'était la bonne mère nature, celle que les chemins de fer, les fabriques et les paysages d'opéra n'ont pas encore gâtée. Aujourd'hui il faut faire du chemin pour rencontrer cette nature-là.

## VII.

### COMME QUOI IL N'Y A PAS DE BUVEURS D'EAU EN HOLLANDE.

Sans hyperbole, nous avons mangé un bœuf durant les trois semaines de notre séjour en Hollande. Or vous savez que c'est le pays des beaux bœufs. Il est vrai qu'en Hollande on ne mange que du bœuf, sous toutes les formes. Comme variété, on vous sert du veau ; mais n'est-ce pas du bœuf en herbe ? Dans les premiers jours, nous nous étonnions de ne pas voir paraître d'eau sur la table, en revanche on y voyait en profusion des vins de France et d'Allemagne ; les vins du Rhin, les vins de la Moselle et les vins de Bordeaux se faisaient surtout remarquer par leurs bouteilles d'une forme engageante. Ceux qui n'aimaient pas le vin se désaltéraient, non pas au courant d'une onde pure, mais avec du café noir. Nous avions essayé de ce moyen qui ne nous avait pas réussi.

« Il paraît, me dit un jour Gérard, que dans ce pays qui trempe dans l'eau, on ne boit jamais d'eau.

— Demandez-en, » lui dis-je.

Gérard ne voulut pas d'abord faire une pareille demande, craignant de passer pour un sauvage. Nous tînmes conseil. A la fin, après bien des débats, je pris la ferme résolution de demander de l'eau, au risque d'égayer tous les graves habitués de la table d'hôte.

« Garçon, apportez-moi de l'eau ? »

Le garçon me regarda d'un air surpris.

« De l'eau, il n'y en a pas.

— Eh bien, allez-en chercher. »

Toute la table se mit à rire. Gérard était enchanté de n'avoir point pris l'initiative. J'avoue que je commençais à me repentir de ma précipitation. Le garçon n'osait pas rire, bien qu'il eût l'air d'en avoir envie. Il se tenait immobile devant moi, ne sachant que répondre. — Je m'armai d'un nouveau courage.

« Garçon, je vous ordonne de m'apporter de l'eau. »

Le pauvre diable ne savait plus à quel saint se vouer. L'hôte me fit en hollandais un superbe discours que je n'entendis pas, ce qui achevait de répandre la gaieté autour de la table. Gérard essayait de traduire les paroles de l'hôte, car Gérard est très-versé dans les langues du Nord. Mais l'hôte avait beau dire, j'avais résolu d'avoir de l'eau, il m'en fallait à tout prix. A la fin ce brave homme se frappa le front et ordonna au garçon d'ouvrir un certain buffet au fond de la salle. Le garçon obéit; bientôt il revint vers nous, ayant à la main deux petits verres en forme de calice, qu'il nous offrit d'assez mauvaise grâce. En effet, c'étaient deux verres d'eau, du moins quelques gouttes d'eau et non pas de l'eau de roche. Aussi à peine y eûmes-nous goûté que nous redemandâmes du vin du Rhin pour nous rafraîchir. Notre voisin de table nous apprit alors que l'eau à boire était la chose du monde la plus rare en Hollande, — quand il ne pleuvait pas. — Or, par hasard, il n'avait pas plu depuis quinze jours. En effet, la mer, se promenant par toute la Hollande, empoisonne jusqu'au Rhin lui-même. Pas un ruisseau n'y coule de source. Les Hollandais, qui vont les pieds dans l'eau, sont obligés d'attendre qu'il pleuve pour boire un coup, ce qui explique suffisamment leur goût décidé pour les voyages. On a écrit de gros livres pour savoir l'origine de leurs perpétuelles migrations. La vraie cause est là. Quand les Hollandais ont soif, ils s'en vont — boire.

## VIII.

#### LA BELLE HÉLÈNE DE HARLEM.

En voyant Harlem, gaiement bâtie dans une belle campagne ceinte d'une guirlande de jardins, on se rappelle involontairement quelque gracieux conte de fées. Nous ne voulions pas passer en Hollande sans admirer les tulipes de Harlem, sans écouter un peu cet orgue merveilleux qui est le plus beau du monde chrétien, disent les Hollandais. Il est vrai que les Suisses disent la même chose de l'orgue de Fribourg.

Nous arrivâmes à Harlem par un de ces soleils *si doux au déclin de l'automne*, qui répandent dans l'âme tout à la fois la mélancolie et la gaieté. Nous allâmes droit à la cathédrale; nous fûmes bien une demi-heure pour découvrir la porte ordinaire. On nous avait dit que, moyennant douze florins, l'organiste nous ferait entendre, pour nous seuls, toutes les magnificences de cet orgue à cinq mille tuyaux. Nous n'étions pas fâchés de nous offrir ainsi cette représentation extraordinaire; nous espérions bien ne pas être distraits dans cette immense église déserte où l'harmonie allait prendre pour nous ses mille figures fantastiques, ses mille formes vaporeuses qui ne touchent point à la terre et qui pourtant descendent jusqu'à nous.

L'organiste nous avait offert un programme, nous prenant sans doute pour des Anglais. — Un programme de musique à des poètes!

Nous avions fermé la porte sur nous. Nous nous promenions gravement, admirant en silence les tombeaux de l'église, qui en sont les seuls ornements. Un de ces tombeaux, placé sous les orgues, est une merveille sculpturale en marbre blanc, qu'on dirait échappée à Coysevox. C'est, du reste, une œuvre païenne qui rappelle les autels de Vesta. A peine l'organiste eut-il débuté par un adagio que la porte de l'église s'ouvrit : nous vîmes entrer deux jeunes filles, — bientôt suivies de deux jeunes garçons ; — deux femmes vinrent ensuite. — On eût dit une procession. En moins de cinq minutes, plus de cent personnes se répandirent dans l'église, attirées par la musique, les hommes le chapeau sur la tête et le cigare à la main, les femmes riant et chuchotant. La piété existe peut-être à Harlem, mais non pas dans l'église. Nous avions payé les frais d'une promenade et d'une distraction pour les désœuvrés et les oisives du pays.

Cependant l'organiste allait son train, il nous avait transportés par je ne sais quel chant de guerre : nous entendions tour à tour la trompette, le tambour, le canon. Nous reconnûmes bientôt Mozart, Beethoven et Weber. Nous reconnûmes aussi le *ranz des vaches*, qui fut suivi d'une pastorale accompagnée d'une tempête. Cette tempête est le triomphe de l'orgue et de l'organiste de Harlem, qui rendent merveilleusement la fraîcheur calme des champs, le retour des troupeaux, la gaieté naïve des paysans, la prière du soir. Tout à l'heure le ciel était pur, les oiseaux sautillaient amoureusement de branche en branche, la fontaine coulait en silence sur son lit de mousse, une brise légère secouait l'arome des tilleuls, des voix mystérieuses chantaient dans la forêt profonde. Mais tout à coup des nuages montent au ciel, les oiseaux inquiets se réfugient sous les arbres, un silence craintif a succédé aux poétiques rumeurs de la nature, les tilleuls fleuris sont immobiles. Silence! un bruit terrible a retenti dans les airs ; c'est le premier éclat de l'orage, voilà l'éclair qui sillonne la nue, voilà le vent qui siffle dans la forêt, voilà le tonnerre qui roule majestueusement sous la voûte du ciel. — J'étais très-ému. La musique m'avait transporté dans une vraie tempête.

« Ce temps-là, dis-je à Gérard, va nous empêcher de visiter les jardins. »

Néanmoins le talent de l'organiste n'avait pu m'entraîner tout à fait dans les pays imaginaires. Je remarquais depuis un instant une jeune fille ou une jeune femme qui me rappela, par sa pâleur charmante et sa grâce délicate, les plus pures créations d'Ossian — que je n'ai jamais lu. —

« Voyez donc, dis-je à mon compagnon, est-ce que c'est là une tulipe de Harlem?

— Songez, me dit-il, que nous n'avons pas le temps de devenir amoureux. »

A ce moment j'entendis prononcer le nom de cette jolie créature.

« Songez qu'elle s'appelle Hélène, c'est un beau nom!

— Hélène!

— La belle Hélène.

— Ah! oui, un beau nom par le souvenir de celle qui l'a portée. En effet, poursuivit mon ami d'un air railleur, un souvenir charmant, car elle a eu cinq maris : Thésée, Ménélas, Pâris, Deiphobe, Achille; elle fut pendue dans l'île de Rhodes par les servantes de Polixo; en outre, dans les guerres célèbres dont elle fut cause, il mourut à peu près quinze cent mille hommes.

— Oui, mais c'était en Grèce; en Hollande, Hélène ne mettra jamais sa nation à feu et à sang. »

Ayant entendu prononcer son nom, la belle Hélène de Harlem nous regarda d'un air surpris et charmé. On comprend bien que je demeurai dans une admiration muette : j'étais allé en Hollande pour voir des tableaux, je m'étais arrêté à celui-là sans arrière-pensée; voilà tout.

Nous sortîmes de l'église pour visiter les jardins. Un gamin nous conduisit du côté des plus beaux, au delà des murs de la ville. Notre cicerone voulut nous mettre en rapport avec un amateur célèbre, qui nous reçut avec beaucoup de bonne grâce, mais qui ne voulut jamais consentir à nous ouvrir la porte de son jardin, sous prétexte qu'il n'y avait plus un seul jardin à Harlem en automne. Nous nous présentâmes à la porte voisine. Là, comme l'amateur était dans sa serre, nous pûmes pénétrer dans le jardin. Voyant des étrangers fouler la terre sacrée des tulipes au temps où il n'y a plus de tulipes, cet autre amateur vint à nous d'un air un peu renfrogné. Sans doute il nous eût éconduits comme son voisin si une jeune femme, traversant rapidement une allée, ne lui eût fait signe de nous laisser promener.

C'était la belle Hélène de l'église.

Elle nous accueillit par un sourire charmant. Comme elle parlait français, elle se chargea de nous faire les honneurs du jardin, ou plutôt du champ de sable coupé de palissades et d'échaliers où nous étions. Elle commença par une élégie fort touchante sur l'absence des tulipes. Son amant eût été à Batavia ou à Canton qu'elle ne l'eût pas regretté avec plus de mélancolie. De plus en plus émerveillé de la dame : « Décidément, dis-je à mon compagnon, voilà une Hélène digne des plus belles créations des poëtes rêveurs; voyez donc quel profil pur! comme ses yeux sont d'un bleu tendre! quelle fraîcheur délicate sur ses lèvres! cette femme-là doit vivre de fleurs et de rosée; attachez-lui des ailes et elle va s'en aller au ciel.

— Vous rêvez, me dit Gérard, qui craignait toujours que mon enthousiasme ne nous fît manquer le convoi de deux heures; est-ce qu'elle serait aussi fraîche si elle vivait de fleurs et de rosée? cette beauté-là vous représente beaucoup de rosbifs et de biftecks. »

Comme j'ai un oncle qui aime les fleurs rares, je priai le maître du jardin de me céder quelques oignons précieux. Il m'en choisit cinq qu'il me fit payer vingt florins. Je trouvai la somme un peu ronde, mais la belle Hélène m'ayant elle-même vanté l'éclat des fleurs futures, je ne pouvais plus refuser les oignons. Elle avait mis tant de feu à me prôner ces merveilles du jardin, que je commençais à la trouver moins jolie ; je finis par n'emporter d'elle qu'un souvenir mercantile ; on va voir pourquoi.

Comme nous étions sur le point de nous en aller, je remarquai une plante grimpante de l'Amérique du sud, qui étendait avec profusion ses rameaux sur un pignon dominant le jardin. Jusque-là, je n'avais pas vu une seule fleur à Harlem ; je découvris sur le pignon une grappe d'un rouge ardent qui jetait un éclat merveilleux.

« La belle fleur, m'écriai-je avec admiration.

— Oui, dit la belle Hélène, c'est une fleur bien rare ; depuis six ans que mon père a rapporté cette plante d'Amérique, voilà la seule fleur qui se soit montrée. Vous ne sauriez croire, monsieur, comme cette fleur me charme les yeux ; depuis près d'un mois je viens la voir tous les matins ; voyez quelle couleur éclatante ! comme cette grappe se balance bien ! elle me rappelle mon frère qui doit en avoir chaque jour sous les yeux..... La voulez-vous ? »

Disant ces mots, elle courut légère comme une fée vers le pignon, abaissa les rameaux et leva sa blanche main vers la grappe.

« La voulez-vous ? » dit-elle encore.

Elle avait l'air d'offrir la fleur avec un plaisir si vrai, que je ne crus pas devoir refuser ce qui faisait la joie de ses yeux et l'ornement du jardin.

« Dix florins, » dit gravement le père.

A peine eut-il prononcé ces mots ou plutôt ces chiffres, qu'Hélène détacha la grappe et me la remit dans les mains. Je n'avais qu'un parti à prendre, c'était de remercier avec bonne grâce et donner dix florins. La belle Hélène, comme on le voit, aimait beaucoup les fleurs.

## IX.

La Bourse de Paris qui réunit, il faut le dire, les plus profondes passions de la grande ville, n'offre pas encore la fureur que nous avons remarquée à la bourse d'Amsterdam. Tout le cœur de la ville est là qui bat avec violence. C'est un horrible tableau. La Hollande est le vrai pays de la banque. Harlem a eu sa bourse : on cotait les tulipes comme les fonds publics. On les achetait et on les vendait « sans savoir où l'on pourrait les prendre; même avant la saison des tulipes on en avait vendu plus qu'il n'en pouvait fleurir dans tous les jardins de la Hollande; et jamais il ne fut passé plus de marchés pour le *semper Augustus* que lorsqu'il fut impossible de s'en procurer à aucun prix. A la fin ce jeu devint une telle fureur, que le gouvernement s'en inquiéta et y mit un terme. » Ce beau temps est passé pour Harlem. On sait peut-être qu'au siècle dernier, quand il n'existait que deux *semper Augustus*, l'un à Amsterdam, l'autre à Harlem, un agioteur offrit de celui de Harlem 4,600 florins, un carrosse neuf et une paire de chevaux gris tout harnachés; l'agioteur allait triompher et faire sa fortune, quand un de ses pareils offrit pour le même *semper Augustus* une maison de campagne avec ses dépendances.

Harlem n'a pas seulement la prétention d'avoir inventé les tulipes. On voit sur la grande place la statue de Laurent de Coster, par Van Heerstal. Il tient d'une main un coin marqué de la lettre A et de l'autre une épreuve, ce qui veut dire que Laurent Coster est l'inventeur de l'imprimerie. On voit à l'hôtel de ville, dans une cassette d'argent, le premier livre imprimé par lui : *Speculum humanæ salvationis* (le Miroir de notre salut). On assure que la date de ce fameux livre est de 1440. Sur la grande place on lit cette inscription en lettres d'or sur une maison habitée par Laurent Coster :

MEMORIÆ SACRUM

TYPOGRAPHIA, ARS ARTIUM OMNIUM CONSERVATRIX,

HIC PRIMUM INVENTA

CIRCA ANNUM M.CCCCXX.

Après avoir vu la statue, le livre et l'inscription, comment refuser à Laurent Coster la gloire de l'invention de l'imprimerie? Les Hollandais en doutent si peu, qu'ils ont célébré, en 1820, par des fêtes publiques, le beau jour de cette invention. Les Allemands prétendent que Laurent Coster n'eut que l'idée d'appliquer sur du papier des caractères de bois en relief imbibés d'encre ; mais les Hollandais, répliquant sur ce point, déclarent que Guttemberg a reçu l'idée d'assembler les types de métal d'un serviteur de Laurent Coster, qui s'était enfui en les dérobant. Ce qu'il y a de certain, c'est que l'imprimerie est inventée. Je pense que celui qui rechercherait patiemment l'origine de l'imprimerie la trouverait chez les Chinois qui, longtemps avant Laurent Coster, imprimaient des livres, avec des planches entières, il est vrai ; or, les Hollandais ont toujours beaucoup voyagé.

Mais faut-il glorifier bien hautement l'invention de l'imprimerie? Sommes-nous plus profondément poètes que les Hébreux, les Grecs et les Romains? Au lieu d'une médaille d'or gravée par un grand maître, destinée aux rois de l'intelligence, nous avons de la petite monnaie qui court le monde. Un journal qui a cinquante mille abonnés fait-il autant de bruit qu'un chant de David ou de Salomon? qu'un vers d'Homère ou de Virgile? L'imprimerie a placé l'esprit humain dans une tour de Babel. Nous commençons à ne plus nous entendre, le temps n'est pas éloigné où nous ne nous entendrons plus du tout. Heureusement

que les livres écrits par les hommes, — je ne parle pas
des poètes, — sont détruits par les hommes, pour donner
de temps à autre un peu d'air à l'intelligence, qui étouf-
ferait sous ses propres richesses. Les Romains ont brûlé
les livres des juifs et des chrétiens; les juifs ont brûlé les
livres des chrétiens et des païens; les chrétiens ont brûlé
les livres des juifs et des païens. Les Espagnols ont brûlé
cinq mille Alcorans; les Anglais ont brûlé tous les monuments de la religion catholique, — non-seulement les ma-
nuscrits, mais les monastères; — enfin Cromwell a mis,
d'une main joyeuse, le feu à la bibliothèque d'Oxford, une
des plus précieuses du monde.

Si la ville de Harlem comprenait sa véritabe gloire, elle
élèverait plutôt des statues aux cinq ou six grands peintres
nés dans ses murs et admirés du monde entier. Ruysdaël
n'a pas de statue!

## X.

### LE PARADIS PERDU.

Il n'y a pas de poètes en Hollande, mais la poésie y
fleurit comme ailleurs; je veux parler de la poésie du
cœur et de la nature. Voyez cette histoire du paradis de
Breughel de Velours que nous nous racontions dans le
Musée de La Haye.

Après ses voyages en Allemagne et en Italie, Breughel,
jeune encore, déjà célèbre et déjà riche, fit son entrée à
Anvers dans un carrosse traîné par quatre chevaux, à la
suite du grand-duc, qui l'avait noblement accueilli à
Bruxelles. Grande fut la surprise des Anversois, que Rubens, Téniers et Van Dyck n'avaient pas encore accoutumés
à voir un peintre dans l'équipage d'un prince. Rubens lui
offrit son amitié, quoiqu'il le trouvât un peu extravagant :
Breughel choquait le peintre d'Anvers par la coquetterie

toute féminine de son costume. Ils n'en devinrent pas moins
de francs amis. Toutes les grandes maisons de la ville furent
ouvertes au nouveau venu, tous les jeunes seigneurs
recherchèrent sa compagnie. Il ouvrit un vaste atelier qui
fut presque une académie et un musée. Les grands peintres
du temps y discutèrent et y peignirent, entre autres,
Rubens, Van Baëlen, Cornille Schut, Rottenhamer.

Après quelques aventures comme il en arrive à tous les
artistes qui font du bruit, Breughel se maria. Il s'était pris
d'une violente passion pour la belle Madeleine Van Alstoot,
qu'il avait rencontrée à un bal de l'archiduc. Madeleine
était orpheline ou veuve; elle avait, selon Cornille Schut,
qui l'a chantée en vers enthousiastes, certains airs de
parenté avec la Madeleine de l'Écriture. Voici son portrait
en peu de lignes, tel que l'a peint Rubens. Ses
cheveux bruns éparpillés en longues boucles prenaient
au soleil des couleurs de flamme; ses yeux, d'un bleu de
pervenche, étaient ombragés de beaux cils noirs; les lignes
de sa figure étaient des plus pures et des plus harmonieuses.
Fraîche, grande et forte, elle était bien de son
pays; mais, grâce à ses cils bruns, elle avait le regard
doucement passionné d'une Italienne. En un mot, elle
semblait faite pour le pinceau de Rubens. Ce qui surtout
avait séduit Breughel, c'était un parfum de volupté nuageuse
que Madeleine Van Alstoot répandait autour d'elle.
Le peintre se mit à l'adorer comme une amante et comme
une madone avec les yeux de l'esprit et les yeux du cœur.
Elle se laissa épouser de très-bonne grâce, fière d'avoir un
mari qui fût un grand peintre et un grand seigneur, espérant
courir le monde avec lui, enfin se créant une vie toute
de soie et d'or, de fêtes et de chansons. Mais à peine cet
hymen fut-il célébré, que Breughel changea brusquement
de manière de vivre; séduit par le doux et calme horizon
de l'amour dans le mariage, il voulait se reposer à l'abri
du foyer.

Madame Breughel, qui n'avait pas connu le monde, ne voyait pas la vie sous le même aspect. Elle trouvait qu'on a toujours trop le temps de rester chez soi. Elle disait que les belles fleurs ne s'épanouissent qu'au soleil, que Dieu ne l'avait pas créée pour la voir s'éteindre dans la cellule du mariage, que le vrai soleil des femmes était le lustre d'une salle de bal. Ce qu'elle aimait avant tout, c'était la danse. Il fallait la voir, elle qui n'avait rien d'aérien, s'élancer avec la légèreté du faon, enlevée par la musique et le plaisir. Breughel, qui ne dansait plus, regardait danser avec trop de philosophie; il trouvait que la danse n'aboutissait à rien de bon pour les maris. Breughel était jaloux. Loin d'être touchée de sa jalousie, Madeleine en fut irritée; l'ardeur de la coquetterie, qui n'était d'abord qu'un caprice, devint bientôt chez elle une vraie passion. Elle pria, elle supplia son mari de la conduire aux fêtes d'Anvers. Breughel se contentait de la conduire en pleine campagne, lui parlant sans cesse du paradis terrestre, qui n'était habité que par Adam et Ève. Madeleine, ennuyée de ce cours de solitude, répondait avec une moue charmante, qu'Ève ne s'était pas fort amusée dans le paradis, et qu'elle s'était empressée d'en sortir après avoir poussé la curiosité jusqu'à prêter l'oreille aux discours du serpent.

Ce fut vers ce temps-là que Breughel commença ce magnifique poëme en peinture, le paradis terrestre, cette grande page écrite avec tant de patience en un si petit espace, ce souvenir biblique éclairé d'un rayon divin. Breughel, qui peignait ce tableau sous les yeux de sa femme, se garda bien de montrer le serpent dans le paradis. Toute la création est là qui palpite, qui vole dans les airs, qui chante sur les branches, qui sommeille sur les herbes, qui se baigne dans les eaux. Ils sont tous là, l'abeille qui bourdonne, le cygne nonchalant, le lion superbe qui se repose; ils sont tous là, hormis le serpent.

Le premier entre tous les peintres, Breughel représentait le paradis sans le fruit défendu ; vous avez vu ce paradis charmant dont chaque feuille vous sourit, dont le moindre bruit vous enchante, dont la lumière vous transporte. Que l'ombre est douce aux pieds de ces arbres, comme cette eau qui coule est embaumée par les fleurs aquatiques, que ces horizons égaient bien l'âme par leurs vapeurs aériennes ! On respire à chaque pas la paix et l'amour, la sérénité et le bonheur, le calme et la joie ; à chaque pas c'est un songe charmant qui vous arrête. Les fleurs secouent une neige odorante, les plus beaux fruits semblent là pour apaiser la soif du corps et de l'âme ; il y a tous les fruits, hormis la pomme amère.

Breughel ne montra donc pas le serpent dans le paradis terrestre ; il y montra Dieu ; c'était moins piquant et moins poétique, mais c'était plus orthodoxe, maritalement parlant. Il eut beau faire un chef-d'œuvre, il eut beau créer dans cette toile immortelle un personnage invisible, l'amour, qui l'inspirait dans ses promenades agrestes avec Madeleine : il ne put la convaincre des charmes de la solitude, elle persista à dire qu'on s'ennuyait beaucoup dans tous les paradis du monde, même dans celui de Breughel.

« Insensée ! s'écriait le peintre, tu ne vois donc pas rayonner la joie sur le chaste front d'Ève, qui s'égare dans tous les bosquets touffus en compagnie de Dieu et d'Adam ? Quand nous nous promenons ensemble par cette belle campagne fleurie, écoutant le merle qui siffle, respirant l'arome des violettes sous ce ciel d'été qui nous sourit, n'es-tu pas, comme Ève, avec Dieu et avec Adam ?

— Hélas ! disait madame Breughel, tout cela était à merveille quand il n'y avait que Dieu et Adam. »

On comprend que, loin de s'apaiser par les raisonnements de sa femme, la jalousie de Breughel n'en devint que plus violente. Il avait brisé avec le monde, quoiqu'il y trouvât pour lui-même l'argent comptant de la gloire, c'est-à-dire des louanges sans nombre.

On s'étonnait à bon droit de cette retraite, on avait bien de la peine à comprendre pourquoi ce peintre si élégant et si mondain était devenu tout d'un coup, comme par une métamorphose d'Ovide, un misanthrope farouche. C'était bien la peine d'épouser la belle Madeleine Van Alstoot. On le trouvait ridicule d'avoir une femme pour lui seul. Qu'il nous montre sa femme et qu'il nous cache ses tableaux, à la bonne heure !

Sans trop s'inquiéter du vain babil du monde, Breughel poursuivait gravement son œuvre; s'il déposait le pinceau c'était pour une étude d'histoire naturelle au bord d'un bois ou d'un étang. En digne spectateur du grand drame de la création, il prenait plaisir aux moindres scènes : pas un acteur qui ne le touchât ou ne l'amusât.

Il suivait, dans son poétique vagabondage, le papillon ou la demoiselle; mais le plus souvent, comme Madeleine était près de lui, il oubliait tout le reste de la création pour Madeleine. La folâtre jeune femme ne lui savait point gré de ce culte amoureux; il lui avait fermé les portes du monde, au moment où le monde séduit, enivré, éblouit les imaginations de vingt ans par le bruit et l'éclat ; à cette heure trompeuse où tous les cœurs qui souffrent cherchent à s'oublier dans le tourbillon, où toutes les figures prennent un sourire pour masque : elle rouvrait par la pensée ces portes dorées qui cachaient le monde, et, ce qui était bien pis, qui la cachaient au monde.

Breughel finit par s'ennuyer lui-même de cette retraite trop conjugale; à son retour d'Anvers il avait organisé des bals vénitiens qui avaient tourné toutes les têtes dans l'austère ville flamande. Un soir, sachant qu'il y avait une fête de carnaval chez un jeune seigneur de ses amis, il ne put s'empêcher d'y paraître un instant ; il avait revêtu un costume de chevalier français du temps des croisades. Madame Breughel fut avertie par une suivante ; mille desseins extravagants lui montèrent à la tête ; elle voulait se déguiser, aller au bal, danser, faire damner ce pauvre Breughel, se venger ainsi de sa jalousie et de ses mystères. Comment se déguiserait-elle ? Elle avait un magnifique costume napolitain ; mais depuis qu'elle n'allait plus au bal ce costume était plutôt à ses amies qu'à elle-même. Une jeune veuve de son voisinage devait s'en parer pour cette fête. Comme il n'y avait pas de temps à perdre, elle mit trois valets en campagne pour lui trouver un déguisement digne d'elle ; un petit marchand juif, nouvellement débarqué à Anvers, lui apporta, sur la demande d'un de ses valets, un joli costume d'odalisque.

Quand elle arriva au bal, elle chercha vainement Breughel d'un regard ébloui ; l'éclat des lumières et des costumes, le bruit des paroles et de la musique achevèrent de lui tourner la tête, au point qu'elle oublia bientôt pourquoi elle était venue. A son entrée, elle fut recherchée des plus beaux danseurs ; malgré son masque, on devinait encore sa beauté à la première vue. En dansant elle retouva toute l'ivresse étourdissante de ses jeunes années ; çà et là cependant le souvenir de Breughel venait glacer son cœur et paralyser ses pieds et son cœur ; mais bientôt elle s'élançait plus folle que jamais, comme ces pécheurs insensés qui oublient la trompette du jugement.

Breughel, à l'inverse de sa femme, n'avait trouvé à la fête que le bruit et l'éclat de la folie. Pour la première fois il avait jugé que ces oripeaux dorés cachaient bien des cœurs malades. Il s'était réjoui d'avoir, depuis son mariage, suivi le bon chemin, le chemin de la science, le chemin du bonheur. Il avait pris en pitié tous ces pauvres fous qui riaient sans gaieté, qui aimaient sans amour ; il s'était enfui en toute hâte vers Madeleine, qui devait dormir du sommeil des anges. Il arrive à sa maison, il ne s'inquiète pas de la surprise de ses serviteurs, il va droit à la chambre de sa femme. Cette chambre est encore un poëme digne de ses tableaux. Jamais grande duchesse italienne n'a vu tant de trésors autour d'elle : toutes les richesses de l'Orient sont là éparpillées par une main prodigue. Porcelaines du Japon, étoffes des Indes, tapis de Perse, pierreries de Golconde forment le paradis terrestre de cette autre Ève curieuse. Il voulut lui parler en entrant, lui confier qu'il avait été au bal et qu'il en revenait plus désabusé que jamais sur les plaisirs qu'on y recherchait ; qu'il était mille fois heureux d'avoir pour compagne dans la vie une femme comme Madeleine, qui renfermait toutes les joies de l'univers. Voyant que sa femme n'était pas couchée, il appela la suivante, qui trouva tout simple de lui dire que madame Breughel était allée le rejoindre au bal. Cette découverte fut un coup terrible qui le frappa au cœur. Lui aussi il perdit la tête ; après s'être promené quelques minutes dans la chambre, il sortit soudainement pour aller retrouver Madeleine. Sa jalousie venait de s'allumer plus ardente ; il rentra à la fête sans pouvoir cacher son inquiétude. Il dévora du regard tous les groupes de femmes ; il parcourut tous les salons ; la jalousie le troublait au point qu'il ne voyait ni n'entendait rien ; s'il ne se fût retenu, il aurait à chaque pas arraché un masque ; enfin, après de vaines recherches, son regard fut frappé par le costume italien que sa femme avait maintes fois revêtu. La cruelle ! pensa-t-il. La voilà qui danse avec tout l'abandon et toute l'ardeur d'une femme qui ne croit ni à Dieu ni à son mari ! A cet instant, un jeune seigneur, qui dansait en face de la femme au costume italien, lui saisit la main et la baisa mystérieusement ; loin de s'irriter, elle parut lui sourire ; elle continua son pas avec plus de grâce et de nonchalance, il semblait que le baiser surpris lui eût donné tout le charme de la volupté. Éperdu, Breughel se précipita vers elle, saisit le poignard qu'elle avait à la ceinture et l'en frappa dans le sein avec égarement. Elle poussa un cri perçant qui retentit dans toute la salle ; la gaieté s'évanouit tout d'un coup, la musique se tut, les danseurs furent paralysés, tout le monde courut vers cette victime de la jalousie.

Elle était tombée à demi morte dans les bras de son cavalier. Breughel, pâle et glacé d'horreur, regardait tour à tour le poignard et celle qu'il avait frappée. Tous les démons de l'enfer étaient dans son cœur, il ne tenait à rien qu'il ne se donnât à lui-même un coup de poignard. Peut-être aurait-il accompli cette seconde vengeance si on n'eût démasqué sa victime. « Grand Dieu ! » s'écria-t-il en découvrant que ce n'était pas sa femme.

Il se vit soudain entouré d'un cercle de jeunes seigneurs qui se démasquèrent tous pour lui demander raison de ce crime insensé. Le peintre se démasqua lui-même. « Breughel de Velours ! s'écria-t-on de toutes parts. — Oui, Breughel de Velours, dit-il en jetant l'arme ensanglantée. — Vous êtes donc devenu fou ? lui demanda un ami. — Oui, fou, si vous voulez. »

Il parcourut la salle avec désespoir.

Le bruit se répandit que la blessure n'était pas dangereuse ; la lame du poignard avait glissé sur le satin. « Que vous avait donc fait madame Van Artwelt ? — Vous ne devinez donc pas que je croyais que c'était ma femme ? »

Il se jeta aux pieds de madame Van Artwelt ; il voulut parler, mais la parole expira sur ses lèvres. D'ailleurs qu'avait-il à dire ? On emporta la dame en avertissant qu'un médecin était là. Breughel, relevé par ses amis, voulut mourir. « Où est ma femme ? demanda-t-il d'un air farouche. — Elle était là tout à l'heure, lui répondit-on. — Dieu soit loué ! s'écria-t-il ; si je frappe encore, je saurai qui je frappe et où je frappe. »

Disant ces mots, il échappa à ses amis et courut chez

lui, croyant y rejoindre sa femme. Madeleine n'était point revenue; le peintre passa le reste de la nuit dans un sombre désespoir. « Hélas ! murmurait-il en se tordant les bras, si je l'avais trouvée à mon retour, nous serions morts tous les deux ; j'échappais ainsi au ridicule ; je laissais mon nom sans tache ? Qu'ai-je à faire maintenant ? Mourir ! il est trop tard. Le monde ne pardonnerait pas un accès de jalousie qui dure si longtemps. Vivre ! ma vie est gâtée. Vivre seul ou vivre sans amour ! »

Il passa dans son atelier, comme pour confier son malheur à tous ses gracieux chefs-d'œuvre.

Dans la matinée, un frère de sa femme vint l'avertir qu'elle ne rentrerait pas sous le toit conjugal, et qu'elle allait lui intenter un procès en séparation pour le coup de poignard dont elle avait failli être victime. Breughel ne répondit pas un mot; il sourit avec amertume et soupira douloureusement. Cet avertissement fut bon à quelque chose : la lutte qui devait s'engager ôta au peintre toute idée de suicide. Le même jour il se rendit au logis de madame Van Artwelt. Il l'avait vingt fois rencontrée dans le monde ; c'était une jeune veuve qui avait quelque ressemblance avec Madeleine Alstoot, moins fraîche peut-être, mais plus délicate, moins belle et plus jolie. Son mari, vieux procureur blanchi sous la poussière des dossiers, avait eu le bon esprit de mourir la seconde année du mariage et de lui laisser de la fortune. Quoique d'une nature un peu mélancolique, madame Van Artwelt passait, comme on voit, gaiement son veuvage. Elle habitait une des plus jolies maisons d'Anvers, en vue de l'Escaut. « Elle ne voudra pas me voir, pensait Breughel, mais du moins elle saura que je suis venu. » A sa grande surprise, la dame lui fit dire de passer dans sa chambre. Il se présenta un peu troublé, sans trop savoir quelle figure il allait faire. Madame Van Artwelt était couchée dans un lit à baldaquin de velours. Sous ces rideaux de couleur sombre, sa pâleur n'en ressortait que mieux ; deux jeunes femmes étaient assises en avant ; un jeune homme, tenant en main un feutre à grand plumet, s'appuyant au coin d'une cheminée sculptée. Breughel de Velours s'inclina profondément. « Madame, je viens vous exprimer mes regrets ; je ne sais vraiment comment me faire pardonner cet acte de folie. S'il fallait payer de tout mon sang.... — Je ne vous demande pas votre mort, seigneur Breughel, bien loin de là ; mais on me conseille de vous intenter un procès pour établir clairement que le coup de poignard ne m'était pas destiné ; car il y a de mauvaises langues capables d'inventer un roman entre vous et moi. — Ainsi, dit tristement le peintre, me voilà poursuivi par deux femmes charmantes, l'une pour le fait, l'autre pour l'intention. Le croiriez-vous, madame ? Madeleine s'est réfugiée dans sa famille avec le dessein bien arrêté de plaider contre moi en séparation. — Vous avez eu là une belle idée ; il est trop simple que cette idée porte ses fruits. En vérité, madame Breughel a bien raison de vous fuir ; il n'est pas une femme qui vous eût pardonné. — Peut-être, dit une des jeunes dames qui étaient auprès du lit. — Peut-être, comme vous dites, reprit madame Van Artwelt avec un sourire mélancolique ; ne reçoit pas qui veut un coup de poignard d'une main aimée. — Mon Dieu ! dit le peintre, cela se passe le plus galamment du monde en Espagne et en Italie. »

La conversation prit un tour aimable et presque gai. Je ne puis la reproduire mot à mot. Je dirai seulement que madame Van Artwelt fut si bonne dame que Breughel obtint la liberté de revenir le lendemain. Cette fois il la trouva seule. « Je sais toute votre histoire, lui dit la jeune veuve ; mais racontez-moi vous-même pourquoi vous en êtes arrivé là. — Vous allez me comprendre tout de suite, madame, je le vois dans vos beaux yeux. J'ai connu le monde ; je l'ai vu sous toutes ses faces ; il m'a d'abord amusé quand j'étais curieux ; mais bientôt il m'a fatigué quand j'ai aimé Madeleine. J'ai trouvé que mon vrai théâtre était la nature, qui me parlait par la voix des oiseaux, des fontaines et des fleurs. J'ai voulu, comme tant d'autres, me faire un paradis ici-bas à force d'art et d'amour. Hélas! qu'est-il arrivé? Mon Ève n'a pas voulu de mon paradis; j'aimais les joies de la solitude, elle aimait les fêtes du monde; j'aimais le silence, elle aimait le bruit. Vous comprenez que j'ai manqué mon œuvre. Le paradis n'était plus qu'un enfer: au lieu des purs et suaves parfums de l'amour, j'avais dans le cœur les serpents enflammés de la jalousie. L'ingrate! je l'aimais avec tant d'extase divine! Je secouais à ses pieds toutes les roses du chemin, toutes les guirlandes de ma palette, toutes les richesses de mon âme. Hélas! elle se détournait pour jeter un regard de regret vers ce monde d'où j'essayais de la détacher. L'insensée! elle a perdu bien des heures d'ivresse, bien des promenades enchantées, bien des rêves envoyés par Dieu! J'avais espéré le bonheur à deux, je suis réduit à le chercher seul. Mais le bonheur est-il fait pour moi? — Est-ce que le bonheur est fait pour quelqu'un ici-bas? dit madame Van Artwelt en souriant. Moi qui vous parle, j'avais aussi rêvé le bonheur; or, vous savez que je passe ma vie dans un désœuvrement qui me fatigue. Est-ce que le bonheur consiste à voir des gens ennuyeux, à parler pour déguiser sa pensée, à rire quand on a envie de pleurer? Mon histoire est bien simple, une triste histoire qui me fait pitié à moi-même. Vous avez connu M. le procureur Van Artwelt? Je ne veux pas dire de mal des absents. Le pauvre homme! il fut, à coup sûr, de ceux qui font mentir le proverbe. Dieu le garde et lui fasse paix. Il m'épousa que j'avais à peine dix-sept ans; il était riche, ma famille venait de se ruiner, cela se comprend. Vous croyez peut-être qu'il m'aima? Est-ce qu'on aime à cinquante-huit ans? Il m'épousa par vanité: il voulait couronner ses cheveux blancs d'une guirlande de roses. S'il eut un carrosse,

34.

ce ne fut pas pour moi, mais pour ceux qui me voyaient passer; s'il me conduisit dans le monde, ce fut pour entendre dire à chaque pas : « Madame Artwelt est bien jolie ! » Voilà comme la destinée s'amuse toujours à nous détourner de notre vrai chemin. Le croiriez-vous... Mais, puis-je vous le dire ?... Moi, j'avais le cœur bien fait; ce que je demandais à Dieu sur cette terre, c'était un peu d'amour, un peu d'ombre, un peu de silence. Au milieu des vains plaisirs qui m'environnaient, je rêvais une promenade dans les prés, où j'aurais pu tout à mon aise m'épanouir comme une fleur des champs. »

Breughel se jeta à genoux devant le lit, et saisit une main blanche que madame Van Artwelt laissait pendre sur la courtine de satin. « Hélas! murmura-t-il en jetant un regard passionné sur la jolie veuve, pourquoi nous sommes-nous rencontrés trop tard? — Pourquoi! pourquoi! C'est un mot qui bien souvent a passé sur mes lèvres, » répondit la jeune veuve en baissant les yeux.

Un autre horizon venait de s'ouvrir au peintre. Ivre d'espérance, de joie et d'amour, il baisa tendrement la main de madame Van Artwelt. « Je remercie le ciel de l'aventure bizarre qui m'a amené à vos pieds. »

La jeune veuve sourit en dégageant sa main. « En effet, dit-elle, ce coup de poignard ne vous a pas fait grand tort; je ne sais vraiment pourquoi j'y mets tant de bonne grâce ? »

On le devine assez, pendant que madame Breughel intentait un procès en séparation, madame Van Artwelt devint la maîtresse du peintre. Elle avait été séduite par cette jalousie ardente qui répandait tant de poésie sur l'amour; elle s'était surtout laissé entraîner par l'idée de vivre dans le doux, calme et souriant horizon que Breughel avait vainement créé pour sa femme. Ce fut un grand scandale dans la bonne ville d'Anvers, renommée pour ses mœurs patriarcales. Cependant, grand nombre de juges indulgents, touchés de ce bonheur silencieux qui se cachait à l'ombre des bois, leur pardonnait de bon cœur. Pourquoi faire la guerre au bonheur ?

Vint le procès. Le mari n'eut garde de se présenter pour se défendre; on l'eût condamné si, au moment suprême, Madeleine Alstoof n'eût demandé un délai. La leçon du bal ne lui avait pas servi, mais l'infidélité du peintre lui avait ouvert les yeux. Elle n'avait pas été la dernière à apprendre ce qui se passait dans son ancienne maison. Chaque jour des amis officieux lui rapportaient, pour l'irriter davantage, comment le peintre et sa maîtresse se promenaient dans la campagne comme des amoureux de quinze ans. L'un les avait vus dans une nacelle, cueillant les roseaux du fleuve; l'autre les avait rencontrés dans le sentier, en contemplation devant un nuage; celui-ci leur avait parlé à l'église, où ils allaient paisiblement comme s'ils n'étaient pas coupables; celui-là, entrant à l'atelier, avait surpris un baiser mystérieux. La jalousie, qui jusqu'alors avait fait rire de pitié Madeleine Alstoof, prit belle et bonne racine dans son cœur : avec la jalousie, l'amour était revenu. Elle finissait par comprendre tout le charme de la vie d'intérieur; elle regrettait les heures si douces dont elle n'avait pas savouré les délices.

Elle comptait sur la présence de Breughel au procès. « Il viendra, disait-elle toute pleine d'espérance; il s'avouera coupable, et moi, au moment de la condamnation, j'irai me jeter dans ses bras. »

Mais, comme on l'a vu, le peintre n'alla pas au tribunal. Désespérée, Madeleine, résolue à tout, courut droit chez lui : elle ne trouva que les valets; Breughel et madame Van Artwelt, sans souci du jugement, se promenaient dans la campagne depuis le matin. Elle voulut attendre; elle se jeta dans un fauteuil et y demeura toute éplorée pendant deux heures. Breughel, n'étant point averti, rentra le soir avec sa maîtresse. Voyant une femme dans l'ombre, il s'approcha d'elle avec une surprise inquiète. « C'est moi ! » dit Madeleine en se levant.

A cette voix longtemps aimée qui vint le frapper au cœur, le peintre se sentit chanceler. « Oui, c'est moi ! » dit Madeleine en se jetant dans les bras de son mari.

Breughel tourna la tête vers madame Van Artwelt, qui, en femme d'esprit, avait compris tout d'un coup ce qui lui restait à faire. « Adieu ! adieu ! dit-elle ; ce n'était qu'un rêve, le rêve est fini ; adieu ! »

Le même soir elle partit pour Londres, pressentant bien qu'elle n'aurait pas la force de rester si près de celui qui ne devait plus être son amant.

Le mariage refleurit chez Breughel de Velours. Madeleine mit au monde, l'année suivante, la belle Anne Breughel, qui épousa David Téniers.


## XI.

Le hasard conduit le monde et les tableaux à travers la gloire et l'obscurité. La fortune et les voyages d'une toile de maître feraient un roman en quatre tomes. Figurez-vous ma joie à Anvers : j'ai trouvé une Vierge de l'école italienne, peut-être d'André del Sarte, encadrée de fleurs par Daniel Seghers. C'est un chef-d'œuvre d'expression douce et reposée. Oui, celle-là a porté un Dieu dans ses entrailles sans se douter qu'elle allait enfanter toutes les grandes révolutions de la terre. — Je vous salue, Marie, pleine de grâce ! Le Seigneur soit avec vous ; vous êtes bénie entre toutes les femmes ! — Cette Vierge ne m'a coûté que cinquante florins.

Rien n'est plus rare en Hollande que les tableaux hollandais, hormis dans les musées et les cabinets d'amateurs. La plupart des bourgeois hollandais accrochent dans leur salon de mauvaises gravures françaises d'après les chefs d'école de l'empire, des caricatures anglaises, des portraits de famille au daguerréotype. Quelques-uns, voulant par tradition protéger la peinture nationale, achètent quelque paysage douteux, quelque marine impossible d'un Paul Potter ou d'un Backuysen modernes.

Tout en voulant étudier en Hollande l'ancienne peinture hollandaise, je tenais aussi à étudier la nouvelle. J'avais, dans ce dessein, choisi pour le voyage l'époque de l'exposition d'Amsterdam. Le jour même de l'ouverture, j'étais dans les salles de l'Académie. Je me crus d'abord à une exposition de Paris, non-seulement parce que beaucoup d'artistes français avaient envoyé des tableaux déjà connus à l'exposition d'Amsterdam, mais parce que certains artistes hollandais imitent littéralement notre école moderne, ce qui est une grande faute. Ainsi, pendant que nos peintres vont à Amsterdam étudier les vieux maîtres, ceux du bon temps, les artistes hollandais s'ingénient à reproduire tous les défauts brillants de nos diverses manières. Comprenez-vous qu'il se trouve en Hollande des imitateurs de M. Biard et de M. Jacquand, en Hollande, la patrie de Brauwer et de Metzu !

Dans cette exposition d'Amsterdam il n'y avait pas un seul tableau religieux, tout simplement parce qu'en Hollande, où l'on n'aime pas ces sujets-là, le débit en est impossible. Qu'on vienne encore dire que la foi seule, au beau temps de Raphaël, créait les chefs-d'œuvre de la peinture religieuse ; ce n'était pas la foi, mais l'argent. Si à cette heure, en France, la peinture religieuse domine aux expositions, c'est parce que la religion est en hausse et fait payer au gouvernement les frais du culte et de l'art.

J'avais très-sérieusement pris à l'exposition trois à quatre cents notes sur les artistes hollandais en 1844, car, malgré la mauvaise direction de l'école, plus d'un artiste rappelle qu'il est d'un bon terroir. En partant, j'ai oublié mes notes à l'hôtel de Londres. Je voulais écrire pour les réclamer, mais déjà l'impression s'effaçait ; même avec ces notes j'aurais pu me tromper ; j'ai mieux aimé ne pas m'en servir que de m'exposer à dire une bêtise. On en dit déjà bien assez sans prendre de notes [1].

A cette exposition les peintres étrangers faisaient beaucoup de tort aux peintres nationaux. Un peintre de Venise, qui est dans les bonnes traditions de l'ancienne école, avait envoyé deux études de femmes qui pourraient s'appeler, si j'ai bonne mémoire, *le Souvenir* et *l'Espérance*. Gérard s'est arrêté beaucoup devant ces deux figures qui tiennent tant de place dans la vie : le souvenir! tout ce qui fut charmant; l'espérance! mensonge adoré qui fuit toujours. L'artiste a représenté le Souvenir sous la figure d'une belle jeune fille un peu nue, qui rêve aux amours envolés. La volupté donne à sa rêverie je ne sais quel charme inconnu. Le peintre a mieux habillé l'Espérance ; c'est une figure naïve qui semble attendre. Elle a moins de séduction que la figure voisine, mais elle est plus belle. Gérard ne savait à laquelle donner la pomme d'or du poète. En effet, on vit entre ces deux figures sans jamais s'en approcher. Qui voudrait donner un souvenir pour une espérance, ou une espérance pour un souvenir ?

La critique de la Haye fait avec beaucoup de bonne grâce l'hospitalité aux artistes étrangers. Nous aurions donc mauvaise grâce à nous montrer trop sévère pour les artistes de la Haye ; nous reconnaîtrons volontiers qu'il y a plus d'un paysagiste moderne digne d'éloge ou d'encouragement. Si le matin même je n'avais revu le musée de la Haye, peut-être serais-je plus indulgent.

Je ne puis pardonner aux chefs d'école la mauvaise voie

---

[1] J'ai remarqué, parmi les petits tableaux de chevalet, un Érasme étudiant. C'est une étude délicate, qui rappelle d'assez près les légers chefs-d'œuvre de Meissonnier. La figure d'Érasme est naturellement pensive ; c'est bien là ce front qui renfermait un monde, c'est bien là cette lèvre dédaigneuse qui prononçait un jugement immortel sur notre folie.

où ils engagent la jeune génération. Que ceux qui sont appelés par leur position à guider les tentatives des jeunes artistes leur conseillent d'étudier, non pas avec eux ni d'après eux, mais dans l'atelier de Rembrandt et de Ruysdaël.

## XII.

#### COMMENT ON DEVIENT POÈTE.

Leyde fut surnommé l'Athènes du Nord pour l'éclat de son Université. Elle pouvait citer avec un juste orgueil Juste Lipse, Hugo Grotius, Descartes, Scaliger, Boerhave Vander Doës. Ce charmant poète latin du seizième siècle figure parmi mes plus doux souvenirs de voyage. J'avais à tout hasard acheté ses *Baisers* à un bouquiniste centenaire de Leyde ; c'était une très-ancienne édition déchiquetée par les vers, exhalant un bon parfum de l'ancien temps. Le matin, près d'arriver à Harlem, je pris un vrai plaisir à feuilleter ces poésies : j'avais vingt ans. Puisque je retrouve comme un écho amoureux ce souvenir du poète hollandais, laissez-moi vous raconter son histoire en peu de mots. Vous n'y trouverez pas, à coup sûr, le charme que j'y ai trouvé moi-même, à une demi-lieue de cette bonne ville de Harlem, dont les toits s'égayaient peu à peu aux rayons timides d'un soleil levant de Hollande.

Jean Vander Doës, ou Janus Dousa, seigneur de Nortwich, en Hollande, naquit en cette seigneurie vers 1545. Il étudia à Lin, dans le Brabant, à Louvain, enfin à Paris. A Lin et à Louvain, il étudia la science ; à Paris, il étudia la poésie latine et l'amour.

Son séjour dans cette ville fut semé d'aventures vulgaires qu'un annotateur reproduit péniblement ; la seule qui vaille la peine d'être conservée est reproduite ici dans toute sa simplicité :

Près de l'église Sainte-Geneviève, Vander Doës habitait un joli cabinet perché tout haut d'un vieil hôtel délabré, un vrai gîte de poète. La vue était des plus variées : des toits gris en amphithéâtre, des cheminées rouges enfumées, quelques bouquets d'arbres, des clochers sans nombre, la Seine qui brillait çà et là au soleil, enfin la campagne pour horizon. Vander Doës se trouvait là fort à son aise pour rêver ; son cabinet était ouvert aux quatre points cardinaux : il avait donc sous les yeux un spectacle infini.

Mais l'horizon qu'il aimait le plus à revoir était tout simplement une horrible petite fenêtre, sombre, sans ornements, sans pots de fleurs, où le soleil ne descendait jamais, mais où, à certaine heure du soir et du matin, une jolie fille apparaissait en chantant. Elle était pauvre et fière, douce et noble.

« Votre nom ? lui demanda un matin Vander Doës.

— A quoi bon savoir mon nom ?

— C'est que je veux le mettre dans mes vers. »

La jeune fille ne comprit pas, mais elle répondit qu'elle se nommait Rosine.

A partir de ce jour Vander Doës fit tous les matins un *baiser*, un écho des *Baisers* de Jean Second. « O front de nacre, cheveux d'ébène, bouche de rose, qui pourrait se défendre de vous toucher d'une lèvre frémissante ? » *Le premier baiser* est une invocation au génie de Jean Second, le vrai chantre du *Baiser* ; le deuxième est l'éloge de ce poète charmant; après cette double préface poétique viennent *le Désir du baiser*, *l'Apothéose des baisers*, *les Guides de l'Amour*, *la Morsure*, *Vivre et mourir par les baisers*, quelques autres encore. Ce qui semble étrange toujours, et ce qui pourtant arrive souvent, c'est que Vander Doës, inspiré par Rosine, raconte les baisers qu'il lui donne et qu'elle lui **rend**, quoiqu'ils ne se soient jamais touché le bout du doigt : on chante l'espérance, on s'enivre tout bas du souvenir.

Après avoir été un poëte en vers, il voulut être un poëte en action ; il se garda bien d'adresser ses vers latins à Rosine : c'eût été perdre son latin. Il fit comme eût fait le premier venu, et il fit bien. Il alla trouver Rosine ; il franchit quatre à quatre l'escalier sombre et tortueux d'une vieille maison chancelante ; il frappa au bout de l'escalier à une petite porte disjointe.

« Rosine, c'est moi, moi, celui qui vous aime depuis trois semaines ; ouvrez-moi la porte pour l'amour de Dieu. »

Rosine alla ouvrir, tout en se disant qu'il ne fallait pas ouvrir.

« Rosine, je vous aime de toutes mes forces et de tout mon cœur. »

C'était débuter en amoureux bien inspiré. Rosine rougit et baissa les yeux en silence. « Oui, Rosine, je vous aime ; ne voyez-vous pas comme je suis tout éperdu et tout palpitant ? »

Il lui prit la main : « N'est-il pas vrai que mon cœur bat avec violence ? Qu'avez-vous à répondre à tant d'amour ? »

Rosine était une fille de bonne foi et de bon cœur ; elle pencha languissamment la tête sur l'épaule de Vander Doës.

« Me croirez-vous si je vous dis que je suis un grand seigneur ; que je veux vous emmener en Hollande et vous y donner la moitié de ma seigneurie ?

« En Hollande ! c'est bien loin ! » dit Rosine.

Ce qui voulait dire : Si nous nous aimions d'un peu plus près.

« D'ailleurs, reprit-elle, est-ce qu'on peut-être amoureux en Hollande, dans le brouillard et la pluie ? J'aime mieux Paris avec ma pauvreté : un rayon de soleil est une miette de bonheur tombée du ciel ; croyez-moi, il faut s'aimer où l'on se trouve. »

Vander Doës ne s'attendait pas à rencontrer un cœur si poétique.

« Et puis, poursuivit Rosine, j'ai là, dans cette maison, une vieille mère et une jeune sœur dont je suis toute l'espérance : la guerre nous a ruinées, il ne nous reste plus à toutes les trois que cette aiguille qui ne s'entend pas trop mal à ce travail de fée. »

Elle souleva dans sa main une broderie presque achevée dont Vander Doës admira la délicatesse inouïe.

« Rosine, lui dit-il, je vous aimerai partout. »

La pauvre fille devint si confiante que bientôt ce fut elle qui alla au rendez-vous ; elle pénétra d'un pied léger dans la retraite de Vander Doës. Il a chanté ce pied léger qu'il entendait dans son cœur comme dans l'escalier. Ils s'aimèrent toute une charmante saison dans la verdeur et la liberté de la jeunesse — un amour en plein vent, ayant le ciel pour abri.

Cependant Vander Doës était rappelé en Hollande par sa famille, par ses amis et par le roi lui-même, qui voulait donner un emploi au seigneur de Nortwich. Il fallait partir, il partit. Un soir il entra chez Rosine avec une certaine tristesse qu'il voulait cacher en vain.

« Adieu, Rosine, je reviendrai demain.

— Pourquoi cet adieu qui me glace le cœur ? » se dit-elle tout bas.

Il se détourna pour soupirer. « Ah ! que le dernier baiser est triste à prendre, » pensait-il en tressaillant. Enfin il toucha pour la dernière fois d'une lèvre tremblante la lèvre émue de Rosine, et en même temps elle sentit tomber deux larmes sur sa main.

> Quand Vander Doës chanta les baisers de Rosine,
> Il chantait des baisers qu'il attendait encor ;

Et, dès qu'il fut l'amant de sa belle voisine,
Il garda les baisers comme un divin trésor.

L'espérance dit tout ; c'est la folle alouette,
C'est l'abeille qui chante en butinant son miel.
Le souvenir se tait ; c'est la rose muette
Qui parfume le cœur et lui fait croire au ciel.

Vander Doës un matin partit pour sa patrie.
« Adieu, Rosine, adieu ! je reviendrai demain. »
Il l'embrassa deux fois, et Rosine attendrie
Sentit deux fois tomber des larmes sur sa main.

Le lendemain, hélas, pleurez, pauvre voisine !
Elle attendit en vain, cherchant à s'abuser.
Il ne revint jamais. « Ah ! s'écriait Rosine,
Sur mes lèvres du moins j'ai son plus doux baiser ! »

Ce baiser ne fut pas chanté par le poète,
Mais il fut pour toujours dans son cœur imprimé.
L'espérance dit tout, la chanteuse alouette !
Le souvenir se cache au fond du cœur charmé.

Rosine fut douloureusement atteinte par l'abandon : elle brisa sa vigilante aiguille, elle répandit toutes les larmes de son cœur. A chaque heure du jour, quelquefois même de la nuit, elle regardait par la fenêtre, mais il était si loin déjà ! Enfin elle se consola dans le travail, dans l'amour de Dieu, dans le cœur de sa mère, et, le dirai-je ? dans un second amour.

Vander Doës, parti à la hâte, avait laissé dans sa chambre, avec un parfum d'amour, de jeunesse et de poésie, *les Baisers de Jean Second*. Un jeune écolier en droit, fraîchement débarqué d'Auvergne, poète et rêveur comme Vander Doës, était venu habiter le même lieu avec un cœur prêt à s'enflammer. Ce jeune homme, qui fut célèbre plus tard, se nommait Jean Bonnefons. Rosine, depuis qu'elle avait aimé et pleuré, était plus touchante et plus belle encore. Il vit Rosine, il l'aima.

Il l'aima tout en feuilletant les *Baisers de Jean Second;* vous devinez qu'il voulut, à son tour, inspiré par Rosine et par le poète, soupirer ces poèmes mignons si brûlants et si légers. Il demanda à Rosine comment elle se nommait ; il la baptisa dignement de deux mots grecs : *Pan-Charis (toute de grâce)* ; son premier *baiser,* c'est *l'Amour poète;* le deuxième, c'est le *Portrait,* où il s'arrête complaisamment sur toutes les beautés de Rosine, « l'arc d'ébène qui couronne ses yeux, son menton qu'une fossette partage avec tant de grâce, cette gorge plus blanche que le marbre le plus pur ; toutes ces beautés sont fixées dans mon cœur ; c'est par elles que Pancharis m'a chargé des chaines d'or de l'Amour. O tendres gardiens de ma prison, ô douces chaines, bienheureux liens! » Au quatrième baiser, il chante l'aiguille de Rosine : « Dis-moi, cruelle aiguille, qu'a donc commis la main de ma maîtresse, cette main plus blanche que les troënes ; quels sont les crimes de ses doigts si légers et si délicats pour t'exciter à les piquer si souvent. » La main de Rosine n'était pas très-fine, mais Bonnefons la voyait de loin, par le prisme de la poésie.

Bonnefons alla trouver un soir la maîtresse de Vander Doës. — Il y retourna. — Elle finit par venir à son tour.

« Ah! Dieu soit loué, vous voilà venue chez moi.

— J'en savais le chemin, » répondit Rosine en soupirant.

Ici s'arrête le récit de l'annotateur. Ainsi il n'est pas étonnant que Vander Doës et Jean Bonnefons aient chanté sur la même gamme; ce sont deux échos du même poète, deux flammes allumées au même regard.

Vander Doës ne fut pas seulement poète et amoureux, il fut brave. Le prince d'Orange l'ayant nommé gouverneur de Leyde, il soutint fièrement le siége de cette ville, en 1574, contre les Espagnols, qui avaient à leur tête le commandeur de Requesens. Je reproduis tout un alinéa de l'annotateur : « Ce qu'il y eut de rare dans ce siége, c'est que, par un privilége qui ne pouvait appartenir qu'à un favori des Muses, Doës ayant intercepté des lettres que le général espagnol faisait passer dans la place pour engager les bourgeois à se rendre, il y répondit en écrivant des vers latins au bas de chacune d'elles [1]. Fatigué d'une résistance aussi gaie que glorieuse, Requesens leva le siége et laissa en s'éloignant de Leyde à Vander Doës, sans aucune altération, la double couronne de laurier dont les Muses et le dieu de la guerre couvraient à si juste titre son front victorieux. »

A la suite de la guerre avec l'Espagne, Vander Doës redevint un poète et un savant. L'arbre avait secoué toutes ses fleurs dans le printemps, le soleil de juillet allait mûrir les fruits. Il avait trop d'ardeur dans l'esprit pour se contenter de gouverner durant la paix; il fonda une université qui devint bientôt brillante sous sa direction. Il écrivit un grand nombre de livres savants sur les historiens et poètes latins; il composa en vers élégiaques un poème, ou peu s'en faut, ayant pour titre *les Annales de la Hollande*. Mais plus il alla et plus il s'éloigna de la vraie poésie, la poésie de l'amour, qui chante dans la fraîcheur du matin les joies du cœur et des lèvres, les délices et les tourments de l'âme.

Bientôt il lui resta si peu de poésie à chanter que, sur le point d'épouser une jeune et fraîche Hollandaise, il ne trouva rien de mieux pour lui faire sa cour que de lui adresser les *Baisers à Rosine*. Il changea de nom bien entendu. Au lieu de Rosine, ce fut Ida. Heureusement c'était

---

[1] On trouve, dans les poésies de Daniel Heinsius, une pièce de vers grecs et une autre de vers latins sur des colombes dont le vainqueur de Leyde s'est servi pendant le siége pour tromper son ennemi.

la même teinte de cheveux, la même blancheur de dents, le même azur des yeux.

En dépit de ce disgracieux préambule, il recueillit dans ce mariage autant de bonheur qu'il peut s'en trouver là. Sa femme lui donna quatre fils dignes de lui, qui furent des savants et des poètes à leur tour. Le plus jeune, Jean, mort à vingt-six ans, a laissé des poésies latines « couvertes des lauriers du Pinde, » selon l'annotateur.

Vander Doës mourut peu de temps après ce fils qu'il appelait le Benjamin des Muses; il mourut très-prosaïquement de la peste, à l'âge de cinquante-neuf ans. Pour oraison funèbre, on écrivit sur son portrait : *Jean Vander Doës, le Tibulle et le Varon de la Hollande, guerrier durant la guerre, poète et savant durant la paix.*

J'ai traduit quelques baisers de Vander Doës, mais ce ne sont que des baisers en prose.

### BAISER XVIII.

#### Le Désir.

La rosée qui brille le matin, le souffle alisé du zéphyr plaisent moins aux cigales babillardes durant les chaleurs de juillet; le repos à l'ombre, au léger murmure de l'eau, charme bien moins le voyageur fatigué que tes lèvres prodigues et avares ne m'enchantent par leurs doux frémissements. Mais d'où vient qu'au milieu de mes ravissements mon cœur inapaisé désire encore? Au delà du bonheur, qu'y a-t-il donc? Ah! le désir est un aigle qui s'envole au delà des régions humaines; le désir nous dépasse de toute la distance de la terre au ciel.

### BAISER XIX.

#### La Morsure.

Volupté de mon âme! ô Rosine, plus suave et plus douce

que le miel, aimons-nous dans la vie; la vie est un combat, que notre vie soit un combat de baisers; mais ta dent criminelle m'a déchiré la lèvre ! cette lèvre qui t'a appelée sa colombe aux doux roucoulements, sa fauvette gazouilleuse, le trésor et l'honneur de l'amour; cette lèvre qui t'a nommée tant de fois ses délices, son nectar, son diamant, son ambroisie; qui t'a élevée au-dessus des glorieuses amantes de Catulle et de Jean Second. Voilà donc le prix de tant d'hymnes amoureuses ! une morsure ! Ah ! cruelle trop douce ! mon autre lèvre est jalouse.

### BAISER XX.

#### L'Amour favorise la Hardiesse.

De sept baisers que Rosine m'avait promis, je n'ai pu lui en ravir qu'un seul, un seul baiser pris au vol; il exhalait un si doux parfum que Jupiter l'a savouré, croyant que c'était son embroisie. Depuis ce jour, elle devient cruelle, elle répond de travers à mes plus tendres adorations. Amour ! amour ! comment lui ravir les six autres baisers. Cupidon se prit à rire et à se moquer. — Quoi ! Vander Doës est devenu timide et craintif ? Songe donc, insensé, que l'audace et la hardiesse sont mes flambeaux les plus éblouissants. Sois brave et sans peur; si ta Rosine se plaint, ferme-lui la bouche par un baiser : il n'est pas de femme qui ne se taise à cette raison-là.

On le voit, Vander Doës était de cette phalange de demi-poètes, amoureux du bout des lèvres, qui passa comme un nuage rose sous le ciel orageux du XVIe siècle. Un peu de grâce gazouillante, le souvenir antique assez bien rajeuni, le rêve de l'amour plutôt que l'amour. Voilà à peu près le bagage de tous ces demi-poètes échos l'un de l'autre, qui ont chanté sur la gamme des rouges-gorges et des mésanges. Vander Doës a brillé un instant, feu follet de la poésie, à côté de Sannazar. Scaliger lui accorde le laurier d'Apollon; mais l'oubli est venu, qui a répandu sa poussière dévorante sur le poète et sur ses œuvres. L'oubli a toujours raison.

## XIII.

### LES TABAGIES.

Dans certaines tabagies, non loin du port, on retrouve encore à Amsterdam la physionomie franche et joyeuse qui séduisait Franz Hals et son école. Aujourd'hui pourtant, les tableaux ne sont plus guère que des esquisses, on n'y reconnaît plus l'entrain naïf du beau temps, les vives couleurs en ont pâli; c'est encore la fumée qui monte en spirales, la bière qui coule sur les tables, la débauche qui rit autour de la table et quelquefois sous la table; mais la débauche enluminée, que peignait Brauwer, dégrafait son corsage avec une gaieté et un laisser-aller qui ne se retrouvent plus. Nous avons fumé dans trois ou quatre de ces tabagies. La fête commence à huit heures du soir et finit avant minuit. Des musiciens, juchés sur une estrade, vous étourdissent par la musique la plus aiguë du monde. Les matelots des quatre nations accourent dans ces tabagies comme dans l'Eldorado. Quand ils sont sur la mer, ils parlent des musico d'Amsterdam avec une vraie ferveur; les mines de Golconde et celles du Pérou, les beautés du sérail et les filles de l'Andalousie ne sont rien pour eux, auprès des joies du cabaret hollandais. D'ailleurs dans le cabaret hollandais, on a sous la main, réunies dans le même cadre, des filles de tous les pays. Mais ce qui surtout fait battre le cœur du matelot, c'est la Frisonne avec sa coiffure pittoresque, sa large dentelle lui voilant le front, sa lame d'or ou d'argent en demi-cercle qui s'épanouit aux tempes, en deux spirales chargées de larges boucles d'oreilles. Ainsi coiffée, la Frisonne est charmante avec ses regards naïfs et doux, ses joues fraîches et roses, sa bouche qui sourit avec innocence, même après avoir parlé à tous les matelots du globe.

Une de ces tabagies, plus ancienne que les autres, a conservé tout l'accent pittoresque de celles qu'a peintes Brauwer. Nous y trouvâmes, à notre entrée, une vingtaine de matelots flamands, anglais, américains, qui étaient venus là pour s'amuser, et qui, en attendant, ne trouvaient rien de mieux à faire que de boire du genièvre. Ils étaient tous gravement assis sur une seule ligne, entre le comptoir et les musiciens. A eux seuls, les musiciens formaient tout un tableau d'un bon style; ils étaient vieux et rubiconds. Il y avait, à ce qu'on nous dit, plus de cinquante ans qu'ils jouaient tous les soirs les mêmes airs dans cette tabagie. Béga n'a jamais exprimé de physionomies plus vives, plus gaies, plus réjouissantes. Il fallait les voir donner à tour de bras leur premier coup d'archet et continuer jusqu'à la dernière note avec la même fureur de main; il fallait les voir aussi appeler la fille du cabaret et tendre leur choppe pour puiser dans la bière une verve de plus en plus éclatante. Il n'y a que les musiciens embulants qui puissent vous donner une idée de la fière allure de ceux-là.

Au comptoir, une espèce de duègne, coiffée avec une certaine recherche et un grand luxe de dentelles, trônait majestueusement, avec une gravité toute béate, au milieu des pots, des pipes, des flacons de liqueurs, des bouteilles de vins rares. Dès qu'il entrait quelqu'un, elle versait à boire et envoyait par sa servante un plateau chargé de choppes, de petits verres et de noix vertes au nouveau venu. En entrant dans la tabagie, il faut en suivre les mœurs; on y est libre de ne pas boire, mais on n'y est pas libre de refuser à boire.

Pour ne rien déranger à l'harmonie de la salle, nous allâmes nous asseoir sur la même ligne que les matelots, tout en nous demandant quel plaisir ils pouvaient trouver dans cette position symétrique.

Enfin la porte s'ouvrit, et nous vîmes défiler deux par deux une troupe de jeunes beautés, de quinze à quarante-cinq ans, qui, à un signal du chef d'orchestre, après trois ou quatre processions vraiment solennelles, entamèrent avec beaucoup d'entrain une polka hongroise, dans toute sa passion et dans toute son ardeur. Les matelots, jusque-là taciturnes et résignés, s'épanouirent tout à coup; les uns applaudirent, les autres se levèrent avec enthousiasme, mais nul d'entre eux n'osa s'aventurer dans cette polka vagabonde. Faute de danseurs, les almées d'Amsterdam continuaient à danser entre elles; comme elles jetaient avec une belle désinvolture leur bonnet par-dessus les moulins, comme elles étaient diversement vêtues, les unes en Frisonnes, les autres en Flamandes, celle-ci en paysanne de Saardam, celle-là en marchande de modes de la rue Vivienne, le tableau était d'une variété piquante, d'un vif coloris, d'un entrain étourdissant.

Une paysanne de Saardam vint offrir à un matelot anglais de trinquer avec elle.

« Ne trouvez-vous pas, dis-je à mon compagnon, que c'est là le minois chiffonné de la rue Notre-Dame-de-Lorette? »

Elle se retourna vers nous, et nous parla en bon français, celui des coulisses de l'Opéra. La Frisonne vint lui prendre le bras.

« Et la Frisonne, dis-je d'un air de doute, de quel pays est-elle?

— De Bordeaux, répondit la paysanne de Saardam; mais, en revanche, cette Française que vous voyez là-bas est de Broek, à deux lieues d'ici. Nous nous figurons que nous sommes au bal de l'Opéra et nous voilà enchantées de la métamorphose; mais, voyez si ce n'est pas désolant, ne pas trouver ici un seul danseur! »

A cet instant, un cri de joie retentit dans la salle; un danseur venait d'entrer. J'espérais voir un matelot à moitié ivre qui allait s'abandonner à toutes les divagations de la danse. C'était un commis-voyageur en vin de Champagne, qui nous avait offert ses services sur le bateau à vapeur.

O vieux caractère hollandais, où te retrouver pur de tout alliage européen?

## XIV.

#### UNE FERME HOLLANDAISE.

Me voilà en pleine campagne, dans une ferme isolée, dont je vais vous peindre les mœurs. La ferme est bâtie en briques et couverte en chaume. Elle n'a ni murs ni haies pour la défendre contre les gens ou les bêtes mal intentionnées. Elle est ceinte d'un petit canal où se pavanent quelques escadres de canards; ce canal offre à peu près l'image d'un serpent qui se mord la queue. Un verger touffu, d'une fraîche verdure, ombrage la maison. J'étais vivement recommandé au fermier par un propriétaire riverain qui m'avait invité à dîner à sa maison de campagne. Je fus bien accueilli à la ferme par une petite femme toute rubiconde et toute naïve qui traînait deux enfants à ses jupes. Elle commença par m'offrir du café. Le fermier rentra tout en se plaignant que les avoines ne jaunissaient pas. Il désespérait de les faire faucher avant quinze jours: on était à la fin de septembre.

« Pourquoi faites-vous des avoines? lui dis-je; contentez-vous de vos riches prairies. Un beau bœuf ne vaut-il pas mille javelles?

— C'est vrai, monsieur, mais si vous saviez comme cette éternelle prairie nous ennuie à la longue! Quand l'eau ne donne pas trop, c'est pour nous un vrai plaisir de labourer la terre, au risque de ne rien récolter. L'an passé j'ai semé du blé, je n'ai guère recueilli que de la paille, mais j'ai été bien heureux de voir des gerbes. »

Tout en parlant ainsi, le fermier me conduisit dans ses prés, où plus de cent cinquante vaches étaient éparses ; il commençait un cours d'économie rurale à propos des bêtes à cornes, quand un boucher vint faire sa tournée dans le pré. Comme il pleuvait un peu, je rentrai seul à la ferme, où la maîtresse du logis m'offrit une seconde tasse de café, cette fois accompagnée de pain et de beurre.

Pendant que je suis attablé devant un feu clair de fagots, la fermière, apprenant qu'un boucher est dans la prairie, se hâte de courir à lui pour empêcher son mari de faire un mauvais marché.

Une petite fenêtre cintrée me permet de voir tout ce qui se passe de curieux dans la cour. Une ferme est une république où tout le monde — bêtes et gens — vit en communauté. Le soleil a déchiré la nue; le pays, tout à l'heure si morne, se ranime comme par enchantement. Les poules caquettent avec éclat; les lapins viennent au grillage de leurs niches et semblent faire la causette en s'accroupissant. — Un paon s'avance vers la grange à la tête d'une armée de dindes noires plongées dans une humilité profonde; leurs cris me rappellent le glouglou des bouteilles. Le paon se pavane et déploie sa queue au soleil. — Oh! qu'une femme serait glorieuse d'avoir un pareil éventail et qu'un peintre serait heureux d'avoir une palette aussi riche! — Le vent vient de renverser une échelle, les pigeons s'envolent je ne sais où, le soleil se cache et les lapins disparaissent dans le fond de leurs cabanes. Tout a changé dans le tableau, qui est redevenu triste et sombre : je suis réduit à regarder la mare, l'échelle, le fumier désert et les roues embourbées d'un chariot. Voilà un chat qui s'élance sur le bord de ma fenêtre et qui se tapit dans un coin. Le traître a l'air plus doux et plus affable qu'un courtisan. Le chat n'est pas un courtisan, c'est une noble bête qui a confiance en ses griffes, qui méprise souverainement les hommes, qui caresse sans amour la main qui le nourrit, qui déchire courageusement celle qui le blesse. — Mais voilà toutes les poules qui s'ameutent devant les portes de la grange, autour d'un coq superbe qui bondit au milieu d'elles, qui balaie la terre de ses ailes et qui prend les libertés amoureuses d'un pacha dans son harem. Le coq est beau, mais les poules sont laides ; le coq songe à becqueter les poules, mais les poules ne pensent qu'à becqueter le fumier. — Une troupe de cochons, poursuivis par un enfant, passent au galop au milieu de l'armée caquetante, qui ne s'effarouche pas de si peu. Les gentilshommes, comme dit un proverbe nègre, vont se jeter dans un bourbier au fond de la cour, où ils baignent voluptueusement leur nez en se moquant de celui qui les chasse. Le soleil reparaît : le chat s'abandonne aux plus douces rêveries ; le coq a changé de couleur : ses plumes noires ont un reflet vert et bleu ; les plumes blanches de ses ailes ont l'éclat de l'argent ; les plumes jaunes de son cou brillent comme des franges d'or. Sa queue forme le plus beau panache du monde. Le dix-septième siècle fut surtout le siècle du coq. — Mon tableau manque de verdure ; nul arbre d'alentour ne lève son front au-dessus de la grange : en me penchant vers le chat j'entrevois pourtant une branche de marronnier que le vent, dans ses plus grandes secousses, abaisse vers la girouette. — Un coq blanc survient dans le sérail des poules ; le sultan s'y pavane avec dédain et veille en murmurant sur son honneur en danger. Son chant se perd dans les beuglements lointains d'un taureau. — Autre tableau : la servante passe portant d'une main un seau de lait et de l'autre un escabeau ; le pâtre, qui vient de la vacherie dont je vois à peine la porte, l'attire contre la charrette, où il suspend une nippe qui lui sert de manteau. — Ils devisent et se font les mines les plus grotesques.

J'ai changé de perspective en m'avançant au seuil de la porte, je n'aperçois plus ni la girouette ni la cime du marronnier ; je vois toujours le ciel ; la brume secoue par intervalles quelques gouttes de pluie. Mon regard s'envole vers un coin de paysage dont l'horizon est formé par une avenue de pommiers. — Une belle vache brune rumine au bord du chemin. — Le ciel s'éclaircit ; tout s'anime. Rien ne me plaît tant qu'un vieux pan de mur dont les pierres grises sont parsemées de quelques touffes d'orties en fleur. Un lilas sauvage y grimpe sur un framboisier, que la vache brune menace de briser sous sa dent. — Me voilà distrait par la servante qui s'avance vers le puits, dont la margelle est en pierres verdâtres. Le pâtre la poursuit encore. Elle accroche son seau ; il la saisit et fait semblant de la jeter dans le puits ; il a ses raisons pour cela, car elle, de son côté, fait semblant d'avoir peur : elle se presse sur le sein du gars et tout est pour le mieux ; mais voici la fermière, la servante repousse le galant et descend la corde. — Quatre faucheurs de regain, armés de faux, passent devant la porte en admirant la vache. — Le beau coq sort de la cour ayant à sa suite un essaim de poules amoureuses ou affamées. — Un marmot entraîne un chien anglais qui le renverse sur le fumier. Rien de plus svelte et de plus éveillé que ce beau chien ; rien de plus rose et de plus gai que le marmot. Que de bonds ! que de cabrioles ! que de lutineries ! — Le pâtre, que l'ardeur égare, revient à ses amours ; il se penche au-dessus de la servante qui regarde son image dans le puits. Mais la fermière se fait entendre ; la servante se relève et détache son seau. — La fermière impatientée demande au pâtre ce qu'il fait là. — Je ne sais pas, répond-il. — Le ciel se découvre.

Le pâtre, qui n'a pas mis son manteau le matin, sans doute dans la crainte de la pluie, l'endosse à l'heure du beau temps. — La servante tourne la tête en revenant à la maison ; je ne puis voir le regard d'adieu qu'elle jette au pâtre. — Un regard langoureux, humide, troublé, car le drôle en est ému.

Il pleut toujours un peu ; le paon juché sur le toit de la vacherie se fait un parapluie de sa queue. — Encore une émeute parmi les poules ; ce n'est plus à propos d'un grain de blé ; ces dames sont jalouses d'une brunette qui déploie toutes les coquetteries du monde devant le coq au beau plumage. Elle incline son col d'ébène, elle entr'ouvre amoureusement ses ailes mouchetées, elle se permet des gentillesses coupables. Les poules tiennent conseil et caquettent toutes ensemble comme feraient les femmes, — si jamais les femmes pouvaient s'entendre. — Un rayon de soleil traverse la nue et fait briller la pluie comme des colliers de perles.

C'est assez regardé par la porte comme par la fenêtre. Voyons l'intérieur de la maison : dans cet intérieur ce qui me frappe de prime abord, c'est une crémaillère d'un si vif éclat que je suis tenté de la croire en argent. Les dalles sont brillantes, quoique saupoudrées de sable ; on n'y marche qu'avec respect ; les solives du plafond sont peintes et vernies ; les meubles, en bois de chêne, sont cirés. Je remarque une table longue garnie de choppes et de gobelets d'étain, un buffet d'une sculpture grossière où l'on expose des plats de faïence ornementés et peints, une maie couverte de pains merveilleusement dorés, un chariot et un bateau d'enfant, un lit perdu dans une alcôve obscure, où pendent des rideaux à ramages. On respire dans cette maison un parfum d'eau, de feu et de pain cuit dans un four chauffé aux bruyères, qui vous prend au cœur et vous invite aux mœurs patriarcales.

La fermière rentre et me demande si je veux du café.

» Nous avons bien de l'embarras, me dit-elle, voilà nos charrettes embourbées. » Je la suis à travers champs. « Vos charrettes, lui dis-je, en regardant partout, je ne vois ni chevaux ni voitures. »

A ce moment, comme nous arrivons sur le bord de la rivière d'Ye, j'aperçois deux bateaux couverts de foin arrêtés dans les joncs.

Il y a cependant des chariots servant comme dans les autres pays, mais ici les chariots n'ont pas de timon ; les chevaux vont en toute liberté, traînant la voiture sans la porter. Le charretier dirige avec ses pieds une espèce de gouvernail recourbé.

Je dînai à la maison de campagne ; on nous servit du bœuf salé dans des confitures, un coq de bruyère, des vanneaux et des pluviers, divers poissons, un pâté de Chartres, du raisin de Fontainebleau, du thé, du café, du vin du Rhin, du vin de Portugal et du vin de Champagne. Comme je me récriai sur le luxe de la table, mon hôte me dit d'un air victorieux : « C'est pour nous que les Européens font les moissons et les vendanges. »

## XVI.

### LES JOUEURS DE DOMINO EN FLANDRES.

Nous étions un peu fatigués du chemin de fer ; nous allâmes de Gand à Bruges par le canal. Après un dîner très-flamand, nous montâmes pêle-mêle, hommes, femmes, capucins, artistes et poètes, dans un omnibus assez piteux, qui nous conduisit comme à cloche-pied au paisible bateau. Nous y trouvâmes belle compagnie. Le salon des voyageurs aristocrates, le salon des voyageurs plébéiens, la cuisine, l'escalier, tout était habité du haut en bas. Je parvins, non sans peine et tout en coudoyant, dans le premier salon. L'atmosphère n'était pas trop bien parfumée; tout le monde parlait à la fois; j'avais beau détourner la tête, je respirais les paroles. Sur le divan du fond se trouvaient pourtant quatre passagers silencieux; je m'arrêtai un peu de leur côté, et, sans trop savoir quel parti prendre, je me mis à contempler le tableau flottant autour de moi. Les quatre silencieux passagers étaient des Anglais de corps et d'âme, ruminant leur rosbif et leur choux de Bruxelles, se plaignant de voyager sur un bateau sans vapeur; cependant, comme les Anglais ne s'impatientent jamais trop, ceux-ci fermèrent l'œil résolument dès que le bateau fut en route. A côté d'eux étaient assez bien groupés cinq capucins regagnant leur abbaye en gens qui ne sont pas pressés d'arriver. Ils devisaient entre eux, mais d'un air discret, comme s'ils eussent craint le contrôle de la mauvaise volonté du voisinage; or, pour voisinage il y avait trois femmes qui babillaient de toutes leurs forces, n'écoutant ni les capucins ni elles-mêmes; c'étaient trois commères décidées, assez fraîches et assez pimpantes, qui allaient passer les fêtes à Ostende chez des amis communs. Dans un coin, à demi caché par le bonnet d'une de ces femmes et par le chapeau à cornes d'un des capucins, j'entrevis, avec un certain plaisir, une belle fille d'une vingtaine d'années, vêtue en Parisienne, ayant la mine enjouée d'une petite marchande de modes. Je fus surpris de la voir seule au milieu d'un monde étranger qui n'avait pas l'air de l'amuser beaucoup. Je me disposais à aller à elle comme si j'avais quelque chose à lui dire; mais je fus devancé par un petit monsieur assez impertinent qui l'aborda d'une façon cavalière. Je tournai la vue, par parenthèse, sur un autre point du tableau. A la porte du salon, je vis apparaître un sénateur, mon voisin à la table d'hôte; attiré par son sourire, je m'avançai à sa rencontre tout en lui demandant comment il entendait passer cette mauvaise nuit.

« Je ne suis pas en peine, me dit-il, le capitaine me protége. Avant une demi-heure, j'aurai la meilleure place; si vous y tenez un peu, je vous protégerai à mon tour. »

Nous fûmes interrompus par de bruyants éclats de rire. Quelques commis-voyageurs de Bruxelles, contrefaçon assez heureuse des commis-voyageurs de Paris, s'amusaient par des quolibets aux dépens des pauvres capucins. C'était à qui dirait le plus beau calembour et le plus splendide coq-à-l'âne. « Décidément, dis-je en entraînant le sénateur, l'atmosphère du grand salon est très-dangereuse. » Le petit salon débordait de voyageurs non moins bruyants qui prenaient leurs aises de toutes les façons. D'un côté on jouait à la main-chaude; de l'autre côté on parlait politique; çà et là les plus paresseux s'endormaient sans souci, étendant les jambes et les bras par-dessus leurs voisins ou leurs voisines, comme s'ils étaient dans leurs lits. « Allons plus loin, » me dit le sénateur. Nous montâmes dans l'escalier pour respirer un peu; nous rencontrâmes sous nos pieds un charbonnier et un vagabond qui venaient de s'endormir sur ce doux oreiller : l'un poussa un cri à notre passage. « Ne faites pas attention, dit le sénateur; je ne lui ai marché que sur le corps. » Nous trouvâmes sur le pont d'autres charbonniers étendus à la belle étoile, qui pronostiquaient sur le lendemain, sur la lune, sur la pluie et le beau temps. Comme le vent se refroidissait, nous redescendîmes bientôt sans trop marcher sur nos deux hommes de l'escalier; en descendant, ce fut le vagabond qui cria; cependant je ne lui avais marché que sur la main. Le sénateur le consola par une sentence. Comme nous allions entrer dans le dortoir pour nous assurer s'il ne restait pas quelques lits vacants, le capitaine nous fit signe de le suivre; il nous mena tout droit à la cuisine.

« Je vous l'avais bien dit, reprit le sénateur d'un air victorieux, je vous l'avais bien dit que nous pouvions compter sur la haute protection du capitaine. Madame la cabaretière, donnez-nous donc trois verres de punch, sans parler de celui que vous boirez avec nous.

— Je croyais, dit le capitaine en souriant, qu'un sénateur belge n'était bon à rien.

— Au sénat, je ne dis pas ; mais ailleurs, c'est autre chose. »

La cabaretière fit flamber le punch à l'instant ; elle le servit avec une bonhomie flamande et un entrain rieur qui me ravirent. C'était une petite veuve accorte et fraîche, ne pleurant pas trop la mémoire des absents. Le capitaine était, bien entendu, en première ligne dans son esprit ; il exerçait même sur elle certain privilége galant et chevaleresque ; il la faisait sauter dans ses bras, il l'embrassait au passage, il lui disait un mot gaillard ou lui chantait un refrain amoureux : le tout sans dépasser les bornes du bateau, c'est-à-dire sans dépasser les bornes de ses états. Nous bûmes, sans trop y prendre garde, une grande soupière de punch, après quoi le capitaine nous indiqua notre chambre à coucher, notre lit, nos pantoufles et accessoires. Notre chambre à coucher, c'était la cuisine ; notre lit, c'était la table de la cuisine.

« A la guerre comme à la guerre, à la mer comme à la mer, reprit le capitaine ; le sommeil est bon partout ; que Dieu vous berce et vous bénisse !

— Est-ce que vous croyez que je vais dormir là-dessus ? dis-je au sénateur.

— J'y dormirai bien, me répondit-il d'un air résolu ; vous ne voulez donc pas me prendre pour camarade de lit ?

— De tout mon cœur ; voyez plutôt ma bonne volonté. »

Je m'étendis d'un bout à l'autre sur la couche en question.

« Voulez-vous le bord, voulez-vous la ruelle ? lui dis-je.

— Cela m'est à peu près égal. Voyons pourtant, je penche pour la ruelle.

— Si nous avions seulement un oreiller !

— Quel Sardanapale vous faites ! Est-ce que vous n'avez pas vos deux mains et vos longs cheveux ? D'ailleurs, quand le sommeil est là prêt à prendre, on n'y regarde pas de si près ; un peu de duvet de plus ou de moins, la belle affaire !

— Votre plus ou moins est fort ingénieux ; mais il me semble que vous tenez beaucoup de place. Songez que je suis au bord, prêt à tomber ; mais qu'importe, un lit en vaut un autre. Bonsoir.

— Bonsoir.

— Dites donc, la cabaretière, est-ce que vous passerez toute la nuit à veiller ? »

La cabaretière rougit.

« Il m'arrive souvent de me coucher ; mais, pour cette nuit, je ne dormirai que d'un œil, car, faut-il vous le dire ? vous êtes dans mon lit.

— Entendez-vous, monsieur le sénateur ? Il paraît que nous sommes dans son lit.

— Le fait est grave ; mais je dors déjà. Bonsoir.

— Bonsoir. »

Un silence de quelque vingt secondes suivit ces paroles. Comme je ne pouvais m'habituer aux délices de mon lit, je renouai la conversation avec la cabaretière :

« Il y a encore de la place pour vous : quand il y en a pour deux, il y en a pour trois.

— J'ai bien le temps de dormir ! dit-elle en me montrant ses fourneaux ; tout le monde est en train de s'enivrer cette nuit, jusqu'aux capucins, qui m'ont demandé cinq canettes de bière et cinq verres de vin chaud. Aussi on en dit de belles sur leur compte ! »

A cet instant le capitaine revint de faire sa tournée, ayant à sa suite deux bourgeois flamands, souvenir parfait des bourgmestres de Van Ostade. Ils allaient voir la mer pour la première fois de leur vie. Voyant que je ne dormais pas encore, le capitaine m'apprit que ces braves bourgeois venaient respirer un peu dans la cuisine, mais que je pourrais dormir en paix comme s'ils n'étaient pas là, attendu qu'ils ne disaient rien de trop. Là-dessus le capitaine sortit encore; nos deux bourgeois se regardèrent trois minutes durant avec une gravité magnifique; après quoi ils jugèrent à propos de s'asseoir, après quoi le plus éloquent demanda un domino à la cabaretière.

« Et où vont-ils donc jouer? » me dis-je à moi-même.

Il restait depuis un instant, grâce à un caprice de ma jambe, un espace de deux mains, deux mains flamandes il est vrai, tout autour de notre table. Nos deux bourgeois mal élevés s'emparèrent de ce champ libre; ils commencèrent à jouer.

« Prenez garde, leur dit la cabaretière, la jambe de ce voyageur pourrait bien jouer aussi.

— En effet, murmurai-je en riant dans mes mains, si je voulais, mon pied serait de la partie. »

Cependant le premier coup était déjà fini, les joueurs n'avaient pas dit un mot. J'eus tant de franche admiration pour ce silence, moi qui avais *entendu* jouer aux dominos à Paris, que je me promis de respecter le plaisir tranquille de mes bons bourgeois de Gand; je crois même me souvenir que je me rapprochai un peu du sénateur, qui dormait pour tout de bon. Mais on n'est pas pour rien un poëte distrait. Voilà que tout à coup, sans y penser, j'allonge le pied sur la terre promise des joueurs, une douzaine de dominos sont jetés à terre; c'était un coup décisif, le coup est manqué. Il y avait de quoi fâcher tout rouge des joueurs français, tout bleu des joueurs italiens. Savez-vous ce que me dirent ceux-là? Rien, pas un mot, pas une plainte. Ils ramassèrent paisiblement les dominos; ils reprirent le coup avec une résignation héroïque; seulement, le plus éloquent des deux repoussa un peu mon pied ; mais ce fut avec une exquise douceur. « Cette fois, me dis-je avec reconnaissance, cette fois je jure de ne pas dépasser les bornes. » Je refermai les yeux, je me laissai aller indolemment au premier courant venu de la rêverie. « Après tout, me disait la rêverie, ces Flamands, un peu trop dédaignés, sont les plus raisonnables d'ici-bas : ils ne disent rien jamais, ils vont toujours ; ils ne font pas de discours à la vapeur, ils font des chemins de fer ; ils vont droit devant eux, sans détour, sans zigzag. » J'en étais là de la rêverie, qui promettait beaucoup ; mais, ayant oublié mon serment, comme tous ceux qui font des serments, je pliai la jambe, et voilà encore les dominos semés pêle-mêle dans la cuisine. Certes, je le dis en toute vérité, j'eusse renversé mes porcelaines de Chine sans plus de chagrin. Que faire ? M'éveiller et m'excuser ? Mais il est si bon de faire semblant de dormir ! Mes deux joueurs furent ce qu'ils avaient été déjà, silencieux et résignés. Or, tout en faisant semblant de dormir, je m'endormis de bonne foi ; mais jamais sommeil ne fut moins paisible. A peine endormi, je me mis à rêver que j'étais entouré et couvert de dominos : on jouait à mon chevet, sur mon oreiller, au pied du lit, dans la ruelle ; jamais les double-six ne m'ont semblé si lourds et si embarrassants ; j'avais surtout un jeu sur l'estomac qui menaçait de m'étouffer ; je n'osais respirer. Si le rêve avait duré deux minutes de plus, j'étais mort, *mort sur la terre étrangère !* Voyez quel drame héroïque ! mourir plutôt que de déranger une partie de dominos !

Heureusement je m'éveillai, et pour la troisième fois je renversai les paisibles dés de mes bons bourgeois de Gand. Le plus éloquent prit enfin la parole :

« Diable ! dit-il en ramassant les dés.

— Allons, allons, dit l'autre ; vous faites bien du bruit pour rien. Vous allez réveiller ces messieurs. »

Moi, tout émerveillé de voir cette docilité flamande contre les coups du sort et mes coups de pied, je sautai à bas du lit tout en priant les joueurs d'étendre le champ de leurs plaisirs. La cabaretière n'avait pas cessé de faire chauffer du vin ou du rhum, toute la cuisine était pleine d'un parfum d'ivresse nuageuse qui commençait à me prendre à la tête. Je sortis pour aller respirer sur le pont. Dans l'escalier je retrouvai sous mes pieds des dormeurs enragés assez confusément échelonné J'arrivai sans trop de fracas sur le pont, où je fus presque ébloui par le clair de lune. Le ciel était pur, le bateau allait lentement au gré des chevaux, qui avaient bien l'air de sommeiller comme les passagers. On voyait çà et là passer une ombre noire, on entendait de temps en temps le mugissement lointain d'un troupeau de vaches parqué à la belle étoile.

En traversant le pont, je fus tout d'un coup saisi d'une grande surprise à la vue d'une femme qui pleurait sur un banc. Elle penchait la tête sur la garde du pont, elle regardait l'eau tranquille du canal en laissant échapper un douloureux sanglot. En m'approchant d'elle, je reconnus la jolie fille de vingt ans que j'avais jugée être une modiste — plus ou moins — de la rue Vivienne.

J'allai m'asseoir à côté d'elle, et lui prenant la main sans façon :

« Voyons, dis-je, vous êtes belle, vous êtes jeune, vous voyagez : il n'y a pas là de quoi pleurer. »

Elle ne me répondit pas ; elle sanglota de plus belle.

« Si vous étiez Flamande, je vous pardonnerais de ne pas me répondre ; mais vous êtes Française, et, qui plus est, Parisienne.

— Qui vous l'a dit ? s'écria la jolie fille.

— Votre minois tout gracieux et tout chiffonné. Allez, vous pouvez bien me conter vos peines — vos peines de cœur, j'imagine ; — j'ai l'oreille assez française pour vous écouter.

— Hélas ! » dit-elle en soupirant.

Jamais femme trompée, délaissée, abandonnée, n'avait dit *hélas!* avec tant de douleur.

« Le premier mot de votre histoire n'est pas très-gai, lui dis-je ; mais j'écoute d'autant mieux.

— Est-ce que vous vous figurez que je vais vous apprendre pourquoi je pleure ? vous n'êtes pas fat à demi.

— Pourquoi pas ?

— Non, jamais ! reprit-elle avec un peu de charlatanisme ; c'est un secret entre Dieu, — lui — et moi.

— Je suppose que Dieu n'est pour rien dans cette affaire

— Dieu est partout, monsieur.

— Sur la terre et sur l'onde. Mais — lui, — où est-il ?

— Lui ? Ah ! comme ce bateau va lentement !

— Je comprends. Vous le trouverez à Bruges ou à Ostende.

— Ah çà ! monsieur, qui êtes-vous donc ? Il est bien étrange que je me laisse aller à babiller avec vous, quand je serais si bien seule.

— La solitude est mauvaise, surtout ici, où le canal est profond.

— Ne craignez rien ; ma douleur ne va pas jusque-là. Mais ne trouvez-vous pas que le vent est glacial ? je vais redescendre au salon. Ah ! la maudite traversée ! des capucins qui se figurent que le dimanche a été institué pour changer de chemise et se laver le cou ? est-ce qu'il est possible que saint Pierre laisse passer des capucins flamands à la porte du paradis ?

— C'est son affaire et non la nôtre. Si vous voulez un gîte plus digne de vous, je vous présenterai dans la pièce réservée ; ou plutôt demeurons ici, un si beau clair de lune n'est pas trop à dédaigner. »

Et, tout en disant ces mots, je mis mon manteau sur ses épaules frissonnantes.

« Est-ce que vous allez à Ostende? me demanda-t-elle en se nichant avec grâce dans les plis du manteau.

— Je voyage, lui répondis-je ; je ne sais pas où je vais Au hasard, à l'aventure, comme il vous plaira. Je n'ai pas, comme vous, un cœur qui m'attend sur la route.

— O mon Dieu ! je puis bien vous raconter cette triste histoire ; vous croirez m'entendre lire une belle page de roman.

— Et ce sera pourtant une page de votre cœur.

— Comme vous dites très-bien ; — une page que je voudrais déchirer à jamais, — une page ineffaçable. »

Elle commença ainsi :

« C'était l'an passé, au bal de l'Opéra... »

Mon héroïne en était là de son histoire quand un bruit sourd et menaçant nous arriva par l'escalier ; bientôt nous distinguâmes dans la confusion des voix qui criaient : *à l'eau ! à l'eau !*

« O mon Dieu ! dit-elle en tressaillant, le feu aura pris à la soutane des capucins.

— Vous êtes bien cruelle pour ces pauvres capucins. »

Je descendis. Tout le bateau était en rumeur : un mauvais plaisant avait proposé de jeter à l'eau les capucins ; des charbonniers ivres avaient pris au sérieux la proposition ; il s'était trouvé des champions pour défendre les pauvres frères ; le débat était des plus animés et des plus pittoresques. Le capitaine avait beau crier à tue-tête que les capucins étaient des hommes comme les charbonniers ; on l'accusait de partialité, on refusait de l'entendre. Voyant que le danger menaçait, j'allai charitablement prier le sénateur de venir au secours du droit des gens. Je trouvai le sénateur dans le sommeil des bienheureux ; mais ce qui me surprit bien, ce fut la sérénité parfaite de mes deux bourgeois de Gand, qui n'avaient pas un seul instant cessé de jouer aux dominos. « Vous n'entendez donc pas qu'on se déchire en lambeaux par là-bas ? —Ah ! dit l'un, c'est donc pour cela qu'ils font tant de bruit ? — Laissez-les faire, dit l'autre en posant doucement son dé. »

Par curiosité sans doute je retournai sur le champ de bataille : les capucins avaient perdu passablement de terrain ; par esprit de corps, charbonniers et charbonnières leur faisaient une terrible guerre d'escarmouche, un coup de pied par-ci, un coup de poing par-là, c'est à peine si les pauvres diables osaient se défendre un peu, tant ils étaient fidèles à cette divine parole : *Ne fais pas à autrui...* Je parvins à traverser la foule, je me jetai résolument dans leur camp et je les encourageai au combat, tout en tenant à distance une charbonnière qui éclatait par toutes ses extrémités méchantes. Les capucins prirent enfin courage, ils déployèrent toutes leurs forces, ils repoussèrent bientôt victorieusement leurs noirs adversaires. Moi, n'ayant guère perdu qu'une cravate dans la bataille, je retournai à ma jolie passagère, qui devait m'attendre sur le pont. Je ne trouvai sur le pont que le sénateur, qui, en homme d'esprit, s'était éloigné le plus possible du champ de bataille. « Nous allons arriver à Bruges, me dit-il ; ne voyez-vous pas déjà les innombrables clochetons que le point du jour éclaire peu à peu ?

— Oui. D'où vient que vous avez ce manteau à la main ?

— Mon arrivée sur le pont a effarouché une femme ; elle s'est enfuie, j'ai voulu la retenir, ce manteau m'est resté à la main. Ce n'est pas tout à fait madame Putiphar. »

Je descendis pour retrouver la fugitive. Elle s'était blottie dans un coin du grand salon pour pleurer tout à son aise. Une femme qui pleure est trop belle à mes yeux pour que je songe jamais à la consoler ; je laissai donc pleurer celle-là en toute liberté.

Je retournai sur le pont pour voir lever le soleil en Flandre, spectacle qui n'est pas commun.

Une heure après la vapeur nous emportait vers la France.

ÉPILOGUE.

Dans un wagon, je n'ai pas le temps de rêver. La pensée y est plus ardente qu'ailleurs ; elle s'élance comme la flamme, elle dévore l'espace, elle m'éblouit, elle m'enivre ; mais elle ne me donne pas les joies paisibles de la rêverie, la rêverie oisive et charmante qui va par mille détours poétiques, qui s'égare, qui s'arrête, qui rebrousse chemin. — Vous ne verrez jamais, en voyageant sur les chemins de fer, apparaître ces chœurs de visions qui vous emportent loin de la terre dans leurs robes flottantes. On croyait que la vapeur lutterait avec le temps, qu'elle l'arrêterait dans sa course, qu'elle laisserait au monde une heure pour respirer. Mais le temps va mille fois plus vite qu'une locomotive. Il n'est pas un oiseau voyageur, pas un nuage de tempête, pas une pensée humaine qu'il ne devance.

Le temps ! le temps ! comment le saisir et l'arrêter ! Je me rappelle certaine saison poétiquement écoulée en pleine montagne entre un bois, un moulin et une fontaine. — *Alors j'avais le temps !* — Je m'asseyais au bord de l'eau et je me regardais vivre, je courais dans les bois et je me sentais vivre. Aujourd'hui, quand j'entr'ouvre ce passé si rayonnant, — les rayons de la jeunesse ! — je vois passer ma vie lentement avec l'insouciance des quinze ans. Le temps passé, c'est le beau temps ! c'est là que nous vivons, là, toujours là. Comme le voyageur, curieux d'avancer et non curieux du spectacle qu'il a sous le regard, nous gravissons la montagne avec une ardeur aveugle ; au milieu des fatigues et des douleurs de la route, nous nous retournons et nous tombons en extase à la vue des belles vallées que nous avons dépassées à jamais. Hélas ! en les traversant, nous n'avions pas pris la peine de les regarder. Nous distinguions tout au plus les arbres en fleurs qui bordaient les chemins, les haies touffues qui bordaient les sentiers, quelques échappées dans les prairies, quelques nuages dorés à l'horizon. Maintenant que nous sommes sortis du jardin d'Armide, — Armide, n'est-ce pas la jeunesse? — nous y découvrons mille et mille trésors jusque-là ignorés : les ombrages odorants où rêve la poésie, les bois doucement agités où il faut passer dans le mystère de la vie et du cœur ; les fontaines jaillissantes, — sources vives du divin amour, — où il nous serait si doux de plonger nos lèvres inapaisées, à cette heure où déjà nous ont apparu les pâles fleurs du tombeau.

Pourquoi les faiseurs de romances ont-ils gâté les montagnes dans leurs refrains! Mais au moins ils n'ont pas célébré la mienne, qui est encore là-bas fière et poétique, les flancs chargés de vignes généreuses! Nous nous reconnaissons toujours, je la salue et elle me parle comme au beau temps. Elle me raconte tout ce qui fut la joie de mes vingt ans. C'est là que j'avais au cœur un grain de poésie ; c'est là que l'épi devait éclore ; mais je me suis enfui tout en croyant qu'un poëte était né pour faire des vers, — comme si on avait au cœur un dictionnaire des rimes. Ne m'est-il pas arrivé ce qui arrive au voyageur, qui voit les beautés d'un pays, en se retournant, quand il va passer dans un autre. Je n'ai vu la poésie qu'après m'être éloigné d'elle ; quand j'ai fait des vers étais-je encore poëte? Mais le souvenir est toute la vie. Il semble que nous ne dérobions aux fleurs de la route que le miel du souvenir.

DU

# DANGER DE VIVRE EN ARTISTE

QUAND ON N'EST QUE MILLIONNAIRE [1].

---

« Ne vous y trompez pas, s'écria mon ami, il en coûte bien cher pour vivre en artiste. Écoutez cette histoire :

J'ai connu M. Brocheton au sortir du collége. C'était un jeune et déjà riche quincaillier du quai de la Ferraille. Un de mes oncles, effrayé de me voir seul à Paris après un vrai voyage de bohémien, avait écrit à M. Brocheton qu'il fallait veiller sur moi. Malgré le tracas de sa boutique, le brave homme venait tous les deux jours converser avec ma portière sur mes études. De la loge il montait à ma chambre et me donnait des conseils. Je me rappelle toujours ses matinales visites. Il débutait invariablement par ceci :

« Encore couché! quand on se lève tard, on n'arrive qu'à moitié chemin.

— C'est déjà trop loin pour moi, lui dis-je un jour avec

[1] Mon voyage au pays d'Érasme me rappelle que j'ai fait aussi l'éloge de la folie, mais en voulant faire l'éloge de la raison.

impatience ; laissons là ce proverbe. La sagesse des nations, qui est la vôtre, ne sera jamais la mienne. La vie ne doit pas s'apprendre : apprendre à vivre, c'est apprendre à mourir. »

Me voyant déraisonner ainsi, M. Brocheton leva les mains au ciel.

« Encore, dit-il d'un air désespéré, si vous appreniez quelque chose de bon ; mais il n'y a pas un bon livre ici, pas un seul livre de droit. En revanche, il y a des pipes et des bonnets... qui ne sont pas des bonnets de coton.

— Oui, M. Brocheton, m'écriai-je avec transport, je suis dans la forêt des passions mauvaises, je suis indigne de vos conseils, je suis un enfant prodigue ; mais que voulez-vous ? cette façon de vivre m'amuse ; or vous qui avez la prétention de vous ennuyer, vous ne me comprendrez jamais. Vivons chacun à notre guise.

— Non, non, monsieur, je ne vous tiens pas quitte. Votre oncle m'a prié de protéger votre jeunesse contre les orages de Paris, je ne résigne pas cette mission. »

Il partit de là pour reprendre ses interminables proverbes. Il m'en débita un si grand nombre que, n'y pouvant plus tenir, je courus ouvrir la fenêtre.

« C'est cela, dit-il en frappant du pied, autant en emporte le vent. Eh bien, je ne vous ennuierai pas davantage. Restez dans vos folies tant qu'il vous plaira. Faites des vers et des maitresses, mais n'oubliez pas la mort de Gilbert. »

Il descendit l'escalier en murmurant : *Au banquet de la vie, infortuné convive...*

A peine fut-il sorti que Suzanne entra ; Suzanne c'était une jolie fille du pays latin qui faisait... des vers avec moi depuis toute une semaine : *Au banquet de la vie, infortuné convive.*

Dix ans après, par hasard sans doute, j'étais devenu un homme de lettres quasi célèbre. Je n'avais pas revu M. Brocheton ; je l'avais presque oublié. Cependant, quelquefois en mes jours d'ennui, je songeais à l'aller surprendre, mais je remettais toujours cette visite à des temps meilleurs.

Un matin on vint m'avertir qu'un monsieur qui se disait l'ami de mon oncle demandait un instant d'audience.

« Brocheton ! m'écriai-je en m'élançant vers le brave homme.

— Ne vous effrayez pas, me dit-il avec un bon sourire, je ne donne plus de conseils. C'est de vous que j'en attends aujourd'hui. C'est la folie qui gouverne le monde : il faut donc marcher avec elle. A force de sagesse, je suis parvenu à devenir assez riche pour un homme qui s'appelle Brocheton : j'ai vingt-cinq mille livres de revenu ; mais à quoi bon la fortune quand la jeunesse s'en va avec tout le charme de la vie. Plaignez-moi : après avoir été un jeune sage, j'ai peur de devenir un vieux fou.

— C'est la loi humaine ; il y en a qui sont jeunes à vingt ans, d'autres à cinquante.

— Voilà ce qui s'est passé : j'ai vendu ma boutique, j'ai acheté une maison de campagne à Saint-Germain ; j'y passe les beaux jours avec ma femme et mes deux filles ; l'hiver j'habite Paris comme les gens de qualité ; mais, quand je suis à Saint-Germain, je voudrais être à Paris, et quand je suis à Paris, je voudrais être ailleurs. L'ennui m'a pris de la tête au cœur. J'étais curieux de savoir si vous vous amusiez toujours.

— Toujours. La vie est une comédie de carnaval où je m'aventure à jouer mon rôle. Le temps que je passe à mettre du rouge, à étudier mon cœur, à dénouer les masques, n'est pas tout à fait du temps perdu. Je suis d'ailleurs entraîné dans un tourbillon de feu qui m'éblouit et m'enivre. Mon avis est qu'il faut boire à toutes les coupes de la vie. A vingt ans, la pauvreté est une poétique hôtesse :

à trente ans, il faut jeter l'or par la fenêtre ; à quarante ans, il faut le ramasser...

— Vous êtes devenu bien riche, interrompit M. Brocheton.

— Riche ! je n'ai pas trois louis vaillant.

— On ne mène pas une pareille vie sans avoir un coffre-fort bien solide.

— Un coffre-fort ! je n'ai jamais possédé d'argent ailleurs qu'ici, dis-je en indiquant du doigt la poche de mon gilet.

— Alors, je ne comprends rien à votre luxe.

— Ni moi non plus.

— Vous avez une loge à tous les théâtres, des stalles à tous les concerts ; vous entrez partout comme un prince, on me l'a dit.

— On ne vous a pas trompé.

— Il y a dans votre salon un luxe oriental, sans parler des tableaux, car je ne m'y connais pas. Vous avez hérité ?

— Non, Dieu merci.

— Enfin ! il faut des rentes pour vivre comme vous faites.

— Je n'en ai pas.

— Eh bien ! moi qui en ai, et de belles, et de bonnes, pourquoi ne vivrais-je pas comme vous ?

— Gardez-vous-en bien, lui dis-je d'un air paternel, vous vous ruinerez.

— Me ruiner ! Vous ne savez pas ce que vous dites : j'ai un million placé en biens fonds à deux et demi pour cent. Ne puis-je donc pas avec vingt-cinq mille francs de rente vivre comme vous qui n'avez rien.

— Pardonnez-moi : j'ai mon esprit ; l'esprit a aujourd'hui sa bourse et ses agents de change.

— Ah ! oui, j'oubliais. Mais enfin, combien vous rapporte votre esprit, bon an, mal an.

— Je n'ai jamais compté; mes flatteurs disent beaucoup, mes créanciers ne sont pas du même avis.

— Et vous pensez qu'avec vingt-cinq mille francs je ne puis pas mener votre train?

— Je le pense.

— Eh bien! vous verrez, dit M. Brocheton avec orgueil, vous verrez que mon argent vaut bien le vôtre. Dès demain je veux vivre comme vous.

— Prenez garde, M. Brocheton, prenez garde à ce que vous allez faire. Vous n'êtes pas assez riche pour mener un pareil train. »

Le brave homme se leva, prit son chapeau et partit d'un air déterminé. Je l'entrevis peu de temps après dans une seconde loge aux Italiens, trônant au milieu de sa famille. On jouait au bénéfice de Giulia Grisi; il jeta des bouquets tout en criant *bravo* d'un certain air dégagé. « C'est M. Brocheton de Maltorne, » disait-on autour de moi. Le pauvre homme est perdu, pensai-je.

Le lendemain, j'allai pour lui faire des remontrances. Je le trouvai dans un beau salon du faubourg Saint-Honoré, tapissé de tableaux de l'école ancienne et moderne.

« Vous voyez, me dit-il d'un air triomphant, on a aussi ses Téniers et ses Decamps. Comment trouvez-vous cette esquisse d'Eugène Delacroix? »

J'étais effrayé du luxe de M. Brocheton; il avait un aussi beau salon que le mien. Seulement, les jardinières placées devant les fenêtres indiquaient encore quelques allures mercantiles : elles étaient ornées de fleurs artificielles où mesdemoiselles Brocheton avaient cousu les camélias de leur dernière parure.

« M. Brocheton de Maltorne, songez-vous bien à ce que vous faites? Si mon oncle était là, il vous retiendrait à deux mains, car vous êtes sur le chemin d'un abîme sans fond; vous avez des filles à marier, n'allez-vous pas compromettre leur dot avec vos folles dépenses?

— Folles dépenses! Je vous trouve plaisant, vous qui n'avez rien, de raisonner ainsi! Quoi! j'aurai passé vingt-cinq ans de ma vie à amasser de quoi vivre vingt-cinq ans à ne rien faire, et vous qui n'avez rien amassé du tout, vous ne me permettrez pas de vivre comme vous! Le soleil luit pour tout le monde, je ne veux plus rester à l'ombre.

— Je respecte votre volonté; au nom de l'amitié de nom oncle, j'étais venu vous montrer l'abîme; vous y tomberez; mais au moins j'aurai fait mon devoir. N'en parlons plus.

— Voyez-vous, quand on a des cheveux blancs, on sait ce qui est à faire. L'expérience est là pour me conseiller. Je fais comme vous, je me jette dans le tourbillon; je m'amuse; du moins je n'ai plus le temps de m'ennuyer. J'ai ce soir chez moi des chanteurs italiens, ceux-là mêmes qui vont chez vous; venez donc à ma soirée, sans rancune; puisque nous vivons dans le même monde, nous avons mille raisons pour nous voir. »

Par civilité, je retournai le soir chez M. Brocheton. La fête était magnifique de point en point : glaces et chanteurs, bouquets et lumières, rien n'y manquait. Je revins chez moi en hochant la tête, émerveillé de la parure de mesdemoiselles Brocheton de Maltorne.

Vers le même temps, je revis souvent le brave homme au cercle, au théâtre, au concert, à la promenade, dans tous les endroits où s'épanouit le Paris qui brille. M. Brocheton était devenu à la mode parmi les comédiens, les artistes et les gens de lettres. On avait même vu son nom dans un journal!

Quatre années se passèrent ainsi. Le bruit se répandit un jour que cet homme, déjà célèbre à juste titre, s'était retiré du monde, c'est-à-dire dans une des vallées de la Marne.

Aux premiers beaux jours d'avril, ayant un voyage à faire par là, je me détournai en l'honneur de M. Brocheton. Il s'appelle Brocheton comme devant. Je rencontrai sa maison au bout du village de Courcy : c'est une petite maison blanche entre cour et jardin, ornée de contrevents verts, tapissée au-dessus de la porte d'une belle touffe de vigne vierge. Comme je m'avançais sur le seuil, je vis la bonne figure du propriétaire apparaître dans l'escalier de la cave : il remontait avec deux bouteilles de vin clairet.

« A la bonne heure ! dit-il en me tendant la main, nous allons déjeuner ensemble. »

Il me présenta à sa femme et à sa plus jeune fille.

« Et l'autre ? lui demandai-je.

— Sur le quai de la Ferraille. »

Nous nous mîmes à table ; le déjeuner fut gai et simple. La jeune fille y répandit sa naïveté, le soleil un rayon, le maître du logis son bon sens et sa belle humeur.

« Vous voyez, me dit-il, que je ne jeûne pas tout à fait pour mes péchés. Heureusement que j'ai fini par suivre vos conseils. Savez-vous que j'ai mangé deux cent mille francs en moins de quatre ans ; quatre ans encore d'une pareille vie, et j'étais ruiné ; le milieu où je vivais était pour moi un véritable Charenton : tout le monde s'y croit dieu ou roi tout au moins, tout le monde y gaspille son cœur et son argent. Il n'y a que ceux qui n'ont rien à perdre comme vous qui puissent y tenir et faire bonne figure. Vous devinez tout ce que m'ont coûté des plaisirs ou plutôt des vanités qui ne vous coûtent rien, à vous. J'aime les chiffres :

1° Pour avoir acheté des tableaux et des dessins, — on vous les donne à vous, — quatre-vingt mille francs, dont j'ai retrouvé vingt mille à ma vente, ci .   60,000 fr.

2° J'ai eu vingt fois par hiver des chanteurs qui chez vous chantaient mieux pour rien, — quatre hivers, ci. . . . . .   40,000

3° Pour avoir été abonné à tous vos jour-

A REPORTER. . .   100,000 fr.

|  |  |
|---|---|
| Report... | 100,000 fr. |

naux, mille francs par an, ci. . . . .    4,000

4° J'ai une loge aux théâtres royaux et aux théâtres de fantaisie, — où vous êtes si bien placé, — six mille francs par an, ci. . . . . . . . . . . . . . .    24,000

5° J'ai donné à dîner à des gens que j'ennuyais et qui me le rendaient bien, qui ne venaient chez moi qu'à cette condition, — dîners que vous ne donnez jamais, vous autres qui ne dînez jamais mal, — dix par hiver à cinq cents francs, ci.. . . . .    20,000

6° Pour avoir eu des chevaux, un briska et un coupé, petites choses dont il vous est permis de vous passer sous prétexte que vous rêvez mieux quand vous allez à pied ; la première année.. . . . . . . .    10,000

Les trois années suivantes.. . . . .    15,000

7° Je me suis ruiné pour frais du culte, frères du désert, dames de charité et autres riches de toute espèce qui n'ont qu'à tendre la main et se chauffer au soleil, aumônes que vous faites avec des autographes ou des articles, mille francs par an. . . .    4,000

8° Pour avoir laissé faire mon portrait, celui de ma femme, celui de mes filles par un peintre de vos amis, qui m'a fait payer cinq mille francs par tête ; j'ai même payé le vôtre par-dessus le marché, ci. . . .    20,000

9° J'ai prêté à diverses reprises de l'argent à mes amis les artistes qui payent l'intérêt aux pauvres, à ce qu'ils disent, mais qui ne remboursent le capital qu'à

A reporter...    197,000 fr.

                    REPORT. . .   197,000 fr.
leur mort, s'il en reste, — prêts que vous
n'êtes jamais sollicité à faire, ci. . . . .   20,000
                                              ─────────
                    Total. . . .   217,000 fr.

En voilà assez ; car ce total démontre, en ajoutant ce que j'oublie, que j'ai mangé trois fois mes revenus tout en vivant comme vous. Je courais bourse abattue à ma perte ; bien heureusement ma raison native m'est revenue : j'ai laissé là les vanités ; j'ai compris que je n'étais pas assez riche pour en avoir l'air. J'ai marié Héloïse sur le quai de la Ferraille : un mariage solide. Je veux marier Éléonore au même point de vue. Je me suis retiré du monde, et me voilà sain et sauf, taillant ma treille et fauchant mon pré. Si jamais vous devenez riche, je vous conseille d'en faire autant.

— Je suis plus riche que vous, monsieur Brocheton ; j'ai la Folie, et plus je dépense, moins je suis pauvre. La Folie, toujours jeune et charmante, me promène dans ses mille alhambras et fait chaque jour refleurir mon cœur. L'esprit le plus profondément humain, le philosophe le moins déraisonnable qui ait passé sur la terre, Érasme, n'a-t-il pas fait l'éloge de la Folie ? »

# LE PALAIS

### ET

# L'ABBAYE DE CHELLES.

---

Le palais et l'abbaye ! Toute l'histoire de Chelles est là, histoire oubliée déjà, où sont en jeu toutes les grandes passions ; passions religieuses et passions profanes, passions qui se brisèrent au pied de l'autel, passions qui ensanglantèrent les marches du trône. Que de cœurs tendres et faibles qui ont battu là-bas dans ce paysage flamand, entre une forêt et une rivière, depuis Frédégonde, reine de France, jusqu'à Louise d'Orléans, abbesse de Chelles, la belle et terrible épouse de Chilpéric et la belle et charmante fille du régent ! L'œuvre commence sous Frédégonde et finit sous la régence, la tragédie avant la comédie.

Chelles était la maison de campagne des rois de la première race; Chilpéric, qui aimait la chasse, s'y était retiré avec Frédégonde; la louve lascive et altérée de sang avec le mouton sans défense. On sait que Frédégonde commença son terrible règne à Chelles par l'assassinat d'un fils de Chilpéric. Clovis, après avoir été torturé trois jours durant, reçut par l'ordre de Frédégonde un coup de couteau et fut jeté dans la Marne, « afin, dit-elle, qu'il fût à jamais impossible de l'ensevelir comme un fils de roi. » Mais cette barbarie qui ne s'arrêtait pas à la mort de l'ennemi demeura stérile ; les restes de Clovis furent poussés dans un filet tendu par un pêcheur du voisinage ; quand le pêcheur leva ses filets, il reconnut le jeune prince à sa longue chevelure ; « touché de respect et de compassion, dit un historien, il transporta le corps sur la rive et l'inhuma dans une fosse qu'il couvrit de gazon afin de la reconnaître, gardant pour lui seul le secret d'un acte de piété qui pouvait causer sa perte. » Plus tard, le roi Gontran, tristement préoccupé de la mort violente de son frère Chilpéric et de ses neveux Mérovée et Clovis, se plaignait sans cesse de ne pouvoir donner une sépulture honorable à ces deux jeunes princes. Un homme de la campagne vint au logis du roi et lui dit, selon Grégoire de Tours : « Si cela ne doit pas tourner contre moi dans la suite, j'indiquerai en quel lieu est le cadavre de Clovis. » Le roi jura au paysan que, bien loin de lui faire du mal, on le récompenserait s'il voulait dire la vérité. « O roi ! ce que je dis est la vérité : quand Clovis eut été enterré sous l'auvent d'un oratoire, craignant qu'un jour il ne fût découvert et enseveli avec honneur, Frédégonde le fit jeter dans le lit de la Marne ; je le trouvai dans mes filets, car mon métier est de prendre du poisson. J'ignorai qui ce pouvait être, mais, à la longueur des cheveux, je reconnus que c'était Clovis. Je le pris sur mes épaules et le portai au rivage et lui fis un tombeau de gazon. » Le roi, feignant d'aller à la chasse, se fit conduire par le pêcheur à ce tombeau de gazon. On trouva le cadavre de Clovis couché sur le dos ; le roi reconnut le jeune prince à ses longues tresses pendantes. Il ordonna des funérailles magnifiques ; lui-même il conduisit le deuil jusqu'à Saint-Germain-des-

Prés. Grégoire de Tours, le narrateur de ces saturnales du crime, raconte qu'il vit passer dans la ville où il était évêque le trésorier de Clovis qui avait été arrêté en fuite et qui se laissait conduire à la mort, c'est-à-dire, devant la justice de la reine Frédégonde. Touché de compassion, Grégoire de Tours chargea ceux qui conduisaient le trésorier d'une lettre pour la reine. Quand Frédégonde lut cette lettre, où celui qu'elle révérait en dépit d'elle même lui demandait la vie d'un homme déjà condamné, elle crut entendre une parole divine, elle accorda la vie et la liberté au prisonnier. Comme dit un historien, elle eut la clémence du lion, le dédain d'une mort inutile.

Dans sa fureur amoureuse et dans sa soif de sang, peut-être Frédégonde eût-elle épargné le roi Chilpéric, s'il n'avait eu le malheur de surprendre le secret des amours de sa femme. Un matin il entra dans la chambre de Frédégonde; courbée avec grâce, elle lavait sa belle figure; le roi la frappa légèrement du bout de sa canne (*in natibus suis de fusti percussit*). Frédégonde s'imagina que le coup partait de la main de son amant. Elle dit sans se retourner : « Pourquoi me frappes-tu ainsi, Landri? » Surprise du silence, elle leva la tête, ce n'était que son mari. Elle se troubla et ne sut que dire; le roi furieux partit pour la chasse. Dès que Frédégonde le vit s'éloigner, elle fit appeler Landri et lui raconta l'événement. S'il faut en croire un historien, Landri, après l'avoir écoutée, lui aurait dit : « Voilà un coup de canne qui vaut vingt coups de couteau. » La reine fut de son avis. Pressentant la vengeance du roi, ils la prévinrent. Chilpéric, en proie à sa rage jalouse, irrité des humiliations sans nombre qu'il avait subies sous le joug honteux de cette femme, de cette femme qu'il aimait pourtant, traversait à grands pas les bois de Noisy, sans souci de la chasse, cherchant sans doute une vengeance digne d'un roi. Il ne rentra à Chelles qu'à la tombée de la nuit; comme il descendait de cheval, il fut saisi par les satellites de Frédégonde et frappé de vingt coups de couteau. Le roi Chilpéric fut inhumé à Saint-Germain-des-Prés. La reine Frédégonde osa pleurer à ses funérailles : elle avait déclaré que l'assassinat venait du roi Childebert. On voit encore aujourd'hui le piédestal d'une croix qui fut élevée sur le lieu même où Chilpéric tomba percé de coups.

La reine Clotilde qui s'appelle aujourd'hui, grâce aux recherches trop savantes de nos historiens modernes, la reine Crothechilde, beau nom qui détrône à jamais la poétique euphonie du premier, avait fondé à Chelles un petit monastère de filles. Plus tard, la reine Beathechilde, vulgairement nommée Bathilde, fit reconstruire ce monastère et nomma, en l'an 656, pour abbesse, la religieuse Bertiltia ou Bertilana. L'église fut consacrée en l'an 662. Deux ans après, l'évêque de Paris, Sigoberrandus, voulut dicter des lois dans cette abbaye dont il se croyait le maître ; les gardes de la reine, qui voulaient aussi de leur côté dicter des lois plus douces aux saintes filles du monastère, se mirent en lutte ouverte avec l'évêque ; il les voulut braver, ils le tuèrent. On voit avec surprise, dit un historien qui aimait la satire, un monastère protégé par des gardes de la reine, qui dans leur zèle vont jusqu'à tuer leur évêque.

Des moines, trouvant le lieu bien choisi, vinrent fonder un couvent à côté du monastère. Selon une vie de sainte Bathilde, la même église et le même cloître servaient aux religieuses et aux moines. En effet, pourquoi ne pas faire son salut en si bonne compagnie ?

Cette abbaye ne fut jamais guère habitée par Dieu lui-même, du moins l'Esprit-Saint n'a jamais été l'esprit de cette retraite. On y venait moins pour faire vœu d'humilité que pour y retrouver l'éclat et l'orgueil du monde. Les plus beaux noms de la France féodale ont illustré cette abbaye. Ainsi, Giselle, sœur de Charlemagne ; Charlemagne lui-même y vint souvent prier et se distraire. Une de ses filles fut abbesse de Chelles ; Hegiwich, mère

38.

de l'impératrice Judith, dirigea aussi cette maison. Enfin ses abbesses étaient toutes veuves, sœurs ou filles de roi. C'était le couvent à la mode; quand on n'était pas reine de France on voulait être abbesse de Chelles. Aussi, je ne répondrais pas du salut de ces belles pénitentes qui manquaient souvent la messe pour la chasse, et qui se levaient toujours trop tard pour aller à matines. Mais les femmes n'ont pas été mises sur la terre pour y faire leur salut.

Les pénitentes de Chelles pouvaient-elles oublier le monde dans ce couvent qui n'était séparé du palais des rois de France que par un mur mitoyen? D'un côté le paradis, de l'autre côté l'enfer, du moins en perspective. D'un côté du mur, les joies austères de l'extase, les couronnes d'épines, les lis sans parfum du rivage sacré; de l'autre côté, Satan, ses pompes et ses œuvres, les plaisirs bruyants et les folles équipées. Un jour, cela pouvait-il être autrement! le mur mitoyen tomba en ruines.

Le roi Louis-le-Bègue, qui laissait à d'autres les ennuis de la couronne, avait coutume de se promener dans l'abbaye de Chelles, à peu près comme le roi Louis XV se promenait dans le Parc-aux-Cerfs. Un jour, devenu éperdûment amoureux d'une nonne de seize ans, il l'enleva résolument par-dessus le mur mitoyen; ce fut une brèche irréparable : le roi avait fait tomber la première pierre. Un seigneur du palais fit tomber bientôt la seconde; six semaines après le premier enlèvement, le mur mitoyen n'existait plus, près de cinquante religieuses avaient passé du cloître à la cour.

Il existait un autre mur mitoyen qui séparait les religieuses des moines; peu d'années après les scandales de la cour, le second mur mitoyen menaça aussi de tomber en ruines; il faut dire, à la louange des religieuses, que les moines étaient pour la plupart d'aimables jeunes seigneurs sans fortune, qui s'étaient voués au célibat à cause du voisinage. Les hôtes des deux couvents vivaient en si parfaite intelligence, que les moines mangeaient les confitures faites par les religieuses. Ce n'est pas tout, ils allaient ensemble en pèlerinage dans la forêt. On voit qu'il était impossible de vivre dans la paix du Seigneur à l'abbaye de Chelles, dans ce voisinage de la cour et des moines. A la fin de la seconde race et au commencement de la troisième, les plaids, les synodes, les conciles tenus au palais troublèrent encore la profonde solitude du couvent. L'évêque de Paris et l'abbé Saint-Victor tentèrent de réformer le couvent. Après quelques vaines tentatives, ils y allèrent eux-mêmes pour y prêcher l'amour de Dieu et la haine du démon. A leur retour, ils furent assaillis dans la forêt par d'honnêtes gens qui n'avaient pas trouvé leur compte au sermon. L'évêque de Paris s'échappa, mais l'abbé de Saint-Victor fut assassiné.

Après le roi Robert et la reine Constance, le palais tomba en ruines; les religieuses ne furent pas encore délivrées du démon : d'abord les seigneurs du pays se mirent en devoir de battre en brèche le couvent. En 1358, ce fut le tour des Anglais; épouvantées de leur désordre, les religieuses s'enfuirent à Paris. Elles revinrent bientôt, mais les Anglais recommencèrent le siége du couvent; une seconde fois elles furent chassées à Paris. La belle Alix de Passy était alors abbesse. Où allaient les religieuses à Paris? Grande question que plus d'un historien a cherché à résoudre. Jehanne de la Forêt, une Madeleine repentante du xiv$^e$ siècle, réunit le troupeau dispersé et le ramena au bercail.

Ce fut sans doute sous Jehanne de la Forêt que se passa cette histoire que m'ont racontée les petites fleurs d'un tombeau :

## LA FONTAINE DE JACQUELINE AUX CHEVEUX D'OR.

En ce temps-là, près de l'abbaye était une fontaine.

Une petite fontaine qui coulait, coulait, coulait dans l'oseraie, l'ajonc et l'herbe fleurie.

Dans la fontaine un grand saule baignait ses cheveux verts; sous le grand saule Jacqueline venait tous les soirs à l'heure où les fleurs de nuit ouvrent leur calice.

Jacqueline ne venait pas sous le grand saule pour boire à la fontaine.

Car, à l'heure où les fleurs de nuit ouvrent leur calice, son ami Pierre était sous le grand saule. Son ami Pierre, un forgeron du pays, le beau forgeron au regard fier et doux.

Tous les soirs ils cueillaient de la même main des petites fleurs bleues qui émaillaient les bords de la fontaine.

Et quand les fleurs étaient cueillies, l'ami Pierre les baisait et les cachait dans le sein de la belle Jacqueline.

Ah! jamais sous le ciel où est Dieu, jamais on ne s'était aimé avec une pareille joie.

Quand Jacqueline arrivait sous le grand saule, il devenait pâle comme la mort. « Ami, disait-elle, jure-moi d'aimer ta Jacqueline aussi longtemps que coulera la fontaine. «

A quoi l'ami Pierre répondait : « Aussi longtemps que coulera la fontaine, aussi longtemps j'aimerai la belle Jacqueline aux cheveux d'or. »

Il jura, mais un jour elle se trouva seule sous le grand saule.

Elle cueillit des petites fleurs bleues en l'attendant; mais il ne vint pas cacher le bouquet dans la brassière rouge.

Elle jeta les fleurs dans la fontaine et elle s'imagina que la fontaine pleurait avec elle.

Le lendemain elle vint un peu plus tôt et s'en alla un peu plus tard.

Elle attendit ; les rossignols chantaient dans les bois, les bœufs mugissaient dans la vallée.

Elle attendit ; la cloche de l'abbaye sonnait l'Angelus, la meunière de Nogent chantait sa joyeuse chanson.

Huit jours encore Jacqueline vint. « C'est fini, dit-elle, c'est fini ! » Elle alla frapper à la porte de l'abbaye : c'est une pauvre fille qui veut n'aimer que Dieu.

On coupa ses beaux cheveux d'or, on renvoya à sa mère sa brassière rouge et son anneau d'argent.

Cependant il revint, lui, le forgeron. « Où es-tu, Jacqueline, Jacqueline, où es-tu ! La fontaine coule toujours, voilà l'heure où les pigeons blancs s'en vont au colombier, l'heure où les fleurs de nuit ouvrent leur calice. Où es-tu, Jacqueline, où es-tu ? »

L'ami Pierre vit un jour passer Jacqueline sous la robe noire des religieuses.

« Pauvre Jacqueline, elle a perdu ses cheveux d'or ! »

Il s'approcha d'elle : « Jacqueline, Jacqueline, qu'as-tu fait de notre bonheur ? pendant que j'étais prisonnier de guerre, te voilà descendu au tombeau. Jacqueline, Jacqueline, que ferai-je à ma forge sans toi ?

» Toi qui m'aurais donné ton cou pour reposer mes bras, ton front pour embaumer mes lèvres.

» Toi qui m'aurais donné des petits enfants jolis comme des anges pour égayer le coin de mon feu.

» Je les voyais déjà en songe jouant avec leurs petits pieds roses et souriant au sein de leur mère.

» Adieu, Jacqueline, j'irai ce soir dire adieu à la fontaine, au grand saule, aux petites fleurs bleues.

» Et quand j'aurai dit adieu à tout ce que j'ai aimé, je couperai un bâton dans la forêt pour m'en aller en d'autres pays. »

Le soir, quand l'ami Pierre vint à la fontaine, le soleil

argentait d'un pâle rayon les branches agitées du saule.

C'était un jour de chasse, l'aboiement des chiens et le hallali des chasseurs retentissaient gaiement sur la Marne.

Quand l'ami Pierre arriva sous le grand saule, il tressaillit et porta la main à son cœur.

Il avait vu une religieuse couchée dans l'herbe, la tête appuyée sur la pierre de la fontaine.

« Jacqueline! Jacqueline! » dit-il en tombant agenouillé.

L'écho des bois répondit tristement : Jacqueline, Jacqueline!

Il la souleva dans ses bras avec effroi et avec amour.

« Adieu, mon ami Pierre, lui dit-elle doucement ; depuis que je suis à prier Dieu dans le couvent, je me sens mourir d'heure en heure.

» Je suis morte, ami, si mon cœur bat encore c'est qu'il est près du tien.

» J'ai une grâce à te demander, tout à l'heure enterre-moi ici, je ne veux pas retourner au couvent où l'on a le cœur glacé.

» Enterre-moi ici, mon ami Pierre, j'entendrai encore couler la fontaine et gémir les branches du saule.

» Dans les beaux soirs du mois de mai, quand le rossignol chantera ses tendresses, là-bas dans les bois, je me souviendrai que tu m'as bien aimée. »

Quand elle eut dit ses paroles, il s'écria : « Ma belle Jacqueline est morte! »

La lune qui s'était levée au-dessus de la montagne vint éclairer la fontaine d'une douce et triste clarté.

Pierre reprit son amie dans ses bras, lui disant mille paroles tendres, croyant toujours qu'elle allait lui répondre.

Elle ne l'écoutait plus. Qu'elle était belle encore en penchant sa pâle figure sur l'épaule de l'ami Pierre!

Durant toute la nuit il pria Dieu pour l'âme de sa chère

Jacqueline, tantôt à genoux devant la trépassée, tantôt la pressant sur son cœur.

Au point du jour il creusa une fosse tout en sanglotant. Quand la fosse fut profonde, il y sema de l'herbe toute brillante de rosée.

Sur le lit funèbre il coucha Jacqueline pour l'éternité; une dernière fois il lui prit la main et la baisa.

Sur Jacqueline il jeta toutes les fleurs sauvages qu'il put cueillir au bord du bois et de la prairie.

Sur les fleurs sauvages il jeta de la terre, terre bénite par ses larmes.

Il s'éloigna lentement. Les religieuses à leur réveil entendirent les sanglots de l'ami Pierre.

Depuis ce triste jour, jamais le forgeron n'a battu le fer à la forge.

Depuis ce triste jour, Jacqueline a dormi au bruit de la fontaine, bruit doux à son cœur.

Dans les soirs du mois de mai, quand le rossignol chante ses tendresses, là-bas dans les bois, elle se souvient que l'ami Pierre l'a bien aimée.

Et l'on voit tressaillir les petites fleurs bleues qui parsèment sa tombe toujours verte.

Ici finit l'histoire de l'ami Pierre et de la belle Jacqueline.

Au commencement du quinzième siècle, après avoir subi les éclats du tonnerre, les ravages du luxe, les fureurs de la guerre, l'abbaye tomba en ruines; l'abbesse se fit enlever à temps; il ne resta dans l'enceinte du couvent que quinze religieuses qui bientôt furent réduites à aller mendier leur pain et leurs vêtements dans les pays voisins. Celles-là souffrirent assez pour expier tous les péchés des autres. Dans le même temps, en 1429, les Armagnacs, rencontrant une bande d'Anglais à Chelles, leur firent aussi expier le crime commis à l'abbaye par leurs compatriotes dans le siècle précédent.

Cependant le couvent se repeupla, mais non pas encore pour Dieu. Une belle convertie de la veille, qui devait pécher le lendemain, Élisabeth de Prollye prit le titre d'abbesse. Le couvent redevint une cour de galanterie. L'évêque de Paris parla de réforme. Élisabeth de Prollye lui répondit qu'on ne réformait pas les cœurs. L'évêque ne se tint pas pour battu ; il envoya à l'abbaye un prédicateur célèbre, le cordelier Olivier Maillard, dont les sermons cyniques ont servi de modèle à Garasse et à ses pareils. « Mes sœurs, s'écria le cordelier dans le chœur de l'église, si je ne vous connaissais, je dirais : le Seigneur est avec vous ; mais comme je vous connais, je dis : le diable habite vos cellules. Vous avez pris le masque de la dévotion, mais vous avez porté dans la retraite toutes les passions criminelles. Vous vous dites des filles de Dieu, et vous n'êtes que des filles de joie. » Quand le prédicateur en fut là de sa péroraison, un grand éclat de rire retentit dans l'église. Sur un signe de l'abbesse toutes les religieuses se dispersèrent dans les promenades de l'abbaye. Le cordelier, ne voulant pas prêcher comme saint Jean dans le désert, retourna à Paris dire à l'archevêque qu'il désespérait du salut des Madeleines de Chelles.

Renée de Bourbon ramena la vertu à l'abbaye. Une fille de Henri IV, Henriette de Bourbon, lui succéda comme abbesse. Enfin, ce fut le règne de Louise-Adélaïde d'Orléans, duchesse de Charolais, la plus belle et la plus aimable de toutes les abbesses. Sa grand'mère, Élisabeth-Charlotte, fait ainsi le portrait de la fille du régent. Après avoir vanté sa beauté, parlé de ses talents pour la danse et pour la musique, elle ajoute : « Elle convient mieux au monde qu'au couvent. C'est une folie qui s'est plantée dans sa tête, le diable y perdra-t-il ? elle a pourtant de vrais goûts de garçon, elle aime les chiens, les chevaux et les cavalcades. Toute la journée elle manie la poudre, fait des fusées et autres feux d'artifice. Elle a une paire de pistolets avec lesquels elle tire sans cesse ; elle n'a peur de rien au monde ; elle n'aime rien de ce qui plaît aux femmes, voilà pourquoi je ne saurais m'imaginer qu'elle soit bonne religieuse. » Louise d'Orléans ne tint compte d'aucune remontrance ; elle persista dans cette idée singulière. On déposséda Agnès de Villars pour donner le titre d'abbesse à la fille du régent. Elle transporta à l'abbaye l'Opéra tout entier, voulant sans doute servir Dieu avec toutes les pompes du démon. Elle mit en œuvre les fêtes galantes de Watteau ; mesdemoiselles Prévost, Sallé et Camargo vinrent pirouetter dans les prairies du couvent, déguisées en bergères ou en naïades. La célèbre abbesse, déguisée elle-même comme on le voit à ses portraits, se mêlait à la fête ou partait résolument sur un cheval indompté pour une chasse bruyante à travers les bois. La cour de France se retrouva à Chelles dans toute sa poésie galante et légère. L'abbé Prevost, dans son roman allégorique : *les Aventures de Pomponius*, qui est l'histoire et la satire des premiers temps du dix-huitième siècle, a voulu peindre le couvent de Chelles quand il a parlé des vestales romaines. L'abbé Prevost avait-il raison quand il a dit que les vestales de Chelles laissaient toutes éteindre le feu sacré à l'autel de Vesta, pour l'allumer dans leur cœur et s'aimer entre elles, les ferventes profanes !

A ce tableau sans nom que le peintre Klingstedt a reproduit sur les tabatières des roués finit l'histoire de Chelles. Dirai-je que là, comme ailleurs, la révolution s'est montrée sévère et même aveugle ? Tous les tableaux furent brûlés, tous les monuments sépulcraux furent détruits, rien n'est resté des tombeaux du roi Clotaire et de la reine Bathilde. L'abbaye n'est plus qu'une ruine sans grandeur et sans majesté : un pan de mur, des chapiteaux dispersés qui servent de bornes, des statues de mauvais style gothique transportées dans l'église du village, voilà aujourd'hui tout ce qui rappelle que les plus belles et les plus folles princesses, celles qui ont fait la terreur, la joie et l'éclat de la cour de France depuis Frédégonde jusqu'à Louise d'Orléans, ont aimé et prié là! Pour épitaphe de cette abbaye à jamais célèbre dans l'histoire, on pourra écrire ce mot de Fontenelle : *l'amour a passé par là*. Mais partout où l'amour a passé ne peut-on pas écrire aussi : *Dieu a passé par là?*

FIN.

## TABLE.

|     |                                              |     |
| --- | -------------------------------------------- | --- |
| I.     | Mathilde.                                 | 1   |
| II.    | La vertu de Rosine.                       | 24  |
| III.   | Cornille Schut.                           | 67  |
| IV.    | Lomproz et Marguerite.                    | 77  |
| V.     | Le Joueur de violon                       | 97  |
| VI.    | Marie de Joysel                           | 125 |
| VII.   | La Fontaine aux Loups.                    | 195 |
| VIII.  | Un roman sur les bords du Lignon.         | 206 |
| IX.    | Rachel et Lucy.                           | 241 |
| X.     | David Téniers et Anne Breughel.           | 271 |
| XI.    | Mademoiselle de Marivaux.                 | 290 |
| XII.   | L'Arbre de Science.                       | 302 |
| XIII.  | Voyage a Paris.                           | 319 |
| XIV.   | Voyage en Hollande.                       | 359 |
| XV.    | Du danger de vivre en artiste quand on n'est que millionnaire. | 437 |
| XVI.   | Le Palais et l'Abbaye de Chelles.         | 446 |
| XVII.  | Jacqueline.                               | 452 |

# Collection nouvelle de vol. in-18, format Charpentier.

### 3 FRANCS 50 CENTIMES.

## HISTOIRE PARLEMENTAIRE

DE LA

# RÉVOLUTION FRANÇAISE

### PAR J.-B. BUCHEZ.

2ᵉ édition, revue, corrigée et entièrement remaniée par l'Auteur en collaboration avec

**MM.** Jules Bastide, Bois-le-Comte et Ott.

DIVISIONS DE L'OUVRAGE SE VENDANT SÉPARÉMENT.

| | | |
|---|---|---|
| **Histoire de l'Assemblée Constituante.** | 5 vol. — | 17 fr. 50 |
| **Histoire de l'Assemblée Législative.** | 4 vol. — | 14 » » |
| **Histoire des Girondins** (Convention). | 5 vol. — | 17 » 50 |
| **Histoire des Jacobins** Item. | 5 vol. — | 17 » 50 |
| **Histoire du Directoire.** | 2 vol. — | 7 » » |
| **Histoire du Consulat.** | 1 vol. — | 3 » 50 |
| **Histoire de l'Empire.** | 2 vol. — | 7 » » |

*Le premier volume est en vente. — Il en paraîtra deux par mois.*

## OEUVRES DE STENDHAL

(HENRI BEYLE)

PRÉCÉDÉES D'UNE NOTICE SUR LA VIE ET LES OUVRAGES DE M. BEYLE

### PAR M. COLOMB

En vente **La Chartreuse de Parme** 1 vol.

**Rouge et Noir.** 1 vol.

*Les premiers ouvrages à paraître sont :*

Un volume de **Voyages**. — Un volume de **Mélanges**

## HENRY MONNIER

**Scènes populaires.** — OEuvres complètes. — 2 volumes

PARIS. — TYPOGRAPHIE PLON FRÈRES, RUE DE VAUGIRARD, 36.

www.ingramcontent.com/pod-product-compliance
Lightning Source LLC
Chambersburg PA
CBHW070533230426
43665CB00014B/1677